2014
国民核算研究报告

邱　东　主编
徐滇庆　赵　楠　副主编

中国财政经济出版社

图书在版编目（CIP）数据

2014 国民核算研究报告／邱东主编．—北京：中国财政经济出版社，2015.1
ISBN 978－7－5095－5985－7

Ⅰ.①2… Ⅱ.①邱… Ⅲ.①国民经济－经济核算－研究报告－中国－2014 Ⅳ.①F222.33

中国版本图书馆 CIP 数据核字（2015）第 013354 号

责任编辑：陆宗祥　　责任校对：徐艳丽
封面设计：陈　瑶　　版式设计：汤广才

中国财政经济出版社 出版

URL：http：//ckfz.cfeph.cn
E－mail：ckfz@cfeph.cn

社址：北京市海淀区阜成路甲 28 号　邮政编码：100142
营销中心电话：88190406　北京财经书店电话：64033436　84041336
北京富生印刷厂印刷
880×1230 毫米　16 开　25.5 印张　532 000 字
2015 年 6 月第 1 版　2015 年 6 月北京第 1 次印刷
定价：70.00 元
ISBN 978－7－5095－5985－7/F·4820
（图书出现印装问题，本社负责调换）
本社质量投诉电话：010－88190744
打击盗版举报热线：010－88190492、QQ：634579818

《2014国民核算研究报告》

专家委员会

（以姓氏拼音为序）

《2014 国民核算研究报告》

编 委 会

前言

北京师范大学国民核算研究院在2013年9月公布了《2013国民核算研究报告》，在此基础上经过一年的工作，《2014国民核算研究报告》终于和读者见面了。

该核算报告发布对象依然是：政府机关、大学和研究机构、海内外新闻媒体。

《2014国民核算研究报告》的主要内容是：

专题十一　18亿亩土地红线

专题十二　农民工户籍成本

专题十三　消费占GDP比重

专题十四　劳工荒——中国劳动力市场的供求结构变化

专题十五　高储蓄率的由来与走向

专题十六　劳动报酬占比核算（上）

专题十七　劳动报酬占比核算（下）

专题十八　最低工资线和就业

专题十九　个人所得税与贫富差距

专题二十　中国的外贸顺差

当前，在宏观经济领域中存在着许多似是而非的问题，亟待通过严谨的国民核算把“家底”弄清楚，然后才能在坚实的数据基础上讨论宏观政策。

为了便于读者阅读和理解，我们在每次核算之后都写几句核算点评，解释为什么要做这些核算以及我们对核算结果的理解。其实，这些点评是本报告中最不重要的部分。我们的理解未必准确、全面，读者完全可以从核算数据中得出自己的解释。

北京师范大学国民核算研究院今后还将对产能过剩、建筑业对宏观经济系统的关联、税制改革的大方向、居民存款的增减和地域分布、出口产品的结构变化和各地区的产业升级、农民收入结构的变化以及粮食种植的成本效益、海外流入的资金去向、中国能源的可持续性、中国经济增长的要素贡献率、城镇化进程等专题分别进行核算，逐步建立相应的数据库，随时更新，定期公布。

在核算和编辑过程中我们得到了北京师范大学、北京大学中国经济研究中心、财政部、国家统计局、国务院发展研究中心、中国社会科学院的鼎力支持。吴敬琏、刘国光、茅于轼、张曙光等前辈给予我们许多非常宝贵的指导和帮助。我们非常荣幸地邀请到谢平、汤敏、林毅夫、张维迎、卢锋、姚洋、李玲、霍德明、樊纲、曹远征、王小鲁、李稻葵、任若恩、王忠明、郑玉歆、李善同、赵海英、巴曙松、左小蕾、刘伟、许定波、李晓西、赖德胜、李实、唐任伍等著名学者参加专家委员会。他们在研讨会上提出了许多真知灼见，使我们获益匪浅。根据他们的建议，我们对国民核算研究报告进行了补充和修改。“众人拾柴火焰高。”没有各方面的大力支持，绝对不可能在比较短的时间内完成这本核算研究报告。在此谨向所有帮助过我们的专家、学者、老师和朋友们致以衷心的感谢！

我们的核算工作还缺乏经验，许多地方不能尽如人意，很可能出现失误，敬请大家多多批评指正。

2014 年 10 月 5 日

目 录

专题十一　18亿亩耕地红线[①]

子　目　录

① 本专题核算徐滇庆、贾帅帅，审核宋旭光。

主指标

耕地调整量综合

单位：万亩

<table>
<tr><th colspan="3"></th><th>耕地变化量</th><th>合计</th></tr>
<tr><td rowspan="9">耕地减少</td><td colspan="3"></td><td>-927</td></tr>
<tr><td colspan="2">N_a灾害毁损</td><td>-37</td><td>-37</td></tr>
<tr><td colspan="3">N_b建设占用</td><td>-890</td></tr>
<tr><td rowspan="6"></td><td>工矿仓储用地</td><td>-287</td><td></td></tr>
<tr><td>商业和服务业用地</td><td>-64</td><td></td></tr>
<tr><td>住宅</td><td>-190</td><td></td></tr>
<tr><td>公共管理和公共服务用地</td><td>-119</td><td></td></tr>
<tr><td>交通用地</td><td>-166</td><td></td></tr>
<tr><td>水利用地</td><td>-59</td><td></td></tr>
<tr><td rowspan="10">耕地增加</td><td colspan="3"></td><td>1521</td></tr>
<tr><td colspan="2">N_1土地整治</td><td>525</td><td>525</td></tr>
<tr><td rowspan="4">N_2增产节省耕地</td><td></td><td></td><td>538</td></tr>
<tr><td>稻谷（播种面积）</td><td>190</td><td></td></tr>
<tr><td>小麦（播种面积）</td><td>501</td><td></td></tr>
<tr><td>烟草（播种面积）</td><td>25</td><td></td></tr>
<tr><td colspan="2">N_3宅基地</td><td>114</td><td>114</td></tr>
<tr><td rowspan="2">N_4集约节省</td><td>工矿仓储用地</td><td>100</td><td>100</td></tr>
<tr><td>公共管理与公共服务用地</td><td>66</td><td>66</td></tr>
<tr><td rowspan="7">进口置换</td><td rowspan="7">N_5</td><td colspan="2">第一方案</td><td>19278</td></tr>
<tr><td colspan="2">第二方案</td><td>19675</td></tr>
<tr><td colspan="2">第三方案</td><td>20073</td></tr>
<tr><td colspan="2">第四方案</td><td>20470</td></tr>
<tr><td colspan="2">第五方案</td><td>20868</td></tr>
<tr><td colspan="2">第六方案</td><td>22856</td></tr>
<tr><td colspan="2">第七方案</td><td>24844</td></tr>
</table>

注：此表在本专题中列为表 11-81。

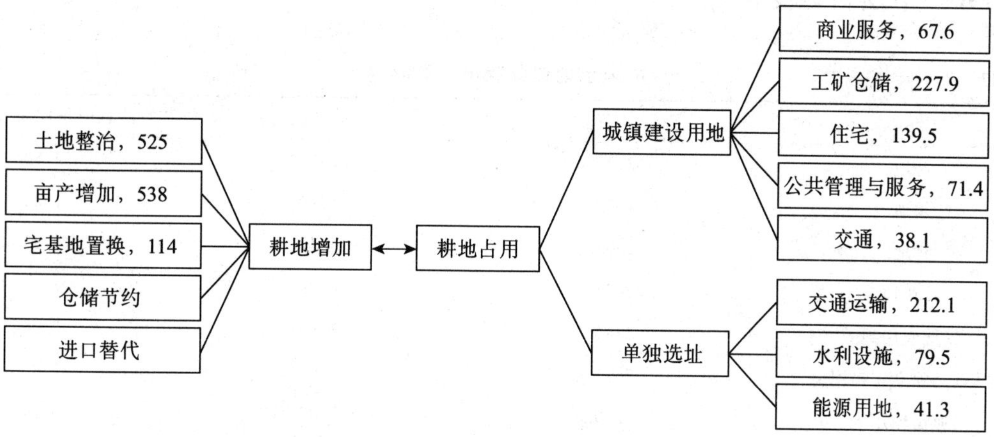

图 11－1　耕地占补平衡（万亩）

核　算　点　评

（1）保护耕地的关键在于占补平衡。如果能够做到增加的耕地数量大于建设占用的耕地数量，我们就能立于不败之地。

（2）2011 年，灾害毁损耕地 37 万亩，基本建设占用土地 890 万亩。总计耕地减少 927 万亩。

（3）2011 年，土地整治、开荒增加耕地 525 万亩。由于稻谷、小麦和烟草的播种面积减少 716 万亩，相当耕地 538 万亩。两项相加，共计增加耕地 1063 万亩。仅此两项就大于耕地减少数字，基本实现了耕地的占补平衡。

（4）在建设用地中工矿仓储用地 287 万亩。如果缩减各类开发区用地，提高土地利用效率，起码可以节省下来 100 万亩。

（5）政府主导的公共管理、服务用地 119 万亩，完全有可能减去一半，节约 66 万亩。

（6）城市建成面积每年扩张 484.6 万亩。如果将城市建成面积的扩张速度控制在与人口增长率等速，只需要扩张 259.6 万亩。也就是说，实行集约式城市建设，每年大约可以节省 225 万亩。

（7）如果给进城的农民工各种城镇居民的户口和各种福利待遇，同时要求他们把家乡的菜园重新计入耕地，每年估计可以增加耕地数量 114 万亩。

（8）综合（5）和（6），每年可以增加耕地 339 万亩。我们不仅有可能实现耕地占补平衡，还有可能逐步增加全国耕地总面积。

（9）此外，通过粮食仓储系统改革，估计每年可以节省 793 万吨粮食，相当于 5819 万亩耕地的产量。

（10）如果进一步扩大粮食进口，可以置换出大量耕地。进口粮食的原则是保证口粮百分之百自给，允许工业用粮全部进口，一部分饲料（例如：1%、2%乃至 15%）进口。从模拟的结果来看，进口替代可能置换出来 2.5 亿亩耕地。置换出来的耕地用于轮作，在若干年内显著地改善我国的水资源和耕地质量。

（11）居安思危，只要充分重视保护耕地资源，中国人民完全有可能在保护生态环境的前提下，保证粮食安全，把我们的家园建设得更好。

第一部分　中国耕地变化

表 11－1　　中国土地资源状况（2008 年）

	面积（万公顷）	面积（亿亩）	占总面积比重（%）
耕地	12171.6	18.26	12.80
园地	1179.1	1.77	1.24
林地	23609.2	35.41	24.83
牧草地	26183.5	39.28	27.54
其他农用地	2544.3	3.82	2.68
居民点及独立工矿用地	2691.6	4.04	2.83
交通运输用地	249.6	0.37	0.26
水利设施用地	364.5	0.55	0.38
未利用土地	26091.2	39.14	27.44
总计	95084.6	142.63	100

数据来源：《中国国土资源统计年鉴》，2012 年，第 4 页。

核　算　点　评

（1）中国国土面积有 960 万平方公里，其中 65% 是山地和丘陵，33% 是干旱地区和荒漠区，70% 的面积很容易遭遇天灾。适宜居住的国土面积只有 182 万平方公里，约为总面积的 19%。

（2）中国人口分布极不均匀。1935 年，地理学家胡焕庸在地图上画了一条线，从黑龙江的黑河到云南的腾冲，后人称之为“胡焕庸线”。有 96% 的人口居住在线的东南部（占国土面积为 47.95%），仅仅 4% 左右的人居住在这条线的西北（占国土面积 52.05%）。这条线的东南主要是平原、丘陵和水网，是中华传统文化的发祥地，适合人类居住和发展。这条线的西北大多是草原、沙漠、崇山峻岭，生态脆弱，大部分地区不适合人类居住。

（3）从胡焕庸的时代至今，将近 80 年过去了，可是，历次人口普查的结果显示：人口的地理分布并没有发生重大变化，“胡焕庸线”依然存在。2012 年，在这条线的东南居住着人口的 94%，西北部分只有人口的 6%。与人口分布相匹配，东南部分的国内生产总值也长期保持在 94% 以上。

（4）中国平均人口密度为 120 人/平方公里。在世界各国当中属于人口密度较高的国家。可是，土地资源短缺的现象比平均数字更为严重。胡焕庸线的东南部分人口密度高达 294 人/平方公里。西北侧人口密度仅 15 人/平方公里。东西两个部分的人口密度相差 21.63 倍。

（5）进入 21 世纪以后，城镇化加速，大量人口从西部向东部迁移；从农村、小城镇向大城市迁移。东部沿海城镇人口高速增长。在 2000 年到 2010 年期间，乡村人口数量减少 1.21 亿人。2010 年城镇化率为 50.27%，比 2000 年高了 10.35 个百分点。平均每年增长 1 个百分点。如果把从西部、中部向东南沿海的流动人口计算在内，东部沿海和西部、中部的人口密度差距更为严重。

（6）根据公布的统计数据，中国耕地面积 18.26 亿亩，相当土地总面积 142.63 亿亩的 12.8%。居民点及独立工矿用地 4.04 亿亩，占总数的 2.83%（表 11－1）。

（7）“18 亿亩土地红线”的意思就是必须维持耕地面积在 18 亿亩以上。可是，随着城镇化、现代化进程，居民点、工矿和交通运输用地还在不断增加。[①] 按照统计数据，中国的耕地面积从1995年的19.51亿亩到2006年减至18.26亿亩。从数字来看，中国耕地面积已经离开18亿亩的红线很近了。

（8）毋庸置疑，中国人必须生产足够的粮食养活自己，世界上没有任何国家有能力养活中国的13亿人口。今后，铁路、公路、工厂、企业依然要占用相当多的耕地，特别是随着城镇化的进展，大批农民进城，城镇居民也需要不断地改善住房条件。

（9）到底我们有多少耕地？每年有多少耕地被占用，灾害毁损多少？究竟需要多少耕地才能保障中国的粮食安全？今后，有没有足够的土地来兴建各类基础建设项目和居民住房？有没有必要强制叫停各项建设工程？每年有多少新开垦的耕地，能不能通过粮食生产的结构性调整增加耕地数量，能不能通过国际合作，进一步保护我们的土地资源？这些都是值得思索的问题。

---

① 2006年3月，全国十届人大四次会议通过了《中华人民共和国国民经济和社会发展第十一个五年规划纲要》。“十一五”规划纲要提到了将耕地保有量保持1.2亿公顷（注：等于18亿亩）作为约束性指标，具有法律效力，纳入各地区、各部门经济社会发展综合评价和绩效考核。

2006年3月11日，十届人大四次会议记者招待会上，国土资源部副部长李元提到保有18亿亩耕地是约束性的指标，坚决不允许突破。

2007年3月，温家宝在十届全国人大五次会议上作政府工作报告时指出：“在土地问题上，我们绝不能犯不可改正的历史性错误，遗祸子孙后代。一定要守住全国耕地不少于18亿亩这条红线。坚决实行最严格的土地管理制度。”

2007年，国土资源部部长徐绍史在回答《半月谈》记者采访时提到“18亿亩耕地红线是高压线，谁都不能碰”，“要打一场保护18亿亩耕地持久战”。

2007年全国两会期间，政协委员、国土资源部咨询研究中心主任陈洲其指出，18亿亩这个数字是经过有关部门科学测算过的。考虑到我国的人均消耗粮食量、耕地质量，以及平均亩产等要素，18亿亩是一个底线，要保障粮食安全绝不能突破。

表 11－2　　中国的耕地和播种面积

年份	耕地面积（万公顷）	农作物总播种面积（万公顷）	粮食播种面积（万公顷）	耕地面积（亿亩）	农作物总播种面积（亿亩）	粮食播种面积（亿亩）
1949	97881	124286	109959	14.68	18.64	16.49
1950	100356	128826	114406	15.05	19.32	17.16
1951	103671	132860	117769	15.55	19.93	17.67
1952	107919	141256	123979	16.19	21.19	18.60
1953	108529	144035	126637	16.28	21.61	19.00
1954	109355	147925	128995	16.40	22.19	19.35
1955	110157	151081	129839	16.52	22.66	19.48
1956	111825	159173	136339	16.77	23.88	20.45
1957	111830	157244	133633	16.77	23.59	20.04
1958	106901	151995	127613	16.04	22.80	19.14
1959	104579	142405	116023	15.69	21.36	17.40
1960	104861	150642	122429	15.73	22.60	18.36
1961	103311	143214	121443	15.50	21.48	18.22
1962	102903	140229	121621	15.44	21.03	18.24
1963	102727	140218	120741	15.41	21.03	18.11
1964	103312	143531	122103	15.50	21.53	18.32
1965	103594	143291	119627	15.54	21.49	17.94
1966	102958	146829	120988	15.44	22.02	18.15
1967	102564	144943	119230	15.38	21.74	17.88
1968	101553	139827	116157	15.23	20.97	17.42
1969	101460	140944	117604	15.22	21.14	17.64
1970	101135	143487	119267	15.17	21.52	17.89
1971	100699	145684	120846	15.10	21.85	18.13
1972	100615	147919	121209	15.09	22.19	18.18
1973	100213	148547	121156	15.03	22.28	18.17
1974	99912	148635	120976	14.99	22.30	18.15
1975	99708	149545	121062	14.96	22.43	18.16
1976	99388	149723	120743	14.91	22.46	18.11
1977	99247	149333	120400	14.89	22.40	18.06
1978	99389	150104	120587	14.91	22.52	18.09
1979	99498	148477	119263	14.92	22.27	17.89
1980	99305	146380	117234	14.90	21.96	17.59
1981	99037	145157	114958	14.86	21.77	17.24

续表

年份	耕地面积（万公顷）	农作物总播种面积（万公顷）	粮食播种面积（万公顷）	耕地面积（亿亩）	农作物总播种面积（亿亩）	粮食播种面积（亿亩）
1982	98606	144755	113462	14.79	21.71	17.02
1983	98359	143993	114047	14.75	21.60	17.11
1984	97854	144221	112884	14.68	21.63	16.93
1985	96846	143626	108845	14.53	21.54	16.33
1986	96230	144204	110933	14.43	21.63	16.64
1987	95889	144957	111268	14.38	21.74	16.69
1988	95722	144869	110123	14.36	21.73	16.52
1989	95656	146554	112205	14.35	21.98	16.83
1990	95673	148362	113466	14.35	22.25	17.02
1991	95653	149586	112314	14.35	22.44	16.85
1992	95426	149007	110560	14.31	22.35	16.58
1993	95101	147741	110509	14.27	22.16	16.58
1994	94907	148241	109544	14.24	22.24	16.43
1995	94971	149879	110060	14.25	22.48	16.51
1996	130039	152381	112548	19.51	22.86	16.88
1997	130039	153969	112912	19.51	23.10	16.94
1998	130039	155706	113787	19.51	23.36	17.07
1999	130039	156373	113161	19.51	23.46	16.97
2000	130039	156300	108463	19.51	23.44	16.27
2001	130039	155708	106080	19.51	23.36	15.91
2002	130039	154636	103891	19.51	23.20	15.58
2003	130039	152415	99410	19.51	22.86	14.91
2004	130039	153553	101606	19.51	23.03	15.24
2005	130039	155488	104278	19.51	23.32	15.64
2006	121736	152149	104958	18.26	22.82	15.74
2007	121735	153464	105638	18.26	23.02	15.85
2008	121716	156266	106793	18.26	23.44	16.02
2009	121709	158614	108986	18.26	23.79	16.35
2010	121699	160675	109876	18.25	24.10	16.48
2011	121690	162283	110573	18.25	24.34	16.59
2012	121680	163420	111200	18.25	24.51	16.68

数据来源：《中国国土资源统计年鉴》，2012 年。注：每公顷折合 15 亩。

表 11－3　　播种面积、粮食面积和耕地变化率

年份	耕地变化率	播种面积变化率	粮食面积变化率
1950	2.53%	3.65%	4.04%
1951	3.30%	3.13%	2.94%
1952	4.10%	6.32%	5.27%
1953	0.57%	1.97%	2.14%
1954	0.76%	2.70%	1.86%
1955	0.73%	2.13%	0.65%
1956	1.51%	5.36%	5.01%
1957	0.00%	－1.21%	－1.98%
1958	－4.41%	－3.34%	－4.50%
1959	－2.17%	－6.31%	－9.08%
1960	0.27%	5.78%	5.52%
1961	－1.48%	－4.93%	－0.81%
1962	－0.39%	－2.08%	0.15%
1963	－0.17%	－0.01%	－0.72%
1964	0.57%	2.36%	1.13%
1965	0.27%	－0.17%	－2.03%
1966	－0.61%	2.47%	1.14%
1967	－0.38%	－1.28%	－1.45%
1968	－0.99%	－3.53%	－2.58%
1969	－0.09%	0.80%	1.25%
1970	－0.32%	1.80%	1.41%
1971	－0.43%	1.53%	1.32%
1972	－0.08%	1.53%	0.30%
1973	－0.40%	0.43%	－0.04%
1974	－0.30%	0.06%	－0.15%
1975	－0.20%	0.61%	0.07%
1976	－0.32%	0.12%	－0.26%
1977	－0.14%	－0.26%	－0.28%
1978	0.14%	0.52%	0.16%
1979	0.11%	－1.08%	－1.10%

续表

年份	耕地变化率	播种面积变化率	粮食面积变化率
1980	-0.19%	-1.41%	-1.70%
1981	-0.27%	-0.84%	-1.94%
1982	-0.44%	-0.28%	-1.30%
1983	-0.25%	-0.53%	0.52%
1984	-0.51%	0.16%	-1.02%
1985	-1.03%	-0.41%	-3.58%
1986	-0.64%	0.40%	1.92%
1987	-0.35%	0.52%	0.30%
1988	-0.17%	-0.06%	-1.03%
1989	-0.07%	1.16%	1.89%
1990	0.02%	1.23%	1.12%
1991	-0.02%	0.82%	-1.02%
1992	-0.24%	-0.39%	-1.56%
1993	-0.34%	-0.85%	-0.05%
1994	-0.20%	0.34%	-0.87%
1995	0.07%	1.11%	0.47%
1996	36.93%	1.67%	2.26%
1997	0.00%	1.04%	0.32%
1998	0.00%	1.13%	0.78%
1999	0.00%	0.43%	-0.55%
2000	0.00%	-0.05%	-4.15%
2001	0.00%	-0.38%	-2.20%
2002	0.00%	-0.69%	-2.06%
2003	0.00%	-1.44%	-4.31%
2004	0.00%	0.75%	2.21%
2005	0.00%	1.26%	2.63%
2006	-6.39%	-2.15%	0.65%
2007	0.00%	0.86%	0.65%
2008	-0.02%	1.83%	1.09%

数据来源：根据表 11-2 计算。

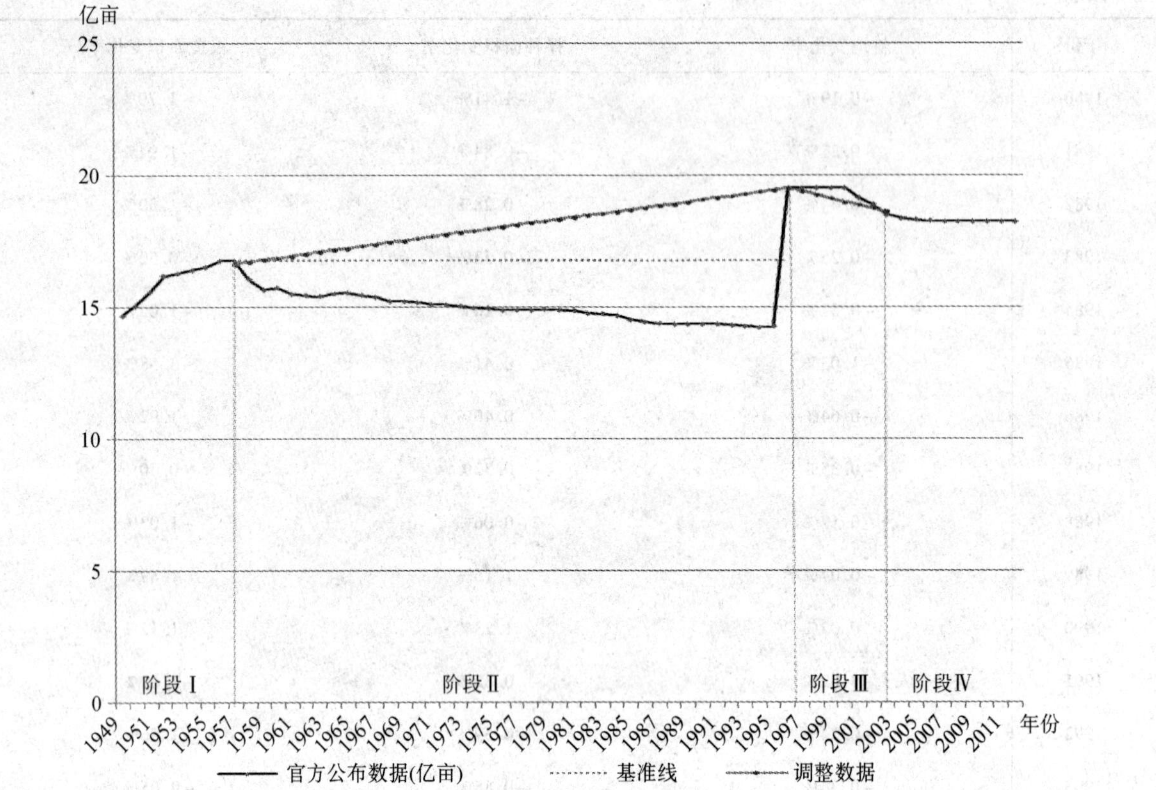

图 11－2　耕地数量变迁

表 11－4　　耕地变化的四个阶段

时期		耕地总量（亿亩）	耕地变化量（万亩）	平均年增量（万亩）
第一阶段	1949	14.68		
	1957	16.77	20900	2986
第二阶段	1957	16.77		
	1995	14.25	－25200	－685
第三阶段	1995	19.51		
	2005	19.51	52600	0
第四阶段	2005	19.51		
	2011	18.25	－12500	－781

核　算　点　评

（1）中国耕地的变化可以分为四个阶段。第一阶段，从1949年到1957年，中国耕地数量从1949年的14.68亿亩增加到1957年的16.77亿亩。在7年内增加了2.09亿亩，平均每年增加2986万亩。第二阶段，从1957年到1995年，在38年内耕地数量逐年减少，到1996年为14.25亿亩。平均每年减少663万亩。第三阶段，在1995年，耕地面积徒然增加到19.51亿亩。这个数字在1997年到2005年期间，保持10年不变。第四阶段，在2006年耕地数量由19.51亿亩下降为18.26亿亩，又在这个水平上维持了7年。在第三和第四阶段的16年内，耕地面积减少1.25亿亩，平均每年减少781万亩。

（2）第一阶段，在1949年前后的土地改革中，农民获得了土地产权，开荒、扩展农田的积极性很高。1956 年，全国核查土地，农民和基层干部积极配合。人们很认真地丈量土地，查清一块耕地就分一块。1957 年公布的耕地数量为 16.77 亿亩。这个数据来自于各地政府签发的土地证，比较可靠。农民拿到土地证，兴高采烈，在自家的地头打下界桩，把耕地看作自己的宝贝。在这段时期粮食产量节节向上。全国谷物产量从 1949 年的 11318 亿吨上升为 1956 年的 19275 亿吨，几乎翻了一番，年均增产幅度将近 10%。

（3）第二阶段，1956 年，农村掀起社会主义改造高潮，从高级社迅速过渡到人民公社。农民刚刚到手的土地产权转眼之间消失得无影无踪。农民的开荒积极性受到很大的挫折。1958 年的“大跃进”彻底搞乱了农业生产秩序。吹大牛，放大炮，明明粮食亩产只有 500—800 斤，却吹成 1000 斤、3000 斤、10000 斤，甚至 30000 斤。征购公粮的指标与耕地数量有关。在某些人的心目中，既然亩产上万斤，每亩交 1000 斤公粮不算多。假若一个乡有耕地 1 万亩，亩产粮食 800 斤，总粮食产量为 800 万斤。如果上报亩产 10000 斤，总产量达到 1 亿斤。如果每亩地征 1000 斤公粮，公粮总数为 1000 万斤。按理说，老百姓手里起码还有 9000 万斤余粮，生活完全没有问题。随后几年给了农民极为深刻的教训。一方面，他们再也不敢浮夸粮食产量。另一方面，他们认为，丈量土地将带来更高的征购指标，很可能危及妻儿老小的生命。农村基层干部和农民在共同的利益基础上，坚决抵制任何形式的土地丈量。只要仔细观察分析中国的耕地数据不难发现，从 1957 年到 1995 年，在 39 年期间内并没有丈量耕地面积，只不过在 1957 年耕地数量上逐年扣除基本建设用地的数字，得到当年的耕地数量。耕地总量呈现为一条向下倾斜的曲线。实际上，在 20 世纪 60 年代，“农业学大寨”，几度掀起开荒高潮。仅仅黑龙江生产建设兵团就开荒 200 万亩。当时，城镇几乎没有新添住房，各级政府没有盖办公楼，也没有修建高速公路和铁路，更没有办开发区。基本建设用地数量有限。耕地总量肯定处于上升态势。

（4）1994 年，美国社会学者莱斯特·布朗提出疑问：“谁来养活中国人?”他认为，到 2030 年前后，中国需要净进口粮食 2 亿吨，这恰好是当时整个国际谷物贸易总量。许多学者为之震惊。如果按照当时官方公布的耕地统计数据计算，中国确实存在着极大的粮食供应问题。可是，中国粮食价格一直很稳定，库存充足，不像出现粮食短缺的样子。于是，许多人提出疑问：究竟中国有多少耕地？

（5）第三阶段，在 1995 年采用航拍和卫星红外遥感技术统计中国耕地面积。使用计算机处理遥感照片能够比较准确地区分耕地和非耕地。如果是耕地，在收获季节地面的承载物必然急剧减少，在卫星拍摄的红外遥感照片上该地块的颜色会骤变。凡是在遥感照片上颜色发生徒然变化的地块必定是耕地。人们反复查对遥感技术得到的数据，欣喜地发现中国耕地数量比统计数字多出来 5.26 亿亩。从 1995 年的 14.25 亿亩猛增为 1996 年的 19.51 亿亩，上升幅度为 36.9%。

（6）第四阶段，在 1996 年以后仍然没有丈量耕地。耕地数字在 1996 年到 2005 年期间再次维持 10 年不变（表 11－4）。即便有了新的航拍、遥感照片也没有调整耕地数量，甚至连基本建设占用耕地的数量都没有及时扣除。直到 2006 年才一次性扣除了基本建设占用的耕地 1.25 亿亩。使得耕地总量下降到 18.26 亿亩。在 1996 年到 2012 年期间平均每年减少耕地 781.25 万亩。

（7）纵观中国耕地总量的变化，有几个节点值得关注和探讨。

第一，为什么全国耕地数量在 1957 年发生逆转，由逐年递增变为逐年递减？

第二，为什么在 1994 年耕地总量突然暴增 36.1%？

第三，为什么在 2000 年到 2005 年期间耕地总量急剧下降？

第四，在 2006 年中央提出坚守 18 亿亩耕地红线之后，耕地总量居然停止下降，是采取了什么特殊措施保护耕地，还是在耕地数量上说了假话？

（8）有人提出重新丈量耕地，这个建议并不现实。不仅费时费力，而且很难得到基层干部和村民的支持。如果打着丈量耕地的旗号，在许多地方连村子都进不去。没有老百姓的配合，丈量土地只不过是一句空话。好在事情逐渐有了转机。2005 年 12 月 29 日，十届全国人大常委会第十九次会议决定，自 2006 年 1 月 1 日起废止《农业税条例》，除烟叶以外全部免征农业税。农民负担大为减轻，他们抵制丈量耕地的情绪有所缓解。恐怕还需要一段时间才能真正打消农民的顾虑。谁都说不上这段时间要多长。在此之前，轻易启动耕地普查很可能事倍功半，甚至很可能被基层忽悠，得不到真实数字。

（9）能不能靠现代科学技术了解耕地数量？航拍和遥感照片确实可以提供大量的信息，可是在实际应用中，卫星图像遇到几个难题：第一，在卫星遥感图片中可以看出国境线，却分不清省界，更分不清县界、乡界。即使知道这块地是耕地，却说不清究竟属于谁家。如果耕地数量不能落实到行政单位和耕地使用者头上，在数据统计和财税政策上便没有多大意义。第二，由于各地收获季节不同，许多地方在一年之内轮作、收获数次。在卫星照片上有些地块的颜色一年变好几次，比较容易引起误差或重复计算。第三，果园和茶园都属于耕地，近年来，由于种植果园的经济效益高于大田作物，因此农民将大量耕地改为果园或茶园。在卫星遥感图片上无法识别采摘水果、茶叶前后的变化，很容易把果园当做林地。东北农民种植人参，要好几年才收获一次，在卫星图片上也许误认人参地为草地。第四，大棚种植蔬菜的技术已经相当普及，卫星遥感技术往往把蔬菜大棚排除在耕地之外。第五，即使在遥感、航拍的照片上确认是耕地，但是却不能确认这块耕地是否已被纳入统计范围之内。事实上，有一些地块上虽然种着庄稼，却没有被包括在耕地统计数据中。其中，相当一部分就是农民宅基地的“菜园”。经过大饥荒的深刻教训，中国农民懂得了必须保护自己，无论如何要给自己家庭留下一块“自留地”或者“菜园”。这些“菜园”或者“宅基地”不属于统计数据中的“耕地”，不必缴纳公粮或农业税。如果农民在离开村庄较远的地方开垦了一些耕地，他们往往在保持耕地总量不变（或略有增加）的情况下，趁机扩大在村庄周边属于农民家庭的“菜园”。也就是说，把“耕地”置换到比较远的地方，而把住房周边的耕地改变为“宅基地”。这些“菜园”、“宅基地”往往是农村中条件最好的耕地。以前还可以根据缴纳农业税的情况来复核耕地面积，如今取消了农业税之后，从税收的途径来了解耕地状况的难度就更高了。

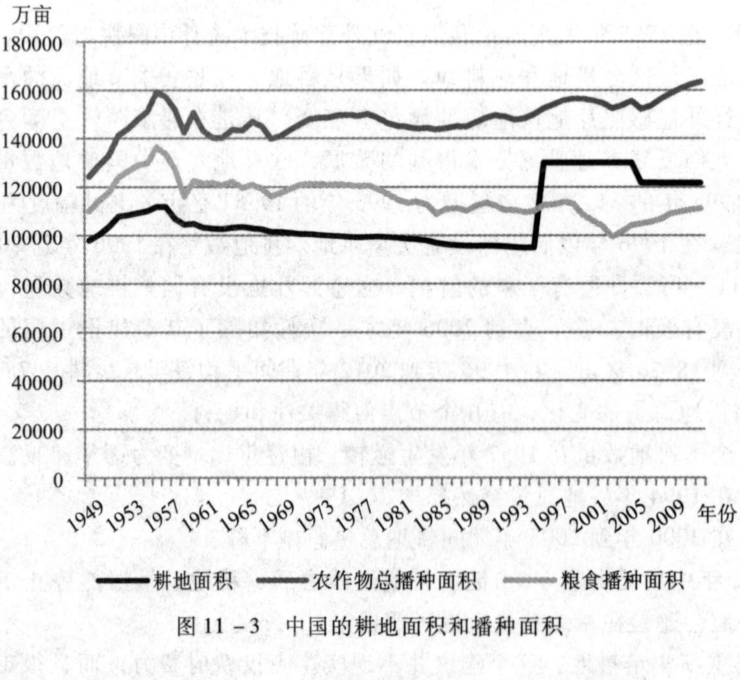

图 11-3　中国的耕地面积和播种面积

核 算 点 评

（1）耕地面积是地理上的概念，播种面积和农业生产相关。由于许多耕地多次轮种，因此播种面积大于耕地面积。在1996年耕地数量发生巨大变化，从1995年的14.25亿亩，增加到1996年的19.51亿亩，增加了5.26亿亩。可是，农作物总播种面积从1995年的22.48亿亩增加到1996年的22.86亿亩，只增加了0.38亿亩。粮食播种面积从1995年的16.51亿亩增加到1996年的16.88亿亩，只增加0.37亿亩（图11－2）。农作物的播种面积并没有像耕地面积那样发生剧烈变动。由此可见，农作物播种面积的数字反映了农业生产的真实情况。而耕地数量的急剧变化意味着对长期数据扭曲的修正。

（2）为了摸清家底，2007年7月1日全面启动了规模空前的第二次全国土地普查。第二次土地普查动用了数十万人在全国各省市以1∶10000比例尺的正射影像图作为调查基础底图，实地对每一块土地的地类、权属等情况进行外业调查，确认每块耕地的归属。历时三年，耗资百亿。终于在2009年底完成了一份普查报告，统一时点为2009年10月31日。这份土地普查报告在2010年3月上报国务院，却迟迟未能公布于众。从2009年到2012年，连续4年，在《国土资源公报》上找不到耕地总数。显然，对于第二次土地普查得到的数据存在着不小的争议。

（3）2013年12月30日，第二次全国土地调查主要数据成果终于公布了。调查显示，截至2009年底，全国耕地203077万亩，比第一次调查多出20380万亩。按照原有的统计数据，全国耕地数量从1998年的19.4亿亩下降到2009年的18.26亿亩，在十年内耕地数量下降了1.14亿亩。可是，第二次土地普查给出的信息恰恰相反，全国耕地总量非但没有减少反而增加了2亿多亩。这是怎么回事？

（4）有人解释说，2006年以前要征收农业税，所以农民倾向于少报耕地，以减少公粮征购的压力。在取消农业税之后，国家给耕地发放补贴，为了得到更多的粮食种植补贴，农民必然倾向于多报耕地数量。假若这种说法是正确的，那么耕地数量岂不成了根“橡皮筋”，一拉就长，一缩就短。耕地数量究竟有多大的水分？

（5）按照《全国土地利用总体规划纲要（2006—2020年）》的要求，我国耕地保有量到2010年和2020年要分别保持在18.18亿亩和18.05亿亩。鉴于耕地数量不断下降，才有必要提出坚守18亿亩耕地，如果耕地数量在持续增加，坚守“土地红线”还有什么意义？耕地的数量有关国家经济安全、粮食安全、生态安全。前后两组数据，相差如此之远，到底哪个是正确的？

（6）第二次土地普查采用航空、航天遥感技术手段获取客观、现实的地面影像作为调查的主要信息源。采用多平台、多波段、多信息源的遥感影像，包括航空、航天获取的光学及雷达数据，以实现对全国各类地形及气候条件下现势性遥感影像的全覆盖。可采用基于DEM和GPS控制点的微分纠正技术，提高影像的正射纠正几何精度；采用星历参数和物理成像模型相结合的卫星影像定位技术和基于差分GPS/IMU的航空摄影技术，实现对无控制点或稀少控制点地区的影像纠正。

（7）在GPS等技术帮助下，主要以1∶10000比例尺的正射影像图作为调查基础底图，实地对每一块土地的地类、权属等情况进行外业调查。以外业调绘图件为基础，采用成熟的目视解译与计算机自动识别相结合的信息提取技术，对每一地块的形状、范围、位置进行数字化，准确获取每一块土地的界线、范围、面积等土地利用信息。

（8）如果要求农民申报耕地数量，很难避免国家财税政策的影响。在征收土地税、农业税的情况下，某些农民会少报耕地数量。在发放耕地补贴的情况下会多报耕地数量。采用航空、航天遥感技术手段可以准确地了解地块的位置、面积、形状等地理要素，如果再辅助以地表人工识别，基本上可以区分耕地与非耕地。以航拍图片作为土地普查的基础，和农民的财税负担和补贴脱钩，可以挤出以往土地调查时掺杂进来的水分，得到的数据具有较高的可信性。

（9）遥感图像最大的局限性是很难区分耕地和农民家庭的“菜园”。事实上农民的宅基地中有很大的一部分用来种菜、种粮和各种农作物。而这些“宅基地”从来就没有被纳入“耕地”的统计数据。没有农民和农村基层干部的配合，根本不可能真正弄清楚有多少土地没有被纳入耕地统计数据。遥感图像不涉及地块的使用权归属，只要是耕地就统计在内。显而易见，在遥感图像技术基础上调查出来的耕地面积要大于以往的统计数据。毋庸置疑，采用先进的遥感技术得到的耕地数量要比走乡串户、问卷调查的结果更贴近真实。

（10）第二次土地普查运用了先进的技术，动用了大量的人力、物力，在全国范围内轰轰烈烈地干了三年多，在2009年就已经基本完成了土地普查，为什么土地普查数据直到2013年年底才与公众见面？其中确实有难言之隐。在过去几年里一直在强调要坚守18亿亩耕地红线。多年来的统计数据告诉我们，耕地数量在逐年下降。人们从身边观察到的现象出发对耕地数量下降这一点深信不疑。于是，坚守18亿亩耕地的说法很容易被广大民众所接受。如果突然告诉民众，耕地不仅没有减少反而从18.2亿亩大幅度增加到20.3亿亩，也许会造成民众认识上的混乱。增加的耕地是从哪里来的？难道过去的统计数字是错的？如果过去这么多年的数字一直是错的，我们还能相信谁的统计？从此推出了下一个问题，在第二次土地普查数据公布之后还要不要严格控制土地政策，还要不要坚守18亿亩土地红线？

（11）综上所述，第二次土地普查得到耕地总数20.3亿亩大致上是可信的。不过，要确切了解耕地数量的难度很大。在某种意义上，中国的耕地数量就像一个“黑盒子”。想确切地分解“黑盒子”内部的组成非常困难。也许在土地政策改革之后，随着土地产权清晰化我们有可能掌握耕地的第一手资料，事实上，也不值得在土地制度改革之前花费很大的代价和精力去破解这个难题。

（12）我们研究的重点是：在城镇化和基本建设占用大量耕地之后，中国会不会遭遇粮食危机？一个简单的逻辑：假定当前中国现有的耕地能够养活13亿人，倘若耕地的数量在不断“增加”，那么今后完全有把握保证中国人民的粮食安全。假设中国现有耕地的数量是N亿亩（我们没有必要去较真N的具体数量），今后如果能在此基础上增加N_1、N_2、N_3和N_4，（N_1是开荒增加的耕地，N_2是由于主要谷物单产不断上升释放出来的耕地。N_3是由于进口玉米和大豆节省下来的耕地。N_4是城镇化过程中进城的农民工释放出来的“宅基地”或“菜园”）。只要$N_1+N_2+N_3+N_4$的数量大于未来城镇化住房建设和基本建设的需要，中国就不存在由于减少耕地导致的粮食危机。当前能实现粮食供求平衡，今后也能保障中国人民的粮食安全。在这种情况下争论18亿亩土地红线就失去了意义。

第二部分　中国是否缺粮

表 11－5　　　　　　　　　　　　　　粮食产量

单位：万吨

年份	粮食	谷物				豆类	薯类
			稻谷	小麦	玉米		
1980	32055.5		13990.5	5520.5	6260.0		2872.5
1985	37910.8		16856.9	8580.5	6382.6		2603.6
1990	44624.3		18933.1	9822.9	9681.9		2743.3
1995	46661.8	41611.6	18522.6	10220.7	11198.6	1787.5	3262.6
2000	46217.5	40522.4	18790.8	9963.6	10600.0	2010.0	3685.2
2005	48402.2	42776.0	18058.8	9744.5	13936.5	2157.7	3468.5
2006	49804.2	45099.2	18171.8	10846.6	15160.3	2003.7	2701.3
2007	50160.3	45632.4	18603.4	10929.8	15230.0	1720.1	2807.8
2008	52870.9	47847.4	19189.6	11246.4	16591.4	2043.3	2980.2
2009	53082.1	48156.3	19510.3	11511.5	16397.4	1930.3	2995.5
2010	54647.7	49637.1	19576.1	11518.1	17724.5	1896.5	3114.1
2011	57120.8	51939.4	20100.1	11740.1	19278.1	1908.4	3273.0
2012	58958.0	53947.0	20424.0	12102.0	20561.0	1732.0	3279.0

数据来源：《中国统计摘要》，2013 年，第 117 页。

核　算　点　评

（1）当前中国是否缺粮，这是研究 18 亿亩土地红线的出发点。无论中国有多少耕地，如果当前不缺粮，只要耕地总数占补平衡，我们就能保证今后的粮食安全。

（2）2013 年，中国农民在极为不利的气候条件下夺得了第十个丰收。据国家统计局公布的数字，2013 年全国粮食产量 60194 万吨，比 2012 年增产 1236 万吨，增长 2.1%。夏粮、早稻、秋粮分别增产 196 万吨、78 万吨和 962 万吨。粮食总产量首次突破 6 亿吨。

图 11－4　中国粮食产量

表 11-6　　农产品生产价格指数

（上年=100）

指　标	2008 年	2009 年	2010 年	2011 年
农产品生产价格指数	114.1	97.6	110.9	116.5
种植业产品	108.4	102.9	116.6	107.8
谷物	107.1	104.9	112.8	109.7
#小麦	108.7	107.9	107.9	105.2
稻谷	106.6	105.2	112.8	113.3
玉米	107.3	98.5	116.1	109.9
大豆	119.7	92.3	107.9	106.3
油料	128.0	94.1	112.1	112.1
棉花	90.6	111.8	157.7	79.5
糖料	98.4	101.5	106.0	125.5
蔬菜	104.7	111.8	116.8	103.4
水果	101.4	107.0	118.9	106.2
林业产品	108.5	94.9	122.8	114.9
畜牧业产品	123.9	90.1	103.0	126.2
猪（毛重）	130.8	81.6	98.3	137.0
牛（毛重）	123.6	101.0	104.7	108.1
羊（毛重）	118.8	101.1	108.7	115.7
家禽（毛重）	111.9	102.2	107.0	112.0
蛋类	112.2	102.8	107.5	112.6
奶类	125.5	91.6	115.3	108.1
渔业产品	111.2	99.0	107.6	110.0

数据来源：《中国统计年鉴》，2012 年，第 315 页。

核 算 点 评

（1）粮价稳定是证明中国不缺粮的重要依据。农产品市场高度分散，市场化程度较高。无论哪种农产品，如果出现短缺，其价格一定上涨。近年来，绿豆、大蒜和猪肉的价格都曾大幅度波动，唯独粮价一直很稳定。粮食对民众生活的重要性远远高于绿豆、大蒜和猪肉。倘若粮食短缺，粮价岂能不涨？粮价稳定说明粮食供求平衡。

（2）近年来农民穷，收入水平低。农民普遍反映种粮不挣钱。换言之，粮价上涨的幅度不够。城里人不断涨工资，如果粮价不适度上涨，农民岂不是越来越穷？粮食并不短缺，导致粮价偏低，在广东、福建等地甚至出现一些耕地撂荒的现象。这些现象从另外一个角度说明，中国不缺粮。

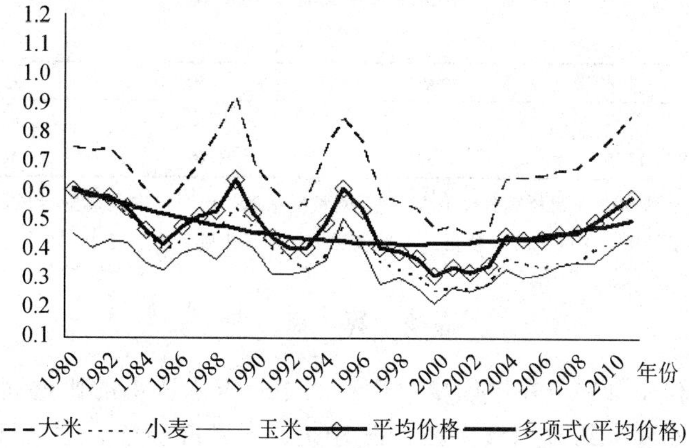

图 11－5　我国三种谷物实际平均价格（1980—2011，1978 年价格，元/公斤）

数据来源：转引自卢锋，“中国农业革命（1978—2012）——大国城镇化的前提条件”，北京大学国家发展研究院“中国经济观察第 32 次报告会”。

表 11－7　　　　城乡居民家庭人均收入及恩格尔系数

年份	城镇居民家庭人均可支配收入绝对数（元）	农村居民家庭人均纯收入绝对数（元）	城镇居民家庭恩格尔系数（%）	农村居民家庭恩格尔系数（%）
1978	343.4	133.6	57.5	67.7
1980	477.6	191.3	56.9	61.8
1985	739.1	397.6	53.3	57.8
1990	1510.2	686.3	54.2	58.8
1995	4283.0	1577.7	50.1	58.6
2000	6280.0	2253.4	39.4	49.1
2005	10493.0	3254.9	36.7	45.5
2006	11759.5	3587.0	35.8	43.0
2007	13785.8	4140.4	36.3	43.1
2008	15780.8	4760.6	37.9	43.7
2009	17174.7	5153.2	36.5	41.0
2010	19109.4	5919.0	35.7	41.1
2011	21809.8	6977.3	36.3	40.4
2012	24564.7	7916.6	36.2	39.3

数据来源：《中国统计年鉴》，2013 年，表 11－2，第 335 页。

核　算　点　评

（1）从恩格尔系数的变化也可以观察是否缺粮。如果一个国家缺粮，粮价必然上涨，人们用于食品的开销会相应上升，因此，恩格尔系数也不断攀升。

（2）1978 年，中国城镇和农村居民家庭恩格尔系数分别为 57.5% 和 67.7%。2008 年进一步下降，城乡居民家庭恩格尔系数分别为 37.9% 和 43.7%。2012 年，城乡居民家庭恩格尔系数分别为 36.2% 和 39.3%。

（3）按照联合国粮农组织设定的标准：恩格尔系数在 60% 以上为贫困，59%—50% 为温饱，49%—40% 为小康，39%—30% 为富裕，30% 以下为最富裕。我国城镇居民生活的恩格尔系数在 1993 年为 50.13%，处于温饱阶段，1995 年下降到 50% 以下，进入小康阶段。1999 年下降到 40% 以下，踏进了富裕阶段的大门。显然，恩格尔系数不断下降从另外一个角度表明中国并不缺粮。

表 11-8　　中国原粮储备总量与结构

单位：万吨

	小麦	稻谷	玉米	大豆	总量
占比（%）	51%	30%	17%	2%	100%
原粮储备量	11750	6911	3916	461	23038

数据来源：北京师范大学《2013 国民核算研究报告》，石刚教授整理。说明：本表根据《凤凰财经》（2008）的相关报道资料整理而得。表中稻谷包括早籼稻、中晚籼稻、粳稻；大米包括早籼米、中晚籼米、粳米。

核 算 点 评

由于玉米主要用作于饲料，在中国粮食库存当中，玉米所占的比重远远低于稻谷和小麦。在中国的粮食储备中，小麦大约占51%，稻谷占30%，玉米占17%，大豆只占2%。在2012年小麦库存可以支持消费4.8个月，可是玉米库存支持消费的时间只有2.5个月。这充分说明粮食部门对口粮安全的重视程度大大高于饲料。

表 11-9　　小麦库存

单位：万吨

年份	期初库存	期末库存	库存变化	国内总需求	库存占总消费比例	库存支持消费时间（月）
2002	8244.7	5956.1	2288.6	10896.2	54.7%	6.56
2003	5956.1	5404.3	551.8	10532.6	51.3%	6.16
2004	5404.3	4754.3	650.0	10477.6	45.4%	5.45
2005	4754.3	4735.1	19.2	10759.5	44.0%	5.28
2006	4735.1	4532.9	202.2	10950.0	41.4%	4.97
2007	4532.9	4761.5	-228.6	11042.0	43.1%	5.17
2008	4761.5	5374.6	-613.1	11035.0	48.7%	5.84
2009	5374.6	5554.1	-179.5	11300.0	49.2%	5.90
2010	5554.1	5313.8	240.3	12310.0	43.2%	5.18
2011	5313.8	4761.9	551.9	12040.0	39.6%	4.75
2012	4761.9	4743.5	18.4	11660.0	40.7%	4.88

数据来源：陈盼等，“2013 年玉米小麦供需分析及替代研究”，《饲料广角》，2013 年第 13 期。

表 11-10　　玉米库存

单位：万吨

年份	国内消费量	期初库存	期末库存	库存变化	库存占总消费比例	库存支持消费时间（月）
2001	11889	5245	4082	1163	34.3%	4.12
2002	12320	4082	4064	18	33.0%	3.96
2003	13181	4084	4420	-336	33.5%	4.02
2004	14641	4420	3895	525	26.6%	3.19
2005	15231	3895	3841	54	25.2%	3.03
2006	15895	3841	4526	-685	28.5%	3.42
2007	17405	4526	3436	1090	19.7%	2.37
2008	17975	3436	3061	375	17.0%	2.04
2009	17975	3061	4095	-1034	22.8%	2.73
2010	19475	4095	3970	125	20.4%	2.45
2011	19400	4095	4085	10	21.1%	2.53
2012	19500	4085	4065	20	20.8%	2.50

数据来源：陈盼等，“2013 年玉米小麦供需分析及替代研究”，《饲料广角》，2013 年第 13 期。

核 算 点 评

（1）在2012年，小麦的期末库存4743.5万吨，是总消费的40.7%（表11-9）。库存量高于玉米（4065万吨）。这个数字说明了口粮库存的重要性。

（2）2006年和2007年，为了处理国家粮库中积压多年的陈化粮，修建了几个燃料乙醇工厂。将玉米库存占总消费量的比例从28.5%降到17%。因为国内饲料需求持续上升，促使玉米产量从2007年的16200万吨增加到2010年的18750万吨。在3年内增产2550万吨。在这段时期内进口玉米从130万吨增加到650万吨（表11-10）。期末库存恢复到4000万吨上下。由此可见，今后随着人民生活水平不断提高，对肉类、奶类、水产的需求越来越高，相应对饲料的需求也会越来越高。是完全靠自己的能力来生产饲料还是依靠国际市场增加供应，是一个优化选择的问题。大豆进口开创了一个好的开头，随后就要考虑如何安排玉米、小麦等农作物的生产、库存和进口之间的关系。

表11-11　　美国农业部对中国粮食库存的估计

单位：百万吨

年份	小麦	玉米	稻谷	谷物
1995-1996	59.6	89.6	85.4	233.9
1996-1997	60.9	102.3	88.5	251.7
1997-1998	71.1	87.7	93.0	251.8
1998-1999	66.4	102.1	96.0	264.5
1999-2000	65.2	102.3	98.5	266.0
2000-2001	54.2	80.5	95.0	229.7

资料来源：美国农业部，World Agricultural Supply and Demand Estimates。

核 算 点 评

（1）证明中国不缺粮的另一个重要依据是中国粮食库存充足。多年来，中国粮食库存总量一直保持在2.5亿吨以上。2011年底和2002年相比，中央储备粮增加6%。食用油的储备量增加127%。国家地方储备粮增加94%，食用油储备量增加324%。根据中国科学院国情分析研究小组，20世纪90年代中期国家粮食库存约2000万吨—4000万吨。2000年3月底，全国粮食总库存达2.65亿吨（原粮）。国家粮食库存总量约占市场流通量的70%—80%。

（2）《中国日报》在2000年12月6日报道，国务院发展研究中心有位官员说，在国家粮库中的粮食储备量大约2.5亿吨，此外，在农民家庭中还储存1.35亿吨粮食。

（3）美国农业部在2001年5月发表报告，估计中国的谷物库存量为2.297亿吨。当记者采访中国农业部的时候，农业部发言人回答，美国农业部的估计比较接近中国实际情况。

（4）按照联合国粮农组织1974年提出的粮食安全的概念：期末谷物库存量至少相当于全年谷物消费量的17%—18%。也就是说，至少库存的谷物不得少于2个月的消费量。倘若一个国家的谷物库存量低于年消费量的17%则为谷物不安全。如果低于14%（相当1.68个月的消费量）则进入紧急状态。2013年中国粮食消费量5.9亿吨，库存谷物2.5亿吨，超过了5个月的消费量。库存量比世界平均水平高一倍多。

表 11－12　　农户平均年末粮食结存数量

单位：公斤

年份	2003	2004	2005	2006	2007
年末粮食结存	1320	1445	1396	1346	1294
小麦	299	298	274	261	230
稻谷	426	437	437	414	407
玉米	408	487	461	484	490
大豆	27	62	52	36	24
薯类	33	31	26	25	22

资料来源："全国农村固定观察点调查系统的历年常规调查"，转引自尹成杰，《粮安天下》，第 157 页。

核 算 点 评

判断粮食够不够吃，还有一个很重要的指标：农民手里有没有足够的粮食。在 2011 年乡村人口总数为 65656 万人。根据农村调查数据，按照每个农户 4 口人，每月每人消耗 20 公斤粮食计算，每户农民每年需要口粮 960 公斤。每户农民年末粮食结存数量为 1294 公斤。扣掉每年每户需用 450 公斤左右的饲料之后，农民储备的粮食可以支撑 10 个月以上的口粮需求。估计农民手里还有 2 亿多吨存粮。从国际比较来看，中国农户的储粮比例相当高，加上国家粮库的库存，可以肯定地说，中国不缺粮。

表 11－13　　燃料乙醇生产

单位：百万加仑

地区	产量	占比	国别	产量	占比
北美	14401	0. 646858	美国	13900	0. 624354
南美	5771	0. 259219	巴西	5573	0. 250326
欧洲	1164	0. 052284	中国	646	0. 029017
亚洲	889	0. 039932	加拿大	462	0. 020752
非洲	38	0. 001707	澳大利亚	87	0. 003908

数据来源："我国燃料乙醇发展状况及展望"，钢联咨询，2012 年 11 月 20 日。

表 11－14　　中国燃料乙醇产量

单位：万吨

年份	燃料乙醇产量	燃料乙醇需用玉米量	乙醇玉米转换率	玉米总产量	燃料乙醇用玉米的比重
2004	68	180	2. 65	13029	1. 4%
2005	102	269	2. 64	13937	1. 9%
2006	130	343	2. 64	14548	2. 4%
2007	137	362	2. 64	15230	2. 4%
2008	146	386	2. 64	16591	2. 3%
2009	173	457	2. 64	16397	2. 8%
2010	187	494	2. 64	17725	2. 8%
2011	193	510	2. 64	19278	2. 6%

数据来源：张雪莲，"发展燃料乙醇对我国玉米生产和贸易的影响"，《生态经济》，2013 年第 5 期，第 151 页。"我国燃料乙醇发展状况及展望"，钢联咨询，2012 年 11 月 20 日。

核 算 点 评

（1）判断中国是否缺粮还有一个观察点：燃料乙醇的产量。近年来中国燃料乙醇的产量节节上升。从2004年的68万吨，上升为2011年的193万吨（646百万加仑），耗用的玉米从2004年的180万吨上升为2011年的510万吨。占全球燃料乙醇总产量的2.9%。在世界上燃料乙醇生产国当中，中国排名第三。

（2）中国主要用库存陈粮生产燃料乙醇。库存1—3年的粮食属于正常口粮。库存3—5年的粮食通常被用作饲料。超过5年的存粮连做饲料的资格都没有了，只好用来生产生物燃料。既然仓库中还有那么多5年以上陈粮，自然不可能在短期内出现粮食短缺。

（3）由于当今国内并不缺粮，我们有把握说，无论中国耕地的数量是多少，18亿亩也好，20亿亩也好，只要耕地数量没有减少，过去我们能够做到自己养活自己，今后也能够独立自主地养活自己，用不着杞人忧天。

第三部分　耕地增减的原因

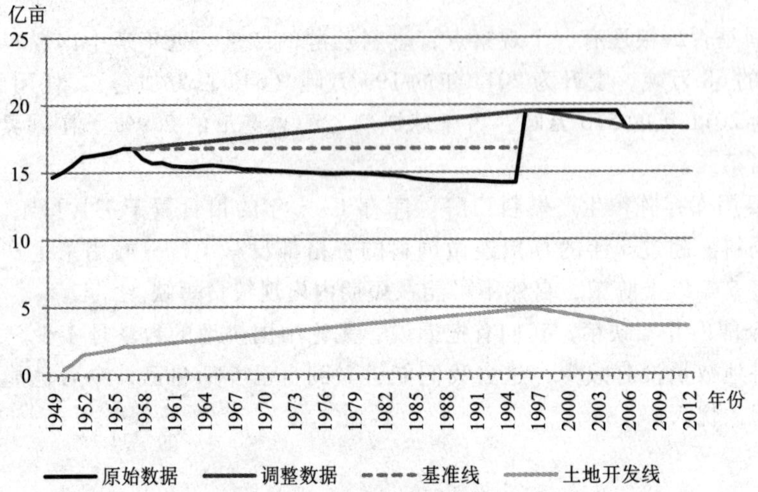

图 11 - 6　中国耕地数量的基准线

核　算　点　评

（1）如果把 1956 年耕地数量（16.77 亿亩）和 1996 年耕地数量（19.51 亿亩）这两点连接起来，在水平线和统计数据线之间的距离近似看成建设占用土地，连接线和统计数据线之间的距离近似看成开荒增加耕地数字。1956 年到 1996 年这 40 年内由于开荒新增耕地数量超过了基本建设用地数量（2.52 亿亩），才使得 1996 年的耕地面积比 1956 年增加了 2.74 亿亩。

（2）众所周知，位于平原、河谷等地的备用土地资源已经基本用尽。东南沿海地区的农民精耕细作，充分地利用了每一块耕地，几乎没有开垦荒地的可能。可是，从全国的统计数字来看，耕地只占全部土地资源的 12.8%，未利用土地占国土面积的 27.44%。特别是在中西部地区还有很大的开发耕地的潜在空间。

（3）根据第二次土地普查的数据，东部地区耕地 39446 万亩，占耕地总量的 19.4%；中部地区耕地 46072 万亩，占 22.7%；西部地区耕地 75652 万亩，占 37.3%；东北地区耕地 41907 万亩，占 20.6%。

表 11 - 15　　**耕地增减变动情况**

单位：万亩

年份	年初耕地面积	年内增加耕地面积				
			土地整理	土地复垦	土地开发	农业结构调整
1999	194463	608	0	0	0	0
2000	193808	906	63	98	275	469
2001	192365	399	65	37	202	95
2002	191424	512	79	53	260	121
2003	188894	515	97	49	321	49
2004	185088	796	86	90	343	277
2005	183666	934	107	106	247	474
2006	183124	1080	118	95	337	529
2007	182664	450	68	40	186	156
2008	182603	388	93	44	208	44

续表

年份	年内减少耕地面积				
		建设占用	灾害损毁	生态退耕	农业结构调整
1999	1263	308	202	592	161
2000	2349	245	93	1144	867
2001	1340	245	46	886	163
2002	3041	295	85	2138	524
2003	4321	344	76	3356	546
2004	2217	439	95	1099	584
2005	1477	318	80	585	493
2006	1540	388	54	509	589
2007	511	282	27	38	164
2008	417	287	37	11	81

数据来源：《中国国土资源统计年鉴》，2012 年，第 8 页。

核 算 点 评

（1）耕地数量受到一正一负两方面的影响：开荒和土地治理，增加耕地；基本建设（工业、交通、住房等）、灾害毁损、生态保护退耕，减少耕地。耕地面积是增还是减，就看哪个作用更强。

（2）导致耕地数量上升的主要因素是：土地开发、土地整理、土地复耕和农业结构调整。

（3）导致耕地下降的主要因素是建设用地、灾害损毁、生态保护退耕、农业结构调整。

（4）灾害毁损的耕地数量占耕地总面积的比例不大。1998 年华东发生百年不遇的洪水，耕地毁损 202 万亩。随后，灾害毁损耕地的数量一直控制在 80 万亩左右。2006 年灾害毁损耕地 54 万亩。2007 年灾害毁损耕地下降为 27 万亩，2008 年灾害毁损耕地为 37 万亩。一般来说，倘若遭遇自然灾害，难免毁损一些耕地。灾害过后尚可重整治理，恢复耕种。

表 11－16　　农业结构调整改变耕地数量

单位：万亩

年份	农业结构调整增加面积	农业结构调整减少面积	净增加面积
1999	0	161	－161
2000	469	867	－398
2001	95	163	－68
2002	121	524	－403
2003	49	546	－497
2004	277	584	－307
2005	474	493	－19
2006	529	589	－60
2007	156	164	－7
2008	44	81	－37
合计	2214	4171	－1957

数据来源：根据表 11－12 数据计算。

核 算 点 评

（1）在耕地增减两方面都包括农业结构调整。

（2）农业结构调整并不意味着耕地流失。近年来，市场对于奶制品、水产品的需求上升速度较快，必然会导致更多的耕地被用于牧业和水产养殖业。市场主导的耕地用途调整是合理的。耕地只不过改换了用途，并没有流失，不足为虑。因此，在讨论耕地红线的时候可以将农业结构调整的影响排除在外。

表 11－17 **开荒增加的耕地数量**

单位：万亩

年份	统计耕地数量	建设用地	实际耕地数量	累积新增耕地数量	每年开荒增加耕地
1957	167745	8	168420	675	675
1958	160351	－7394	169103	8752	8077
1959	156869	－3482	169786	12917	4165
1960	157292	423	170469	13177	260
1961	154966	－2326	171152	16186	3009
1962	154355	－611	171835	17480	1294
1963	154090	－265	172518	18428	948
1964	154968	878	173201	18233	－195
1965	155391	423	173885	18493	260
1966	154437	－954	174568	20131	1637
1967	153846	－591	175251	21405	1274
1968	152330	－1516	175934	23604	2199
1969	152190	－140	176617	24427	823
1970	151702	－488	177300	25598	1171
1971	151049	－653	177983	26934	1336
1972	150922	－127	178666	27744	810
1973	150319	－603	179349	29030	1286
1974	149868	－451	180032	30164	1134
1975	149562	－306	180715	31153	989
1976	149082	－480	181398	32316	1163
1977	148871	－211	182081	33210	894
1978	149084	213	182764	33680	470
1979	149247	163	183447	34200	520
1980	148958	－289	184130	35172	972
1981	148556	－402	184813	36257	1085
1982	147909	－647	185496	37587	1330
1983	147539	－370	186179	38640	1053
1984	146781	－758	186862	40081	1441
1985	145269	－1512	187546	42276	2195
1986	144345	－924	188229	43884	1607
1987	143833	－512	188912	45079	1195
1988	143583	－250	189595	46012	933
1989	143484	－99	190278	46794	782
1990	143509	25	190961	47452	658
1991	143480	－29	191644	48164	712
1992	143139	－341	192327	49188	1024
1993	142652	－487	193010	50358	1170
1994	142360	－292	193693	51333	975
1995	142456	96	194376	51920	587

注：建设用地＝历年统计数字之差。

实际耕地数字取自于 1957 年和 1995 年两年耕地数字的回归线

开荒新增耕地＝耕地回归线－耕地统计数量

每年新增耕地＝开荒新增耕地－建设用地 。

核 算 点 评

（1）1956 年全国耕地总量 16.77 亿亩。1996 年全国耕地总量 19.51 亿亩。2009 年全国耕地总量 20.3 亿亩。从这个三个点来看，中国耕地总量一直在增加。不同时期耕地增长速度不同，增速在下降。

（2）在 1949 年到 1956 年期间，年均耕地增加 2985.7 万亩。在 1957 年到 1996 年期间，年均增加 913 万亩。在 1996 年到 2009 年期间，年均增加 607 万亩。

（3）新增耕地的质量普遍较差，地理位置较偏，单位亩产较低。有的学者建议采用适当的权数来折算新开垦的耕地。但是，一般来说，新开垦的耕地经过一段时间的治理之后又可能从“生地”转变为“熟地”，农作物产量逐步提高。

（4）近年来，耕地增加速度下降的原因可能有两个：第一，改革开放以后，城镇化速度加快，基本建设占用土地大幅度增加，第二，可供开垦的荒地越来越少，开荒难度越来越大。

表 11－18　　土地项目整治竣工情况（2011 年）

单位：万亩

	合计	土地整理	土地复垦	土地开发	新增农用地	新增耕地
2003	NA	NA	NA	NA	421.4	371.6
2004	NA	NA	NA	NA	437.4	397.8
2005	NA	NA	NA	NA	395.6	367.5
2006	1122.7	786.3	104.3	232.2	428.1	401.2
2007	1414.4	1079.0	86.7	248.7	435.8	411.0
2008	1595.9	1234.2	89.1	272.6	504.0	479.0
2009	1311.9	1049.7	46.3	215.9	457.4	403.4
2010	2110.2	1717.4	75.3	317.6	575.3	560.6
2011	1914.2	1450.0	61.4	402.8	596.4	524.7
北京	14.5	14.2	0.0	0.3	0.8	0.8
天津	6.4	0.0	0.0	6.4	6.1	6.1
河北	118.0	101.2	71.6	16.2	23.2	23.2
山西	15.6	4.9	0.3	10.4	9.7	9.5
内蒙古	51.0	38.4	0.0	12.7	13.7	13.7
辽宁	63.6	58.8	3.9	0.9	3.6	3.6
吉林	8.4	7.6	0.8	0.0	1.6	1.6
黑龙江	63.5	59.9	3.6	0.0	10.5	10.1
上海	6.7	1.3	3.8	1.6	5.1	5.1
江苏	86.3	69.4	10.3	6.6	20.7	20.7
浙江	20.8	1.9	0.0	18.9	16.8	16.7
安徽	42.1	13.8	15.9	12.4	85.4	23.9
福建	43.4	34.8	0.3	8.3	14.7	11.7
江西	30.2	8.6	2.4	19.2	17.9	17.9
山东	80.0	70.5	2.0	7.5	16.6	15.7
河南	149.0	110.9	4.4	33.7	44.5	43.5
湖北	98.0	73.8	2.8	21.4	28.2	27.8
湖南	41.8	20.7	0.3	20.8	18.0	17.8
广东	39.6	2.2	0.0	37.4	34.8	34.7
广西	32.0	13.9	0.0	18.0	15.1	15.1
海南	9.6	7.5	0.0	2.1	2.1	2.1
重庆	39.6	37.6	0.1	1.9	7.6	7.5
四川	435.5	427.3	0.7	7.6	51.6	50.0
贵州	41.0	11.5	1.4	28.1	26.4	26.3
云南	83.6	61.9	3.0	18.7	23.6	22.7
西藏	0.0	0.0	0.0	0.0	0.0	0.0
陕西	23.0	2.6	3.7	16.7	18.5	18.1
甘肃	157.9	113.5	0.9	43.5	42.4	42.2
青海	2.9	2.5	0.1	0.4	2.1	2.1
宁夏	25.7	9.7	0.0	16.0	12.6	12.3
新疆	84.4	69.2	0.0	15.2	22.4	22.1

资料来源：《中国国土资源统计年鉴》，2012 年，第 3 页。表中 NA 表示数据暂缺。

核　算　点　评

（1）由表 11 - 18 可见，列入国家耕地整治项目的土地数量处于上升态势。土地开发的数量从 2006 年 232.2 万亩逐年上升到 2011 年的 402.8 万亩。新增农用地从 2003 年的 421.4 万亩到 2011 年上升为 596.4 万亩。其中新增耕地从 2003 年的 372.6 万亩上升为 2011 年的 524.7 万亩。

（2）在 1999 年到 2008 年的 10 年内，全国总共开发土地 2378 万亩，通过土地整理增加耕地 776 万亩，土地复耕 611 万亩。三项合计增加耕地 3765 万亩，平均每年增加耕地 376.5 万亩。显然，受到自然条件的制约，最近几年开发耕地的数量大大低于上个世纪。可是，依然可以预期在未来保持这样的趋势：每年开发的耕地在 200 万—300 万亩之间。通过土地整理和复耕还可以增加耕地 100 万—200 万亩。

（3）如同人们的预期，内陆省份新增耕地数量摇摇领先。四川、河南等省人口密度很高，在 2011 年分别新增耕地 50 万亩和 43.5 万亩，名列前茅。人口较少的甘肃省也取得很好的成绩，新增耕地 42.2 万亩。就是人口密度很高的东南沿海各省也在不断新增耕地，例如广东新增耕地 34.7 万亩，江苏新增耕地 20.7 万亩，浙江新增耕地 16.7 万亩，福建新增耕地 11.7 万亩。众所周知，东南沿海各省新增耕地的难度比内陆省份更大，但是实践证明，只要依靠农民群众，充分发挥市场机制的作用，不断改进农村土地制度，就有可能不断扩大新增耕地空间。绝对不能低估农民开荒造田的主观能动性。那种认为中国已经没有开发耕地空间的悲观论点可以休矣。

（4）究竟中国有多少后备耕地可供开发？各个部门的估计数字大不相同。国土资源部的《2005 年土地变更调查报告》估计，全国可开发后备土地资源约为 13.12 亿亩，可开垦耕地约为 2 亿亩。其中，西北地区的河西走廊、准格尔盆地、伊犁河流域、塔里木盆地等耕地后备资源最为集中，可开发利用 6000 万亩；东北地区三江平原、松嫩平原、嫩江上游、辽河平原及西辽河流域等也有潜力，可开发利用 1000 万亩。2010 年，国家发改委向全国人大报告粮食安全工作时认为，中国可开垦成耕地的土地不足 7000 万亩。在 2011 年，国土资源部公布的资料则认为，中国集中连片耕地后备资源 1.1 亿亩，主要分布在北方和西部的干旱地区。国务院发展研究中心在一份报告中指出："总体上，未来企图依靠后备资源弥补耕地'农转非'缺口是不现实的。大体估计，目前可靠的全国后备耕地在 3000 万亩左右，但不能弥补 2020 年占用 4500 万亩的缺口。"他们有四点理由：第一，西北地区难以提供大规模可耕之地。2003 年，中国工程院课题组向国务院提供的《西北地区水资源配置、生态环境建设和可持续发展战略研究》指出：西北地区（新疆、青海、甘肃、宁夏、陕西和内蒙古六省区）水资源量多年平均仅占全国总量的 5.84%；水资源开发利用率严重超高，其中在甘肃的河西走廊的河流、新疆的塔里木河和天山北坡的河流的水资源开发利用率甚至超过 100%。即使南水北调西线工程完成，也不能改变西北部地区严重缺水状态。因此该地区将来应该调整产业结构，减少粮食生产用地用水，而不是继续开垦土地用于粮食生产。第二，村庄整治、农民变市民节约土地短期内难以实现。经过近十年村庄整治浪潮，便于整理节省之地已所剩无多，其余则多数处于山区、干旱半干旱以及荒漠之地。第三，耕地质量继续下降。一般来说，中国耕地总体质量不高。高标准基本农田仅占 30%，中低产田分别为 6 亿亩和 5 亿多亩。人口稠密地区、经济发达地区与优质耕地分布区域三者高度重合。按照《全国主体功能区规划》提出的"两纵三横"的城市化战略格局，到 2020 年建设占用耕地用地 3 万平方公里（即 4500 万亩）。其中大多数是良田，相当于劣质耕地 1 亿亩以上，减少粮食产量应当不低于 2000 万吨。即是说，21 世纪头 20 年，中国将因为耕地"占优补劣"导致粮食生产量减少 3000 万吨。第四，为改善生态环境，国家从 1999 年起实施退耕还林工程，到 2007 年总计退耕还林 1.4 亿亩。但从 2007 年停止增加退耕还林面积，其目的是为了确保"十一五"期间耕地不少于 18 亿亩。中国土地过度开垦在生态安全方面还有欠账，稍有退耕即会突破 18 亿亩耕地安全线。由于各家对后备耕地的定义不一样，难免报告的数字相差颇大。总的来说，虽然还有一定的后备耕地可供开发，但是，为了保护生态环境，不应当把保证粮食安全的希望寄托在开发后备耕地上。

（5）阶段性的退耕还林。

1998年，在遭遇百年不遇的大洪水之后，人们发现，洪灾爆发的频率越来越高，灾情越发严重，究其原因与水土流失、生态破坏密切相关。痛定思痛，亡羊补牢，中央在1999年决定从四川、陕西和甘肃开始大规模实施生态保护，退耕还林，从而导致耕地数量大幅度减少。国务院西部地区开发领导小组确定在2001—2010年退耕还林1467万公顷（22005万亩）。[①] 根据中央颁布的退耕还林政策，黄河和海河流域每亩退耕地补助原粮每年200斤，长江和淮河流域每亩退耕地每年300斤。还生态林的至少补助8年，还经济林的补助5年，还草的补助2年。每亩退耕地和宜林荒山荒地补助现金20元，种苗造林费50元。

不言而喻，实施退耕还林政策的前提是国家有足够的粮食发放原粮补贴。这从另外一个角度说明中国不缺粮。在短短几年期间，当初内蒙古、云南等生产建设兵团辛辛苦苦开垦出来的耕地几乎都退耕还林，退耕还牧了。从1999年到2008年，总共退耕10360万亩。

退耕还林是2002年到2006年期间耕地减少的主要原因。例如，在2002年耕地减少3041万亩，其中退耕还林2138万亩，占耕地减少量的70.3%。在2003年耕地减少4321万亩，其中退耕3356万亩，占77.67%。2004年耕地下降2217万亩，其中退耕1099万亩，占49.6%。随后，退耕数量逐年减少。在2005年和2006年分别退耕585万亩和509万亩。到了2007年退耕工作高潮已过，退耕数量只有38万亩。在2008年耕地减少417万亩，其中退耕数量只有11万亩，只占2.64%。由于退耕涉及发放各种补贴，因此，这个统计数字比较准确。

截至2012年底，为了退耕还林中央累计投入3247亿元。全国有2279个县，1.24亿农民受益。实施退耕还林工程的地区森林覆盖率平均提高3个多百分点，水土流失和风沙危害明显减轻。

虽然全国范围大规模的退耕还林高峰期已经过去了，但是并不意味着可以忽视生态修复、环境保护的任务。在过去30年高速经济增长中，片面追求GDP高增长率，导致生态环境严重透支，欠账甚多。生态脆弱的面积已占国土总面积的60%以上。2013年8月，国家林业局启动生态红线保护行动，要求全国林地面积不低于46.8亿亩，森林面积不低于37.4亿亩，湿地面积不少于8亿亩，治理宜林宜草沙化土地、恢复荒漠植被不少于53万平方公里。生态保护的任务非常艰巨。根据第七次全国森林资源清查（2004—2008年）结果，现有森林面积29.25亿亩，远远低于森林红线的要求。几年来，全国每年造林八九千万亩，起码要继续努力8年以上才能达到要求。[②] 在2012年9月19日，国务院常务会议要求，适当安排“十二五”时期重点生态脆弱区退耕还林任务。自2013年起，适当提高巩固退耕还林成果部分项目的补助标准。中央2013年一号文件明确提出，要巩固退耕还林成果，统筹安排新的退耕还林任务。

退耕还林纠正了过去违背自然规律，“左倾”蛮干的历史错误。众所周知，退耕还林是一项阶段性的工作。一旦完成之后就不会再度发生。可以预见，生态退耕不再成为今后耕地减少的主要原因。事实上，在政府财政支出中用于退耕还林的预算已经微乎其微。[③]

从1999年到2008年，总共退耕10360万亩。如果扣除退耕还林导致的耕地减少，在1996年到2012年期间耕地减少2140万亩，平均每年减少134万亩。不必大惊小怪。在核算今后耕地增减的时候没有必要考虑退耕的影响。某些人根据退耕还林高峰时期的数据线性外推，得出耕地会继

---

① 参见《国务院关于进一步做好退耕还林还草试点工作的若干意见》（国发〔2000〕24号）和《国务院关于进一步完善退耕还林政策措施的若干意见》（国发〔2002〕10号）。

② 数据来源：顾仲阳，“生态红线为何高设”，《人民日报》，2013年8月4日。

③ 为了继续治理生态环境，延安市政府决定自筹资金30亿元，用4年时间，逐步将全市25度以上的坡耕地224万亩全部退耕还林。详见《人民日报》，2013年5月14日。

续大幅度下降的结论，这样的判断缺乏现实数据的支持。

表 11－19　　耕地总量中土地整理、复垦、开发数量

单位：万亩

年份	土地整理	土地复垦	土地开发	合计
2006	118	95	337	550
2007	68	40	186	294
2008	93	44	208	345
平均值	93	60	244	396

数据来源：根据表 11－18 计算。

表 11－20　　土地整治项目竣工中土地整理、复垦、开发的数量

单位：万亩

年份	土地整理	土地复垦	土地开发	合计
2006	786	104	232	1123
2007	1079	87	249	1414
2008	1234	89	273	1596
平均值	1033	93	251	1378

数据来源：根据表 11－18 计算。

表 11－21　　每年减少的耕地面积

单位：万亩

年份	建设占用	灾害损毁	合计
2006	388	54	442
2007	282	27	309
2008	287	37	324
平均值	319	39	358

数据来源：根据表 11－18 计算。

核　算　点　评

（1）在《中国国土资源统计年鉴》中有两组数据，第一组是耕地增减变动情况，另一组是土地项目整治竣工情况。土地整治项目主要由国家投资，列入计划。通常只有规模较大的项目才能被纳入土地整治项目的统计。农村集体或个人进行的土地整治（开荒、复垦、整理等）分散于各地，零零星星，规模不大，很难统计，所以没有被纳入统计数字。可是，农民千家万户开荒、复垦、整理土地，加到一起，数字非常可观，不可忽视。

（2）按照一般道理来讲，全国耕地增加数量应当大于土地项目整治竣工数字。可是，耕地总量变化数据中土地整理、复垦、开发的数字却明显低于由政府主导的土地整治项目竣工数字。[①] 按照总量统计数据，在 2006 年到 2008 年的三年期间内，土地整理、复垦和开发平均每年 396 万亩。按照政府主导的土地整治项目统计数据，在这个时期内土地整理、复垦、开发平均每年 1378 万亩。无论如何，全国耕地增加量应当大于政府主导的土地整理、复垦和开发数量。由于涉及政府

① 在《中国国土资源统计年鉴》中耕地变更数据只显示到 2008 年。显然，在开展了第二次土地普查之后，统计当局已经注意到原有耕地数据中存在的问题。因此，我们的分析比较只能局限在 2006 年到 2008 年这三年的数据。

的行政开支，政府主导的土地整理、复垦、开发的数字比较可信。由此可以判断，由于严重缺失了民间开荒、整治土地的数字，全国耕地总量中土地整理、复垦和开发的数字被低估了。

（3）相对来说，耕地减少的数据比较准确。在2006年到2008年期间，每年建设占用的土地平均为319万亩。由于灾害毁损的土地平均39万亩。两者合计，每年平均减少耕地358万亩。

（4）从表11－17可见，在土地整理、复垦、开发总量中新增耕地数量仅占三分之一左右。在2006年到2008年期间，新增耕地平均每年为430万亩。[①]

（5）从上述简单的计算中可以得到这样的耕地增减平衡关系，如果仅仅考虑政府主导的耕地整治开发，姑且不计民间的开荒、造田，在2006年到2008年期间，耕地增加每年平均430万亩，减少358万亩。增减相抵，每年净增72万亩。总的来说，中国耕地总量处于上升态势。当然，并不排斥在2000年到2007年大规模退耕还林期间耕地总量下降的状况。

（6）必须指出，在这个计算中耕地增加量仅仅考虑了由政府主导的耕地整治项目，而没有包括广大农民自己开荒、整治土地所增加的耕地在内。如前所述，由于土地产权不清晰，缺乏鼓励农民报告开荒所增加耕地的激励机制。在短期内很难得到确切的耕地数字。但是，我们相信中国农民的勤劳、勇敢和无穷的创造力，只要有条件，他们一定会以愚公移山的精神不断地开拓耕地。因此，我们可以相信，中国耕地的总量并没有减少而且一直保持着增长态势。

（7）第二次全国土地普查得到的数据证实了这个判断。全国耕地总量从1994年的19.2亿亩增加到2009年的20.2亿亩，平均每年增加533万亩。政府对增加耕地的贡献大约占13.5%左右，农民的贡献占据绝对主力。

---

① 在本章的计算中没有考虑农业结构调整导致的耕地数量变化。由于生态退耕任务已经在2007年基本告一段落，所以在讨论耕地数量变化的长期趋势时也没有考虑生态退耕对耕地的影响。

表 11 - 22　　**审批建设用地**

单位：万亩

	总计	城镇村建设用地	占比	单独选址建设用地	占比
2006 年	609.0	359.8	59.1%	249.2	40.9%
2007 年	619.2	370.1	59.8%	249.1	40.2%
2008 年	598.2	387.7	64.8%	210.4	35.2%
2009 年	881.5	425.3	48.2%	456.3	51.8%
2010 年	808.9	508.8	62.9%	300.2	37.1%
2011 年	917.5	556.9	60.7%	360.6	39.3%
北京	3.0	3.0	100.0%	0.0	0.0%
天津	12.2	10.2	83.6%	2.0	16.4%
河北	35.2	27.5	78.1%	7.8	22.2%
山西	24.8	16.2	65.3%	8.5	34.3%
内蒙古	44.1	25.6	58.0%	18.4	41.7%
辽宁	52.7	31.6	60.0%	21.1	40.0%
吉林	26.9	16.9	62.8%	10.0	37.2%
黑龙江	31.2	15.9	51.0%	15.3	49.0%
上海	5.0	3.9	78.0%	1.1	22.0%
江苏	46.3	33.8	73.0%	12.6	27.2%
浙江	25.7	19.2	74.7%	6.5	25.3%
安徽	28.8	21.6	75.0%	7.2	25.0%
福建	25.9	19.4	74.9%	6.5	25.1%
江西	44.5	29.3	65.8%	15.2	34.2%
山东	33.4	27.7	82.9%	5.7	17.1%
河南	63.2	28.4	44.9%	34.8	55.1%
湖北	35.6	29.9	84.0%	5.8	16.3%
湖南	39.7	25.9	65.2%	13.8	34.8%
广东	36.9	21.9	59.3%	15.0	40.7%
广西	27.0	15.4	57.0%	11.6	43.0%
海南	10.7	4.6	43.0%	6.1	57.0%
重庆	14.0	8.7	62.1%	5.3	37.9%
四川	48.1	32.6	67.8%	15.4	32.0%
贵州	39.6	18.2	46.0%	21.4	54.0%
云南	28.5	9.8	34.4%	18.7	65.6%
西藏	0.0	0.0		0.0	
陕西	30.5	18.2	59.7%	12.2	40.0%
甘肃	17.0	5.9	34.7%	11.2	65.9%
青海	3.7	1.3	35.1%	2.4	64.9%
宁夏	10.7	8.4	78.5%	2.3	21.5%
新疆	72.6	25.9	35.7%	46.7	64.3%

数据来源：根据《中国国土资源统计年鉴》，2012 年，第 75 页，由公顷折算为万亩。

核 算 点 评

（1）城镇化是不可阻挡的历史潮流。2012 年全国城镇人口 7.1 亿，城镇化率 52.57%。和外国相比，北美的城镇化率为 80.7%，拉丁美洲 79.6%，欧洲 72.8%，大洋洲 70.2%，亚洲 39.8%，非洲 37.9%。全球城镇化的平均值 52.55%。中国的城镇化率在 2012 年刚刚达到全球的平均水平。按照比较保守的估计，如果在今后 10 年内城镇化程度达到东欧各国的水平，起码有 1 亿多人口要从农村转移进城。这些人不仅要有住房，还要相应地建设公共服务、厂房、仓储、运输设施。今后还要不要审批建设用地？显然，绝对不批准新的住房、工业、交通等基本建设项目是不可能的，批少了也不行。保障粮食安全的关键在于开源节流，量入为出，一方面要千方百计通过开荒、整治、置换等增加耕地数量，另外一方面要严格控制基本建设用地，节约用地，提高土地利用效率。

（2）按照统计口径，建设用地分为城镇建设用地和单独选址建设用地两大类。城镇建设用地分为商业服务、工矿仓储、住宅、公共管理与服务、交通运输等用地。单独选址建设用地分为交通运输、水利设施和能源用地。

（3）城镇村建设用地逐年增加，从 2006 年的 359.8 万亩上升为 2011 年的 556.9 万亩。单独选址建设用地从 2006 年的 249.2 万亩上升为 2011 年的 360.6 万亩。在多数年份，城镇村建设用地占 60% 左右，单独选址建设用地占 40% 左右。

（4）经过国土资源部门审批用于基本建设的土地并不全部是耕地。在 2011 年审批建设用地 917.5 万亩，其中农用地转用 615.8 万亩，占用耕地的面积为 379.5 万亩。在全部审批建设用地当中有 41.4% 是耕地。在审批建设用地中耕地比例超过 50% 的有辽宁、吉林、黑龙江、河南、湖北、重庆、四川等。占用耕地最少的有内蒙古、海南和北京。

表 11 – 23　　审批用地中耕地的比例

单位：万亩

	审批用地	农用地转用		
			耕地	耕地占审批用地比例
2006 年	609.0	432.1	283.1	46.5%
2007 年	619.2	411.5	265.3	42.8%
2008 年	598.2	405.3	260.0	43.5%
2009 年	881.5	620.7	366.5	41.6%
2010 年	808.9	562.4	350.6	43.3%
2011 年	917.5	615.8	379.5	41.4%
北京	3.0	1.5	0.8	26.7%
天津	12.2	8.5	5.3	43.4%
河北	35.2	20.2	14.4	40.9%
山西	24.8	15.9	12.3	49.6%
内蒙古	44.1	24.0	8.2	18.6%
辽宁	52.7	38.1	28.6	54.3%
吉林	26.9	23.0	17.2	63.9%
黑龙江	31.2	25.5	18.5	59.3%
上海	5.0	3.4	2.5	50.0%
江苏	46.3	23.4	16.6	35.9%
浙江	25.7	18.8	13.3	51.8%
安徽	28.8	15.4	11.0	38.2%
福建	25.9	20.0	8.4	32.4%
江西	44.5	33.7	14.2	31.9%
山东	33.4	20.7	15.4	46.1%
河南	63.2	37.6	32.0	50.6%
湖北	35.6	28.7	19.1	53.7%
湖南	39.7	30.3	15.6	39.3%
广东	36.9	26.2	7.5	20.3%
广西	27.0	21.6	11.1	41.1%
海南	10.7	9.1	2.1	19.6%
重庆	14.0	11.3	7.3	52.1%
四川	48.1	37.7	25.0	52.0%
贵州	39.6	26.3	18.3	46.2%
云南	28.5	21.8	12.4	43.5%
西藏	0	0	0	
陕西	30.5	23.4	16.3	53.4%
甘肃	17.0	8.4	6.6	38.8%
青海	3.7	2.2	1.0	27.0%
宁夏	10.7	5.9	4.2	39.3%
新疆	72.6	32.7	14.4	19.8%

数据来源：《中国国土资源统计年鉴》，2012 年，第 75 页。

核 算 点 评

经过国土资源部门审批用于基本建设的土地并不全部是耕地。从表 11－23 中可见，在 2011 年审批建设用地 917.5 万亩，其中农用地转用 615.8 万亩，占用耕地的面积为 379.5 万亩。在全部审批建设用地当中有 41.4% 是耕地。在审批建设用地中耕地比例超过 50% 的有辽宁、吉林、黑龙江、河南、湖北、重庆、四川等。占用耕地最少的有内蒙古、海南和北京。

表 11－24　　单独选址建设用地

单位：万亩

	总计	交通运输用地		水利设施用地		能源用地	
			占比		占比		占比
2006 年	249.2	82.6	33.1%	91.9	36.9%	0.0	0.0%
2007 年	249.1	109.0	43.8%	60.5	24.3%	0.0	0.0%
2008 年	210.4	119.4	56.7%	51.4	24.4%	0.0	0.0%
2009 年	456.3	237.5	52.0%	65.6	14.4%	121.2	26.6%
2010 年	300.2	177.9	59.3%	33.4	11.1%	61.0	20.3%
2011 年	360.6	212.1	58.8%	79.5	22.0%	41.3	11.5%
北京	0.0	0.0		0.0		0.0	
天津	2.0	2.0	100.0%	0.0	0.0%	0.0	0.0%
河北	7.8	5.8	74.4%	0.3	3.8%	1.6	20.5%
山西	8.5	5.6	65.9%	1.3	15.3%	1.4	16.5%
内蒙古	18.4	12.4	67.4%	1.2	6.5%	3.7	20.1%
辽宁	21.1	8.7	41.2%	9.5	45.0%	2.7	12.8%
吉林	10.0	8.2	82.0%	0.5	5.0%	0.7	7.0%
黑龙江	15.3	8.8	57.5%	3.5	22.9%	2.9	19.0%
上海	1.1	0.0	0.0%	0.0	0.0%	0.0	0.0%
江苏	12.6	10.4	82.5%	0.8	6.3%	0.3	2.4%
浙江	6.5	3.3	50.8%	2.6	40.0%	0.4	6.2%
安徽	7.2	5.1	70.8%	0.0	0.0%	0.7	9.7%
福建	6.5	6.4	98.5%	0.1	1.5%	0.0	0.0%
江西	15.2	13.7	90.1%	0.0	0.0%	0.8	5.3%
山东	5.7	4.7	82.5%	0.0	0.0%	0.5	8.8%
河南	34.8	3.5	10.1%	30.7	88.2%	0.3	0.9%
湖北	5.8	2.4	41.4%	2.6	44.8%	0.4	6.9%
湖南	13.8	12.1	87.7%	0.7	5.1%	0.2	1.4%
广东	15.0	11.1	74.0%	1.5	10.0%	1.7	11.3%
广西	11.6	9.1	78.4%	1.3	11.2%	0.2	1.7%
海南	6.1	0.0	0.0%	4.3	70.5%	0.0	0.0%
重庆	5.3	3.3	62.3%	1.1	20.8%	0.3	5.7%
四川	15.4	9.9	64.3%	1.0	6.5%	3.0	19.5%
贵州	21.4	7.9	36.9%	4.3	20.1%	9.1	42.5%
云南	18.7	11.0	58.8%	3.6	19.3%	0.4	2.1%
西藏	0.0	0.0		0.0		0.0	
陕西	12.2	10.7	87.7%	0.7	5.7%	0.7	5.7%
甘肃	11.2	8.4	75.0%	0.2	1.8%	2.6	23.2%
青海	2.4	1.1	45.8%	1.0	41.7%	0.2	8.3%
宁夏	2.3	0.9	39.1%	0.0	0.0%	0.4	17.4%
新疆	46.7	25.5	54.6%	6.9	14.8%	6.2	13.3%

数据来源：根据《中国国土资源统计年鉴》，2012 年，第 75 页，由公顷折算为万亩。

核 算 点 评

（1）在单独选址建设用地当中交通运输占地的比例最高。高铁和高速公路建设突飞猛进。截至2013年底，铁路营业里程已经突破10万公里，其中高铁运营里程突破1万公里。在此基础上，2014年国家将投资修建铁路新线6600公里，开工项目44个。我国高速公路的通车总里程已达9.56万公里，居世界第一位。每年全国新增高速公路里程都在3000公里以上，基本形成了贯通全国的高速公路网。[①] 交通运输用地也逐年增加，从2006年的82.6万亩上升到2011年的212.1万亩。交通运输用地占单独选址建设用地的比例从2006年的33.1%上升为2011年的58.8%。在2010年曾经达到59.3%（表11－24）。

（2）由于南水北调工程和水库建设纷纷上马，水利设施用地数量在2006年为91.9万亩，随后各年一直保持在50到80万亩之间。

（3）在2009年以后能源建设用地迅速增加。在2009年用于能源建设的土地为121.2万亩，在2010年用地61万亩，2011年用地41.3万亩。在2009年能源建设占单独选址建设用地的26.6%。

（4）在2006年到2011年期间，平均每年单独选址建设用地为304万亩。其中交通运输用地156.4万亩，水利设施用地63.7万亩，能源用地37.3万亩。由于单独选址建设用地的审批程序比较严格，虽然还有改进的余地，一般来说，浪费土地的现象并不十分严重。

① 数据来源，“数字中国”，《人民日报》，2014年1月10日。

表 11－25　　**城镇村建设用地**

单位：万亩

	总计	商服用地	工矿仓储	住宅	公共管理与服务	交通运输
2006 年	359.8	23.5	163.0	66.5	0.0	0.0
2007 年	370.1	18.5	164.5	76.5	0.0	0.0
2008 年	387.7	24.9	174.3	86.9	0.0	0.0
2009 年	425.3	39.7	189.8	96.4	60.2	25.6
2010 年	508.8	55.4	213.0	126.5	69.1	31.5
2011 年	556.9	67.6	227.9	139.5	71.4	38.1
北京	3.0	0.3	0.2	1.3	0.2	0.7
天津	10.2	0.9	4.4	3.5	0.6	0.7
河北	27.5	3.6	11.5	8.8	2.9	0.5
山西	16.2	2.1	5.1	4.4	3.6	0.5
内蒙古	25.6	5.2	11.8	4.8	3.3	0.5
辽宁	31.6	2.7	12.8	11.4	2.0	2.6
吉林	16.9	4.2	5.9	4.6	1.3	0.6
黑龙江	15.9	1.7	5.2	5.4	2.1	1.3
上海	3.9	0.5	1.0	1.0	0.5	0.7
江苏	33.8	4.1	15.4	9.0	3.4	1.5
浙江	19.2	2.3	6.3	5.1	2.5	2.1
安徽	21.6	2.5	9.5	5.8	2.3	1.4
福建	19.4	1.3	9.3	3.9	2.8	1.8
江西	29.3	3.7	15.3	4.7	4.6	0.9
山东	27.7	3.6	13.0	7.8	2.6	0.6
河南	28.4	2.8	12.0	7.7	3.9	1.6
湖北	29.9	3.3	14.9	6.5	3.0	1.9
湖南	25.9	3.5	9.7	6.5	3.0	2.9
广东	21.9	2.6	10.3	2.8	2.4	3.4
广西	15.4	2.1	5.9	2.8	2.3	2.0
海南	4.6	0.9	0.4	1.3	0.6	1.4
重庆	8.7	0.3	3.3	1.8	1.7	1.5
四川	32.6	2.8	13.2	7.7	6.7	2.0
贵州	18.2	1.9	8.6	3.8	2.5	1.2
云南	9.8	2.7	1.4	3.5	1.8	0.5
西藏	0.0	0.0	0.0	0.0	0.0	0.0
陕西	18.2	2.1	7.4	4.6	3.1	0.9
甘肃	5.9	0.8	1.6	1.4	1.3	0.6
青海	1.3	0.3	0.3	0.3	0.3	0.1
宁夏	8.4	0.2	1.4	0.5	0.1	0.2
新疆	25.9	2.6	10.8	6.8	3.9	1.7

数据来源：根据《中国国土资源统计年鉴》，2012 年，第 75 页，由公顷折算为万亩。

表 11－26　　城镇村建设用地占比

年份	总计	商服用地	工矿仓储	住宅	公共管理与服务	交通运输
2006	100.0%	6.5%	45.3%	18.5%	0.0%	0.0%
2007	100.0%	5.0%	44.4%	20.7%	0.0%	0.0%
2008	100.0%	6.4%	45.0%	22.4%	0.0%	0.0%
2009	100.0%	9.3%	44.6%	22.7%	14.2%	6.0%
2010	100.0%	10.9%	41.9%	24.9%	13.6%	6.2%
2011	100.0%	12.1%	40.9%	25.0%	12.8%	6.8%

数据来源：根据表 11－22 计算。

核　算　点　评

（1）由于人们每天都能看到眼前拔地而起的高层住宅，因此，许多人在讨论城镇化和耕地矛盾的时候较多地关注住宅占用的土地。其实，在城镇村建设用地当中，住宅占用土地的比例远远不及工业和仓储用地。近年来，工厂矿山和仓储设施用地占城镇村建设用地的40%到45%。住宅用地占城镇村建设用地的比例从2006年的18.5%上升为2011年的25%。住宅占用的土地大约是工矿仓储占用土地的一半左右。

（2）在城镇村建设用地当中，商业、服务业用地以及商品房用地的市场化程度比较高，土地的产权（或使用权）比较清晰。一般来说，为了提高利润，开发商巴不得在既定的地盘上多盖些房子，对土地浪费土地的现象并不十分严重。值得指出的是，有一部分住宅的土地被用来修建高尔夫球场、高档别墅。尽管开发商的商业利润很高，却不符合中国人多地少的国情，特别是在大都市地区有必要严格限制高尔夫球场和高档别墅。

（3）在2009年以后公共管理和服务占用的土地大幅度上升。公共管理和服务占用土地主要是建设机场、图书馆、学校、公园等，但是也有不少属于政府办公大楼、楼堂馆所、广场等。公共管理与服务用地在2006年占供地总量的9.6%，随后逐年上升，在2011年达到25.8%。在2012年下降为14.4%。在公共管理与服务用地当中，建设学校、公园、绿地、图书馆、剧院、医院等是合理的，无可厚非，可是各地政府盲目地修建楼堂馆所，超豪华的办公大楼、大广场等等就未必合适。

（4）相比之下，工矿仓储用地和公共管理服务用地的产权（或使用权）界定比较模糊，各级政府对于这些土地的使用干预较大，因此存在着相当严重的滥用浪费现象。在研究如何节约使用土地的时候应当把更多的注意力放在工矿企业、仓储设施以及公共管理服务占用土地上。

表 11－27 国有建设供地

单位：万亩

年份			2006	2007	2008	2009	2010	2011
供地总量			460.2	513.0	351.3	542.5	648.8	889.9
工矿仓储用地			232.0	212.6	139.4	212.2	231.0	287.0
商服用地			48.2	86.6	39.8	41.4	58.4	63.9
住宅用地	合计		97.7	120.3	93.0	122.3	172.9	189.7
	普通商品住房		72.0	89.4	69.5	103.6	146.8	155.5
		中低价位、中小套型	0.0	0.0	0.0	19.4	31.1	48.5
	经济适用住房		7.9	7.6	7.7	15.5	19.9	24.4
	廉租住房		0.0	0.0	0.0	2.1	5.1	9.2
	高档住宅		0.0	0.01	0.0	1.1	1.1	0.6
其他用地	合计		82.3	93.5	79.1	166.6	186.6	349.3
	公共管理与公共服务用地		44.4	49.9	39.9	65.6	79.4	118.9
	特殊用地		3.4	2.9	3.9	2.6	3.8	4.1
	交通运输用地		27.2	30.4	25.5	68.4	73.2	166.3
	水域及水利设施用地		7.4	10.3	9.8	29.2	29.2	58.5
	其他土地		0.0	0.0	0.0	0.7	1.0	1.4

数据来源：《中国国土资源统计年鉴》，2012 年，第 106 页。由公顷折算为万亩。

表 11－28 国有建设供地结构

单位：%

年份		2006	2007	2008	2009	2010	2011	期间均值
供地总量		100%	100%	100%	100%	100%	100%	
工矿仓储		50.4%	41.4%	39.7%	39.1%	35.6%	32.2%	39.7%
商服用地		10.5%	16.9%	11.3%	7.6%	9.0%	7.2%	10.4%
住宅用地		21.2%	23.4%	26.5%	22.5%	26.6%	21.3%	23.6%
其他		17.9%	18.2%	22.5%	30.7%	28.8%	39.3%	26.2%
	公共管理与服务	9.6%	10.8%	8.7%	14.3%	17.3%	25.8%	14.4%
	特殊用地	0.7%	0.6%	0.9%	0.6%	0.8%	0.9%	0.8%
	交通运输	5.9%	6.6%	5.5%	14.9%	15.9%	36.1%	14.2%
	水利设施	1.6%	2.2%	2.1%	6.3%	6.4%	12.7%	5.2%
	其他	0.0%	0.0%	0.0%	0.0%	0.0%	0.0%	0.0%

数据来源：根据表 11－24 计算。

核　算　点　评

（1）根据国土资源部提供的国有建设供地的数据。在 2010 年审批建设用地 808.9 万亩，国有建设供地 648.8 万亩（占全部审批建设用地的 80.2%）。在 2011 年审批建设用地 917.5 万亩，国有建设供地 889.9 万亩，所占比例高达 97%。国有单位在土地一级市场上取得土地（农用地或非农用地）之后再通过招拍挂转让土地使用权，因此国有建设供地在所有审批建设用地中所占比例甚高。

（2）从供地的结构来看，占用土地最多的是工矿仓储用地。2011 年全国基本建设供地 889.9

万亩，其中工矿仓储用地287万亩（占32.3%），住宅用地189.7万亩（占21.3%），交通运输用地166.3万亩（占18.7%），公共管理和公共服务用地118.9万亩（占13.4%），水利设施用地68.5万亩（占7.7%），商业服务用地63.9万亩（占7.2%）。在2006年到2011年期间，用于工矿仓储的土地占总数的39.7%，用于居民住宅的土地占23.6%，用于商业和服务的土地占总数的10.4%（表11-25）。

（3）按照国外的统计数据，工业用地占城镇总面积的15%左右。可是，在中国许多城市的工业用地占比超过25%。某些城市工业用地的占比甚至超过了35%。发达国家的工业项目容积率大多在1以上，可是中国的工业项目用地容积率仅为0.3—0.6。国土资源部副部长胡存智指出："从单位土地承载的经济总量来看，我国每平方公里土地上承载的GDP，即国土经济密度，远低于发达国家：中国与美国的陆地疆域面积相当，目前中国国土经济密度约为美国的1/5—1/4。韩国国土面积9.9万平方公里，与江苏、浙江面积相当，但国土经济密度2.8倍于江苏，4倍于浙江。从城镇工业用地投入产出效率来看：我国的一般大城市土地实现的工业产值约为每平方公里数亿元，美国、日本的同类城市约为每平方公里50亿元以上，说明我国的土地集约利用水平与发达国家相比有明显差距。工业用地投入产出效率差距同样明显，北京的工业用地效率仅相当于东京历年平均水平的5.0%左右；每公顷工业用地的从业人员数只相当于东京历年平均水平的12%左右。"①因此，保护耕地的重点应当放在对工矿、仓储用地的严格管理和控制上。

（4）参照国际标准，只要改变工业仓储用地的审批规则，强调市场机制的作用，完全有可能在保证工业化进展速度的前提下把工业仓储用地的规模降低25%—40%。根据2011年数据，全国工矿仓储用地287万亩加上公共管理和公共服务用地118.9万亩，如果能够减少25%就意味着可以节省下来101.5万亩土地。和同期居民住宅用地189.7万亩相比，仅节约下来的土地就可以满足居民住房用地的53.5%。由此可见，严格控制工业企业和仓储用地，压缩各级政府公共服务用地意义重大，大有可为。

（5）2011年商品房用地155.5万亩，占居民住宅用地189.7万亩的81.9%。其中，经济适用房用地24.4万亩，占全部住宅用地的12.9%。廉租房用地9.2万亩，占居民住宅用地总数的4.85%。不言而喻，由政府无偿提供给低收入群体的廉租房的比例实在太小了。回过头来看一看前几年的数据，廉租房的用地面积更是少得可怜。在2010年廉租房用地面积5.1万亩，占全部居民住宅用地172.9万亩的2.95%。在2010年廉租房用地2.1万亩，占住宅用地122.3万亩的1.72%。为什么政府拨给廉租房的土地会这么少？答案很清楚，修建商品房可以给地方政府带来巨额的土地出让金和税收，而修建廉租房非但不会给各级政府带来任何经济利益，反而要政府从行政预算中拨款，从已经到手的土地出让金当中拿出净收益的10%。许多地方财政入不敷出，债台高筑，根据中国社科院在2014年1月发布的《中国国家资产负债表，2013》，截至2012年底，地方政府债务总额19.94万亿元。② 在高额债务重压下，许多地方政府热衷商品房带来的土地财政，却对兴建廉租房缺乏动力，能拖就拖。

（6）香港地区居民中有48%的低收入群体住在政府提供的公屋和居屋中。迄今为止，我们还找不到内地已经建成的廉租房总面积统计数字。在香港地区可以看到一片又一片"公屋"，可是，人们在北京、上海、广州等地很难见到纯粹的廉租房的身影。

（7）世界发达国家中用于照顾穷人住房的支出一般占政府预算的2%—3%，香港和新加坡用

① 参见"最严格节约用地"，采访国土资源部副部长胡存智，《瞭望》，2012年10月8日。

② 按照国家审计署的报告，在2010年全国地方政府债务负担仅为10.7万亿元。此后，地方政府的债务负担不断上升。据国家审计署的统计，在2013年在36个地方政府的本级政府性债务审计中有16家债务率超过100%。参见《人民日报》，2013年12月28日。

于帮助低收入居民解决住房的经费超过政府总预算的4%。从财政预算来看，在过去几年中，用于廉租房建设的全部经费还不到政府财政预算的1%。除了政府财政拨款以外，兴建廉租房的另一个财源来自于土地出让金。按照中央规定，土地出让金净收益的10%必须用于廉租房。说到底，土地出让金是国有资产变现，从中拿一部分出来帮助弱势群体，天经地义。非常遗憾，从2004年至今，各地用于廉租房的资金都不到土地出让金净收益的10%。也可以说政府开支根本就没有花在廉租房建设上。事实上，中央政府确实拨了部分款项支持廉租房建设。因此，只能理解为，某些地方政府不仅挪用了本该用于廉租房建设的土地出让金净收益，还部分扣留了中央的专项拨款。难怪低收入群体对住房难的问题怨气这么大。

表 11-29　　城镇面积和人口增长率

年份	城市建成面积（万亩）	城镇面积增长率	城镇人口（万人）	城镇人口增长率	城镇住房面积（亿平方米）	城镇住房面积增长率
2001	3604	7.1%	48064	4.7%	99.97	NA
2002	3896	8.1%	50212	4.5%	100.21	0.2%
2003	4246	9.0%	52376	4.3%	100.89	0.7%
2004	4561	7.4%	54283	3.6%	102.24	1.3%
2005	4878	7.0%	56212	3.6%	104.02	1.7%
2006	5049	3.5%	58288	3.7%	107.52	3.4%
2007	5320	5.4%	60633	4.0%	111.55	3.7%
2008	5444	2.3%	62403	2.9%	117.06	4.9%
2009	5716	5.0%	64512	3.4%	121.31	3.6%
2010	6009	5.1%	66978	3.8%	128.36	5.8%
2011	6540	8.8%	69079	3.1%	136.27	6.2%

数据来源：城市建成面积来自于《中国国土资源年鉴》，2012年，城镇人口来自于《中国统计摘要》，2013年，第39页，城镇住房面积来自于北京师范大学国民核算研究院，《2013国民核算研究报告》。

核 算 点 评

（1）在2000年到2011年期间，城镇建成面积从3366万亩增加到6540万亩，增长94.3%。城镇居民人口从45906万人增加到69079万人，增长50.4%。1996—2010年，全国建设用地面积增加了7410万亩，增幅为16.9%，年均增加529.3万亩。其中，2010年全国土地供应总量达645万亩，比2006增长83.8%，2006—2010年间年均新增建设用地714万亩以上。2005—2010年，我国征地面积占新增居民点工矿用地面积的比重达67.28%。

（2）在此期间，城市建成面积平均每年增长7.41%，城镇人口平均每年增长3.97%，城镇居民住房平均每年增长3.3%。城镇人口密度从2000年的每平方公里8500人下降为2011年的7700人。无论是在大城市还是在中小城市，到处可以见到豪华的政府办公大楼，大广场、大马路、大厂区。城市建成面积的增长速度大大超过了城镇人口的增长速度，也超过了城镇居民住房面积的增长速度。

（3）中科院院士陆大道教授指出，“从1980年到2005年，在我国经济快速发展、城市化急剧扩张的时期，经济每增长1%，会占用农地30万亩左右。与日本的快速发展时期相比较，我国GDP每增长1%，对土地的占用量差不多是日本的8倍。”“目前，我国大中城市人均综合用地已超过120平方米，对照国际上的大都市，东京人均综合用地仅78平方米，香港才37平方米。”①

（4）由于在相同面积的土地上，城镇比农村能够容纳更多的人口，世界各国在城镇化过程中城镇面积扩张的速度和城镇人口扩张速度之比大约为1∶1.23。可是中国的数据却反了过来，城镇面积扩张的速度比城镇人口增速高了1.86倍。

（5）土地浪费现象主要发生在工业仓储用地和政府用地上。由于在城镇建成面积中工矿企业、仓储用地占的比例比居民住房多了一倍，如果工矿企业、仓储用地发生浪费，其影响特别显著。

（6）众所周知，看不见的手（市场机制）能够实现资源的有效配置，看得见的手（政府干预）就不一定了。在外国城镇化的过程中，市场机制起主导作用。无论是新建住宅还是办公楼、厂房，业主都要降低成本，优化使用土地。而在中国的城镇化过程中，居民住宅建设的市场化程度比较高，所以土地浪费现象并不严重。在工矿企业和政府用地上，各级地方政府往往过度干预，直接插手，这是导致土地浪费的主要原因。也就是说，在土地使用和配置上，各级政府越位了。在许多地方，设立经济开发区和修建政府办公大楼、市政广场时起决定性作用的不是市场机制，而是各级官员的意志，导致城镇规模超常规扩张，大大降低了城镇土地的利用效率。

表11-30　　各类经济开发区统计

开发区类别	数量	规划面积（平方公里）	折合万亩数
国家级经济技术开发区	208	23070	3460
国家级高新技术产业开发区	113	6560	984
国家级出口加工区	63	162	24
国家级保税区	12	295	44
中国（上海）自由贸易区	1	29	4
其他国家级经济技术开发区	42	2898	435
省级经济开发区	1167	34994	5249
合计	1606	68009	10201

数据来源：“2012年1—6月，国家级经济技术开发区主要经济指标情况综述”，2012年12月13日，商务部网站。

表11-31　　省级经济开发区数量

省份	省级开发区数量	省份	省级开发区数量	省份	省级开发区数量
山东	140	内蒙古	37	山西	19
浙江	87	辽宁	35	比较	16
江苏	85	四川	33	海南	16
湖北	81	重庆	33	贵州	13
江西	77	甘肃	29	河南	13
安徽	73	吉林	29	宁夏	13
湖南	65	黑龙江	24	陕西	12
广东	64	上海	23	云南	11
福建	60	天津	22	新疆	8
河北	39	广西	20	青海	1

数据来源：“2012年1—6月，国家级经济技术开发区主要经济指标情况综述”，2012年12月13日，商务部网站。

① 参见《瞭望》，2013年6月24日。

表 11 - 32　　　　　　　　　　省级经济开发区面积统计

省份	省级开发区数量	规划面积（平方公里）	折合万亩数
北京	16	133	20
天津	22	594	89
河北	39	1935	290
山西	19	334	50
内蒙古	37	1359	204
黑龙江	24	405	61
吉林	29	841	126
辽宁	35	1721	258
上海	23	389	58
江苏	85	3569	535
浙江	87	3540	531
安徽	73	1836	275
福建	60	1692	254
江西	77	1049	157
山东	140	4790	719
河南	13	374	56
湖北	81	1655	248
湖南	65	1219	183
广东	64	2385	358
广西	20	401	60
海南	5	187	28
重庆	33	969	145
四川	33	562	84
贵州	13	1093	164
云南	11	214	32
西藏	0	0	0
陕西	12	196	29
甘肃	29	583	87
青海	1	33	5
宁夏	13	687	103
新疆	8	249	37
合计	1167	34994	5249

数据来源："2012 年 1—6 月，国家级经济技术开发区主要经济指标情况综述"，2012 年 12 月 13 日，商务部网站。

核算点评

（1）最近十几年，全国刮起一阵风，到处大建新城或各种名目的开发区。根据国家发改委城市和小城镇改革发展中心对12个省区的调查，12个省会城市全部提出要推进新城、新区建设，共规划建设了55个新城、新区，其中沈阳要建设13个新城、新区，武汉也规划了11个新城、新区。在144个地级城市中，有133个提出要建设新城、新区，占92.4%，平均每个地级市提出建设1.5个新城、新区。161个县级城市中，提出新城、新区建设的有67个，占41.6%。[①]

（2）据不完全统计，全国各类经济开发区共1632个，其中，国家级经济技术开发区208个，国家级高新技术产业开发区113个，国家级保税区13个，国家级边境经济合作区15个，国家级出口加工区63个，其他国家级开发区42个，省级开发区1178个。2010年全国131个经济技术开发区累积开发土地面积2904.2平方公里（435.6万亩），2011年开发区面积增加到3704.7平方公里（558.7万亩）。[②] 各类新城和开发区，名目繁多，良莠不齐。[③]

（3）国家发改委城市和小城镇改革发展中心主任李铁指出，目前一些地方新城新区建设中普遍存在着“数量过多、规模过大、标准过高”等问题。“在我们调查的城市中，有很多新城的规划面积达到了现有城市面积的一半多，规划的新城、新区人口基本相当于现有城市人口。而且，不少地方新城、新区建设都提出了较高的建设标准，生态城、智慧城、科技城、现代城等比比皆是，建设配置标准大多是国内和国际领先标准。”不少地方出现“大手笔”的新城建设，工业园区、创业新区等如雨后春笋出现。甚至在一些农村和乡镇，也不断涌现出占地动辄几千亩甚至上万亩的示范园、生态园等项目。有些官员认为只要在城市周边圈上一块地，规划一个新城，吹得天花乱坠，再按高标准建设一批办公楼、大马路、大广场，立刻可以提高城市的档次，吸引舆论的注意。有了这些政绩，很快就能得到上级的赏识，获得提升。由于他们缺乏经济学知识，缺乏市场竞争意识，没有很好地分析当地的比较优势和劣势，一厢情愿，闭门造车，新城建好了，却招不来商，引不来资。有些新城占地几十、上百平方公里，空阔的开发区内杂草丛生，了无生气。到了夜晚，一片漆黑。毫无疑问，有些开发区非常成功，例如上海浦东新区、大连开发新区等。可是有些城市完全脱离现实，大搞高科技园区，摆了一个空架子，骑虎难下。在史无前例的改革开放过程，由于缺乏经验难免犯些错误，可是，为什么在开发区建设上犯错误的概率这么高？很清楚，绝大部分新城和开发区都是政府主导的。某些地方政府官员认为产业升级的难度较大，支持教育、科研费时费力，见效缓慢，为了突出自己的政绩，不如搞几个新城，只要加大政府投资，就可以立竿见影，拉动GDP增速，创造就业，带来地区经济繁荣。他们贪大求洋，拼命扩大新城和开发区的规模。这种脱离现实，违背经济规律，拔苗助长的做法不仅严重浪费土地资源而且留下来一些拖累地方经济发展的“烂尾楼”。

（4）建设新城需要巨额资金。许多地方政府通过融资平台为新城建设筹集资金。他们预期新城开发之后，地价将大幅度上升，土地出让金不仅可以偿还贷款还能给地方政府带来丰厚的土地财政收入。事实上，按照国土资源部统计数据，截至2012年底，全国84个重点城市处于抵押状态的土地面积为523万亩，抵押贷款总额5.95万亿元，同比分别增长15.7%和23.2%。在2011年土地出让金总额高达3.15万亿元。在许多地方政府的开支中土地出让金占40%以上。可是，在2012年土地出让金总额下降为2.69万亿元。中央政府又从土地出让收入中提取了水利、教育等基

① 数据来源：参见“耕地进入警戒红线”，《瞭望》，2013年9月30日。

② 参见“2012年1—6月，国家级经济技术开发区主要经济指标情况综述”，2012年12月13日，商务部网站。

③ 在2007年，各地申报的开发区多达6866个，国家发改委核减到1568个。规划面积由3.86万平方公里压缩至9949平方公里。数据来源：《光明日报》，2007年4月20日。

金，一减一增，打乱了一些地方政府的预算计划，很快就暴露出债务风险。近年来地方债务急剧上升。国家审计署对36个地方政府2011年以来政府性债务情况进行抽查，结果显示，两年来地方政府债务余额增长了12.94%，某些城市的债务余额是当地综合财力的两倍多。

（5）有必要给新城热泼一盆冷水。今后，不是不要建新城，而是要规范地方政府行为。凡是能够交给市场的就不要让政府插手。城镇化的核心是人的城镇化，要相信民众的智慧，因势利导，主要由市场来决定是不是要建新城，要建多大。政府的职责主要是严格审批土地使用，尽量提高土地利用效率。

表 11－33　　　　**粮食作物播种面积**

单位：万亩

年份	农作物总播种面积	粮食作物播种面积	谷物				豆类	薯类
				稻谷	小麦	玉米		
1978	225156	180881		51631	43774	29942		17694
1980	219569	175851		50818	43267	30131		15230
1985	215439	163268		48105	43827	26541		12858
1990	222543	170199		49597	46130	32102		13681
1991	224379	168470	141110	48885	46422	32361	13745	13617
1992	223511	165840	138780	48135	45744	31565	13475	13585
1993	221611	165763	133368	45533	45352	31041	18566	13830
1994	222361	164316	131306	45257	43471	31728	19104	13905
1995	224819	165091	133964	46116	43290	34164	16848	14278
1996	228571	168822	138311	47108	44416	36747	15815	14696
1997	230954	169368	137945	47647	45085	35663	16745	14677
1998	233559	170681	138175	46821	44661	37858	17506	15000
1999	234559	169741	137425	46925	43283	38856	16784	15532
2000	234450	162694	127896	44943	39980	34584	18990	15807
2001	233562	159120	123893	43219	36996	36423	19902	15325
2002	231953	155836	122199	42302	35862	36951	18815	14822
2003	228622	149116	115215	39762	32995	36102	19348	14553
2004	230329	152409	119026	42568	32439	38169	19198	14185
2005	233232	156418	122811	43271	34189	39537	19352	14254
2006	228224	157437	127397	43407	35420	42694	18224	11816
2007	230196	158458	128665	43378	35581	44216	17669	12123
2008	234399	160189	129372	43862	35426	44796	18177	12640
2009	237920	163479	132602	44440	36436	46774	17923	12954
2010	241012	164814	134776	44810	36385	48750	16914	13125
2011	243425	165860	136524	45086	36406	50313	15977	13359
	19046	－2610	－4586	－3799	－10016	17952	2232	258

数据来源：《中国统计年鉴》，2013 年，表 13－13，第 449 页。最后一行为从 1991 年到 2011 年播种面积变化。

表 11－33　　　　续表 1

年份	油料	花生	油菜籽	棉花	麻类	黄红麻	糖料	甘蔗	甜菜
1978	9334	2652	3900	7300	1126	618	1319	823	496
1980	11893	3509	4266	7380	1000	471	1383	719	664
1985	17700	4978	6741	7711	1846	1487	2288	1447	841
1990	16350	4361	8255	8382	743	450	2519	1513	1005
1991	17295	4320	9200	9808	679	405	2921	1746	1175
1992	17234	4464	8964	10253	652	416	2859	1869	990
1993	16713	5069	7950	7478	629	411	2530	1632	898
1994	18121	5664	8675	8292	558	264	2632	1585	1048
1995	19652	5714	10361	8132	564	220	2730	1688	1042
1996	18833	5423	10100	7083	524	220	2769	1811	957
1997	18572	5582	9713	6737	491	243	2885	1967	917
1998	19379	6059	9791	6689	337	139	2976	2102	875
1999	20859	6402	10348	5588	308	97	2466	1954	511
2000	23100	7283	11241	6062	392	75	2271	1777	494
2001	21946	7487	10642	7215	485	78	2481	1872	609
2002	22149	7381	10715	6276	507	83	2807	2090	636
2003	22485	7585	10831	7666	506	61	2486	2114	372
2004	21646	7118	10907	8539	498	48	2352	2067	285
2005	21477	6993	10918	7593	502	47	2347	2032	315
2006	17608	5940	8976	8724	425	47	2350	2067	283
2007	16974	5917	8463	8889	395	50	2703	2379	324
2008	19238	6369	9891	8631	332	39	2985	2615	370
2009	20481	6565	10917	7423	240	36	2826	2546	279
2010	20834	6791	11054	7273	199	28	2858	2529	328
2011	20783	6872	11021	7557	177	29	2922	2582	340
	3488	2552	1821	－2251	－502	－376	1	836	835

数据来源：《中国统计年鉴》，2013 年，表 13－13，第 450 页。最后一行为从 1991 年到 2011 年播种面积变化。

表 11－33 续表 2

年份	烟叶	烤烟	蔬菜	茶园面积	果园面积
1978	1176	919	4997	1572	2486
1980	768	595	4745	1562	2674
1985	1969	1616	7130	1616	4104
1990	2389	2013	9507	1592	7769
1991	2706	2343	9819	1590	7977
1992	3139	2774	10547	1626	8727
1993	3133	2753	12126	1757	9648
1994	2235	1953	13382	1703	10896
1995	2205	1963	14273	1673	12147
1996	2780	2525	15737	1655	12830
1997	3529	3241	16932	1614	12972
1998	2042	1800	18440	1586	12803
1999	2061	1824	20020	1695	13001
2000	2156	1904	22856	1633	13398
2001	2009	1771	24604	1711	13564
2002	1991	1787	26029	1701	13647
2003	1897	1709	26931	1811	14155
2004	1898	1718	26341	1893	14652
2005	2044	1867	26581	2028	15052
2006	1783	1632	24959	2147	15184
2007	1746	1599	25993	2420	15707
2008	1989	1845	26814	2579	16101
2009	2087	1898	27585	2773	16709
2010	2017	1846	28500	2955	17316
2011	2192	2026	29459	3169	17746
从 1991 年到 2011 年播种面积变化	－514	－317	19640	1579	9769

数据来源：《中国统计年鉴》，2013 年，表 13－13，第 451 页。

表 11－34　　粮食作物播种面积变化量

单位：万亩

年份	农作物总播种面积变化量	粮食作物播种面积变化量	谷物				豆类	薯类
				稻谷	小麦	玉米		
1992	－868	－2631	－2330	－750	－678	－796	－270	－33
1993	－1900	－76	－5412	－2603	－392	－524	5091	246
1994	750	－1448	－2062	－276	－1881	687	539	75
1995	2458	775	2658	859	－181	2435	－2256	373
1996	3752	3731	4347	992	1126	2584	－1034	418
1997	2383	546	－366	539	669	－1085	931	－19
1998	2605	1313	230	－827	－424	2196	761	322
1999	1001	－940	－750	105	－1378	997	－722	532
2000	－109	－7048	－9529	－1983	－3303	－4271	2206	275
2001	－888	－3574	－4003	－1724	－2984	1839	912	－482
2002	－1609	－3284	－1694	－916	－1133	527	－1087	－503
2003	－3331	－6721	－6984	－2541	－2867	－848	533	－269
2004	1706	3293	3810	2806	－556	2066	－149	－367
2005	2903	4009	3785	703	1750	1369	154	69
2006	－5008	1019	4586	136	1231	3157	－1128	－2439
2007	1972	1021	1269	－29	161	1522	－555	307
2008	4203	1731	707	483	－155	579	508	517
2009	3522	3290	3230	579	1010	1978	－254	314
2010	3092	1336	2174	370	－51	1976	－1010	171
2011	2413	1045	1748	276	21	1562	－937	234

数据来源：根据表 11－33 计算。

表 11－35 农作物播种面积结构

年份	农作物总播种面积	粮食作物播种面积						
			谷物				豆类	薯类
				稻谷	小麦	玉米		
1991	1.000	75.1%	62.9%	21.8%	20.7%	14.4%	6.1%	6.1%
1992	1.000	74.2%	62.1%	21.5%	20.5%	14.1%	6.0%	6.1%
1993	1.000	74.8%	60.2%	20.5%	20.5%	14.0%	8.4%	6.2%
1994	1.000	73.9%	59.0%	20.3%	19.5%	14.3%	8.6%	6.3%
1995	1.000	73.4%	59.6%	20.5%	19.3%	15.2%	7.5%	6.4%
1996	1.000	73.9%	60.5%	20.6%	19.4%	16.1%	6.9%	6.4%
1997	1.000	73.3%	59.7%	20.6%	19.5%	15.4%	7.2%	6.4%
1998	1.000	73.1%	59.2%	20.0%	19.1%	16.2%	7.5%	6.4%
1999	1.000	72.4%	58.6%	20.0%	18.4%	16.6%	7.2%	6.6%
2000	1.000	69.4%	54.6%	19.2%	17.1%	14.8%	8.1%	6.7%
2001	1.000	68.1%	53.0%	18.5%	15.8%	15.6%	8.5%	6.6%
2002	1.000	67.2%	52.7%	18.2%	15.5%	15.9%	8.1%	6.4%
2003	1.000	65.2%	50.4%	17.4%	14.4%	15.8%	8.5%	6.4%
2004	1.000	66.2%	51.7%	18.5%	14.1%	16.6%	8.3%	6.2%
2005	1.000	67.1%	52.7%	18.6%	14.7%	17.0%	8.3%	6.1%
2006	1.000	69.0%	55.8%	19.0%	15.5%	18.7%	8.0%	5.2%
2007	1.000	68.8%	55.9%	18.8%	15.5%	19.2%	7.7%	5.3%
2008	1.000	68.3%	55.2%	18.7%	15.1%	19.1%	7.8%	5.4%
2009	1.000	68.7%	55.7%	18.7%	15.3%	19.7%	7.5%	5.4%
2010	1.000	68.4%	55.9%	18.6%	15.1%	20.2%	7.0%	5.4%
2011	1.000	68.1%	56.1%	18.5%	15.0%	20.7%	6.6%	5.5%

数据来源：根据表 11－33 计算。

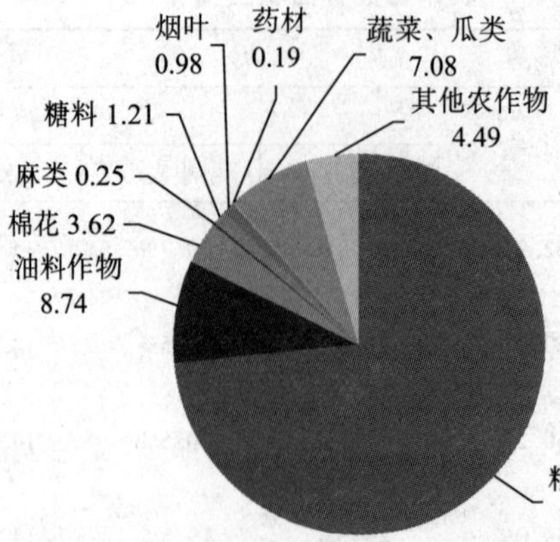

图 11－7　1995 年播种面积结构（%）

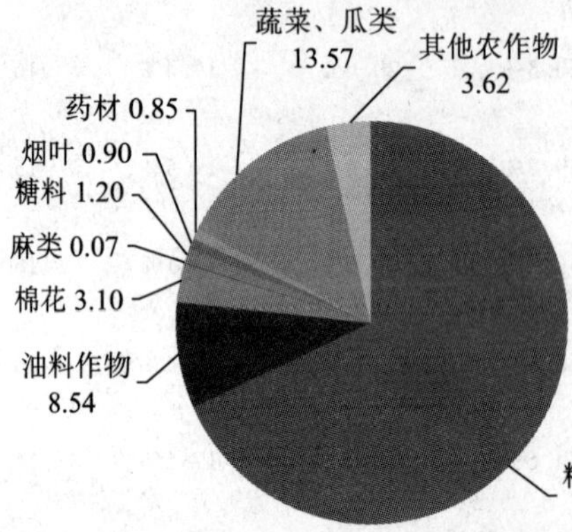

图 11－8　2011 年播种面积结构（%）

核 算 点 评

（1）在最近 20 年里，农作物播种面积的结构发生了巨大的变化。农作物分粮食作物和经济作物。粮食作物分谷物、豆类、薯类等。其中，谷物分稻谷、小麦和玉米。

（2）粮食作物（稻谷、小麦、玉米、大豆）的播种面积在 1995 年为全部耕地面积的 73.43%，到 2011 年下降为 68.14%。

（3）谷物（稻谷、小麦、玉米）播种面积从 1991 年的 62.9% 下降为 2011 年的 56.1%。其中，稻谷播种面积从 1991 年的 21.8% 下降为 2011 年的 18.5%。小麦播种面积从 1991 年的 20.7% 下降为 2011 年的 15%。玉米播种面积从 1991 年的 14.4% 上升为 2011 年的 20.7%。大豆播种面积从 1991 年的 6.1% 略有增加，到 2011 年，播种面积占总播种面积的 6.6%。在此期间，药材、蔬菜、水果等经济作物的播种面积持续上升。很明显，农作物播种面积从谷物向经济作物转移。其中，稻谷和小麦的播种面积下降非常显著。

（4）在 1991 年到 2011 年这 20 年期间内，粮食作物的播种面积发生了巨大的变化。由于农业科学技术创新，特别是袁隆平培育的杂交水稻大大提高了单位面积产量，在粮食总产量不断上升的同时播种面积不断缩小。在 1991 年到 2011 年的 20 年内，农作物总播种面积增加了 19046 万亩。但是，粮食作物的播种面积减少了 2610 万亩（表 6－1）。在此期间，在粮食作物中稻谷播种面积下降了 3799 万亩；小麦下降得最严重，减少播种面积 10016 万亩。玉米播种面积大幅度上升，增加了 17952 万亩。豆类播种面积上升 2232 万亩。薯类播种面积下降了 258 万亩，基本维持不变。

（5）在 1991 年到 2011 年期间，油料作物播种面积增加了 3488 万亩。其中花生播种面积增加了2552万亩。油菜籽播种面积增加了1821万亩。棉花的播种面积大幅度下降，减少了2251万亩。麻类的播种面积也在下降。糖类的播种面积基本不变，只是糖类的播种面积由甜菜转移到甘蔗。烟叶的播种面积在1991年到2011年期间下降了514万亩。蔬菜的播种面积由1991年的9819万亩急剧上升为2011年的29459万亩。增加19640万亩。与此同时，茶园面积由1991年的1590万亩上升为2011年的3169万亩，翻了一番还多。果园面积从1991年的7977万亩上升为2011年的17746万亩，增加2.22倍。这说明中国人的饮食质量得到大幅度提高。人均消费的谷物数量下降，但是对蔬菜、水果的消费持续上升。

（6）古人说："谷丰伤民，谷贱伤农。"粮食总产量少了不好，多了也不好。粮食总产量少了，老百姓吃不饱，在供不应求的情况下，粮价必定暴涨，危及社会稳定和人民健康。粮食总产量多了，供过于求，不仅造成粮食浪费，还会由于粮价下跌损害农民利益。比较理想的状态是在保持2个月以上粮食库存的基础上实现粮食产销平衡。

（7）粮食安全和人均口粮拥有量有关。人均口粮拥有量和人口总数、谷物总产量有关。在人均收入达到一定水平之后，口粮总需求量随着人口总数增长。如果我们能够比较准确地预测中国未来总人口的变化趋势，根据人均收入水平预测口粮、饲料和工业用粮的人均需求，在此基础上不难预测未来对口粮和饲料的总需求。

（8）一个国家的粮食总需求和居民人数、生活水平、饮食结构有关。当民众收入水平升高以后，不仅要吃饱，还要吃好。高收入群体人均消费的口粮也许比低收入群体更少，可是人均消费的肉类、蛋类、奶类、水产、水果等更多。无论肉类、蛋类都要从饲料转换而来。因此，讨论粮食安全的时候要分不同的层次：首先要保证口粮的需求，然后要保证有足够的饲料，最后才考虑工业用粮。除非遭遇战争、特大天灾，一般来说，人口总数、人均口粮消费量的变化规律比较稳定，谷物总需求不会发生骤然巨变。

（9）谷物总产量不仅和耕地数量有关还和单位面积产量有关。非常简单的逻辑：在谷物市场供求基本平衡的情况下，如果单位面积谷物产量增加了，播种面积必然下降，客观上节约下来一些耕地。至于说节约下来的耕地将来派什么用场，那是另外一个问题。也许拿来盖厂房、住宅、办公楼等；也许拿去种经济作物，种花卉、中药、树苗等；也许什么都不种，当做草地养起来。总之，谷物单产上升有助于减轻耕地压力。

（10）农作物播种面积变化的总趋势很清楚：稻谷、小麦的播种面积在逐年减少。在1991年到2011年这20年内，稻谷平均每年减少播种面积190万亩。小麦平均每年减少播种面积500万亩。农民把原来种植稻谷和小麦的耕地改种其他农作物。这说明在供求基本平衡的情况下，用不着种那么多的稻谷和小麦。显而易见，这两项主要农作物的播种面积逐年减少是一个长期的趋势。烟叶的播种面积逐年减少，平均每年减少25万亩。毋庸置疑，烟叶播种面积逐年减少也是一个长期的趋势。

（11）毫无疑问，这种农业生产结构性改变并不影响粮食安全。退一万步讲，只要中国一亩地不少，万一遇到紧急情况，无非把种植其他农作物的耕地改回来种粮就是了。例如，黑龙江的豆农在原来种植大豆的土地上改种人参、药材等，大大改善了经济效益，同时也提供了更多的就业机会。如果今后有需要，农民在这些土地上种大豆或小麦，驾轻就熟，轻而易举。

（12）近十年来，大豆的播种面积基本维持不变，唯独玉米的播种面积大幅度上升。在1991年到2011年期间增加了17852万亩。玉米只有8%被用作口粮，80%以上当做饲料。显然，在粮食安全的考量中饲料的重要性远远低于口粮。稻谷和小麦的播种面积占比逐年下降原本意料中事，可是玉米播种面积上升是否合理？有必要讨论是否可以进口部分饲料，主要是玉米，适度减少国内玉米的播种面积。

（13）在维持农产品市场供求平衡的前提下，由于谷物单产增加导致稻谷、小麦的播种面积逐年减少，再加上烟草播种面积的减少，这三项加在一起，每年大约可以腾出715万亩耕地。

表 11-36　　农村宅基地总量

单位：万亩

地区	1996 年	2005 年	变化率（%）
全国	13577.3	13674.2	0.71
北京	72.0	72.5	0.63
天津	65.6	71.3	8.70
河北	790.2	817.2	3.42
山西	383.9	403.7	5.16
内蒙古	568.8	574.4	0.98
辽宁	547.2	549.6	0.44
吉林	455.0	455.9	0.20
黑龙江	621.8	626.7	0.80
上海	42.8	46.1	7.72
江苏	751.5	770.0	2.46
浙江	294.6	301.8	2.44
安徽	857.6	847.1	-1.22
福建	204.8	212.4	3.74
江西	357.6	353.9	-1.05
山东	1013.7	998.1	-1.54
河南	1201.8	1158.6	-3.59
湖北	588.6	594.6	1.02
湖南	672.3	674.9	0.38
广东	526.5	538.8	2.34
广西	376.8	383.4	1.75
海南	99.6	99.5	-0.15
重庆	303.0	297.6	-1.78
四川	849.3	848.9	-0.05
贵州	272.7	277.7	1.82
云南	336.2	351.6	4.60
西藏	18.0	17.4	-3.33
陕西	438.5	432.2	-1.44
甘肃	360.2	359.0	-0.33
青海	50.4	54.0	7.14
宁夏	89.7	90.3	0.67
新疆	366.9	395.6	7.81

数据来源：宋伟、陈百明、杨红。陈曦炜等，“我国农村宅基地资源现状分析”，《中国农业资源与区划》，2008 年 6 月，第 29 卷，第 3 期，将表中的土地面积单位折算为万亩。

核 算 点 评

（1）2012 年城镇人口 6.9 亿，农村人口 6.4 亿，也就是说，农村和城镇人口差不多。可是农村的建设用地面积几乎是城镇的 4 倍。正如中国科学院地理科学与资源研究所刘彦随所说："当前我国城乡人口比例约 1:1，城乡建设用地面积却是 1:4，城市用地紧张与农村用地粗放同时并存。"根据陶然的研究："（2013 年）我国建设用地总量已经超过 4.7 亿亩，其中城镇用地（城市加建制镇）0.5 亿亩，独立工矿用地 0.5 亿亩，而村庄用地（不含独立于村庄之外的乡镇企业用地）就高达 2.5 亿亩，且呈逐年增加的态势。农村空闲住宅面积约占村庄建设用地总量的 10%—15%。人均居民点用地达到 229 平方米，用地十分粗放。"① 如果农村每家有 2.8 个人，农民户均居民点用地 641.2 平方米。由此可见，宅基地占居民点用地的 56.3%。在宅基地中，只有 25% 左右的面积是农民的住宅。

（2）中国社会科学院张晓山研究员指出："在集镇和村庄，又存在形态、布局、用地散乱，用途与功能配置不合理，生产、生活功能配套缺失，用地低效、闲置普遍的现象。农村人口向城市转移过程中，理应伴随的农村居民点用地减少现象并没出现。农村人口不断减少，村庄用地却出现了上升势头。2010 年，农村居民点用地接近 19 万平方公里，是同期城镇建设用地的 2.4 倍；随着农村劳动力大量外出和农村人口净减少，普遍存在农村'空心化'和住房闲置。"尽管上述研究中农村居民点人均占地面积的数字有些差异，不过结论却一致：农村居民点土地利用效率不高。中国人多地少，耕地是最宝贵的自然资源之一。合理调整农村宅基地和居民点用地是保护耕地的一个重要组成部分。

（3）农村宅基地是农村集体经济组织为满足本组织内成员的生活需要和从事家庭副业生产的需要而分配给农户使用的土地。农村宅基地以户为单位划定。宅基地可以分为建筑用地和活动场所两大部分。建筑用地主要包括 4 个部分：住房用地（卧室、堂房等）、杂物间用地（偏房、旁房用地）、设施用地（厕所、沼气室、水井等用地）和畜舍（鸡、鸭、猪、牛、羊等圈舍用地）。活动场所主要指农村住宅成员及其所养畜禽等的活动用地，一般称为"没有建筑物的空白宅基地"。② 根据陈锡文教授的解释："目前，法律规定农民对宅基地只拥有占有和使用权，对承包地拥有占有、使用和收益权。因为宅基地是农民自用的，不是搞经营的，所以少了收益权。""除了土地产权之外，还有土地用途管制。城市土地的一大主要功能是搞建设。农村土地更重要的是从事农业生产，提供农产品，但为了满足农民生产生活需求，农村也需要搞点建设，而农村的建筑主要是农民自用的。"③

（4）目前，只有宋伟等"我国农村宅基地资源现状分析"一文中给出两个数字：全国宅基地总量在 1996 年为 13577.3 万亩；在 2005 年为 13674.2 万亩。在十年内增加了 0.71%。总的来说，宅基地总量相当稳定。1996 年农村人口 85089 万人，人均宅基地 0.159 亩。2005 年农村人口 74544 万人，人均宅基地 0.183 亩。在总量没有发生重大变化的情况下，由于大量农民工离乡进城，农村人口减少了 1 亿多，在十年内人均宅基地增加了 15.1%。④

（5）自古以来，农村居民点的土地使用效率就不如城镇。第一，由于农民传统的生产、生活方式需要更多的建筑面积和生产辅助、仓储面积。第二，由于缺乏专业人员设计，农村住宅的布局安排尚有许多有待改进之处。第三，由于长期以来农村平均地价远远低于城镇，导致农民对集

---

① 参见陶然，"土地制度改革是新型城镇化的突破口"，《比较》，2013 年，No. 15。

② 摘自宋伟、陈百明、杨红。陈曦炜等，"我国农村宅基地资源现状分析"，《中国农业资源和区划》，Vol. 29，No. 3，2008 年。

③ 资料来源：陈锡文，"是否小康，得看老乡"，《人民日报》，2013 年 11 月 19 日。

④ 农村人口数字来自于各年的《中国统计年鉴》。

约用地不够重视。

（6）表11－33给出全国以及各省市户均宅基地面积。从人均宅基地面积来看，新疆遥遥领先，在1996年户均1328.41平方米，虽然在2005年下降到1178.12平方米，依然高于其他省市。内蒙古户均宅基地1089.58平方米，显然，新疆和内蒙古宅基地数量高和当地的畜牧业有关。东三省的户均宅基地数量也比较高，在2005年，黑龙江户均宅基地845.82平方米，吉林792.01平方米，辽宁526.78平方米。西北各省的宅基地数量也比较高，宁夏642.44平方米，甘肃516.04平方米，青海464.96平方米，陕西408.73平方米。其余各省的农村宅基地户均面积大约在250—300平方米之间。近年来，新疆、黑龙江等省份户均宅基地面积在下降，上海、天津等大都市郊区的农村户均宅基地面积有所增加。

表11－37　　户均宅基地面积

单位：平方米/户

地区	1996年	2005年	变化率（%）
全国	386.19	361.43	－6.41
北京	385.36	339.99	－11.77
天津	385.86	396.34	2.72
河北	379.01	376.06	－0.78
山西	421.80	421.48	－0.08
内蒙古	1096.29	1089.58	－0.61
辽宁	577.41	526.78	－8.77
吉林	863.79	792.01	－8.31
黑龙江	971.53	845.82	－12.94
上海	229.93	276.22	20.13
江苏	331.51	322.14	－2.83
浙江	183.54	164.26	－10.50
安徽	457.43	419.51	－8.29
福建	224.83	207.69	－7.62
江西	337.16	296.58	－12.04
山东	340.85	324.55	－4.78
河南	423.64	381.29	－10.00
湖北	393.69	389.98	－0.94
湖南	312.84	301.43	－3.65
广东	262.69	233.10	－11.26
广西	298.84	259.21	－13.26
海南	652.70	589.24	－9.72
重庆	284.98	276.03	－3.14
四川	291.48	285.93	－1.90
贵州	263.54	233.63	－11.35
云南	286.19	267.14	－6.66
西藏	334.48	287.95	－13.91
陕西	429.50	408.73	－4.84
甘肃	560.02	516.04	－7.85
青海	518.38	464.96	－10.31
宁夏	764.78	642.44	－16.00
新疆	1328.41	1178.12	－11.31

数据来源：宋伟、陈百明、杨红。陈曦炜等，“我国农村宅基地资源现状分析”，《中国农业资源与区划》，2008年6月，第29卷，第3期，

表 11－38　　农村住房和宅基地面积

年份	农村人口数（万）	农村人均住房面积（平方米）	农村住房总面积（亿平方米）	宅基地面积（亿平方米）	农村居民点容积率
1996	85085	21.7	185	905.15	0.20
1997	84177	22.5	189	905.87	0.21
1998	83153	23.3	194	906.59	0.21
1999	82038	24.2	199	907.30	0.22
2000	80837	24.8	200	908.02	0.22
2001	79563	25.7	204	908.74	0.23
2002	78241	26.5	207	909.46	0.23
2003	76851	27.2	209	910.18	0.23
2004	75705	27.9	211	910.89	0.23
2005	74544	29.7	221	911.61	0.24
2006	73160	30.7	224	912.33	0.25
2007	71496	31.6	226	913.05	0.25
2008	70399	32.4	228	913.77	0.25
2009	68938	33.6	231	914.48	0.25
2010	67113	34.1	229	915.20	0.25
2011	65656	36.2	238	915.92	0.26

资料来源：农村人口和人均住房面积来自于《中国统计年鉴》，2013 年。宅基地面积根据宋伟等“我国农村宅基地资源现状分析”一文推出。容积率＝农村住房总面积/宅基地面积。

核　算　点　评

根据宋伟等“我国农村宅基地资源现状分析”一文中给出两个宅基地数据，按照简单线性规则递推出各年宅基地的数量。在统计年鉴上有历年农村人口数，农村人均住房面积，不难算出农村住房总面积。农村住房总面积和宅基地面积之比就是农村居民点的容积率。1996 年农村居民点的容积率为 0.20，随后容积率缓慢提高，到 2011 年为 0.26。

表 11－39　　城镇土地容积率

年份	城镇建成区面积（万亩）	城镇住房面积（万亩）	容积率
2001	3604	1500	0.42
2002	3896	1503	0.39
2003	4246	1513	0.36
2004	4561	1534	0.34
2005	4878	1560	0.32
2006	5049	1613	0.32
2007	5321	1673	0.31
2008	5444	1756	0.32
2009	5716	1820	0.32
2010	6009	1925	0.32
2011	6540	2044	0.31

数据来源：城镇建成区面积数据来自于《中国国土资源统计年鉴》，2013 年。城镇住房面积来自于北京师范大学国民核算研究院，《2013 国民核算研究报告》。

核 算 点 评

（1）在《中国国土资源统计年鉴》上给出城镇建成区面积。按照北京师范大学《2013 国民核算研究报告》，在 2011 年全国城镇住房总面积为 126 亿到 136 亿平方米（相当于 1890 万亩到 2044 万亩）。由此得出，城镇土地容积率在 2001 年为 0.42，以后逐年下降，到 2011 年仅为 0.31。[①]

（2）在过去十几年内城镇住房面积迅速增加，从 2001 年的 1500 万亩增加到 2011 年的 2044 万亩，净增 36.3%，544 万亩。可是城镇建成面积增加的速度更快，从 2001 年的 3604 万亩上升为 2011 年的 6540 万亩，净增 81.5%，2936 万亩。城镇建成面积的增长速度大大超过了城镇居民住房的增长速度。为了提高土地使用效率，必须多管齐下，在提高农村居民点的土地使用效率的同时也要关注城镇土地使用效率。

（3）比较一下城镇和农村居民点土地容积率，在 2001 年城镇土地容积率为 0.42，农村居民点为 0.20。城镇土地的容积率比农村高一倍多。即使到了 2011 年城镇的土地容积率为 0.31，农村居民点为 0.26。城镇土地容积率依然显著高于农村。

表 11－40　　　　城市建成区和农村宅基地面积

年份	城市建成区面积（平方公里）	城市建成区面积（万亩）	农村宅基地面积（平方公里）	农村宅基地面积（万亩）	宅基地/城市建成区
1999	21525	3229	907	13610	4.22
2000	22439	3366	908	13620	4.05
2001	24027	3604	909	13631	3.78
2002	25973	3896	909	13642	3.50
2003	28308	4246	910	13653	3.22
2004	30406	4561	911	13663	3.00
2005	32521	4878	912	13674	2.80
2006	33660	5049	912	13685	2.71
2007	35470	5320	913	13696	2.57
2008	36295	5444	914	13706	2.52
2009	38107	5716	914	13717	2.40
2010	40058	6009	915	13728	2.28
2011	43603	6540	916	13739	2.10

数据来源：宅基地数据来自于宋伟等，“我国农村宅基地资源现状分析”，《中国农业资源与区划》，2008 年 6 月，第 29 卷，第 3 期。其他数据来自于《中国统计年鉴》，2012 年，第 379 页。

核 算 点 评

（1）在 2005 年城镇建成面积 4878 万亩，到 2011 年增加为 6540 万亩，净增 1662 万亩，平均每年递增 237.4 万亩。

（2）农村宅基地在 2005 年为 13674 万亩，到 2011 年增加为 13739 万亩，净增 65 万亩，平均每年递增 9.3 万亩。增加量极为有限，几乎原地踏步。

（3）在 1999 年全国城镇建成面积 3229 万亩，农村宅基地面积 13610 万亩。农村宅基地面积是城镇建成区总面积的 4.22 倍。在 2011 年农村宅基地面积是城镇建成区面积的 2.1 倍。

---

① 关于城镇居民住房面积的研究请参阅徐滇庆、李昕著《住房供求和保障》，机械工业出版社 2014 年版。

表 11－41　　城乡土地利用效率差距

年份	城市建成面积（万亩）	城镇人口（万人）	城镇人均住房占用面积（亩/人）	农村宅基地（万亩）	农村人口（万人）	农村人均宅基地（亩/人）	城乡人均占地差距
1999	3229	43748	0.0738	13610	82038	0.166	2.25
2000	3366	45906	0.0733	13620	80837	0.168	2.30
2001	3604	48064	0.0750	13631	79563	0.171	2.28
2002	3896	50212	0.0776	13642	78241	0.174	2.25
2003	4246	52376	0.0811	13653	76851	0.178	2.19
2004	4561	54283	0.0840	13663	75705	0.180	2.15
2005	4878	56212	0.0868	13674	74544	0.183	2.11
2006	5049	58288	0.0866	13685	73160	0.187	2.16
2007	5320	60633	0.0877	13696	71496	0.192	2.18
2008	5444	62403	0.0872	13706	70399	0.195	2.23
2009	5716	64512	0.0886	13717	68938	0.199	2.25
2010	6009	66978	0.0897	13728	67113	0.205	2.28
2011	6540	69079	0.0947	13739	65656	0.209	2.21

数据来源：根据表 11－37 和 2013 年《中国统计年鉴》计算。

核　算　点　评

（1）在 1999 年城镇人均住房占用面积为 0.0738 亩，农村人均宅基地面积 0.166 亩。农民住房占地面积比城里人多 2.25 倍。到了 2011 年城镇人均住房占用面积为 0.0947 亩。农村人均宅基地面积 0.219 亩。农民住房用地依然比城里人多 2.21 倍。

（2）毫无疑问，为了节约用地，必须既抓城镇也抓农村，双管齐下。由于城镇用地上升速度过快，重点应当放在城镇。在抓城镇土地节约时，重点在工业企业和仓储用地。重点中的重点在整顿开发区和新城。在整顿城镇使用土地的时候，必须限制各级政府在公共服务项目上过多地使用土地，要制止地方政府修建楼堂馆所和不必要的办公大楼、大广场等华而不实的项目。

（3）众所周知，在过去十几年里大量农民工进城，导致城镇人口不断上升，农村人口相对下降。2012 年全国人口 135404 万人，城镇人口 71182 万人，农村人口 64222 万人。在城镇人口中包含了农民工 26261 万人。其中外出农民工 1.63 亿人，在本地打工的农民工 9925 万人。在外出农民工当中，单身外出的 12961 万人，举家外出的 3375 万人。

（4）在讨论宅基地的时候，进城的农民工应当和农村人口合在一起，总计是 90483 万人。进城的农民工占这个人群的 29%。也就是说，进城的农民工拥有全部宅基地的 29%。2011 年全国农村宅基地总量 13739 万亩，其中，进城农民工拥有大约 2988 万亩宅基地。

（5）根据国家统计局数据，2013 年，进城的农民工中有 57% 居住在单位宿舍、工棚和生产场所，38% 的租房，购房的只有 0.9%。虽然许多农民工的居住条件极为恶劣，毕竟还有房子住。与此同时，他们在家乡不仅有房还有宅基地。一个人占了两处，对于土地资源而言，这是很不经济的使用方式。改革的大方向是取消农民工的称呼，给予所有进城的农民兄弟以城镇户口，一视同仁。一旦实现了农民工市民化，享受和城镇居民同等福利待遇，农民工老家的住房尽可保留，但是附属于宅基地的菜园等活动场所理应纳入耕地。以农村居民点容积率 0.26 计算，农民工拥有的宅基地当中属于活动场所的土地面积占 74%，约为 2211 万亩。如果这些活动场所中有一半是菜地，在农民工市民化过程中有可能被置换出来的耕地的总量大约 1105 万亩。

（6）除了静态累积数字之外，还必须注意到未来的变动趋势。城镇化的进展还远远没有终结。保守一点估计，如果每年还有 1000 万农民进城，每人平均拥有的宅基地为 0.11378 亩。如果以户口换宅基地中的活动场所的一半，每年可以增加耕地数量大约 42.1 万亩。

表 11-42　主要农作物产品产量

单位：万吨

年份	粮食总产量	谷物			大豆	薯类
		稻谷	小麦	玉米		
1949	11318	4865	1381	1242	509	985
1957	19505	8678	2364	2144	1005	2192
1962	15441	6299	1667	1626	651	2345
1965	19453	8772	2522	2366	614	1986
1970	23996	10999	2919	3303	871	2668
1975	28452	12556	4531	4722	724	2857
1980	32056	13991	5521	6260	794	2873
1981	32502	14396	5964	5921	933	2597
1982	35450	16160	6847	6056	903	2705
1983	38728	16887	8139	6821	976	2925
1984	40731	17826	8782	7341	970	2848
1985	37911	16857	8581	6383	1050	2604
1986	39151	17222	9004	7086	1161	2534
1987	40298	17426	8590	7924	1247	2821
1988	39408	16911	8543	7735	1165	2697
1989	40755	18013	9081	7893	1023	2730
1990	44624	18933	9823	9682	1100	2743
1991	43529	18381	9595	9877	1247	2716
1992	44266	18622	10159	9538	1252	2844
1993	45649	17751	10639	10270	1950	3181
1994	44510	17593	9930	9928	2096	3025
1995	46662	18523	10221	11199	1788	3263
1996	50454	19510	11057	12747	1790	3536
1997	49417	20074	12329	10431	1876	3192
1998	51230	19871	10973	13295	2001	3604
1999	50839	19849	11388	12809	1894	3641
2000	46218	18791	9964	10600	2010	3685
2001	45264	17758	9387	11409	2053	3563
2002	45706	17454	9029	12131	2241	3666
2003	43070	16066	8649	11583	2128	3513
2004	46947	17909	9195	13029	2232	3558
2005	48402	18059	9745	13937	2158	3469
2006	49804	18172	10847	15160	2004	2701
2007	50160	18603	10930	15230	1720	2808
2008	52871	19190	11246	16591	2043	2980
2009	53082	19510	11512	16397	1930	2996
2010	54648	19576	11518	17725	1897	3114
2011	57121	20100	11740	19278	1908	3273
2012	58958	20424	12102	20561	1732	3279

数据来源：《中国农村统计年鉴》，2013 年，表 7-14。

核 算 点 评

（1）按照用途，粮食分为口粮、饲料、工业用粮和种子用粮。为方便起见，在讨论粮食安全的时候将口粮和种子合并在一起统称口粮。人们非常关心粮食安全，其实，粮食安全分三个层次：核心是口粮，外围是饲料，最外围是工业用粮（例如，造酒、燃料乙醇、淀粉等）。毫无疑问，对于人们来说，口粮最重要。只要人们拥有足够的口粮，吃饱肚子，问题就不大。实际上，粮食安全的核心就是口粮供应是否充足，能不能经受得起冲击。

（2）根据联合国粮农组织统计，2008 年直接用于人类食物的口粮为 10.1 亿吨，占粮食生产总量的 50% 左右。饲料总量达到 7.56 亿吨，占粮食生产总量的 37%。其余部分被用于工业用途和种子。、

（3）许多人经常把粮食和谷物混淆在一起。实际上，联合国粮农组织文件中的粮食的含义更接近汉语中的“食物”。而汉语中的“粮食”更接近粮农组织文件中的谷物。在讨论粮食安全的时候，在大多数情况下人们指的是谷物安全。在粮食安全的研究中必须遵循联合国粮农组织的定义，只有大家在讨论时都使用同一个定义才符合严谨的学术规范，才能和世界各国进行横向比较。如果使用的定义不同，各说各的，混战一场，得不出有益的结论。

（4）虽然有些国家在一般情况下都能保持口粮供求平衡，但是，抵抗冲击的能力各不相同。冲击分为内部和外部两类。内部冲击主要指的是遭遇水灾、旱灾等自然灾害，导致口粮短缺。外部冲击主要是指遭遇外部发动的粮食制裁，在国内市场粮食短缺的情况下得不到外部粮食供应。只有某个国家需要大量进口粮食，挑战国才能发起粮食制裁。粮食制裁的目的是给应战国政府施加压力，迫使对方屈服。要做到这一点必须猛烈冲击民众正常生活，导致饥荒或者引起普遍的对饥荒的恐惧。显然，在口粮、饲料和工业用粮三者之间，冲击口粮最敏感，冲击饲料次之，冲击工业用粮再次之。在一般情况下，只要能够保证口粮的供给，就不至于失控。

（5）研究粮食安全时，笼统地谈“粮食”并不确切，不能把口粮和饲料、工业用粮混为一谈。在讨论粮食安全的时候与其采用“粮食自给度”，不如采用“谷物自给度”。

（6）众所周知，无论稻谷、小麦、大豆、玉米既可以当做口粮也可以当做饲料、工业用粮。只不过每个品种用于口粮、饲料、工业用途的比例各不相同而已。为此，有必要既按照粮食品种（稻谷、小麦、玉米、大豆等）也按照粮食用途（口粮、饲料、工业用途等），细化分类，分别剖析粮食、谷物的自给度。

表 11-43　　中国稻谷供需

单位：万吨

年份	总产出	出口	库存调节	进口	总消费			
						口粮和种子	饲料	工业用粮
2001	11959.6	206.0	1267.5	69.1	13090.2	10661.7	1539.4	154.4
2002	11762.0	209.7	1391.1	73.9	13017.2	10648.4	1479.4	154.7
2003	10825.7	260.5	2030.9	79.4	12675.5	10613.1	1213.6	180.9
2004	12040.9	98.9	272.0	130.9	12344.9	10626.7	1015.9	169.0
2005	12143.1	73.4	-36.7	98.6	12131.6	10680.6	808.2	175.9
2006	12224.5	130.4	253.8	122.5	12470.4	10702.0	1011.4	176.1
2007	12499.4	136.8	12.9	99.9	12475.4	10703.4	1015.0	172.2
2008	12892.1	102.8	10.0	75.2	12874.5	10788.2	1315.3	177.9
2009	13118.6	82.8	1.7	80.5	13118.2	10907.1	1396.1	210.4

数据来源：联合国粮农数据库，2013。总消费 = 总产出 + 进口 - 出口 + 库存调节。

表 11-44　　中国稻谷消费结构

年份	口粮和种子	饲料	工业用粮
2001	86.3%	12.5%	1.2%
2002	86.7%	12.0%	1.3%
2003	88.4%	10.1%	1.5%
2004	90.0%	8.6%	1.4%
2005	91.6%	6.9%	1.5%
2006	90.0%	8.5%	1.5%
2007	90.0%	8.5%	1.4%
2008	87.8%	10.7%	1.4%
2009	87.2%	11.2%	1.6%

数据来源：根据表 11-43 计算。

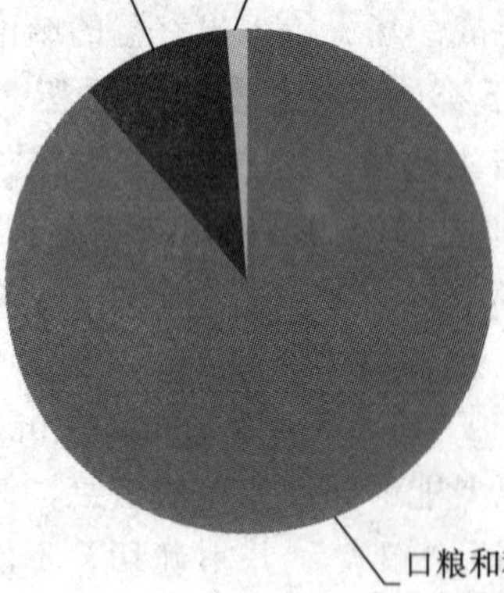

图1-9　稻谷的用途（%，2001 年到 2009 年平均水平）

核　算　点　评

（1）从稻谷的用途来看，根据 2001 年到 2009 年的平均水平，84.35% 被用于口粮和种子。饲料占稻谷的 9.45%。工业用粮占稻谷的比重只有 1.38%。

（2）据美国农业部的统计，中国在 1998 年出口大米占全球大米出口量的 14%，在全世界排名第四。2001 年中国出口大米 206 万吨，进口 69.1 万吨，净出口 137 万吨。2009 年出口大米 80.5 万吨，进口 82.8 万吨，进出口基本平衡（表 11-43）。近年来，中国从大米净出口国转变为进口国。2012 年中国进口大米 231 万吨。[①]有些媒体引用这些数字的时候得出结论：中国的大米供应越来越依赖外国，前景堪忧。其实，2012 年中国稻谷总产量 20424 万吨，[②] 进口大米数量相当国内产量的 1.13%，占全球大米贸易量的 6% 左右。稻谷进口的主要原因是品种调剂而不是市场供应短缺。不值得大惊小怪。

① 数据来源："如何看待我国粮食自给率"，《人民日报》，2013 年 2 月 3 日。

② 2012 年中国稻谷产量数据来自于《中国统计年鉴》，2013 年。

表 11－45　　　　　　　　　　　　中国小麦供需

单位：万吨

年份	产量	出口	进口	国内总需求			
					口粮和种子	饲料	工业用粮
2002	8648. 8	216. 5	175. 2	10896. 2	9450. 0	580. 0	866. 2
2003	9195. 2	35. 5	821. 1	10532. 6	9300. 0	400. 0	832. 6
2004	9744. 5	49. 3	132. 4	10477. 6	9280. 0	350. 0	847. 6
2005	10846. 6	144. 7	38. 4	10759. 5	9290. 0	582. 0	887. 5
2006	10929. 8	183. 5	1. 5	10950. 0	9310. 0	680. 0	960. 0
2007	11245. 6	0. 8	25. 8	11042. 0	9350. 0	650. 0	1042. 0
2008	11512. 0	0. 1	136. 2	11035. 0	9400. 0	500. 0	1135. 0
2009	11400. 0	0	79. 5	11300. 0	9450. 0	650. 0	1200. 0
2010	11780. 0	5. 7	295. 3	12310. 0	9530. 0	1600. 0	1180. 0
2011	11223. 6	25. 0	289. 5	12040. 0	9610. 0	1250. 0	1180. 0
2012	11311. 7	20. 0	350. 0	11660. 0	9650. 0	770. 0	1240. 0

数据来源：净出口数字来自陈盼等“2013 年玉米小麦供需分析及替代研究”，《饲料广角》，2013 年第 13 期。该表 2012 年小麦生产量和国家统计局发表的数据略有不同。

表 11－46　　　　　　　　　　　　中国小麦消费结构

年份	口粮和种子	饲料	工业用粮
2002	86. 7%	5. 3%	7. 9%
2003	88. 3%	3. 8%	7. 9%
2004	88. 6%	3. 3%	8. 1%
2005	86. 3%	5. 4%	8. 2%
2006	85. 0%	6. 2%	8. 8%
2007	84. 7%	5. 9%	9. 4%
2008	85. 2%	4. 5%	10. 3%
2009	83. 6%	5. 8%	10. 6%
2010	77. 4%	13. 0%	9. 6%
2011	79. 8%	10. 4%	9. 8%
2012	82. 8%	6. 6%	10. 6%

数据来源：根据表 11－45 计算。

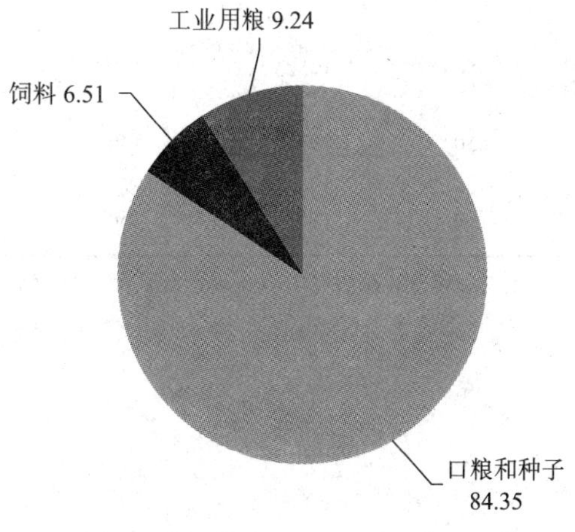

图 11－10　小麦的用途（%，2001 年到 2012 年平均值）

核 算 点 评

（1）在1996年以前，小麦是仅次于稻谷的第二大粮食品种。尽管小麦的播种面积和总产量在1996年以后被玉米超越，但是作为口粮来说，小麦始终保持着第二位。

（2）小麦的进出口数量受到国际市场的影响波动幅度较大。在2002年中国净出口小麦41.3万吨。可是在2003年净进口785.6万吨。当时，有些国际粮商估计中国会继续大量进口小麦，没料到在2005年和2006年中国非但没有增加小麦进口量，反而净出口小麦106.3万吨和182万吨。正当国际粮商为之惊讶时，中国小麦进出口再次转向，从2007年开始，中国变成小麦净进口国。在2012年中国出口小麦20万吨，进口369万吨，净进口349万吨。[①] 对国际粮商来说，这个数字的确很大，可是比起中国小麦总产量来说，只占2012年总产量12102万吨的3.05%。

（3）如果把口粮和种子计算在一起，小麦的口粮（包括种子用粮）占比为85%左右。饲料占8.1%，工业用量占6.8%。假若把用于饲料和工业用粮的小麦改为进口，在原则上不会影响口粮安全。虽然小麦是主要的口粮作物，但是，依然存在着进口替代的可能性。

表11－47　玉米供需

单位：万吨

年份	产量	出口	进口	总消费			
					口粮和种子	饲料	工业用粮
2001	11616	891	1	12780	1299	9190	1400
2002	13029	709	2	13029	1320	9200	1800
2003	13937	426	6	13607	1331	9350	2500
2004	14548	434	2	15075	1391	9600	3650
2005	15230	57	4	15288	1401	9480	4350
2006	16592	17	5	15921	1415	9680	4800
2007	16200	15	130	17420	1425	10580	5400
2008	17510	10	100	17985	1475	10900	5600
2009	18500	13	522	17988	1475	11200	5300
2010	18750	50	650	19525	1475	12500	5500
2011	18750	10	650	19410	1500	12400	5500
2012	18790	10	700	19510	1500	12500	5500

数据来源：陈盼等“2013年玉米小麦供需分析及替代研究”，《饲料广角》，2013年第13期。注：总消费 = 产量 + 进口 − 出口。

① 数据来源：“如何看待我国粮食自给率”，《人民日报》，2013年2月3日。

表 11-48　　中国玉米消费结构

年份	口粮和种子	饲料	工业用粮
2001	10.9%	77.3%	11.8%
2002	10.7%	74.7%	14.6%
2003	10.1%	70.9%	19.0%
2004	9.5%	65.6%	24.9%
2005	9.2%	62.2%	28.6%
2006	8.9%	60.9%	30.2%
2007	8.2%	60.8%	31.0%
2008	8.2%	60.6%	31.2%
2009	8.2%	62.3%	29.5%
2010	7.6%	64.2%	28.2%
2011	7.7%	63.9%	28.4%
2012	7.7%	64.1%	28.2%

数据来源：按照表 11-47 数据计算。注：国内消费量指各年通过调节库存之后的实际消费量。

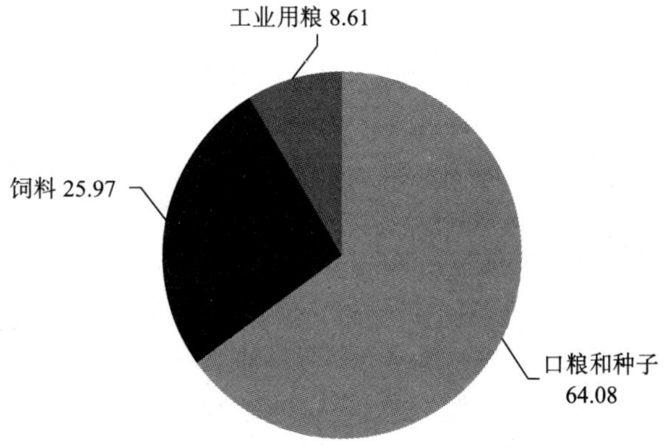

图 11-11　玉米的消费结构（%，2001 年到 2012 年平均值）

核　算　点　评

（1）在最近十几年内，尽管国内的玉米产量节节上升仍然供不应求。玉米进口量从 2007 年以后逐年增加。在 2007 年为 130 万吨，到了 2012 年已经超过了 700 万吨（表 11-44）。进口量占玉米总产量（18790 万吨）的 3.73%。

（2）从消费的角度来观察，玉米的 64.08% 被用作饲料，用作口粮和种子的加在一起才 8.61%（2001 年到 2012 年平均值）。在 2010 年以后，玉米被用作口粮的比例只有 7.7%（表 11-47）。

（3）用作口粮和种子的玉米在 2001 年为 1299 万吨，2012 年为 1500 万吨，增加 15.47%。在 2008 年以后，玉米作为口粮的消费量几乎没有发生变化。用于工业用途的玉米在 2001 年为 1400 万吨。在 2012 年高达 5500 万吨，增加了 292.85%。用于饲料的玉米在 2001 年为 9190 万吨，在 2012 年为 12500 万吨，增加幅度为 36%。显然，正是因为养殖业和轻工业对玉米的需求急剧上升，导致玉米的总消费量大幅度上升。

（4）稻谷和小麦构成了口粮的主体。玉米在口粮安全的目标函数中占有的权重很轻。由于轻工业和养殖业需求旺盛，推动玉米的播种面积和总产量不断扩大，这是合理的，但是，这是不是最优选择？在调整农产品供求结构时，也许可以考虑多进口一些玉米。

表 11－49　　大豆的用途

单位：万吨

年份	总消费	口粮和种子	饲料	榨油和工业用途
2001	3077.2	666.2	265.5	2094.8
2002	3155.4	613.0	190.7	2290.2
2003	3712.4	633.9	291.1	2739.3
2004	3952.5	645.2	359.4	2882.9
2005	4322.4	679.6	301.4	3280.3
2006	4576.7	666.3	321.6	3533.1
2007	4567.6	657.1	170.8	3686.0
2008	5658.7	582.6	150.9	3958.5
2009	5967.7	622.5	202.1	4411.1

数据来源：联合国粮农组织数据库，2013 年。由于统计口径不同，联合国粮农组织的数据和国家统计局数字略有差异。

表 11－50　　中国大豆消费结构

年份	口粮和种子	饲料	榨油和工业消费
2001	22.0%	8.8%	69.2%
2002	19.8%	6.2%	74.0%
2003	17.3%	7.9%	74.8%
2004	16.6%	9.2%	74.2%
2005	15.9%	7.1%	77.0%
2006	14.7%	7.1%	78.1%
2007	14.6%	3.8%	81.7%
2008	12.4%	3.2%	84.4%
2009	11.9%	3.9%	84.3%

数据来源：按照表 11－49 数据计算。

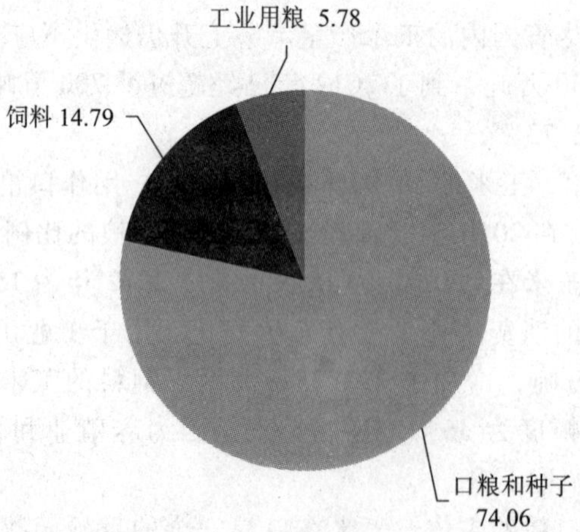

图 11－12　大豆的用途（%，2001 年到 2009 年平均值）

核 算 点 评

在联合国粮农组织的统计数据中，2009 年，榨油和工业用途占大豆总消费量的 84.3%，直接用作饲料的部分只有 3.9%，口粮占 11.9%。实际上，大豆榨油之后的豆粕基本上都用于饲料。如果把豆粕也计入饲料，大豆用于饲料的比重就更高了（表 11 – 50）。

表 11 – 51　　按用途区分的品种结构

单位：%

	稻谷	小麦	玉米	大豆	合计
口粮与种子	58.52	33.51	7.05	0.93	100.00
工业用粮	13.09	12.68	70.44	3.80	100.00
饲料用粮	10.81	5.62	75.33	8.23	100.00

表中数据为 2004 年到 2008 年的均值。数据来源：胡小平等“2020 年中国粮食需求结构分析及预测”，《中国农村经济》，2010 年 6 月。

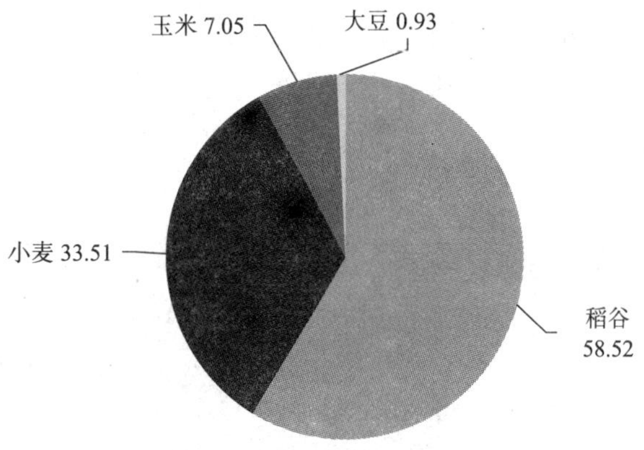

图 11 – 13　口粮的品种结构（%）

核 算 点 评

（1）按照消费量来说，稻谷位居第一，玉米第二，小麦第三。可是在口粮中稻谷第一，小麦第二。玉米在饲料中遥遥领先，位居第一。

（2）在制定粮食安全政策的时候，不仅要考虑总量平衡还要进一步按照不同粮食品种来制定对策。例如，在粮食总消费中玉米占 26.7%，可是在口粮总消费中玉米只占 7.05%。如果增加进口玉米，可能对粮食自给度产生较大的冲击，可是，对口粮自给度的冲击很有限。

（3）在口粮和种子当中，稻谷占 58.5% 左右，小麦占 33.5% 左右，两者相加，占口粮的比重超过 90%。玉米在口粮中的占比为 7.05%，大豆占比只有 1% 左右。即使多进口一些玉米和大豆，也不会对口粮自给度产生很大的冲击。

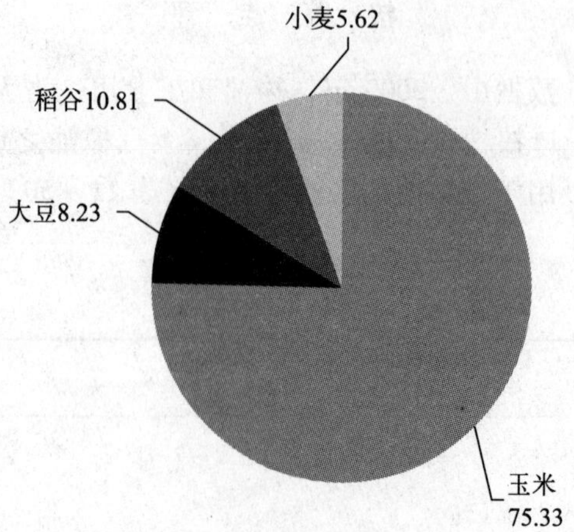

图 11－14　饲料的品种结构（%）

核　算　点　评

饲料的组成和口粮大不相同。玉米是饲料的绝对主力，玉米在饲料中的占比从 2001 年的 81.44% 不断上升，在 2012 年达到 86.37%。在有些统计数字上，大豆占饲料的比重似乎不高，在 2012 年只有 1.2%。实际上，在大豆榨油之后，豆粕被用于饲料。如果把进口大豆产生的豆粕计算在内，大豆在饲料中的比重会大大增加。

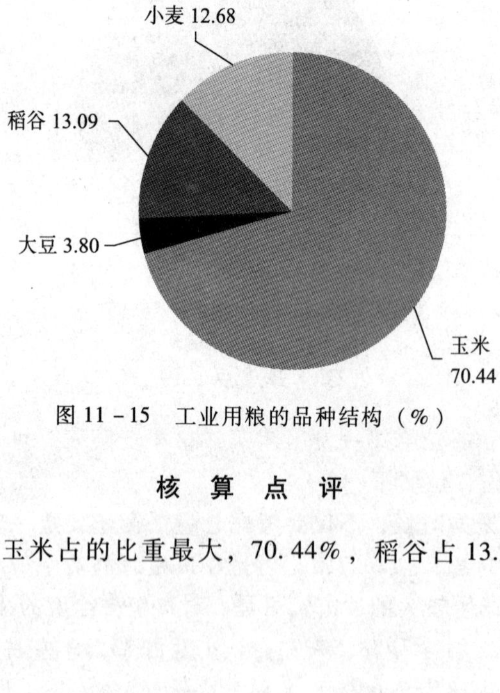

图 11－15　工业用粮的品种结构（%）

核　算　点　评

在全部工业用粮当中，玉米占的比重最大，70.44%，稻谷占 13.09%，小麦占 12.68%，大豆占 3.80%。

表 11－52　　主要农作物种植结构

单位：%

年份			1995	2000	2005	2010	2011	2012
总播种面积			100	100	100	100	100	100
粮食作物			73.43	69.39	67.07	68.38	68.14	68.05
	谷物		59.59	54.55	52.66	55.92	56.08	56.67
		稻谷	20.51	19.17	18.55	18.59	18.52	18.44
		小麦	19.26	17.05	14.66	15.10	14.96	14.85
		玉米	15.20	14.75	16.95	20.23	20.67	21.44
		谷子	1.02	0.80	0.55	0.50	0.46	0.45
		高粱	0.81	0.57	0.37	0.34	0.31	0.38
		其他谷物	2.80	2.21	1.58	1.16	1.17	1.11
	豆类		7.49	8.10	8.30	7.02	6.56	5.94
	薯类		6.35	6.74	6.11	5.45	5.49	5.44
油料作物			8.74	9.85	9.21	8.64	8.54	8.52
		花生	2.54	3.11	3.00	2.82	2.82	2.84
		油菜籽	4.61	4.79	4.68	4.59	4.53	4.55
		芝麻	0.43	0.50	0.38	0.28	0.27	0.27
		胡麻籽	0.41	0.32	0.26	0.20	0.20	0.19
		向日葵	0.54	0.79	0.66	0.61	0.58	0.54
棉花			3.62	2.59	3.26	3.02	3.10	2.87
麻类			0.25	0.17	0.22	0.08	0.07	0.06
糖料			1.21	0.97	1.01	1.19	1.20	1.24
烟叶			0.98	0.92	0.88	0.84	0.90	0.98
药材			0.19	0.43	0.78	0.77	0.85	0.95
蔬菜、瓜类			7.08	11.06	12.82	13.31	13.57	13.93
其他农作物			4.49	4.70	4.78	3.76	3.62	3.39

资料来源：《中国统计年鉴》，2013 年，表 13－14.

核　算　点　评

（1）无论从哪个角度来看，保障粮食安全，关键是口粮。要保证口粮绝对自给。中国人主要吃米饭和面点。在口粮中稻谷占 58.52%，小麦占 33.51%。仅仅稻谷和小麦就占口粮 90% 多。玉米占口粮的 7.05%。大豆占口粮的 0.93%。保证口粮安全，要害在于要保证稻谷、小麦的自给率必须高于 95%。由于玉米和大豆在口粮中所占比重很小，只要国内生产一定数量的大豆和玉米就满足口粮绝对安全的需要，就可以保证粮食供应的主动权，在任何时候都不会受制于人。

（2）对于外围的饲料供应，可以有较大的灵活性。玉米是饲料的主力军，占整个饲料消费量的 75.33%。稻谷占饲料消费的 10.81%，大豆占 8.23%。（表 11－48）。在保证口粮供给的前提下完全可以依靠国际贸易，进口一些饲料，扬长补短，提高经济效益。具体进口数量可以根据市场价格确定。对于最外围工业用粮则完全可以按照一般商品交易的原则，按照市场价格通过国际市场互通有无。只要市场价格合适，尽管扩大进口的数量。

表 11－53　　　　稻谷播种面积分类

单位：万亩

年份	稻谷播种面积	口粮面积	饲料面积	工业用粮面积
2001	43218	37297	5402	519
2002	42303	36677	5076	550
2003	39762	35150	4016	596
2004	42569	38312	3661	596
2005	43271	39636	2986	649
2006	43407	39066	3690	651
2007	43379	39041	3687	607
2008	43862	38510	4693	614
2009	44441	38752	4977	755
2010	44810	39074	5019	762
2011	45086	39315	5050	766

数据来源：《中国农业发展报告 2012》，表 12，按照稻谷用途分配播种面积。

表 11－54　　　　小麦播种面积分类

单位：万亩

年份	小麦播种面积	口粮面积	饲料面积	工业用粮面积
2001	36996	32076	1961	2923
2002	35862	31666	1363	2833
2003	32996	29234	1089	2673
2004	32439	27995	1752	2660
2005	34190	29061	2120	3009
2006	35420	30000	2090	3329
2007	35582	30315	1601	3665
2008	35426	29616	2055	3755
2009	36437	28202	4737	3498
2010	36386	29036	3784	3566
2011	36405	30143	2403	3859

数据来源：《中国农业发展报告（2012）》，表 13，按照小麦用途分配播种面积。

表 11－55　　　　玉米播种面积分类

单位：万亩

年份	玉米播种面积	口粮面积	饲料面积	工业用粮面积
2001	36423	3970	28155	4298
2002	36951	3954	27602	5395
2003	36098	3646	25593	6859
2004	38169	3626	25039	9504
2005	39537	3637	24592	11308
2006	42695	3800	26001	12894
2007	44217	3626	26884	13707
2008	44796	3673	27146	13976
2009	46775	3836	29141	13798
2010	48750	3705	31298	13748
2011	50313	3874	32150	14289

数据来源：《中国农业发展报告（2012）》，表 14，按照玉米用途分配播种面积。

表 11－56 **大豆播种面积分类**

单位：万亩

年份	大豆播种面积	口粮面积	饲料面积	工业用粮面积
2001	14223	3129	1252	9842
2002	13080	2590	811	9679
2003	13970	2417	1104	10449
2004	14384	2388	1323	10673
2005	14387	2287	1021	11078
2006	13920	2046	988	10872
2007	13131	1917	499	10728
2008	13691	1698	438	11555
2009	13785	1640	538	11621
2010	12774	1520	498	10768
2011	11834	1408	462	9976

数据来源：《中国农业发展报告（2012）》，表15，按照大豆用途分配播种面积。

表 11－57 **口粮、饲料和工业用粮的播种面积（2011 年）**

单位：万亩

	总播种面积	口粮播种面积	饲料播种面积	工业用粮播种面积
稻谷	45086	39315	5050	766
小麦	36405	30143	2403	3859
玉米	50313	3874	32150	14289
大豆	11834	1408	462	9976
合计	143637	74740	40064	28890

数据来源：根据《中国农业发展报告（2012）》，表5计算。

核 算 点 评

（1）在2014年中央一号文件中首次提出了永久基本农田的概念。这是一个很重要的制度创新。严守耕地红线不能泛泛而谈，核心在于确保口粮供给。永久基本农田就是在耕地中专门划出来一部分用来保证口粮生产，也就是专业化的口粮生产基地。究竟需要多少永久基本农田？可以参考近年来口粮所需的播种面积。无论是稻谷、小麦、玉米还是大豆都包括口粮、饲料和工业用粮。不过，三种主要用途所占的比例不同，历年的播种面积也不一样。根据2011年数据，稻谷、小麦、玉米和大豆的总播种面积为14.36亿亩。其中口粮播种面积为7.47亿亩，饲料播种面积4亿亩，工业用粮播种面积2.89亿亩。

（2）由于许多地方的耕地每年种植二茬或三茬，播种面积等于耕地面积乘上复种系数。从全国历年的平均数来看，播种面积大约为耕地面积的1.3—1.5倍。在2011年直接用于生产口粮的耕地面积大约5—6亿亩。考虑到天有不测风云，粮食生产有增有减，为了保险起见，要留有余地。如果在全国的重点产量区划定7亿亩作为永久基本农田用来种植稻谷和小麦，考虑到复种的因素，可以保证即使在遭遇较严重的天灾情况下口粮播种面积也大于7.5亿亩。

（3）第二次全国土地普查表明，耕地总量为20.3亿亩。保证中国口粮供给所需的耕地只要7亿亩，还不到总数的一半。完全可以挑选一些耕作和灌溉条件比较好的地块作为专业化的口粮生产基地。通过立法确定这些耕地为永久基本农田。不仅要严格立法，还要在财政、金融、税收、农机、科技等多方面扶持口粮生产基地。严格禁止将永久基本农田转为他用。永久基本农田可以相对集中在一些产量大省和地区。为了提高劳动生产效率，更好地使用农业机械，可以逐步将耕地集中给种田能手，以合作社的形式使用永久基本农田。要进一步淡化这些耕地的使用权，保证土地使用状态长期不变。显然，成片监管这些相对集中的永久基本农田要比普遍监管所有耕地容易得多，也更为有效。

（4）一谈到增加粮食进口，就有人担心是否会影响到口粮安全。凡事都有一个量的概念。过犹不及，有备无患。只要把总量控制在一定程度，进口粮食不仅不会威胁口粮安全，还有利于改善资源配置，提高人民福祉。在全国20亿亩耕地中扣除了7.5亿亩永久基本农田之后，其余的耕地可以根据国内外粮食市场的供求关系适当地调整农业生产结构。在保证100%的口粮自给率之后，有可能多进口一些玉米和大豆，降低谷物自给率和广义的粮食自给率。调整农业生产结构是我们主动的选择，绝对不是在天灾或外部冲击下被动的应对。从粮食战略上来讲，是进攻而不是防御，更不是退却。无论如何调整，都要深思熟虑，反复论证，谋定而后动，在任何情况下都保持在可控状态，绝对不损害国家的口粮安全。

（5）主动调整农业生产结构可以优化土地资源配置，适应经济社会发展的需要。在讨论中国的粮食安全时必须充分考虑国情：中国人均资源短缺。人均耕地仅为世界平均水平的40%。宜居土地只有陆地总面积的19%。人均淡水资源只有世界平均水平的25%。由于人口继续增长，对粮食需求量持续上升，如果过度利用土地，过度施肥，有可能破坏生态系统，造成严重的水土流失和地力下降，土地污染和水资源污染日趋严重。如果能够将一部分土地轮作、休耕，减轻农业对环境的压力，将有助于恢复生态平衡，有益于子孙后代的长期发展。

（6）其实，进口工业用粮和进口能源、工业原材料在本质上区别不大。即使是世界上自然资源非常充沛的国家也少不了进口一些原材料。各国之间互通有无，取长补短，互助互利。虽然还有人试图通过贸易战来卡住对方的命脉，压迫别人服从自己的意志，可是贸易战不得人心，成功概率越来越低。理论和实践都已经证明，对中国这样的大国发起贸易战，取胜的概率几乎等于零。虽然中国和欧美的贸易摩擦不断，但是爆发全面贸易战的可能性并不大。2012年，中国石油对外依存度已经高达56%，铁矿石的对外依存度54%，显然，切断原油、铁矿石的供给线对于中国的冲击绝对不会低于进口工业用粮。世界上高度依赖海外资源的国家很多，不是都活得蛮好？用不着疑神疑鬼、庸人自扰。和平、发展是当今世界的主流，我们完全有可能抓住有利的时机，扩大粮食进口，从而加速经济建设，增强国力。说到底，扩大粮食进口并没有放弃一亩地，只不过目前不种或少种一些饲料和工业用粮。如果外部形势变了，没有什么了不起，在休耕的地上再度播种就是了。

第七部分　进口粮食，调整农业生产结构

表 11－58　　　　全球谷物生产总量

单位：万吨

年份	全球	中国	美国	印度	巴西	印尼	法国	俄罗斯	加拿大
2000	206060	40734	34263	23493	4589	6158	6570	6433	5109
2001	211042	39839	32498	24296	5712	5981	6024	8340	4339
2002	203278	40000	29713	20664	5088	6107	6966	8486	3605
2003	209189	37612	34824	23659	6747	6302	5494	6556	4919
2004	228017	41316	38903	22985	6396	6531	7052	7623	5078
2005	226822	42937	36644	24000	5567	6667	6410	7656	5096
2006	223587	45268	33833	24279	5915	6606	6158	7649	4858
2007	235559	45781	41513	26049	6944	7044	5933	8021	4811
2008	252706	48005	40354	26684	7975	7657	7011	10642	5603
2009	249515	48328	41938	25078	7091	8203	7003	9562	4955
2010	247412	49846	40167	26784	7516	8480	6831	5962	4565
2011	258914	52120	38682	28786	7759	8337	6598	9179	4721
2012	254663	54276	35696	28650	8994	8842	7098	6877	5009

数据来源：FAO 数据库，2013 年。

核　算　点　评

（1）在探讨粮食进口替代的时候要注意到如下几个问题：第一，世界各国有没有提供粮食的空间？第二，会不会由于中国大规模进口粮食而导致国际市场粮价暴涨？

（2）在第二次世界大战之后，全球粮食产量逐年上升，而且继续保持着上升的态势。全球谷物总产量从 2000 年的 20.6 万吨上升为 2012 年的 25.5 万吨（见表 11－58）。

（3）进入新千年以来，全球谷物总产量增加了 23.6%，中国增加了 33.2%，美国只增加了 4.2%，巴西的增幅最大，几乎翻了一番。加拿大的谷物产量还减少了 2%。全球谷物产量继续呈现不断上升的趋势。

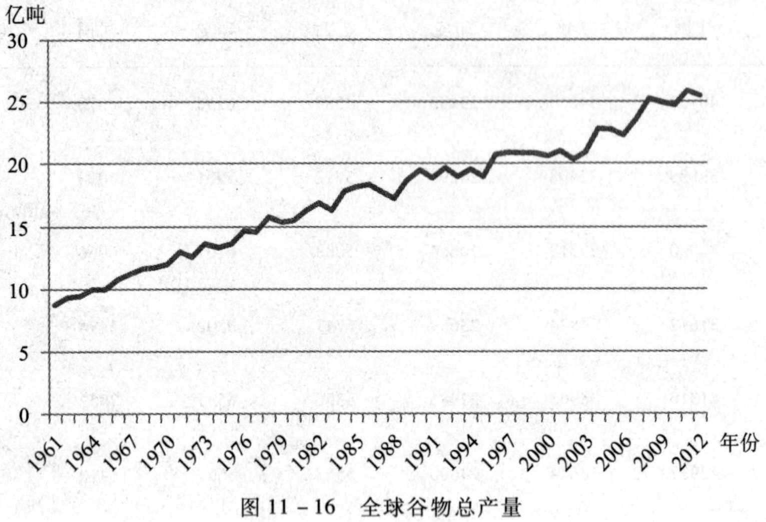

图 11－16　全球谷物总产量

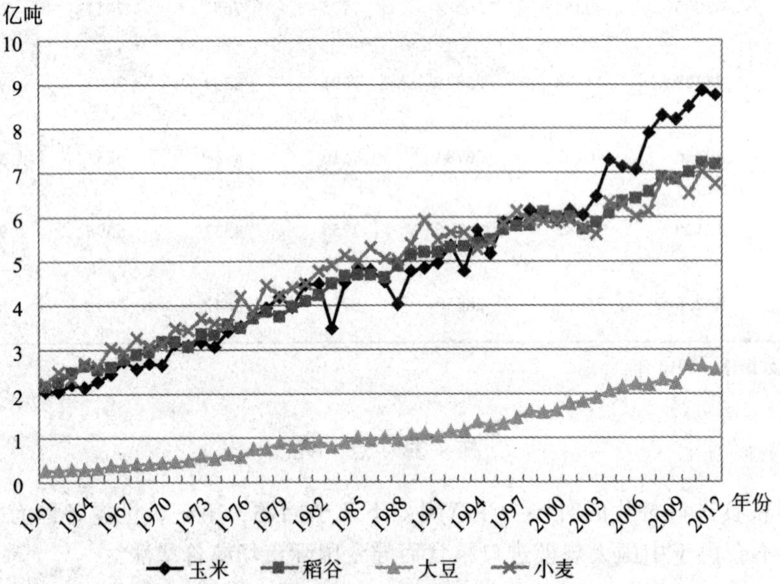

图 11－17　全球稻谷、小麦、玉米和大豆产量

表 11 - 59 **世界各国的国土面积**

单位：万平方公里

排名	国家和地区	国土面积	世界占比
	世界	13426.9	100.0%
1	俄罗斯联邦	1709.8	12.7%
2	加拿大	998.5	7.4%
3	美国	983.2	7.3%
4	中国	960.0	7.1%
5	巴西	851.5	6.3%
6	澳大利亚	774.1	5.8%
7	印度	328.7	2.4%
8	阿根廷	278.0	2.1%
9	哈萨克斯坦	272.5	2.0%
10	墨西哥	196.4	1.5%
11	印度尼西亚	190.5	1.4%
12	伊朗	174.5	1.3%
13	蒙古	156.4	1.2%
14	南非	121.9	0.9%
15	埃及	100.1	0.7%
16	尼日利亚	92.4	0.7%
17	委内瑞拉	91.2	0.7%
18	巴基斯坦	79.6	0.6%
19	土耳其	78.4	0.6%
20	缅甸	67.7	0.5%
21	乌克兰	60.4	0.4%
22	法国	54.9	0.4%
23	泰国	51.3	0.4%
24	西班牙	50.5	0.4%
25	日本	37.8	0.3%
26	德国	35.7	0.3%
27	马来西亚	33.1	0.2%
28	越南	33.1	0.2%
29	波兰	31.3	0.2%
30	意大利	30.1	0.2%
31	菲律宾	30.0	0.2%
32	新西兰	26.8	0.2%
33	英国	24.4	0.2%
34	老挝	23.7	0.2%
35	柬埔寨	18.1	0.1%
36	孟加拉国	14.4	0.1%
37	韩国	10.0	0.1%
38	捷克	7.9	0.1%
39	斯里兰卡	6.6	0.0%
40	荷兰	4.2	0.0%

数据来源：《国际统计年鉴》，2012 年。

核 算 点 评

（1）能不能在未来保持全球粮食供需平衡，不仅要看当今各国的粮食产量，还要考虑各国生产粮食的潜在能力。如何估算各国粮食生产的潜力？第一，要看世界各国有多少耕地；第二，要看各国粮食单产数量。即便耕地面积不变，倘若粮食单产增加，粮食产量也必然上升。实际上，全球耕地面积逐年增加，粮食单产也在逐年增加。根据单产和耕地数量不难估算出总粮食产量。必须指出，在这里有一个假设：全部有效地使用所有的耕地。也就是说，有效地使用全部耕地能够生产的粮食总量，就是理论上粮食生产的潜在能力。

（2）俄罗斯国土面积1709.8万平方公里，位居世界第一。加拿大、美国和中国的国土面积相差不多，加拿大998.5万平方公里，美国983万平方公里，中国960万平方公里。印度的国土面面积328.7万平方公里，相当中国国土面积的34.2%。

表 11－60　　**世界各国耕地面积**

单位：万公顷

排名	国家和地区	耕地面积	世界占比
	世界	138120	100.0%
1	美国	16275	11.8%
2	印度	15792	11.4%
3	俄罗斯联邦	12175	8.8%
4	中国	11000	8.0%
5	巴西	6120	4.4%
6	澳大利亚	4716	3.4%
7	加拿大	4510	3.3%
8	尼日利亚	3400	2.5%
9	乌克兰	3248	2.4%
10	阿根廷	3100	2.2%
11	墨西哥	2513	1.8%
12	印度尼西亚	2360	1.7%
13	哈萨克斯坦	2340	1.7%
14	土耳其	2135	1.5%
15	巴基斯坦	2043	1.5%
16	法国	1835	1.3%
17	伊朗	1721	1.2%
18	泰国	1530	1.1%
19	南非	1435	1.0%
20	波兰	1254	0.9%
21	西班牙	1250	0.9%
22	德国	1195	0.9%
23	缅甸	1104	0.8%
24	孟加拉国	757	0.5%
25	意大利	688	0.5%
26	越南	628	0.5%
27	英国	605	0.4%
28	菲律宾	540	0.4%
29	日本	429	0.3%
30	柬埔寨	390	0.3%
31	捷克	318	0.2%
32	埃及	288	0.2%
33	委内瑞拉	275	0.2%
34	马来西亚	180	0.1%
35	韩国	160	0.1%
36	老挝	136	0.1%
37	斯里兰卡	120	0.1%
38	荷兰	105	0.1%
39	蒙古	96	0.1%
40	新西兰	47	0.0%

数据来源：《国际统计年鉴》，2012 年。

核 算 点 评

尽管美国的国土面积位于世界第三，可是其耕地面积却最多，16275 万公顷。中国的耕地面积 11000 万公顷（16.5 亿亩），位居世界第四，占全球耕地总面积的 8%。[①] 印度的国土面积排名世界第七，可是耕地面积却排名世界第二，15792 万公顷，远远超过了中国。俄罗斯的国土面积虽然很大，但是有相当多的土地处于高寒地带，不适合耕作。加拿大也是这样。

① 根据第二次全国土地普查数据，2009 年全国耕地数量为 20.3 亿亩，大大超过了发表在《国际统计年鉴》上的数字。

表 11－61　　世界各国人口（2012 年）

排名	国家和地区	人口（万人）	世界占比
	世界	697374	100.0%
1	中国	134413	19.3%
2	印度	124149	17.8%
3	美国	31159	4.5%
4	印度尼西亚	24233	3.5%
5	巴西	19666	2.8%
6	巴基斯坦	17675	2.5%
7	尼日利亚	16247	2.3%
8	孟加拉国	15049	2.2%
9	俄罗斯联邦	14193	2.0%
10	日本	12782	1.8%
11	墨西哥	11479	1.6%
12	菲律宾	9485	1.4%
13	越南	8784	1.3%
14	埃塞俄比亚	8473	1.2%
15	埃及	8254	1.2%
16	德国	8173	1.2%
17	伊朗	7480	1.1%
18	土耳其	7364	1.1%
19	泰国	6952	1.0%
20	刚果（金）	6776	1.0%
21	法国	6544	0.9%
22	英国	6264	0.9%
23	意大利	6077	0.9%
24	南非	5059	0.7%
25	韩国	4978	0.7%
26	缅甸	4834	0.7%
27	哥伦比亚	4693	0.7%
28	西班牙	4624	0.7%
29	坦桑尼亚	4622	0.7%
30	乌克兰	4571	0.7%
31	肯尼亚	4161	0.6%
32	阿根廷	4077	0.6%
33	波兰	3822	0.5%
34	阿尔及利亚	3598	0.5%
35	阿富汗	3532	0.5%
36	乌干达	3451	0.5%
37	加拿大	3448	0.5%
38	苏丹	3432	0.5%
39	伊拉克	3296	0.5%
40	摩洛哥	3227	0.5%

数据来源：《国际统计年鉴》，2012 年。

核 算 点 评

在2012年，中国人口13.4亿，占世界总人口的19.3%。中国用世界上7.1%的国土面积，8%的耕地面积，养活了19.3%的人口，基本做到了丰衣足食，很了不起。

表11－62 **各国人均耕地面积比较**

排名	国家	耕地面积（万公顷）	人口（万人）	人均耕地面积（公顷）	和中国相比人均耕地倍数
1	澳大利亚	4716	2262	2.0849	25.49
2	哈萨克斯坦	2340	1655	1.4139	17.28
3	加拿大	4510	3448	1.3080	15.99
4	俄罗斯联邦	12175	14193	0.8578	10.49
5	阿根廷	3100	4077	0.7605	9.30
6	乌克兰	3248	4571	0.7106	8.69
7	美国	16275	31159	0.5223	6.39
8	波兰	1254	3822	0.3281	4.01
9	巴西	6120	19666	0.3112	3.80
10	土耳其	2135	7364	0.2899	3.54
11	南非	1435	5059	0.2837	3.47
12	法国	1835	6544	0.2804	3.43
13	伊朗	1721	7480	0.2301	2.81
14	泰国	1530	6952	0.2201	2.69
15	墨西哥	2513	11479	0.2189	2.68
16	尼日利亚	3400	16247	0.2093	2.56
17	印度	15792	124149	0.1272	1.56
18	巴基斯坦	2043	17675	0.1156	1.41
19	印度尼西亚	2360	24233	0.0974	1.19
20	中国	11000	134413	0.0818	1.00

数据来源：根据表11－60和表11－61计算。

核 算 点 评

和世界上耕地面积最大的20个国家相比，中国人均耕地面积只有0.0818公顷（折合1.227亩），美国人有0.523公顷，人均耕地面积是中国的6.39倍。加拿大人均耕地1.3公顷，是中国人的15.99倍。俄罗斯人均耕地0.8578公顷，是中国人的10.49倍（表11－5）。中国人口耕地比最高，达到12.515（人/公顷），世界平均水平为5.172（人/公顷），其他22个耕地面积在1000万公顷以上的国家平均水平为3.760（人/公顷）。从资源禀赋来看，中国的人均耕地资源很低，不适合种植土地密集型农作物，需要特别注意保护土地资源，提高土地的利用效率。

表 11－63　　稻谷和小麦单产世界排名

稻谷			小麦		
排名	国家	单产（千克/公顷）	排名	国家	单产（千克/公顷）
1	埃及	10288	1	英国	7224
2	澳大利亚	5069	2	荷兰	7071
3	美国	8091	3	伊朗	6961
4	西班牙	7224	4	埃及	6478
5	土耳其	6908	5	法国	6256
6	阿根廷	6560	6	墨西哥	5082
7	日本	6511	7	捷克	4857
8	中国	6433	8	中国	4607
9	意大利	6422	9	日本	4340
10	韩国	6354	10	波兰	3938

资料来源：《新中国农业 60 年统计资料》，表 4－7，表 4－8，表 4－9 和表 4－10。表中单产是 2007 年的数据。

表 11－64　　玉米和大豆单产世界排名

玉米			大豆		
排名	国家	单产（千克/公顷）	排名	国家	单产（千克/公顷）
1	西班牙	9917	1	土耳其	3535
2	法国	9491	2	意大利	3334
3	美国	9458	3	埃及	3303
4	德国	9447	4	阿根廷	2971
5	意大利	9144	5	巴西	2813
6	加拿大	8511	6	美国	2807
7	埃及	8050	7	法国	2757
8	阿根廷	7666	8	澳大利亚	2437
9	伊朗	7562	9	伊朗	2364
10	土耳其	6838	10	加拿大	2301
14	中国	5167	21	中国	1454

资料来源：《新中国农业 60 年统计资料》，表 4－7，表 4－8，表 4－9 和表 4－10。表中单产是 2007 年的数据。

核　算　点　评

从世界各国粮食单产数据可见，中国的稻谷单产排名世界第 8，小麦单产排名也是第 8，玉米排名第 14，大豆排名第 21。几乎所有粮食出口国的粮食单产排名都高于中国。美国玉米单产每公顷 9458 千克，中国玉米单产每公顷 5167 千克。中国玉米单产仅仅是美国的 54.6%。美国每公顷生产大豆 2807 千克，中国只有 1454 千克。中国的大豆单位面积产量只有美国的 51.7%。近年来，中国不断采用优良品种，改进农田管理，不断提高粮食单产水平。袁隆平培育的杂交水稻对稻谷单产的提高做出了很大的贡献，可是，粮食单产水平和世界上先进水平相比还有相当的距离。

表 11－65　　　　　　　　　　　　理论上全球各国可养活的人口数

单位：万人

国家和地区	耕地面积（万公顷）	实际人口	理论上能养活的人口	多养活人口数
世界	138120	714311	1728559	1014248
中国	11000	137664	137664	0
美国	16275	33232	203680.2	170448
印度	15792	135392	197635.5	62244
俄罗斯联邦	12175	14875	152369	137494
巴西	6120	19585	76591.25	57007
澳大利亚	4716	2245	59020.32	56775
加拿大	4510	3794	56442.24	52648
尼日利亚	3400	16068	42550.69	26482
乌克兰	3248	4784	40648.43	35865
阿根廷	3100	4114	38796.22	34682
墨西哥	2513	11450	31449.97	20000
印度尼西亚	2360	25222	29535.19	4313
哈萨克斯坦	2340	1635	29284.89	27650
土耳其	2135	7409	26719.33	19311
巴基斯坦	2043	17926	25567.96	7642
法国	1835	6522	22964.86	16443
伊朗	1721	7922	21538.16	13616
泰国	1530	6941	19147.81	12207
南非	1435	5022	17958.9	12937
波兰	1254	3928	15693.7	11766
西班牙	1250	4666	15643.64	10977
德国	1195	8375	14955.32	6580
缅甸	1104	4969	13816.46	8847

数据来源：根据表 11－61 和表 11－62 计算。

核 算 点 评

（1）如果中国要扩大粮食进口，关键在于世界各国有没有增加粮食产量的潜力？大部分主要粮食生产国的粮食单产水平都比中国高（表 11－63 和表 11－64）。如果外国农民像中国农民那样充分利用耕地的话，拿中国农民的单产数量乘上他们的耕地数量得到的总产量应当低于他们如今粮食产量。事实恰恰相反，美国、加拿大、澳大利亚等国的粮食产量不仅没有达到这个数字，反而差了一大截。只能解释说，这些国家并没有充分地利用他们的耕地，凡是在美国中部和加拿大中部大平原地区旅行过的人都会看到大片优质耕地被撂荒、闲置，并没有投入粮食生产。

（2）为什么世界上主要粮食生产国没有充分利用他们的耕地资源？主要原因是他们自身早就实现了粮食自给自足，多生产了，卖给谁？需求不足抑制了他们的粮食生产。有人说，世界上还有许多穷国的老百姓挣扎在饥饿中，每年有数百万人因营养不良而死亡，他们迫切需要粮食。可是非常遗憾，他们没有资金来购买食物。在市场机制中，没有支付能力的需要并不等于有效的需求。帮助穷国摆脱粮食短缺，不仅要靠国际粮食援助，更重要的是帮助他们通过经济体制改革，解放生产力，通过自己的努力，摘掉贫穷的帽子，远离饥饿。国际援助很好，很必要，却靠不住，也很难持久。例如，加拿大每年向非洲捐赠几十万吨粮食，可是，谁来支付运费呢？加拿大政府和慈善机构四处筹集资金来支付运费和其他费用，可是，由于加拿大自身债台高筑，力不从心，难以扩大捐赠范围。每逢收获季节，美国和加拿大的农场经常粮满为患，市场需求制约了粮食增产。

（3）由于世界各国粮食单产不同；粮食生产的结构各不相同，有的国家以小麦为主，有的国家以水稻为主；耕地使用程度也不一样，因此，很难准确地算出各国潜在粮食生产的数字。不过，可以从另外一个角度来说明全球粮食生产还存在着巨大的潜力。

（4）毋庸置疑，美国农民无论在资金、设备、技术水平和社会分工程度上都优于中国农民，美国粮食单产比中国高了差不多一倍，中国农民用一公顷耕地养活 12.22 个人，为什么美国农民用一公顷耕地只养活 1.91 个人？按照道理说，中国农民做得到的事，外国农民也能够做到。如果世界各国的农民都按照中国农民的单产种田，在理论上他们可以养活的人口数字将大大超过各国现有的人口。例如，如果美国农民按照中国农民那样充分利用美国的 16275 万公顷耕地，他们至少可以养活 20.3 亿人，实际上美国人口只有 3.32 亿，也就是说，美国还有多养活 17 亿人的潜力。按此类推，俄罗斯还可以多养活 13.7 亿人，印度的潜力为 6.2 亿人。如果按照中国农民的单产水平，充分利用全世界的耕地，至少还可以多养活 101 亿人（表 11－65）。平心而论，世界的前途是乐观的。人类完全可以通过国际合作、经济体制改革、扩大贸易、提高耕地利用效率，在不远的将来在全球范围内消除饥饿和贫穷。

（5）当然，受到气候、传统、生态环境和其他生产要素的约束，现实情况绝对不会如此简单。这个数字只不过是一个很抽象的极限估计。没有理由说其他国家农民的劳动生产率就一定不如中国农民，如果世界各国都能充分利用他们的土地资源，增加农作物产量的潜力还很大。由此可见，中国如果有计划、有步骤地扩大粮食进口，可以推动世界上主要粮食生产国更好利用他们的耕地资源。从全球生产能力来讲，中国进口粮食的来源不成问题。

（6）有人担心，如果中国大规模进口粮食，会让非洲人民饿肚子。其实，这两者之间并没有必然的内在联系。非洲的人口占世界人口的 11%，占有的耕地面积也是 11%，刚好在世界的平均线上。中国人只用世界上 8% 的耕地养活了 19.3% 的人口。非洲的耕地条件比中国更好。如果按照中国农民的生产方式，非洲的农民完全能够养活非洲所有的人口。中国的经济发展经验对非洲和其他国家具有很好的参考价值。在经济改革之前，中国的粮食一直供不应求，不得不通过发粮票来抑制需求，大部分人半饥不饱。改革开放以来，废除人民公社，实行家庭承包责任制，在很短的时间内中国就解决了粮食问题。同样是那么多耕地，在改革之前不够吃，改革之后吃不了，靠的就是经济改革。如果非洲国家能够稳定社会秩序，推进经济改革，完全有可能在很短的时期内解决粮食问题。

（7）有人担心，如果中国大规模进口粮食可能导致国际市场粮价暴涨。倘若中国突然跑到国际市场上大量采购粮食，确实会推动粮价显著上升，损害那些依靠粮食进口维生的国家。可是，中国调整农业生产结构所需进口粮食的数量很大，是有计划的大宗贸易。在国与国之间，企业与企业之间签订合同之后才履行的交易。在签订合同的时候就已经确定了数量和价格。也就是说，外国的农场主是在拿到了中国的合同之后才开始种植粮食。如果没有中国的合同，那些耕地并没有被利用。当然，生产出来的粮食也只能按照合同卖给中国。只要谋定而后动，大宗粮食定点合同不会冲击国际粮食市场。

表 11－66　　国际市场和国内市场粮食价格

单位：美元/吨

年份	稻谷			小麦		
	国内价格	国际价格	国际价格/国内价格	国内价格	国际价格	国际价格/国内价格
1991	123.2	167.0	1.36	115.3	107.0	0.93
1992	120.0	130.0	1.08	122.8	119.0	0.97
1993	149.4	176.0	1.18	123.9	120.0	0.97
1994	147.6	149.0	1.01	126.0	127.0	1.01
1995	184.0	202.0	1.10	173.0	167.0	0.97
1996	384.9	212.0	0.55	189.8	175.0	0.92
1997	265.4	221.0	0.83	169.5	124.0	0.73
1998	277.8	196.0	0.71	148.4	97.0	0.65
1999	235.6	131.0	0.56	142.0	91.0	0.64
2000	205.4	124.0	0.60	118.3	96.0	0.81
2001	151.7	94.0	0.62	126.9	102.0	0.80
2002	140.9	99.0	0.70	127.6	131.0	1.03
2003	207.8	178.0	0.86	186.6	125.0	0.67
2004	314.1	162.0	0.52	165.5	125.0	0.76
2005	321.0	169.0	0.53	171.2	126.0	0.74
2006	331.1	220.0	0.66	177.2	157.0	0.89
2007	227.0	282.0	1.24	207.1	238.0	1.15
2008	278.0	370.0	1.33	238.4	249.0	1.04
2009	284.0	317.0	1.12	270.9	179.0	0.66
2010	296.6	280.0	0.94	279.5	209.0	0.75
2011	403.9	313.0	0.77	321.5	266.0	0.83

数据来源：FAO 数据库，2013 年 10 月。国际价格取美国市场价格。

表 11－66 续表 1

年份	玉米			大豆		
	国内价格	国际价格	国际价格/国内价格	国内价格	国际价格	国际价格/国内价格
1991	80.8	93.0	1.15	201.2	205.0	1.02
1992	84.5	81.0	0.96	238.1	204.0	0.86
1993	97.0	98.0	1.01	279.8	235.0	0.84
1994	98.2	89.0	0.91	211.6	201.0	0.95
1995	142.7	128.0	0.90	247.0	247.0	1.00
1996	258.6	140.0	0.54	478.7	247.0	0.52
1997	212.3	96.0	0.45	422.2	238.0	0.56
1998	187.2	76.0	0.41	362.4	181.0	0.50
1999	146.2	72.0	0.49	283.9	170.0	0.60
2000	410.7	73.0	0.18	287.5	167.0	0.58
2001	155.9	78.0	0.50	237.8	161.0	0.68
2002	146.2	91.0	0.62	267.0	203.0	0.76
2003	213.8	95.0	0.44	364.9	270.0	0.74
2004	189.7	81.0	0.43	453.1	211.0	0.47
2005	189.2	79.0	0.42	401.5	208.0	0.52
2006	252.1	120.0	0.48	412.7	236.0	0.57
2007	193.4	165.0	0.85	552.3	371.0	0.67
2008	218.3	160.0	0.73	500.8	366.0	0.73
2009	243.0	140.0	0.58	582.7	352.0	0.60
2010	273.3	204.0	0.75	738.6	415.0	0.56
2011	321.8	244.0	0.76	803.4	430.0	0.54

核 算 点 评

（1）从经济角度来讲，和那些粮食出口国相比，中国的土地密集型农产品（例如：大豆、大麦等）没有比较优势，而劳动力密集型农产品具有明显的比较优势。土地稀缺是不可改变的现状，只要有可能，农民就应当减少土地密集型作物的播种面积，而将宝贵的土地资源转向劳动力密集型作物，多种一些产量和利润都比较高的粮食作物和经济作物。

（2）是否进口粮食取决于国内和国际粮价。如果国际粮价低于国内，进口粮食对我们有利。如果国际粮价高于国内，在一般情况下，粮食贸易将导致亏损，需要慎重考虑。除非国家出于保护土地和环境的考虑给予补贴，否则这样的买卖是做不下去的。

（3）无论国内还是国际市场，粮价都在波动变化。总的来说，在1991年到2011年的31年中，稻谷的国际平均价格大约为国内价格的87%。小麦国际平均价格是国内价格的85%。玉米国际价格是国内价格的65%。大豆国际价格是国内价格的68%。人们常常认为稻谷的国内价格低于国际市场，其实，只有2007—2009年这三年国内稻谷价格低于国际市场，其余年份国内稻谷价格都高于国际市场。

（4）在2007年和2008年，由于主要产粮国遭遇旱灾，粮食减产，小麦价格暴涨。从1999年的每吨91美元上升为2007年的每吨238美元。国际市场的小麦价格超过了国内市场。但是这个趋势只延续了两年，在2009年国内小麦价格迅速上升，每吨270.9美元，国际市场价格却掉头向下，国际市场小麦价格大幅度下降了几乎40%，每吨仅179美元。小麦的国际市场价格再度高于国内价格。国际市场的小麦价格只有国内价格的66%。在随后几年内国际市场的小麦价格皆显著地低于国内市场价格。

（5）玉米的国际市场价格一直低于国内价格。在1997年到2006年期间，国际市场的玉米价格只有国内价格的一半左右。近年来国际市场玉米价格有所上升，可是依然只有国内价格的75%左右。

（6）国际市场的大豆价格远远低于国内市场，价差最大。2011年国际大豆价格仅仅为国内价格的54%。即使加上运费、税费，进口大豆依然具有显著的价格优势。

表11－67　　进口大豆置换的耕地

年份	进口量（万吨）	单产（千克/公顷）	置换耕地（万亩）
1994	5.2	1735	45
1995	29.8	1661	269
1996	111.4	1770	944
1997	288.6	1765	2453
1998	320.1	1783	2693
1999	432.0	1789	3622
2000	1041.9	1656	9438
2001	1394.0	1625	12868
2002	1131.5	1893	8966
2003	2074.1	1653	18821
2004	2023.0	1815	16719
2005	2659.1	1705	23394
2006	2827.0	1721	24640
2007	3082.1	1454	31796
2008	3743.6	1703	32974
2009	4255.2	1630	39158
2010	5479.7	1771	46412
2011	5264.0	1836	43007

数据来源：根据《中国农业发展报告》，2012中大豆进口量和单产计算。

核 算 点 评

（1）在1994年中国进口大豆的数量只有5.2万吨，到2011年中国进口大豆5264万吨，进口量增加了1000倍。

（2）2011年大豆亩产平均1836公斤，如果不进口5264万吨大豆而依靠国内生产，需要4.3亿亩耕地。相对于全国耕地总量20.2亿亩，这是一个非常显著的数字。毫不夸张地说，如果不进口大豆，国内耕地的紧张状态将更为严重。在某种意义上，进口大豆（或其他粮食）就等于是进口了土地资源。从合理利用土地资源来看，近年来大量进口大豆是一个非常成功的案例。

（3）在大量进口大豆的同时，2012年国内依然生产大豆1732万吨。有没有必要在国内生产这么多大豆？由于大豆在口粮中的比例很低，进口大豆不会直接影响到口粮安全。因此，可以考虑增加大豆进口量，减少国内生产大豆数量。如果在未来10年内逐步将国内大豆产量下降到1000万吨，减少大豆生产732万吨，按照单产1836千克/公顷计算，有可能再置换出5980万亩耕地。每年可以置换出来大约600万亩耕地。

表11－68　　农业结构调整需要进口的粮食

单位：万吨

	方案1	方案2	方案3	方案4	方案5	方案6	方案7
玉米	5589	5712	5835	5958	6082	6698	7314
小麦	1256	1264	1272	1280	1287	1326	1365
稻谷	311	331	350	370	390	490	590
大豆	12	13	14	15	16	20	25
合计	7168	7320	7471	7623	7775	8534	9293

注：方案1：玉米、小麦、稻谷的工业消费全进口，饲料进口1%；大豆的工业消费与饲料进口1%。方案2：玉米、小麦、稻谷的工业消费全进口，饲料进口2%；大豆的工业消费与饲料进口2%。方案3：玉米、小麦、稻谷的工业消费全进口，饲料进口3%；大豆的工业消费与饲料进口3%。方案4：玉米、小麦、稻谷的工业消费全进口，饲料进口4%；大豆的工业消费与饲料进口4%。方案5：玉米、小麦、稻谷的工业消费全进口，饲料进口5%；大豆的工业消费与饲料进口5%。方案6：玉米、小麦、稻谷的工业消费全进口，饲料进口10%；大豆的工业消费与饲料进口10%。方案7：玉米、小麦、稻谷的工业消费全进口，饲料进口15%；大豆的工业消费与饲料进口15%。

核 算 点 评

（1）设计农业生产结构调整模拟方案的原则是：第一，保障口粮绝对自给，第二，工业用粮完全依靠进口，第三，饲料按照市场价格高低适度进口，进口的饲料占国内饲料需求量的1%，2%，3%，4%，5%，10%，15%。

（2）七个不同的方案分别对应不同的进口饲料数量。方案一表示工业用途耗用的粮食全部进口置换，饲料总消费量的1%靠进口置换。方案二表示工业用途耗用的粮食全部进口置换，饲料的2%靠进口置换。方案三表示工业用途耗用的粮食全部进口置换，饲料的3%靠进口置换。方案四表示工业用途耗用的粮食全部进口置换，饲料的4%靠进口置换。方案五表示工业用途耗用的粮食全部进口置换，饲料的5%靠进口置换。方案六表示工业用途耗用的粮食全部进口置换，饲料的10%靠进口置换。方案七表示工业用途耗用的粮食全部进口置换，饲料的15%靠进口置换。

（3）如果按照方案一进行耕地置换，在保证口粮完全自给的基础上，工业用粮全部进口，饲料进口1%，需要进口玉米5589万吨，小麦1256万吨，稻谷311万吨，大豆12万吨。合计进口粮食7168万吨。如果按照方案七，需要进口玉米7314万吨，小麦1365万吨，稻谷590万吨，大豆25万吨，合计进口粮食9293万吨。

表 11-69　　进口置换播种面积

单位：万亩

	方案 1	方案 2	方案 3	方案 4	方案 5	方案 6	方案 7
玉米	14585	14907	15229	15550	15872	17480	19088
小麦	3896	3920	3944	3968	3992	4112	4232
稻谷	697	741	786	831	876	1100	1323
大豆	100	107	114	121	129	165	201
合计	19278	19675	20073	20470	20868	22856	24844

核 算 点 评

如果采用方案一，稻谷、小麦、玉米的工业用粮全部进口替代，用于饲料的稻谷、小麦和玉米的1%靠进口，大豆的工业用粮和饲料的1%进口替代。可以置换出稻谷耕地679万亩，小麦耕地3896万亩，玉米耕地14585万亩，大豆耕地100万亩。合计可置换出耕地19278万亩。如果采用方案七，稻谷、小麦和玉米的工业用粮全部靠进口，15%的饲料靠进口，大豆的工业用粮和饲料的15%靠进口，可以置换出24844万亩耕地。相对于18亿亩土地“红线”而言，这些数字相当显著。

表 11-70　　进口粮食所需外汇量

单位：亿美元

	方案 1	方案 2	方案 3	方案 4	方案 5	方案 6	方案 7
玉米	163.36	166.96	170.56	174.16	177.76	195.77	213.78
小麦	41.47	41.73	41.98	42.24	42.50	43.78	45.06
稻谷	17.58	18.71	19.84	20.98	22.11	27.76	33.41
大豆	0.62	0.66	0.71	0.75	0.80	1.02	1.25
合计	223.03	228.07	233.10	238.13	243.16	268.33	293.49

注：国际市场的粮食价格采用2011年FAO数据。

核 算 点 评

(1) 中国在2013年底拥有的外汇储备3.82万亿美元。仅在2013年的一年里外汇储备就增加了5010亿。[①] 如果执行方案一，进口全部工业用粮和1%的饲料需要动用223.03亿美元。即使采用方案七，进口全部工业用粮和15%的饲料也只需要293.49亿美元。还不到每年新增外汇储备的5.75%，完全不成问题。

(2) 上述七个方案分别模拟了进口粮食的数量、可能置换出来的耕地数量和所需的外汇数量。值得指出，在实践中，粮食进口替代的数量并不固定，随市场而变化。国际粮价低就多进口一点，国际粮价高了就少进口一点。除了价格因素之外还要考虑农民的就业问题，因地制宜，量力而行。

(3) 无论采用哪个方案，进口这些粮食主要用于顶替工业用粮和饲料，口粮依然全部依赖国内自给自足。只要把进口粮食的数量控制在这个范围之内就不会威胁到国家的粮食安全。无论进口多少粮食，中国的土地资源并没有变化，一亩地都没有少。倘若外部环境发生变化（例如，国际市场粮价暴涨，局部战争等）不适合进口，完全可以在短时间内恢复播种。只要口粮不短缺，

① 中国外汇储备数据来自于《人民日报》，2014年1月16日。

解决工业用粮和饲料的需求比较容易。

（4）综上所述，由于世界上增产粮食的潜在能力很大，中国对饲料和工业用粮的需求很强，具有足够的外汇支付手段，因此，在满足粮食安全的前提下，中国调整农业生产结构的空间很大，增加进口粮食具备外部的可行性。如果中国主动调整农业生产结构，北美、澳大利亚等地的农户有可能得到中国的粮食订单。对于那些地多人少的国家而言，有助于他们提高资源利用效率，增加就业。而中国增加进口饲料和工业用粮有可能腾出一些耕地。一部分置换出来的耕地用于城镇住房和基本建设，另外一部分耕地可以用来作为休耕，种植肥田的苜蓿草、红花草等，保护环境和水资源。与此同时，农业生产结构的调整还有助于实现外汇均衡，减轻人民币升值压力。因此，大量进口粮食有利于中国，也有利于粮食出口国，是国际合作成功的范例。

第八部分 城镇化和住房需求

表 11－71　　人口密度和人均住房面积

国别	国土面积（万平方公里）	总人口（万人）	人口密度（每平方公里）	人均住房面积（平方米）
美国	982.6	31300	31.9	67.0
法国	64.4	6563	101.9	35.2
中国	960	134700	140.3	?
意大利	30.1	6126	203.5	43.0
德国	35.7	8130	227.7	39.4
英国	24.4	6305	258.4	35.4
日本	36.4	12730	349.3	36.9
荷兰	4.2	1673	403.1	40.8

数据来源：国土面积和人口数字来自于 WWW. CIA. GOV，西方国家人均住房面积来自于《世界财经报道》。日本住房面积来自于日本统计局《全国普查数据》。

核 算 点 评

为了估计城镇居民住房的长期需求，需要预测中国城镇居民长期的住房水平和城镇化进展的速度。从统计年鉴上看，中国人口密度为每平方公里 140.3 人。可是，中国人口分布不匀。在西部居住的人口远远低于东部。据推算，中国东部地区的人口密度和英国差不多，但低于荷兰、日本。人口密度高的国家，如日本、荷兰等，人均住房面积大约在 35 平方米左右。有理由假定中国的长期目标为人均住房面积 35 平方米。如果折算成建筑面积大约为 45 平方米。

表 11－72　　世界各国城镇化程度（2011 年）

单位：%

国别	城镇化程度	国别	城镇化程度
法国	85.7	波兰	60.9
韩国	83.2	罗马尼亚	57.0
美国	82.4	中国	50.5
加拿大	80.7	印尼	50.7
英国	79.6	埃及	43.5
德国	73.9	津巴布韦	38.0
俄国	73.8	泰国	34.1
土耳其	71.4	赞比亚	36.0
意大利	68.4	巴基斯坦	36.2
匈牙利	68.0	印度	31.3
日本	91.1	越南	31.0

数据来源：《国际统计年鉴》，2013 年，112 页，CIA World Factbook，2012. 10.

核 算 点 评

在 2011 年全球城镇化的平均值为 50%。中国刚好在世界平均值左右。发达国家的城镇化程度大约在 75%—80% 左右。我国香港地区和新加坡属于港口经济，城镇化程度高达 100%。东欧各国的城镇化程度在 60% 左右。① 尽管中国城镇化速度很快，可是和东欧各国相比，中国的城镇化程度还差了 10 个百分点。如果中国要赶上东欧的城镇化水平还有将近 1.5 亿人要进城。要在城镇化上赶上先进国家水平还有很长的路要走。

① 低收入国家以及印度、越南等国的城镇化程度在 30% 左右。

表 11－73 **城镇化进程**

单位：万人

年份	城镇人口	城镇人口增量	乡村人口	乡村人口增量	总人口	城镇人口比例
1979	18495	1250	79074	60	97569	19.0%
1980	19140	645	79565	491	98705	19.4%
1981	20171	1031	79901	336	100072	20.2%
1982	21480	1309	80174	273	101654	21.1%
1983	22274	794	80734	560	103008	21.6%
1984	24017	1743	80340	－394	104357	23.0%
1985	25094	1077	80757	417	105851	23.7%
1986	26366	1272	81141	384	107507	24.5%
1987	27674	1308	81626	485	109300	25.3%
1988	28661	987	82365	739	111026	25.8%
1989	29540	879	83164	799	112704	26.2%
1990	30195	655	84138	974	114333	26.4%
1991	31203	1008	84620	482	115823	26.9%
1992	32175	972	84996	376	117171	27.5%
1993	33173	998	85344	348	118517	28.0%
1994	34169	996	85681	337	119850	28.5%
1995	35174	1005	85947	266	121121	29.0%
1996	37304	2130	85085	－862	122389	30.5%
1997	39449	2145	84177	－908	123626	31.9%
1998	41608	2159	83153	－1024	124761	33.4%
1999	43748	2140	82038	－1115	125786	34.8%
2000	45906	2158	80837	－1201	126743	36.2%
2001	48064	2158	79563	－1274	127627	37.7%
2002	50212	2148	78241	－1322	128453	39.1%
2003	52376	2164	76851	－1390	129227	40.5%
2004	54283	1907	75705	－1146	129988	41.8%
2005	56212	1929	74544	－1161	130756	43.0%
2006	58288	2076	73180	－1364	131468	44.3%
2007	60633	2345	71496	－1684	132129	45.9%
2008	62403	1770	70399	－1097	132802	47.0%
2009	64512	2109	68938	－1461	133450	48.3%
2010	66978	2466	67113	－1825	134091	49.9%
2011	69079	2101	65656	－1457	134735	51.3%

数据来源：《中国统计摘要》，2012 年，第 40 页。

（1）根据北京大学国家发展研究院曾毅教授的研究，如果维持现行生育政策，中国总人口在2038年达到峰值14.8亿，然后平稳下降。由于城镇化不断提速，城镇人口比例从2000年的36.8%。上升到2010年的50.3%，在2020年达到60.6%，在2030年达到73.4%。城镇人口从2000年的4.6亿，逐步上升，2010年为6.7亿，2020年为8.4亿，2030年为9.8亿。

（2）按照这个模型，在2000年到2010年期间，每年城镇人口增加2092万人，2010年到2020年期间每年平均增加1727万人，在2020年到2030年期间每年增加1437万人，在2030年到2040年期间每年增加809万人，在2040年到2050年期间每年增加383万人。也就是说，在城镇化达到50%之后，城镇化的速度非但不会加速反而呈现放慢的趋势。

表11-74　　城乡人口的长期预测

年份	乡村人口	城镇人口	总计	城镇化程度
2000	79602	46420	126022	36.8
2010	66624	67348	133972	50.3
2020	54976	84624	139600	60.6
2030	39601	98998	134805	73.4
2040	27710	107095	134805	79.4
2050	16004	110933	126937	87.4

数据来源：曾毅、陈华帅、王正联，“21世纪上半叶老年家庭照料需求成本变动趋势分析，”《经济研究》2012年10月。原始数据来自曾毅教授。

表11-75　　新增住房需求预测

年份	城镇人口（万人）	人均住房面积（平方米）	住房总量（亿平方米）	新增住房需求（亿平方米）	折旧（亿平方米）	总需求（亿平方米）
2011	69079	19.74	136.36	6.94	3.41	10.35
2012	70806	20.16	142.77	6.41	3.57	9.98
2013	72533	20.59	149.37	6.60	3.73	10.34
2014	74260	21.03	156.17	6.80	3.90	10.71
2015	75987	21.48	163.18	7.01	4.08	11.09
2016	77714	21.93	170.40	7.22	4.26	11.48
2017	79441	22.38	177.83	7.43	4.45	11.87
2018	81168	22.85	185.47	7.65	4.64	12.28
2019	82895	23.32	193.34	7.87	4.83	12.70
2020	84624	23.80	201.44	8.10	5.04	13.13
2021	86061	24.29	209.06	7.62	5.23	12.84
2022	87498	24.79	216.88	7.82	5.42	13.25
2023	88935	25.29	224.91	8.03	5.62	13.66
2024	90372	25.80	233.16	8.25	5.83	14.08
2025	91809	26.32	241.62	8.46	6.04	14.50
2026	93246	26.84	250.31	8.69	6.26	14.94
2027	94683	27.38	259.22	8.91	6.48	15.39
2028	96120	27.92	268.36	9.14	6.71	15.85
2029	97557	28.47	277.73	9.37	6.94	16.32
2030	98998	29.03	287.35	9.62	7.18	16.80

数据来源：根据Gompertz模型，在居民住房人均远期稳定值为40平方米的假设下计算。

核 算 点 评

（1）决定城镇住房需求的主要因素是：总人口增长、城镇人口在总人口中的比例增长（也就是常说的城镇化率在增长）、人均住房面积增长、家庭规模等等。影响城镇住房供给的主要因素是新建住宅数量和拆迁速度。城镇人口增加导致对住房需求不断上升。如果在遥远的未来，城镇人均住房面积达到40平方米，根据历年数据通过冈博斯（Gompertz model）模型预测，在2030年时城镇居民人均住房面积为29.03平方米。这个指标并不高，因为在2011年已经拥有住房的城镇居民人均居住面积已经达到32.7平方米。

（2）按照减速递增型城镇化估算城镇人口数字，如果预期在2030年城镇人均住房建筑面积达到29.03平方米，城镇住房总面积需要达到287亿平方米。和当前城镇住房总面积136亿平方米相比尚需增加151亿平方米。需要新建的住房面积比当前全部住宅面积还多。每年城镇居民住房增量必须达到11亿到16亿平方米。2011年全国新增城镇居民住房5.92亿平方米。由此可见，建筑业的生产能力远远不能满足需求。在未来20年内房地产市场必然存在着严重的供不应求态势。供求缺口有可能进一步扩大。如果不能有效地增加城镇住房供给，很难消除房价上涨的压力。

（3）从人均住房面积来看，2011年中国城镇居民人均住房面积还远远没有达到预期值。必须有计划地逐步增加房地产的产能，配套增加相应的钢材、水泥、建材和家电的生产能力。只有扩大内需才能持续推动经济增长。扩大内需的主战场在房地产业。中国的房地产业任重道远。种种数据说明城镇住房需求非常旺盛，要满足民众住房需求还需要艰苦的努力，不可等闲视之。如果误判形势，在房地产政策上就可能犯战略性的错误。

表11-76　　住宅供给面积

单位：万平方米

年份	全社会竣工面积	建筑业竣工面积	开发企业竣工面积	商品房销售面积
2000	134529	49668	25105	18637
2001	130420	57901	29867	22412
2002	134002	63712	34976	26808
2003	130161	69039	41464	33718
2004	124881	81859	42426	38232
2005	132836	89471	48793	55769
2006	131408	102940	55831	61857
2007	146283	119325	60607	77355
2008	159405	133881	66545	65970
2009	184210	151881	72677	94755
2010	174604	172493	78744	104765
2011	197452	200749	92620	109367
2012	194703	226045	99425	111304

数据来源：《中国统计摘要》，2013年。全社会竣工面积数据来自于第51页，建筑业竣工面积来自于第140页，开发企业竣工面积来自于第57页。

核 算 点 评

（1）2005年人口调查显示从2000年到2005年新增住房30亿平方米，平均每年新增住房5亿平方米。同期，商品房销售面积总共19.5亿平方米。由此可见，在2000年前后居民住房增量中还有相当一部分不是商品房。到了2010年以后，居民住房增量基本上都来自于商品房。在商品房销售面积中除了住房之外还有办公楼、商业营业用房等。由于住宅和非住宅的边界不是很清楚，根据历年数据在估计住房供给的时候假定新增加的住房是商品房销售量的80%。

（2）2011年房屋建筑竣工面积29.2亿平方米，其中住宅竣工面积18.3亿平方米，占总房屋建筑面积的62.6%。住宅竣工面积分城镇和农村。商品房销售面积10.9亿平方米。如果商品房都算在城镇，大致算来，农村新建住宅7.4亿平方米。在商品房中住房大约8.72亿平方米。如果城镇住房存量面积140亿平方米，按照折旧率2%计算，拆除旧房面积大约2.8亿平方米。当年新增住房面积为5.92亿平方米。①

（3）从城镇居民住房总需求的预测可见，在2011年城镇住房需求量为10.35亿平方米。实际供给量为8.72亿平方米。缺口为1.63亿平方米。如果城镇居民的人均住房面积在2030年达到30平方米的话，在2015年总需求为11.09亿平方米，在2020年为13.13亿平方米，在2025年为14.5亿平方米。如果不能提高住房供给能力，那么住房缺口有可能逐年扩大。带来更高的房价上涨压力。

（4）有人说，中国城镇住房已经过剩，在详细计算房地产市场的供求关系之前，不妨简单地做一个判断。2011年中国城镇化的比例只有51%。在2020年城镇人口84624万，城镇化比例为60.6%。2030年城镇人口98998万，城镇化比例73.4%。② 如果人均住房面积30平方米，在2020年需要253.9亿平方米。当前住房存量为140亿平方米，尚需增加114亿平方米。在2030年需要297亿平方米，和现存住房相比尚需增加157亿平方米。按照当前的速度，每年新增5.92亿平方米，无论如何也难以满足需求。除非房地产业还能获得一个大发展，否则肯定要出现供不应求的局面。怎么能说城镇住房已经过剩了呢？

（5）由此可见，供不应求是房地产市场的长期态势。房地产建设起码还有20年以上的高速增长。只有当城市化比例达到75%以后，商品房建设的速度才能有所减缓。在此之前，如果采用行政手段抑制房地产建设，只会破坏经济规律，将房地产需求推后。

表11－77　　国有建设供地的去向

单位：万亩

年份	2006	2007	2008	2009	2010	2011
供地总量	460.2	513.0	351.3	542.5	648.8	889.9
工矿仓储用地	232.0	212.6	139.4	212.2	231.0	287.0
住宅用地	97.7	120.3	93.0	122.3	172.9	189.7
交通运输用地	27.2	30.4	25.5	68.4	73.2	166.3
公共管理与公共服务用地	44.4	49.9	39.9	65.6	79.4	118.9
商服用地	48.2	86.6	39.8	41.4	58.4	63.9
水域及水利设施用地	7.4	10.3	9.8	29.2	29.2	58.5

数据来源：《中国国土资源统计年鉴》，2012年，第108页。

① 按照任志强的估计，中国每年的城镇住房竣工量约为6亿—8亿平方米，其中商品房不到500万套，非商品房约为300万套，合计不超过800万套。

② 城镇人口预测来自于曾毅教授课题组。

表 11－78 **国有建设供地的构成**

年份	2006	2007	2008	2009	2010	2011
供地总量	100.0%	100.0%	100.0%	100.0%	100.0%	100.0%
工矿仓储用地	50.4%	41.4%	39.7%	39.1%	35.6%	32.3%
住宅用地	21.2%	23.5%	26.5%	22.5%	26.6%	21.3%
交通运输用地	5.9%	5.9%	7.3%	12.6%	11.3%	18.7%
公共管理与公共服务用地	9.6%	9.7%	11.4%	12.1%	12.2%	13.4%
商服用地	10.5%	16.9%	11.3%	7.6%	9.0%	7.2%
水域及水利设施用地	1.6%	2.0%	2.8%	5.4%	4.5%	6.6%

数据来源：《中国国土资源统计年鉴》，2012 年，第 108 页。

核 算 点 评

（1）在 2011 年，全国建设供地 889.9 万亩，如果按照用途排名，第一位用地最多的是工矿仓储用地（占 32.3%），第二位是居民住房（占 21.3%），第三位是交通运输用地（占 18.7%），第四位是公共管理和服务用地（13.4%），第五位是商业服务用地（占 7.2%），第六位是水域及水利设施用地（占 6.6%）。

（2）由于居民住房的市场化程度最高，因此，居民住房对土地的利用效率最高。工矿仓储用地中包括了许多政府主导的工业园和科技园等。由于土地使用权（产权）不清晰，因而土地利用效率最低。在公共管理和服务用地中，属于机场、车站、医院、图书馆的用地合情合理，可是，政府办公大楼，大广场等占地过多就未必合适。保护耕地、保障口粮安全的重点在于提高工矿企业和仓储用地的利用效率，限制政府新盖楼堂馆所。城镇居民的住房不仅要盖，而且要大盖、多盖。

（3）在居民住房用地当中，普通商品住房的占比从 2006 年的 73.7% 上升到 2011 年的 82%。值得关注的是，在 2008 年以前，用于中低价位、中小套型的居民住房微乎其微。在 2009 年以后实行了限户型政策之后，中低价位、中小套型的居民住房所占比重逐渐上升，有 2009 年的 15.9% 上升为 2011 年的 25.6%。按照要求，在新建的居民小区中 90 平方米以下户型的住房应当不低于 70%。在 2011 年小户型住房用地 48.5 万亩，在普通商品住房 155.5 万亩中仅占 31%。显然，小户型住房的比例还远远没有达标。只有大量增加小户型住房的比例才有利于中低收入家庭购买住房。

表 11－79 **居民住房用地**

单位：万亩

年份	2006	2007	2008	2009	2010	2011
合计	97.7	120.3	93.0	122.3	172.9	189.7
普通商品住房	72.0	89.4	69.5	103.6	146.8	155.5
中低价位、中小套型	0	0	0	19.4	31.1	48.5
经济适用住房	7.9	7.6	7.7	15.5	19.9	24.4
廉租住房	0	0	0	2.1	5.1	9.2
高档住宅	0	0.01	0	1.1	1.1	0.6

数据来源：《中国国土资源统计年鉴》，2012 年，第 108 页。

表 11－80　　居民住房的用地的构成

年份	2006	2007	2008	2009	2010	2011
合计	100.0%	100.0%	100.0%	100.0%	100.0%	100.0%
普通商品住房	73.7%	74.3%	74.7%	84.7%	84.9%	82.0%
中低价位、中小套型	0.0%	0.0%	0.0%	15.9%	18.0%	25.6%
经济适用住房	8.1%	6.3%	8.3%	12.7%	11.5%	12.9%
廉租住房	0.0%	0.0%	0.0%	1.7%	2.9%	4.8%
高档住宅	0.0%	0.0%	0.0%	0.9%	0.6%	0.3%

数据来源：根据表 11－79 计算。

核 算 点 评

（1）在北京、上海、广州、深圳等大都市，房价居高不下。就是房价砍掉一半，一般工薪阶层还是买不起商品房。廉租房非盖不可。从表 11－79 中可见，在 2008 年以前，用来盖廉租房的土地几乎等于零。显然，这是一个严重的失误。可喜的是用于廉租房的土地面积逐年增加，从 2009 年的 2.1 万亩，增加到 2010 年的 5.1 万亩，再到 2011 年的 9.2 万亩，呈现一个良好的上升态势。

（2）在 2011 年全国住宅用地只不过 189.7 万亩，和 18 亿亩土地红线相比，不过是千分之一。有人说，盖多了住房将影响粮食生产，似乎有点言过其实。坚守 18 亿亩耕地红线和居民住房建设并没有不可调和的矛盾。只要能够做好规划，节约用地，为了满足各个收入水平居民的住房需求，居民住房建设还需要一个高速增长的时期。不过，特别要注意克服前段时期出现的扭曲现象，在限制豪华别墅和政府楼堂馆所的前提下，尽量为最穷的群体多盖一些廉租房，为低收入群体多盖一些小户型住宅。

表 11－81　　耕地调整量综合

单位：万亩

			耕地变化量	合计
耕地减少				－927
	N_a灾害毁损		－37	－37
	N_b建设占用			－890
		工矿仓储用地	－287	
		商业和服务业用地	－64	
		住宅	－190	
		公共管理和公共服务用地	－119	
		交通用地	－166	
		水利用地	－59	
耕地增加				1521
	N_1土地整治		525	525
	N_2增产节省耕地			538
		稻谷（播种面积）	190	
		小麦（播种面积）	501	
		烟草（播种面积）	25	
	N_3宅基地		114	114
	N_4集约节省	工矿仓储用地	100	100
		公共管理与公共服务用地	66	66
进口置换	N_5	第一方案		19278
		第二方案		19675
		第三方案		20073
		第四方案		20470
		第五方案		20868
		第六方案		22856
		第七方案		24844

核　算　点　评

（1）无论耕地数量是不是 18 亿亩，绝大部分耕地都被正常耕种，充分利用了。只要占用、毁损、减少的耕地数量少于开荒、节约出来的耕地，当前中国不缺口粮，今后也没有问题。

（2）不妨把耕地总量 N 当做一个黑盒子。耕地数量有增有减。每年减少的耕地主要是灾害毁损的耕地 N_a，建设占用 N_b。每年增加的耕地主要来自于土地整治和开荒 N_1；由于单产不断增加而腾出来的耕地 N_2；由于进城农民获得市民待遇而腾出来的宅基地（主要是菜园）N_3；由于集约用地可以节省出来的基本建设占地 N_4；由于改善粮食仓储系统减少粮食损耗可以节省出来的耕地 N_5。显然，只要能够做到：$N_1 + N_2 + N_3 + N_4 + N_5 > N_a + N_b$就可以实现耕地的占补平衡。

(3) 根据2011年数据，灾害毁损耕地37万亩，基本建设占用土地890万亩①。总计耕地减少927万亩。

(4) 2011年土地整治、开荒增加耕地525万亩。由于稻谷、小麦和烟草的播种面积减少716万亩，按照1∶1.33的比例折算，相当耕地538万亩。两项相加，共计1063万亩。仅此两项就大于耕地减少数字，可以基本实现耕地占补平衡。

(5) 在建设用地中大头是工矿仓储用地，在2011年为287万亩。如果缩减各类开发区用地，提高土地利用效率，起码可以节省下来100万亩。

(6) 从许多城市的实际情况来看，类似市政府大楼、市中心广场等公共管理和服务建筑已经基本建成。在许多省市公共服务建筑的修建高潮已经过去。中央政府在2013年发出通知，在最近几年内停止修建政府的楼堂馆所。政府主导的公共管理、服务用地119万亩，完全有可能去掉一半，节约66万亩。

(7) 如果严格控制工矿企业和仓储用地，减少公共管理和服务用地，完全有可能把城市建成区的增长速度降下来，做到和城镇居民人口增长等速。在2011年城市建成面积6540万亩。按照过去10年内的平均增长速度（7.41%），每年扩张484.6万亩。如果将城市建成面积的扩张速度控制在与人口增长率等速（3.97%），只需要扩张259.6万亩。也就是说，实行集约式城市建设，每年大约可以节省225万亩。

(8) 如果给进城的农民工各种城镇居民的福利待遇，要求他们把家乡的菜园重新计入耕地，每年估计可以增加耕地数量114万亩。应当指出，节约耕地的数量和农民工归还家乡菜园的数量是不确定的。工作力度大，可能多一些，工作力度弱，数字就少一点。只要能够抓住农田整治、开荒和粮食单产增加这两项，就有可能做到耕地数量的动态平衡。

(9) 通过粮食仓储系统改革，估计每年可以节省793万吨粮食，相当于5819万亩耕地的产量。相对于全国20.3万亩耕地来说，这是一个举足轻重的大数字。

(10) 如果进一步扩大粮食进口，可以置换出大量耕地。进口粮食的原则是保证口粮百分之百自给，工业用粮全部进口，一部分饲料（例如：1%、2%乃至15%）进口。是否进口饲料和工业用粮还要看国际市场和国内市场的差价，以及国际市场供给的可能性。从模拟的结果来看，进口替代可能置换出来2.5亿亩耕地。显然，进口替代国内粮食生产为我们提供了一个新的更为广阔的思路。

(11) 进口粮食替代并不意味着把这些耕地改变农业用途。置换出来的2.5亿亩耕地实行轮作。在轮作的土地上什么都不种，由国家给农民发放“粮票”。领取国家粮票的农民可以凭这些粮票从粮食部门领取粮食，也可以在市场上出售这些粮票，但是他们必须承诺在这块耕地上种植肥田的红花草、苜蓿草等，不许采用地下水。经过几年休整可以有效地保护水资源和土地资源。

(12) 虽然18亿亩土地红线的提法并不准确，但是维持这个提法有益无害。18亿亩耕地红线不仅仅是一个数字概念，更重要的是提醒大家要关注保护耕地资源，关注粮食安全。中国人多地少，土地资源异常宝贵。一定要警钟长鸣，节约用地。总之，只要我们政策对头，措施到位，保护土地资源的前景是乐观的，将耕地数量保持在18亿亩以上是完全有可能的。

---

① 基本建设用地当中并非全部是耕地，在2011年审批用地917.5万亩，其中农用地转用615.8万亩，在农用地当中耕地379.5万亩。详见表5-2。为简单起见，在这里全部计为耕地。

专题十二　农民工户籍成本[①]

子　目　录

① 本专题核算丁萌萌、徐滇庆，审核李昕。

主指标　　　　　　　　　　农民工户籍的人均公共成本（2011 年）

单位：元/年

		城镇	农村	城乡差距	数据来源
1. 义务教育	小学	6120.81	5719.00	401.81	表 12－4
	中学	8181.27	7439.43	741.84	表 12－4
	小学校舍	103.00	86.55	16.45	表 12－4
	中学校舍	213.84	172.32	41.52	表 12－4
2. 居民合作医疗补助		67.86	45.63	22.23	表 12－9
3. 基本养老保险		个人购买	个人购买	0	
4. 民政部门的其他社会保障	意外伤害保险	个人购买	个人购买	0	
	低保	2883.60	1273.20	1610.40	表 12－14
	医疗救助	363.80	190.50	173.30	表 12－8
	失业保险	个人购买	个人购买	0	
	妇幼保健等	个人购买	个人购买	0	
	孤寡老人	15.00	0	15.00	表 12－1
5. 城市管理费用		400.00	0	400.00	表 12－1
6. 住房		个人购买	个人购买	0	
总成本（元）				3422.55	

注：主指标在本文中列为表 12－16。

核算点评

农民工市民化的公共成本指的是各级政府在教育、医疗、社会保障和城市管理费用等项目上在城镇居民和农村居民之间的差别。按照 2011 年的数据，农民工市民化的公共成本为 3422.55 元，大大低于某些单位计算的 8 万—10 万元。

表 12－1　　　　　　　　　　已公布的市民化公共成本

单位：元

		嘉兴市	武汉市	郑州市	重庆市
1. 义务教育	小学生（元）	5807.60	7898.30	3252.20	3021.00
	中学生（元）	7321.90	10067.70	4931.30	3077.60
	校舍（元）	2659.30	2919.30	3016.80	2773.30
2. 居民合作医疗保险（元/年）		118.00	52.00	31.20	62.40
3. 基本养老保险（元）		36089.00	29753.90	42049.30	35816.30
4. 民政部门的其他社会保障	意外伤害保险（元/年）	－	5.00	－	－
	低保（元/年）	76.50	80.70	59.00	85.90
	医疗等救助（元/年）	8.20	49.40	15.90	9.00
	妇幼保健等（元/年）	46.10	6.30	－	13.50
	孤寡老人（元/年）	14.20	－	8.00	－
5. 城市管理费用（元/年）		338.00	401.00	259.80	490.70
6. 住房（元）		10284.00	9975.60	8696.90	8570.10
总成本（元）		83690.00	85086.60	77361.30	80408.00

资料来源：许召元、陈昌盛、金三林，《农民工市民化的成本测算》，节选自国务院发展研究中心课题组，《农民工市民化——制度创新与顶层政策设计》，中国发展出版社 2011 年版。

核 算 点 评

(1) 市民化公共成本分为义务教育、居民合作医疗保险、养老基本保险、其他社会保险、城市管理费用、住房等6个方面。已公布的市民化公共成本存在着严重的计算偏差。

(2) 全国实行统一的九年义务教育。无论城镇、乡村政府都拨给一定数额的教育经费。如果农民工进城了，他们的孩子由农村中的小学或中学转学到城镇就读，政府支付这些孩子在城镇中的教育费用之后就无需再支付他们在农村学校的费用。上述计算中简单地把城镇中小学人均教育经费当作解决农民工户籍的政府成本，显然是站不住脚的。政府支付的费用理应是城乡教育费用的差额。

(3) 按照国务院发展研究中心的测算方法：在计算总成本时，居民合作医疗保险按20年计算，低保、医疗救助和社会管理费用按44年计算（人均预期寿命为73岁，从29岁开始领取低保、医疗救助并支付社会管理费用，73－29＝44），妇幼保健经费按10年计算，孤寡老人按8年计算（从65岁领取到73岁，73－65＝8）。姑且不论他们计算所选取的时间跨度是否合理，显然，他们计算的是对某个人终身成本而不是当期所必须支付的成本。

(4) 国务院发展研究中心课题组的计算农民工户籍成本的原则是将每年的费用乘上若干年，这种算法值得商榷。计算终身成本时应当用折现率将未来值折算到当期，而不能简单地乘以年数。由于未来的利率和通胀率具有很高的不确定性，因此，折现率的选取难度较大。

(5) 计算农民工户籍成本指的是当期成本，也就是说，如果给进城的农民工户口，当下需要支付多少成本。当农民工的户籍变化以后，就转化为城镇居民，和所有的城镇居民都一样，该缴纳什么税费就缴纳什么税费，该享受什么政府补贴、福利就享受什么待遇，一视同仁。

(6) 羊毛出在羊身上，进城的农民工和其他城镇居民一样，支付所有应当支付的税赋和管理费用，并且在领取劳动报酬的时候按章缴纳各种保险。归根结底，农民工进城转换身份之后所享受的各种福利待遇是他们自己缴纳的，不能简单地视为政府的负担。迄今为止，城市居民和职工的养老保险、工伤保险、生育保险等都是城镇居民自己交纳的，如果按照上述研究来计算农民工市民化的成本，难道城镇居民的这些保险费用是由政府支付的吗？没有理由把这部分经费开支算成农民工户籍转换的成本。在这里，农民工户籍成本应只计算政府补贴的部分。

(7) 一旦农民工转化为市民，他们作为一个普通市民对于城市的贡献将大于他们所占用的资源成本。把农民工终身占用资源总值计算为农民工市民化的成本而无视他们今后对城镇生产、建设所做的贡献，显然是不合理的。

(8) 迄今为止，城镇居民的基本养老保险是他们在年青的时期自己缴纳、积累的。许多人的养老金个人账户严重不足。现收现付（Pay as you go）系统在未来存在着其中潜在的支付危机。政府财政并没有直接拨款充实社保基金。因此，把城镇人均养老金支出计算为农民工户籍成本的理由不足。

(9) 城镇居民住房开支包括租金、水电、煤气、物业管理、维修费用等。这些费用历来由城镇居民自己负担，怎么能把这些费用计算为农民工进城的户籍成本？有必要逐项核算农民工户籍成本。

表 12－2　　农民工数量

单位：万人

年份	2008 年	2009 年	2010 年	2011 年	2012 年
农民工总量	22542	22978	24223	25278	26261
外出农民工	14041	14533	15335	15863	16336
单身外出农民工	11182	11567	12264	12584	12961
举家外出农民工	2859	2966	3071	3279	3375
本地农民工	8501	8445	8888	9415	9925

资料来源：国家统计局，《2012 年全国农民工监测调查报告》，2013 年。

表 12－3　　教育经费人均支出（2010 年）

单位：元

	教育经费支出	事业性经费支出	个人部分	公用部分	基本建设支出
中学	7024.56	6787.25	4418.41	2368.85	237.31
普通中学	7020.87	6783.48	4416.68	2366.8	237.40
普通高中	8120.05	7824.29	4643.42	3180.87	295.77
#农村	6280.88	6157.49	3983.54	2173.95	123.39
普通初中	6528.36	6317.12	4315.08	2002.04	211.24
#农村	5874.07	5699.54	3955.42	1744.11	174.53
成人中学	16873.02	16873.02	9040.10	7832.92	NA
小学	4932.02	4841.13	3585.24	1255.88	90.90
普通小学	4932.76	4841.84	3585.73	1256.11	90.92
#农村	4560.33	4482.11	3397.78	1084.33	78.22
成人小学	1815.45	1815.45	1511.36	304.09	NA

资料来源：《中国教育经费统计年鉴》，2011 年，表 6－37。

表 12－4　　教育经费人均支出（2011 年）

单位：元

	教育经费总支出	事业性经费支出	个人部分	公用部分	基本建设支出
中学	8767.98	8540.62	5228.74	3311.88	227.36
普通中学	8785.58	8531.08	5228.33	3302.75	227.49
普通高中	10000.69	9743.82	5577.46	4166.35	256.87
#农村	7878.72	7749.48	4837.06	2912.41	129.24
普通初中	8181.27	7967.43	5066.07	2901.36	213.84
#农村	7439.43	7267.11	4715.45	2551.65	172.32
成人中学	24402.64	24402.64	5898.68	18503.96	NA
小学	6120.29	6017.3	4142.56	1874.74	102.99
普通小学	6120.81	6017.80	4142.84	1874.96	103.00
#农村	5719.00	5632.45	3990.78	1641.67	86.55
成人小学	2525.67	2525.67	2200.21	325.46	NA

资料来源：《中国教育经费统计年鉴》，2012 年，第 66 页。

核 算 点 评

（1）众所周知，九年义务教育适用于全国城乡，而并不是仅仅局限于城镇。因此，计算农民工市民化成本的时候，应当计算在城镇和农村中小学学生占用教育经费的差额，而不能简单地把城镇中小学每个学生占用的教育经费计入农民工户籍成本。

（2）当前，许多农民工的孩子已经在城镇就读，他们除了缴纳正常的学杂费之外，还要缴纳额外的插班费、走读费等。对于这些农民工子弟来说，户籍改革不会增加任何额外的费用。对于那些尚在农村的“留守儿童”来说，他们在农村的中、小学就读，国家依然要支付相应的教育费用。如果解决农民工户籍，顶多也就是考虑城乡中小学教育经费的差额。

（3）2010 年，每个普通初中学生的平均教育经费支出为 6528.36 元，而农村初中每个学生的教育支出为 5874.07 元。初中学生占用的教育经费的城乡差距为 654.29 元。每个普通小学的学生占用的教育经费为 4932.76 元，而农村小学每个学生占用的教育经费为 4560.33 元。两者相差 372.43 元。

2011 年，每个普通初中学生的平均教育经费支出为 8181.27 元，而农村初中每个学生的教育支出为 7439.43 元。初中学生占用的教育经费的城乡差距为 741.84 元。每个普通小学的学生占用的教育经费为 6120.81 元，而农村小学每个学生占用的教育经费为 5719.00 元。两者相差 401.81 元。

（4）如果从学校的基本建设费用来看，2010 年，普通初中每个学生每年占用 211.24 元，农村初中为 174.53 元。差距为 36.71 元。普通小学每个学生人均基本建设支出 90.92 元，而农村小学只有 78.22 元，城乡差距为 12.70 元。在 2011 年，普通初中每个学生每年占用基本建设经费 213.84 元，农村初中为 172.32 元。差距为 41.52 元。普通小学每个学生人均基本建设支出 103.00 元，而农村小学只有 86.55 元，城乡差距为 16.45 元。

表 12－5　　城乡义务教育经费支出差距（2011 年）

单位：元

	城镇普通小学教育生均经费支出	农村小学生均教育经费支出	城镇与农村小学生均教育经费差额	城镇普通初中生均教育经费支出	农村初中生均教育经费支出	城镇与农村初中生均教育经费差额
合计	6117.49	5718.96	398.53	8179.04	7439.40	739.64
北京	24920.45	27262.67	－2342.22	37826.96	47365.17	－9538.21
天津	16497.38	14194.81	2302.57	23107.43	18052.29	5055.14
河北	5228.62	5341.74	－113.12	7769.80	8302.13	－532.33
山西	5836.91	6720.30	－883.39	7084.18	7458.46	－374.28
内蒙古	10936.78	15876.48	－4939.70	11684.12	13527.8	－1843.68
辽宁	8659.43	8731.84	－72.41	12007.12	11276.91	730.21
吉林	7983.60	8807.78	－824.18	9555.20	10361.66	－806.46
黑龙江	6983.67	7411.08	－427.41	7505.37	6880.84	624.53
上海	21183.50	15121.30	6062.20	25224.46	20605.57	4618.89
江苏	10573.86	10638.67	－64.81	13243.01	12902.19	340.82
浙江	9668.21	9687.54	－19.33	13430.41	13246.86	183.55
安徽	5684.98	5504.69	180.29	7133.98	6929.07	204.91
福建	7734.70	8117.99	－383.29	9661.74	9509.64	152.10
江西	4263.61	4190.35	73.26	5740.81	5587.19	153.62
山东	5706.54	5423.16	283.38	9065.46	8728.98	336.48
河南	3316.26	3171.51	144.75	5549.79	5322.46	227.33
湖北	4325.08	3951.65	373.43	6525.37	6151.91	373.46
湖南	4669.07	4408.35	260.72	7883.13	7940.3	－57.17
广东	6067.42	4858.06	1209.36	6525.98	4788.33	1737.65
广西	4542.70	4454.18	88.52	6178.36	5495.10	683.26
海南	8122.82	8087.59	35.23	10182.06	7753.67	2428.39
重庆	7217.07	6926.04	291.03	8049.9	7285.12	764.78
四川	5368.07	5370.06	－1.99	6579.76	6159.08	420.68
贵州	3784.47	3566.33	218.14	4607.35	4357.33	250.02
云南	4968.29	4957.48	10.81	6128.22	5864.27	263.95
西藏	11623.62	11120.44	503.18	10453.61	0	10453.61
陕西	6853.62	7660.46	－806.84	8716.37	8940.34	－223.97
甘肃	5158.49	5269.32	－110.83	6131.16	6153.79	－22.63
青海	10416.26	10321.65	94.61	13379.98	13608.82	－228.84
宁夏	5706.71	5934.89	－228.18	9027.31	11854.81	－2827.50
新疆	8477.30	8519.68	－42.38	12096.13	11908.27	187.86

注：教育经费支出包括：事业性经费支出、基础建设支出。资料来源：《中国教育经费统计年鉴》，2012 年，第 596、598、600、602 页。

核 算 点 评

（1）不能笼统地讲城镇小学生均教育经费一定比农村高。由于农村小学每班的学生人数比城镇少，因此，生均教育经费并不低。以北京 2012 年数据为例，农村小学教育经费为每年每人 27262 元，城镇小学教育经费为每人每年 24920 元。农村小学的生均教育经费比城镇还高 2342 元。农村初中的生均教育经费每年 47365 元，城镇初中的生均教育经费 37826 元。农村初中的生均教育经费比城镇高 9538 元。河北、内蒙古、陕西、吉林、甘肃等省的农村教育经费也高于城镇。

（2）从全国数据来看，城镇小学生均教育费用比农村高 398 元，初中生均教育经费比农村高 739 元。如果农民工子女从农村小学或初中转到城镇读书，其教育经费必然有所增加，初中生均每年为 654.29 元，小学生均每年为 372.43 元。

表 12－6　　最低生活保障补助水平的城乡差距（2011 年）

单位：元

	城市居民最低生活保障补贴水平	农村居民最低生活保障补助水平	城乡差距
全　国	2883.72	1272.72	1611.00
北　京	5484.36	3353.16	2131.20
天　津	6448.20	2120.04	4328.16
河　北	2498.04	1170.60	1327.44
山　西	2966.16	1488.36	1477.80
内蒙古	3904.92	1861.92	2043.00
辽　宁	3068.52	1396.56	1671.96
吉　林	2988.12	1273.32	1714.80
黑龙江	3004.20	1447.80	1556.40
上　海	4167.12	1586.88	2580.24
江　苏	3139.80	2095.20	1044.60
浙　江	4697.52	2555.88	2141.64
安　徽	3136.20	1306.32	1829.88
福　建	2484.48	1193.04	1291.44
江　西	2629.44	1372.56	1256.88
山　东	2517.72	1178.88	1338.84
河　南	2392.32	1127.04	1265.28
湖　北	2975.16	1257.72	1717.44
湖　南	2648.64	1108.08	1540.56
广　东	2441.04	1347.48	1093.56
广　西	2448.24	974.28	1473.96
海　南	2814.12	1537.92	1276.20
重　庆	2845.32	1262.16	1583.16
四　川	2426.64	1086.36	1340.28
贵　州	2646.84	1030.56	1616.28
云　南	2331.72	1167.48	1164.24
西　藏	3932.64	1025.64	2907.00
陕　西	3311.40	1625.40	1686.00
甘　肃	2798.64	1283.04	1515.60
青　海	3159.60	1597.44	1562.16
宁　夏	2514.60	1272.48	1242.12
新　疆	3003.72	1392.84	1610.88

数据来源：《中国民政统计年鉴》2012 年，表 C－1－18，财政性支出水平表格。

核 算 点 评

（1）毫无疑问，应当给进城的农民工提供城市居民最低生活保障补助。事实上，如果农民工没有进城，他们在家乡也有农村最低生活保障。因此，在核算农民工户籍成本的时候，应当考虑居民最低生活保障补助的城乡差距。在2011年这个差距是1611元。

（2）各省市城乡低保差距不同。天津最大，城镇居民的每年低保补贴水平比农村高4328.16元，差距在2000元以上的还有北京、上海、浙江、西藏和内蒙古。

表12－7　　民政部门医疗救助情况（2011年）

	城市医疗救助（万人次）	城市资助参加医疗保险（万人）	农村医疗救助（万人次）	农村医疗救助资助参加合作医疗（万人）	城市医疗救助支出（万元）	农村医疗救助支出（万元）
2005年	NA	NA	199.6	654.9	32000.0	57000.0
2006年	NA	NA	201.3	1317.1	81240.9	114198.1
2007年	NA	NA	377.1	2517.3	144379.2	280508.0
2008年	443.6	642.6	759.5	3432.4	297000.0	383000.0
2009年	410.4	1095.9	730.0	4059.1	412043.1	646245.8
2010年	460.1	1461.2	1019.2	4615.4	495203.0	834810.0
2011年	672.2	1549.8	1471.8	4825.3	676408.4	1199610.4
北　京	3.4	6.1	5.1	7.8	9145.6	2908.7
天　津	6.2	5.8	2.4	22.8	4211.4	4621.1
河　北	10.2	19.5	27.2	184.8	18233.3	37094.2
山　西	14.6	56.7	12.3	72.6	21936.4	26719.8
内蒙古	15.8	37.4	28.1	69.5	20795.4	26817.1
辽　宁	36.8	47.6	24.8	64.5	15478.7	14253.2
吉　林	30.2	159.7	28.3	121.0	32715.1	30100.8
黑龙江	40.5	135.5	28.7	125.3	58149.2	47040.8
上　海	6.7	11.4	2.0		19552.5	11498.1
江　苏	28.1	42.9	94.5	139.1	28983.7	52742.0
浙　江	4.8	5.2	27.3	81.2	10182.5	41095.5
安　徽	16.1	43.0	46.2	254.6	24670.9	67090.2
福　建	4.7	11.4	15.3	82.0	4775.7	13842.8
江　西	36.5	98.4	63.2	166.4	44415.2	64959.6
山　东	5.6	21.6	14.2	194.2	18491.8	40409.6
河　南	12.1	92.6	55.0	373.8	21027.4	62121.5
湖　北	16.4	138.9	31.7	238.2	32109.3	44179.2
湖　南	42.7	81.3	114.4	233.0	37394.7	61571.0
广　东	34.2	33.0	54.9	163.8	21982.2	31078.2
广　西	7.6	23.9	33.6	223.8	9187.5	41749.2
海　南	5.1	17.4	12.9	30.5	4594.4	10659.0
重　庆	43.6	76.8	92.7	152.4	20734.4	34482.6
四　川	112.5	91.1	298.2	431.7	56389.1	113241.9
贵　州	14.6	37.6	85.9	451.0	11790.7	66053.2
云　南	17.7	99.1	65.7	510.7	20768.1	69579.2
西　藏	0.2	NA	1.9	0.6	680.1	4359.4
陕　西	11.1	11.1	44.8	109.6	27376.4	56289.4
甘　肃	15.6	16.2	38.6	82.5	20275.3	60149.5
青　海	25.1	22.2	47.6	42.9	14311.3	19907.2
宁　夏	21.5	15.8	40.8	38.3	7119.5	12862.8
新　疆	31.8	90.5	33.4	156.4	38930.6	30133.6

资料来源：《中国统计年鉴》，2012年，第21—29页，民政部门医疗救助情况。

表 12－8　　合作医疗救助人均支出城乡差距（2011 年）

单位：元

	城市合作医疗救助	农村合作医疗救助	城乡医疗救助差距
全国平均	363.80	190.50	173.30
北　京	963.25	224.79	738.46
天　津	351.10	183.11	167.99
河　北	615.52	174.97	440.55
山　西	307.43	314.58	-7.15
内蒙古	391.25	274.60	116.65
辽　宁	183.27	159.61	23.66
吉　林	172.24	201.66	-29.42
黑龙江	330.35	305.39	24.96
上　海	1077.71	0.00	1077.71
江　苏	408.23	225.79	182.44
浙　江	1023.25	378.53	644.72
安　徽	416.99	223.05	193.94
福　建	295.69	142.26	153.43
江　西	329.23	282.89	46.34
山　东	679.46	193.89	485.57
河　南	200.90	144.89	56.01
湖　北	206.82	163.68	43.14
湖　南	301.56	177.23	124.33
广　东	326.93	142.11	184.82
广　西	291.17	162.16	129.02
海　南	203.98	245.58	-41.60
重　庆	172.11	140.66	31.45
四　川	276.93	155.15	121.78
贵　州	225.74	123.03	102.71
云　南	177.78	120.71	57.07
西　藏	0.00	1717.04	-1717.04
陕　西	1235.35	364.55	870.80
甘　肃	636.74	496.58	140.17
青　海	302.92	220.04	82.87
宁　夏	190.91	162.62	28.29
新　疆	318.38	158.74	159.63

资料来源：《中国统计年鉴》2012 年，第 21—29 页，民政部门医疗救助情况。

核　算　点　评

（1）由于《中国统计年鉴》和《中国民政年鉴》采取不同的定义，因此，两份统计年鉴上关于城乡医疗救助补助的数据并不一致。在此采用《中国统计年鉴》提供的数据。

（2）2011 年，城市合作医疗救助人均支出 363.8 元，农村合作医疗救助人均支出 190.5 元。

城乡差距为173.3元。

（3）随着新农合医疗改革的进展，加大了对农村医疗救助的投入，这个差距在2012年以后逐年缩小。

表12－9　　医疗补助水平城乡差距（2011年）

单位：元

地区	资助参加医疗保险补助水平	资助参加合作医疗补助水平	医疗补助水平城乡差距
全国	67.86	45.63	22.23
北京	14.90	15.74	－0.84
天津	37.75	38.60	－0.85
河北	116.83	38.20	78.63
山西	68.35	40.06	28.29
内蒙古	54.73	52.05	2.68
辽宁	65.85	50.54	15.31
吉林	49.91	54.38	－4.47
黑龙江	71.42	31.70	39.72
上海	244.75		244.75
江苏	152.17	52.38	99.79
浙江	97.37	51.88	45.49
安徽	74.59	51.13	23.46
福建	62.54	32.51	30.03
江西	98.34	53.16	45.18
山东	108.38	48.42	59.96
河南	55.66	44.58	11.08
湖北	32.00	38.88	－6.88
湖南	64.52	36.65	27.87
广东	96.51	56.22	40.29
广西	70.64	41.38	29.26
海南	45.06	55.67	－10.61
重庆	38.87	27.96	10.91
四川	75.99	44.74	31.25
贵州	32.53	41.73	－9.20
云南	49.55	45.00	4.55
西藏	170.15	154.15	16.00
陕西	78.12	41.15	36.97
甘肃	119.54	134.94	－15.40
青海	92.17	40.88	51.29
宁夏	18.39	37.23	－18.84
新疆	92.89	47.43	45.46

资料来源：《中国民政统计年鉴》2012年，表C－1－18支出情况。

注：城市医疗补助为“医疗保险补助”，农村医疗补助为“合作医疗补助”。

核 算 点 评

资助参加城镇医疗保险的补助水平在 2011 年为人均 67.86 元，资助参加农村合作医疗的补助水平为人均 45.63 元。城乡差距为人均 22.23 元。

表 12－10　　基本养老保险人均支出

	年末参加城镇职工基本养老保险人数（万人）	基金支出（万元）	养老保险人均基金支出（元）
全　国	28391	12765	4496
北　京	1089	561	5148
天　津	459	315	6869
河　北	1060	562	5300
山　西	624	329	5280
内蒙古	452	270	5960
辽　宁	1557	883	5674
吉　林	617	308	4990
黑龙江	981	604	6156
上　海	1383	994	7186
江　苏	2224	899	4041
浙　江	1919	543	2830
安　徽	729	320	4388
福　建	695	230	3307
江　西	653	233	3573
山　东	1907	887	4650
河　南	1168	506	4333
湖　北	1113	523	4701
湖　南	988	417	4216
广　东	3801	765	2011
广　西	484	244	5036
海　南	200	95	4761
重　庆	648	336	5190
四　川	1494	754	5046
贵　州	282	128	4522
云　南	343	171	4981
西　藏	11	11	9440
陕　西	589	328	5578
甘　肃	263	154	5855
青　海	82	54	6579
宁　夏	121	68	5590
新　疆	432	273	6323

数据来源：《中国统计年鉴》，2012 年。

表 12－11　　民政部门的社会保障

单位：万人

年份	失业保险			城镇职工基本医疗保险		工伤保险		年末参加生育保险人数
	年末参保人数	全年发放失业保险金人数	全年发放失业保险金（亿元）	年末参保职工人数	年末参保退休人员	年末参保人数	年末享受工伤待遇人数	
1994	7967.8	196.5	5.1	374.6	25.7	1822.1	5.8	915.9
1995	8237.7	261.3	8.2	702.6	43.3	2614.8	7.1	1500.2
1996	8333.1	330.8	13.9	791.2	64.5	3102.6	10.1	2015.6
1997	7961.4	319.0	18.7	1588.9	173.1	3507.8	12.5	2485.9
1998	7927.9	158.1	20.4	1508.7	369.0	3781.3	15.3	2776.7
1999	9852.0	271.4	31.9	1509.4	555.9	3912.3	15.1	2929.8
2000	10408.4	329.7	56.2	2862.8	924.2	4350.3	18.8	3001.6
2001	10354.6	468.5	83.3	5470.7	1815.2	4345.3	18.7	3455.1
2002	10181.6	657.0	116.8	6925.8	2475.4	4405.6	26.5	3488.2
2003	10372.9	741.6	133.4	7974.9	2926.8	4574.8	32.9	3655.4
2004	10583.9	753.5	137.5	9044.4	3359.2	6845.2	51.9	4383.8
2005	10647.7	677.8	132.4	10021.7	3761.2	8478.0	65.1	5408.5
2006	11186.6	598.1	125.8	11580.3	4151.5	10268.5	77.8	6458.9
2007	11644.6	538.5	129.4	13420.0	4600.0	12173.3	96.0	7775.3
2008	12399.8	516.7	139.5	14987.7	5007.9	13787.2	117.8	9254.1
2009	12715.5	483.9	145.8	16410.5	5526.9	14895.5	129.6	10875.7
2010	13375.6	431.6	140.4	17791.2	5943.5	16160.7	147.5	12335.9
2011	14317.1	394.4	159.9	18948.5	6278.6	17695.9	163.0	13892.0

资料来源：《中国统计年鉴》，2012 年，表 23－34 社会保险基本情况。

表 12-12　　　　工伤保险情况（2011 年）

	年末参加工伤保险人数（万人）	享受工伤待遇人数（万人）	基金收支情况（亿元）		
			基金收入	基金支出	累计结余
全　国	17695.9	163.0	466.4	286.4	742.6
北　京	862.4	4.7	15.6	14.2	18.6
天　津	320.4	3.8	7.1	6.6	11.7
河　北	640.4	8.6	21.1	19.2	20.6
山　西	337.6	5.5	25.3	11.4	32.3
内蒙古	225.3	3.2	10.6	4.4	13.9
辽　宁	779.1	11.3	27.9	15.0	36.8
吉　林	331.6	3.3	8.6	4.6	9.3
黑龙江	450.0	8.2	25.0	12.7	25.5
上　海	939.5	2.5	16.5	8.1	46.2
江　苏	1327.0	10.7	32.1	24.0	43.4
浙　江	1610.8	22.2	27.9	22.5	43.0
安　徽	422.0	5.6	12.1	5.9	17.3
福　建	496.9	2.8	9.9	4.4	27.8
江　西	387.9	3.0	9.1	5.9	12.4
山　东	1276.1	10.8	28.4	20.1	35.2
河　南	655.5	3.5	16.6	8.2	29.2
湖　北	481.0	4.5	10.6	4.3	16.9
湖　南	635.5	7.0	21.3	12.9	22.4
广　东	2847.8	15.4	50.8	26.6	151.5
广　西	272.5	1.5	5.7	2.6	16.5
海　南	104.0	0.3	1.9	0.8	5.3
重　庆	337.1	6.2	13.1	9.5	7.0
四　川	650.8	6.5	20.3	12.3	30.0
贵　州	194.0	2.2	9.0	6.4	10.0
云　南	243.4	3.6	12.2	6.8	17.0
西　藏	11.8		0.5	0.2	1.0
陕　西	326.8	1.9	9.4	4.1	16.7
甘　肃	150.2	1.4	5.9	4.3	7.4
青　海	45.6	0.5	2.0	1.5	3.6
宁　夏	58.3	0.3	2.2	1.3	2.4
新　疆	274.6	2.0	7.8	5.8	11.8

注：工伤保险累计结余中含储备金。《中国统计年鉴》，2012 年，表 23-39 各地区工伤保险情况（2011 年）。

表 12-13　　生育保险（2011 年）

单位：元

	年末参加生育保险人数（万人次）	享受待遇人数（万人次）	基金收支情况（亿元）		
			基金收入	基金支出	累计结余
全　国	13892.0	264.7	219.8	139.2	342.5
北　京	395.3	14.9	14.2	9.8	24.1
天　津	234.6	6.6	6.8	4.6	13.0
河　北	593.1	5.5	5.8	3.4	9.1
山　西	253.7	2.1	3.8	1.7	6.1
内蒙古	263.3	4.8	3.8	2.1	5.7
辽　宁	664.7	15.1	10.6	7.0	12.2
吉　林	335.9	6.7	2.8	1.4	5.8
黑龙江	350.1	3.6	4.0	2.4	8.1
上　海	703.1	8.8	18.2	17.0	1.9
江　苏	1199.2	44.2	25.8	15.8	50.0
浙　江	979.8	14.9	16.1	12.1	18.2
安　徽	400.1	6.3	5.3	3.1	7.2
福　建	451.9	5.7	7.5	3.7	11.9
江　西	200.1	0.8	1.1	0.5	3.4
山　东	857.8	19.7	17.8	11.7	25.2
河　南	460.7	6.3	6.3	3.3	11.1
湖　北	420.9	13.6	5.1	2.5	10.8
湖　南	538.8	15.3	5.6	3.4	10.8
广　东	2339.7	32.6	24.8	15.6	39.8
广　西	243.8	3.9	3.5	2.1	7.6
海　南	100.7	2.2	1.3	0.7	2.7
重　庆	216.6	5.4	2.9	2.2	4.7
四　川	601.7	6.8	8.7	4.3	15.3
贵　州	198.1	2.6	1.6	0.6	3.8
云　南	216.5	3.5	4.2	1.9	10.4
西　藏	16.1	0.3	0.4	0.2	0.7
陕　西	211.6	2.8	3.0	1.5	5.8
甘　肃	110.1	1.7	1.8	0.7	3.0
青　海	6.7	0.2	0.2	0.1	0.6
宁　夏	59.3	1.0	1.2	0.7	1.2
新　疆	268.1	7.0	5.6	3.2	12.3

数据来源：《中国统计年鉴》，2012 年。表 23-40 各地区生育保险情况（2011 年）。

表 12－14　城乡医疗救助和低保的差距

单位：元/人

		2010	2011
城市低保	城市居民最低生活保障平均标准	3014.40	3451.20
	城市居民最低生活保障平均支出水平	2268.00	2883.60
农村低保	农村居民最低生活保障平均标准	1404.00	1718.40
	农村居民最低生活保障平均支出水平	888.00	1272.12
医疗救助	城市合作医疗平均支出水平	624.00	814.80
	农村合作医疗平均支出水平	363.60	547.20
城乡低保差距		1380.00	1611.00
城乡医疗救助差距		260.40	267.60

资料来源：《中国民政统计年鉴》，2012 年，表 A－2－4 社会救助与上年比较。

核算点评

（1）城市居民的基本养老保险来自于单位代缴、扣除的五险一金。养老个人账户中的资金要靠自己不断注入。农民工转换户籍之后也必须开设个人账户，持续累积个人养老金。失业保险、生育保险和工伤保险也是这样。城市居民如果没有购买工伤、生育或失业保险，也一样不能享受相应的保险。没有理由把个人注入的养老金计算为政府投入的公共成本。2012 年全国社会保险基金征收总额 2.49 万亿元，滚存结余 3.57 万亿元，分别比 2010 年增长 55%。① 根据相关规定，要求个体工商户和灵活就业人员按城镇职工平均工资的 20% 缴费。北京某企业在社保法公布之前只为农民工人均缴纳 32 元/月的发热工伤和医疗保险费。五险齐征后，缴费额涨至 692 元/月。农民工个人缴费从零涨到 208 元/月。②

（2）农民工参保率较低。养老保险参保率只有 14.3%；工伤保险 24%；医疗保险 16.9%；失业保险 8.4%；生育保险 6.1%。过半农民工未签劳动合同。在 2012 年没有签劳动合同的比例，建筑业 75.1%，制造业 48.8%；服务业 60.8%；住宿餐饮业 62.4%，批发零售业 59.9%。③

（3）城市居民需要在工资中扣除一定数量的住房公积金。只有政府机构和某些国有企业的员工才能得到住房补贴。随着房价暴涨，许多城市居民买不起住房。农民工进城之后也同样买不起商品房。政府理应一视同仁为低收入群体兴建更多的廉租房。在这个问题上只看收入高低，和农民工是否拥有户籍没有必然的联系。因此，没有把城市居民住房平均支出当作解决农民工户籍的成本。

① 数据来源：《人民日报》，2013 年 7 月 3 日。
② 数据来源：《人民日报》，2013 年 7 月 3 日。
③ 数据来源："关注城镇化成本"，《人民日报》，2013 年 6 月 16 日。

表 12－15　　农民工名义工资估测结果（1979—2010 年）

单位：元/月

年份	名义工资估值	年份	名义工资估值
1979	90.0	1995	483.5
1980	85.0	1996	449.8
1981	80.0	1997	390.0
1982	92.5	1998	609.1
1983	75.0	1999	488.9
1984	240.0	2000	517.8
1985	116.7	2001	574.6
1986	120.6	2002	628.8
1987	151.3	2003	806.0
1988	221.8	2004	822.0
1989	182.9	2005	960.8
1990	190.0	2006	1014.4
1991	252.8	2007	1145.3
1992	341.2	2008	1180.5
1993	324.0	2009	1421.7
1994	394.4	2010	1690.0

资源来源：卢峰，“中国农民工工资走势：1979—2010”，《中国社会科学》，2012 年第 7 期。

表 12－16　　城乡平均工资收入差距

单位：元/年

年份	农民工工资	城市职工工资	工资差（元/年）
2003	9672.00	13969.00	4297.00
2004	9864.00	15920.00	6056.00
2005	11529.60	18200.00	6670.40
2006	12172.80	20856.00	8683.20
2007	13743.60	24721.00	10977.40
2008	14166.00	28898.00	14732.00
2009	17060.40	32244.00	15183.60
2010	20280.00	36539.00	16259.00
2011	24588.00	41799.00	17211.00

注：2011 年农民工工资数据来自国家统计年局，《2012 年全国农民工监测调查报告》，国家统计局，2013 年。城市职工平均工资数据来自：《中国统计年鉴》，2012 年，表 4－15 按行业分城镇单位就业人员平均工资。

核　算　点　评

（1）解决农民工户籍问题不能只看成本而忽略了收益。当前普遍存在着农民工和城市户籍工人同工不同酬的现象。在 2011 年农民工工资人均 24588 元，可是城市职工人均工资为 41799 元。城镇职工的工资比农民工高 17211 元。也就是说，农民工拿着低工资，干着同样的工作，农民工每年人均多贡献 17211 元。解决他们的户籍需要人均支出 3422.55 元，和他们对国家建设的贡献相比，微不足道。从这个角度上来讲，没有任何理由拖延农民工户籍制度改革。

（2）在农民工户籍制度改革中，进城的农民工可以选择留在城镇，合法地拥有城镇户口，享受和城镇居民完全相同的福利待遇，也可以选择保留农村身份，或者返回家乡。如果农民工选择改变户籍，那么，他们就必须放弃在家乡的“菜园”。2011 年全国农村“宅基地”总面积有 1.3 亿亩，是城镇全部占用面积的 2.2 倍，其中有相当数量的“菜园”。在农村宅基地的名义下，有相当大数量的“菜园”。这些菜园在很长时间内都没有被计入耕地。进城的2亿多农民工往往把他们名下的宅基地出租给亲友邻居耕种，只收取很低的租金。如果通过农民工户籍制度改革，让大量“菜园”重新划归耕地，可以有效地解决未来城镇建设和国家基本建设用地的矛盾。这也是农民工户籍制度改革的一个不可低估的贡献。

表 12－17　　农民工户籍的人均公共成本（2010年）

单位：元/年

		城镇	农村	城乡差距	数据来源
1. 义务教育	小学	4932.76	4560.33	372.43	表12－3
	中学	6528.36	5874.07	654.29	表12－3
	小学校舍	90.92	78.22	12.70	表12－3
	中学校舍	211.24	174.53	36.71	表12－3
2. 居民合作医疗补助		67.86	45.63	22.23	表12－9
3. 基本养老保险		个人购买	个人购买	0	
4. 民政部门的其他社会保障	意外伤害保险	个人购买	个人购买	0	
	低保	2268.00	888.00	1380.00	表12－14
	医疗救助	363.80	190.50	173.30	表12－8
	失业保险	个人购买	个人购买	0	
	妇幼保健等	个人购买	个人购买	0	
	孤寡老人	15.00	0	15.00	表12－1
5. 城市管理费用		400.00	0	400.00	表12－1
6. 住房		个人购买	个人购买	0	
总成本（元）				3066.66	

表 12－18　　农民工户籍的人均公共成本（2011年）

单位：元/年

		城镇	农村	城乡差距	数据来源
1. 义务教育	小学	6120.81	5719.00	401.81	表12－4
	中学	8181.27	7439.43	741.84	表12－4
	小学校舍	103.00	86.55	16.45	表12－4
	中学校舍	213.84	172.32	41.52	表12－4
2. 居民合作医疗补助		67.86	45.63	22.23	表12－9
3. 基本养老保险		个人购买	个人购买	0	
4. 民政部门的其他社会保障	意外伤害保险	个人购买	个人购买	0	
	低保	2883.60	1273.20	1610.40	表12－14
	医疗救助	363.80	190.50	173.30	表12－8
	失业保险	个人购买	个人购买	0	
	妇幼保健等	个人购买	个人购买	0	
	孤寡老人	15.00	0	15.00	表12－1
5. 城市管理费用		400.00	0	400.00	表12－1
6. 住房		个人购买	个人购买	0	
总成本（元）				3422.55	

核 算 点 评

（1）从嘉兴市的数据中得知，每年给每个孤寡老人支付的社会保障为14.20元。郑州为8元。武汉和重庆没有相应数据。且不知农村的五保户每年能拿到多少政府补贴？在数据暂缺的情况下，在这里假定每个城市孤寡老人比农村多拿15元政府社会保障补贴。

（2）目前，2.6亿农民工已经生活在城镇多年。改变他们的户籍并不一定意味着给城市增加额外的基础建设负担。城镇所必需的各种基础设施，例如公交、地铁、电影院等也不会因为农民工取得城镇户口而发生变化。当然，大量农民工进城，增添了城镇的拥挤程度，给公共设施增添了压力。不过，这和农民工的户籍转换并没有直接的联系。

（4）农民工进城之后城镇居民人数多了，确实需要相应增加城市管理费。根据统计数字，嘉兴市居民每年人均城市管理费用338元，武汉市401元，郑州市259元，重庆市490.70元。为了有利于各地政府为居民提供更好的服务，在这里将农民工户籍转换之后需要增加的城市管理费用假设为400元。

（5）城市户籍是计划经济的产物。户口制度是对农民的歧视，既不合理，也不合法。户籍制度迟早要废除。迟做不如早做。借口解决农民工户籍的成本太高而无所作为是错误的。综合上述各项计算，2011年，解决农民工户籍需要当期支付的人均公共成本为3422.55元。2011年农民工总数为25278万人。其中外出农民工15863万人，在本地的农民工9415万人。只有那些外出进城的农民工才有户籍转换问题，因此，农民工户籍转换的总成本大约5429.19亿元。某些研究声称解决每个农民工的户籍需要8万—10万元，为了解决农民工户籍问题至少需要20万亿元投入，这个估计未免过于离谱。世界上怕就怕"认真"二字。2012年政府财政收入超过117209亿元。即使一次性解决农民工户籍问题也只需要整个预算的4.6%。如果把农民工户籍问题分为几年内逐步实施，对政府财政的压力就更小了。总之，只要把账算清楚，我们完全有能力稳妥地解决农民工的户籍问题。

附录：主要核算指标解释

1. 居民医疗保障

（1）城镇职工医保。

城镇职工医疗保险的适用人群为城镇所有用人单位的职工，包括企业（国有企业、集体企业、外商投资企业、港澳台商投资企业、私营企业等）、机关、事业单位、社会团体、民办非企业等单位的职工。医疗保险费由单位和个人共同缴纳，国家规定用人单位缴费率和个人缴费率的控制标准：用人单位缴费率控制在职工工资总额的6%左右，具体比例由各地确定，职工缴费率一般为本人工资收入的2%。

（2）城镇居民医保。

城镇居民医疗保险的适用人群为，城镇职工基本医疗保险和新型农村合作医疗覆盖范围以外的城镇居民，主要包括未成年居民，指中小学阶段学生（含职业高中、中专、技校学生）、学龄前儿童及其他未满18周岁的未成年居民；老年居民（指男满60周岁、女满55周岁以上的城镇居民）；以及其他非从业的城镇成年居民。大学生将来也要纳入城镇居民医疗保险范围。城镇居民医疗保险是个人通过所在居委会或学校（幼儿园）缴费，同时政府在个人和家庭缴费的基础上给予补助。未成年居民、成年居民、老年居民的基金筹集标准每人每年分别为100元、360元、360元，其中个人缴纳分别为40元、280元、150元；政府补助分别为60元、60元、210元。可以看出，城镇居民医疗保险的筹集标准要比城镇职工医疗保险低很多，约为城镇职工医疗保险基金人均筹资额的1/5。

参加医疗保险的农民工，一般由单位和个人按8%比例提取保险金，政府没有补助。但是各地方在基本养老保险之外都有相应补助，作为医疗保险的补充。对试点城市的参保居民，政府每年按不低于人均40元给予补助，其中，中央财政从2007年起每年通过专项转移支付，对中西部地区按人均20元给予补助。在此基础上，对属于低保对象的或重度残疾的学生和儿童参保所需的家庭缴费部分，政府原则上每年再按不低于人均10元给予补助，其中，中央财政对中西部地区按人均5元给予补助；对其他低保对象、丧失劳动能力的重度残疾人、低收入家庭60周岁以上的老年人等困难居民参保所需家庭缴费部分，政府每年再按不低于人均60元给予补助，其中，中央财政对中西部地区按人均30元给予补助。

（3）新农合医保。

新型农村合作医疗，简称“新农合”，是指由政府组织、引导、支持，农民自愿参加，个人、集体和政府多方筹资，以大病统筹为主的农民医疗互助共济制度。采取个人缴费、集体扶持和政府资助的方式筹集资金。

截至2004年12月，全国共有310个县参加了新型农村合作医疗，有1945万户，6899万农民参合，参合率达到了72.6%。按照“十一五”规划的要求，新型农村合作医疗到2010年的覆盖面达到农村的80%以上。2011年2月17日中国政府网发布了《医药卫生体制五项重点改革2011年度主要工作安排》。这份文件明确规定，2011年政府对新农合和城镇居民医保补助标准均由上一年每人每年120元提高到200元；城镇居民医保、新农合政策范围内住院费用支付比例力争达到70%左右。

2012年起，各级财政对新农合的补助标准从每人每年200元提高到每人每年240元。其中，原有200元部分，中央财政继续按照原有补助标准给予补助，新增40元部分，中央财政对西部地区补助80%，对中部地区补助60%，对东部地区按一定比例补助①。农民个人缴费原则上提高到每人每年60元，有困难的地区，个人缴费部分可分两年到位。个人筹资水平提高后，各地要加大医疗救助工作力度，资助符合条件的困难群众参合。新生儿出生当年，随父母自动获取参合资格并享受新农合待遇，自第二年起按规定缴纳参合费用②。

2. 基本养老保险

新养老保险计算方法及公式为：基本养老保险金 = 基础养老保险金 + 个人账户养老保险金 + 过渡性养老保险金 = 退休前一年全市职工月平均工资 × 20%（缴费年限不满15年的按15%）+ 个人账户本息和 ÷ 120 + 指数化月平均缴费工资 × 1997年底前缴费年限 × 1.4%。

3. 民政部门的其他社会保障

其他社会保障包括：意外伤害保险（元/年），低保（元/年）、医疗等救助（元/年），妇幼（元/年），孤寡老人（元/年）。

---

① “新型农村合作医疗相关知识介绍”，慧择网，2013-04-28。

② “关于做好2012年新型农村合作医疗工作的通知”，搜狐2012-06-02。

专题十三 消费占GDP的比重[①]

子 目 录

① 本专题核算彭刚、徐滇庆，审核宋旭光。

说　明

（1）按照统计年鉴上公布的数据，中国居民消费占 GDP 的比重在最近十年内持续下降，从 2000 年的 62.3% 下降为 2012 年的 49.5%（表 13－1 支出法国内生产总值）。为什么居民消费在这段时期内急剧下降了将近 13 个百分点？有些人把内需不足的原因归咎于居民消费增长乏力，主张通过增加居民收入来刺激消费，这个药方开得对不对？

（2）从统计数据来看，消费占 GDP 的比重下降的原因是消费增长速度赶不上 GDP。GDP 有 3 个主要组成部分：最终消费、资本形成和净出口。如果资本形成和净出口的增长速度超过最终消费的增速，有可能压低消费占比。

（3）众所周知，中国的人均消费并不高。但是，人均消费的增长速度很快。自从 1979 年改革开放以来，中国人均消费的平均增长率为 6.57%，远远高于世界平均值 1.37%。在 1990 年到 2011 年期间内中国人均消费增长了 4.3 倍，遥遥领先于世界各国。

（4）如果简单地由政府主导增加工资，只能提高公务员、国企员工等的收入，增加的工资大部分落到高收入群体手中。近年来，高收入群体的收入增长速度大大超过低收入群体，导致贫富差距不断加大。其结果势必会进一步增加居民储蓄，而对居民消费的推动作用有限。在食品消费上高收入组别和低收入组别的差距增长并不快。高收入群体在交通、通信、文教娱乐等项目的开支大大超过低收入群体。

（5）居民收入增长速度并不低，其中，居民购房支出和居民银行新增存款上升的速度很快，其结果是消费占居民收入的比重下降。

（6）从城乡差距来看，城镇居民的消费增长速度超过农村。而农村消费不旺的根本原因是农民收入增长速度落后于制造业和服务业。农民单靠农产品很难提高收入水平。在农村尚且存在大量剩余劳动力，拖住了农民的收入也制约了农村消费。

（7）从地区差距来看，沿海地区的居民消费水平显著地高于西部地区。沿海居民的收入增长速度也远远高于西部，因此，东西部之间居民消费水平的差距在不断加大。

（8）无论是在城镇还是在乡村，年青人的边际消费率都超过老的一代人。在经济高速增长时期，大部分居民依然保持着原来的消费习惯，从而使得消费增速滞后于收入。这就是消费理论中常常提及的第一代效应。随着时间推移，第一代效应将逐年递减，居民消费将不断上升。这个现象已经在日本、韩国、中国台湾等地出现，也很可能出现在中国大陆。居民消费占 GDP 的比重必然会呈现上升趋势。若要在当前提高居民消费比重，理应通过税制改革和社会保障体制改革减少低收入家庭的财税负担，消除他们养老、看病、住房等后顾之忧，只有缩小贫富差距才能真正增加居民消费。

（9）当前中国正处在居民购房的高峰期。近年来，居民购房资金急剧上升。如果把居民购置住房的资金和正常统计的消费加在一起，考虑成为广义的消费，居民消费占 GDP 的比重基本上维持不变。

第一部分　消费和资本形成，此起彼伏

表 13－1　　国内生产总值（支出法）

年份	国内生产总值（亿元）	最终消费支出	资本形成总额	货物和服务净出口	最终消费率（％）	投资率（％）
1978	3605.6	2239.1	1377.9	－11.4	62.1	38.2
1979	4092.6	2633.7	1478.9	－20.0	64.4	36.1
1980	4592.9	3007.9	1599.7	－14.7	65.5	34.8
1981	5008.8	3361.5	1630.2	17.1	67.1	32.5
1982	5590.0	3714.8	1784.2	91.0	66.5	31.9
1983	6216.2	4126.4	2039.0	50.8	66.4	32.8
1984	7362.7	4846.3	2515.1	1.3	65.8	34.2
1985	9076.7	5986.3	3457.5	－367.1	66.0	38.1
1986	10508.5	6821.8	3941.9	－255.2	64.9	37.5
1987	12277.4	7804.6	4462.0	10.8	63.6	36.3
1988	15388.6	9839.5	5700.2	－151.1	63.9	37.0
1989	17311.3	11164.2	6332.7	－185.6	64.5	36.6
1990	19347.8	12090.5	6747.0	510.3	62.5	34.9
1991	22577.4	14091.9	7868.0	617.5	62.4	34.8
1992	27565.2	17203.3	10086.3	275.6	62.4	36.6
1993	36938.1	21899.9	15717.7	－679.5	59.3	42.6
1994	50217.4	29242.2	20341.1	634.1	58.2	40.5
1995	63216.9	36748.2	25470.1	998.6	58.1	40.3
1996	74163.6	43919.5	28784.9	1459.2	59.2	38.8
1997	81658.5	48140.6	29968.0	3549.9	59.0	36.7
1998	86531.6	51588.2	31314.2	3629.2	59.6	36.2
1999	91125.0	55636.9	32951.5	2536.6	61.1	36.2
2000	98749.0	61516.0	34842.8	2390.2	62.3	35.3
2001	109028.0	66933.9	39769.4	2324.7	61.4	36.5
2002	120475.6	71816.5	45565.0	3094.1	59.6	37.8
2003	136613.4	77685.5	55963.0	2964.9	56.9	41.0
2004	160956.6	87552.6	69168.4	4235.6	54.4	43.0
2005	187423.4	99357.5	77856.8	10209.1	53.0	41.5
2006	222712.5	113103.8	92954.1	16654.6	50.8	41.7
2007	266599.2	132232.9	110943.2	23423.1	49.6	41.6
2008	315974.6	153422.5	138325.3	24226.8	48.6	43.8
2009	348775.1	169274.8	164463.2	15037.0	48.5	47.2
2010	402816.5	194115.0	193603.9	15097.6	48.2	48.1
2011	472619.2	232111.5	228344.3	12163.3	49.1	48.3
2012	529238.4	261832.8	252773.2	14632.4	49.5	47.8

数据来源：《中国统计年鉴》，2013 年，表 2－18。注：资本形成率指资本形成总额占支出法国内生产总值的比重；最终消费率指最终消费支出占支出法国内生产总值的比重。

表 13-2　　消费和资本形成　　单位：亿元

年份	最终消费支出				资本形成总额	
	居民消费			政府消费	固定资本形成总额	存货变动
		农村居民	城镇居民			
1978	1759	1092	667	480	1074	304
1979	2012	1253	759	622	1153	326
1980	2331	1411	920	677	1322	277
1981	2628	1604	1024	734	1339	291
1982	2903	1788	1115	812	1503	281
1983	3231	2011	1221	895	1723	316
1984	3742	2312	1430	1104	2147	368
1985	4687	2810	1878	1299	2672	786
1986	5302	3059	2243	1520	3140	802
1987	6126	3429	2697	1679	3799	663
1988	7868	4174	3694	1971	4702	998
1989	8813	4546	4267	2352	4419	1913
1990	9451	4683	4768	2640	4828	1919
1991	10731	5082	5649	3361	6070	1798
1992	13000	5834	7167	4203	8514	1573
1993	16412	6858	9554	5488	13309	2409
1994	21844	8875	12969	7398	17313	3028
1995	28370	11272	17098	8379	20885	4585
1996	33956	13907	20049	9964	24048	4737
1997	36922	14576	22346	11219	25965	4003
1998	39229	14472	24757	12359	28569	2745
1999	41920	14584	27336	13717	30527	2424
2000	45855	15147	30707	15661	33844	998
2001	49436	15791	33645	17498	37755	2015
2002	53057	16272	36785	18760	43632	1933
2003	57650	16306	41344	20036	53491	2472
2004	65218	17690	47529	22334	65118	4051
2005	72959	19958	53000	26399	74233	3624
2006	82575	21786	60789	30528	87954	5000
2007	96332	24206	72127	35900	103949	6995
2008	111670	27677	83993	41752	128084	10241
2009	123585	29005	94579	45690	156680	7783
2010	140759	31975	108784	53356	183615	9989
2011	168957	38970	129987	63155	215682	12662
2012	190424	42310	148113	71409	241757	11016

数据来源：《中国统计年鉴》，2013 年，表 2-19，本表按当年价格计算。

核 算 点 评

（1）1978 年，居民消费总额 1759 亿元，资本形成总额 1074 亿元，居民消费是资本形成的 163.7%。到了 2012 年，居民消费 190424 亿元，资本形成 241757 亿元，居民消费是资本形成的 78.76%。由此可见，居民消费的增长速度远远不及资本形成。

（2）从 1978 年到 2012 年，居民消费从 1759 亿元增加到 190424 亿元，增长 108.25 倍。政府消费从 480 亿元增长到 71409 亿元，增长 148.76 倍。资本形成从 1074 元增长到 241757 亿元，增长 225.1 倍。资本形成的增长速度高于政府消费，更高于居民消费。

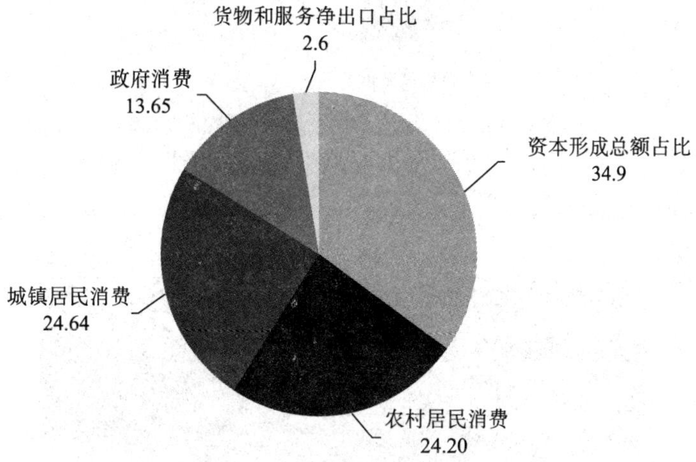

图 13－1　GDP 构成（%，1990 年）

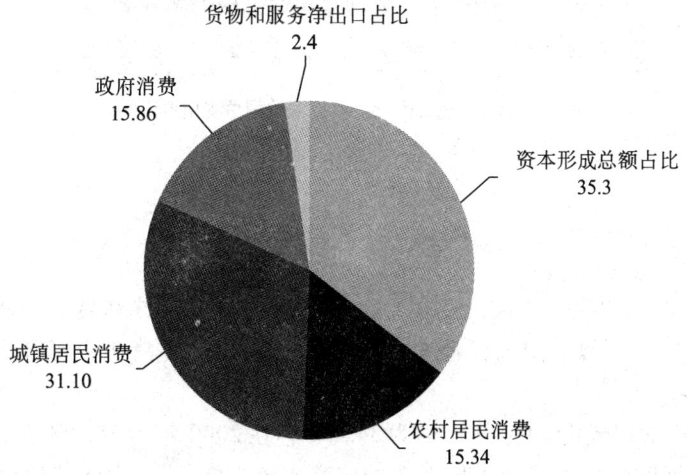

图 13－2　GDP 构成（%，2000 年）

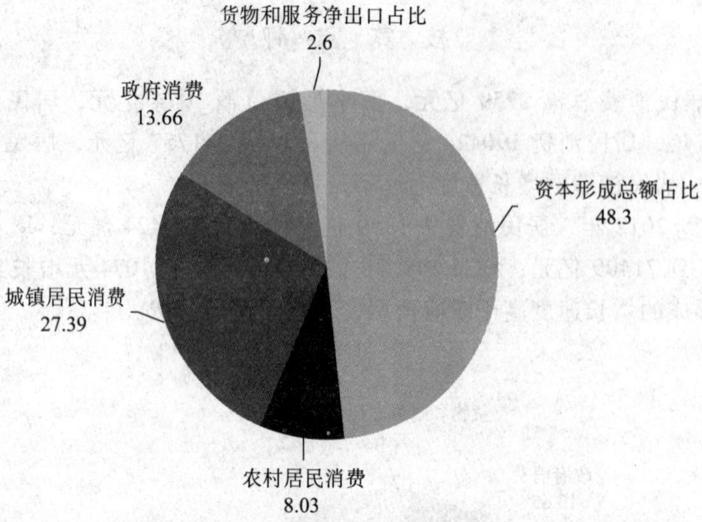

图 13－3　GDP 构成（%，2011 年）

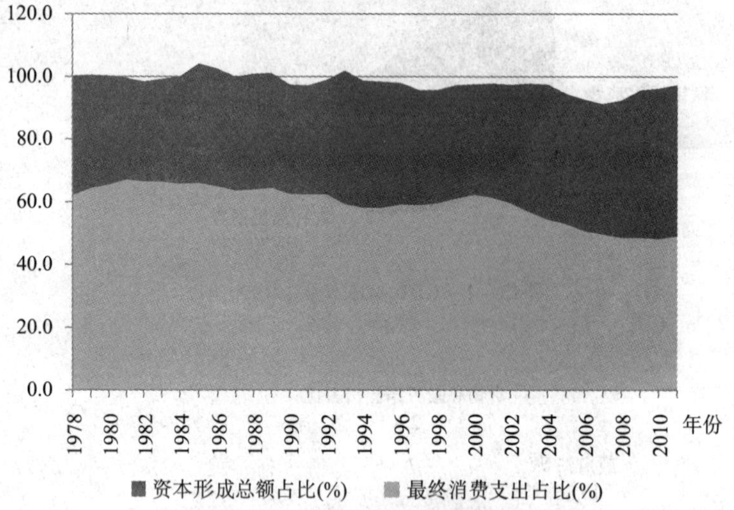

图 13－4　支出法 GDP 的构成

核 算 点 评

（1）按照支出法，国内生产总值（GDP）分为三个部分：最终消费、资本形成和货物、服务净出口。在最终消费中又可以分为居民消费和政府消费。在居民消费中可分为城镇居民消费和农村居民消费。

（2）在 1990 年资本形成占 GDP 的比重为 34.9%，在 2000 年为 35.3%，在 2011 年为 48.1%。在 1990 年到 2000 年期间，资本形成占比上升的速度比较正常。在 2000 年到 2011 年期间，资本形成的增长突然加速。资本形成占 GDP 的比重急剧上升。显然，这和 2009 年以来政府主导的 4 万亿投资直接相关。

（3）最终消费占 GDP 的比重从 1978 年的 62.1% 下降为 2012 年的 49.5%，几乎下降了 13 个百分点。资本形成占 GDP 的比重从 1978 年的 38.2% 上升为 2011 年的 48.3%，增加了 10.1 个百分点（表 13－1）。在最终消费和资本形成之间呈现非常鲜明的此起彼伏的态势。

表 13-3　　居民和政府消费在 GDP 中占比　　单位：%

年份	最终消费	居民消费	农村居民消费	城镇居民消费	政府消费
1979	64.40	49.15	30.61	18.54	15.25
1980	65.50	50.76	30.72	20.04	14.74
1981	67.10	52.47	32.02	20.45	14.63
1982	66.50	51.93	31.98	19.95	14.57
1983	66.40	51.98	32.34	19.64	14.42
1984	65.80	50.82	31.40	19.42	14.98
1985	66.00	51.64	30.95	20.69	14.36
1986	64.90	50.46	29.11	21.34	14.44
1987	63.60	49.90	27.93	21.97	13.70
1988	63.90	51.13	27.12	24.01	12.77
1989	64.50	50.91	26.26	24.65	13.59
1990	62.50	48.85	24.20	24.64	13.65
1991	62.40	47.53	22.51	25.02	14.87
1992	62.40	47.16	21.16	26.00	15.24
1993	59.30	44.43	18.57	25.87	14.87
1994	58.20	43.50	17.67	25.83	14.70
1995	58.10	44.88	17.83	27.05	13.22
1996	59.20	45.79	18.75	27.03	13.41
1997	59.00	45.21	17.85	27.36	13.79
1998	59.60	45.34	16.72	28.61	14.26
1999	61.10	46.00	16.00	30.00	15.10
2000	62.30	46.44	15.34	31.10	15.86
2001	61.39	45.34	14.48	30.86	16.05
2002	59.61	44.04	13.51	30.53	15.57
2003	56.86	42.20	11.94	30.26	14.66
2004	54.45	40.52	10.99	29.53	13.93
2005	53.01	38.93	10.65	28.28	14.08
2006	50.78	37.08	9.78	27.30	13.71
2007	49.61	36.13	9.08	27.05	13.47
2008	48.55	35.34	8.76	26.58	13.21
2009	48.53	35.43	8.32	27.12	13.10
2010	48.19	34.94	7.94	27.01	13.25
2011	49.08	35.42	8.03	27.39	13.66

说明：根据支出法国内生产总值相关数据计算（数据来源：《中国统计年鉴》2012 年）。

表 13－4　　消费和资本形成的构成（支出法）

年份	最终消费支出 = 100		居民消费支出 = 100		资本形成总额 = 100	
	居民消费支出	政府消费支出	农村居民	城镇居民	固定资本形成总额	存货变动
1978	78.6	21.4	62.1	37.9	77.9	22.1
1979	76.4	23.6	62.3	37.7	78.0	22.0
1980	77.5	22.5	60.5	39.5	82.7	17.3
1981	78.2	21.8	61.0	39.0	82.2	17.8
1982	78.1	21.9	61.6	38.4	84.3	15.7
1983	78.3	21.7	62.2	37.8	84.5	15.5
1984	77.2	22.8	61.8	38.2	85.4	14.6
1985	78.3	21.7	59.9	40.1	77.3	22.7
1986	77.7	22.3	57.7	42.3	79.6	20.4
1987	78.5	21.5	56.0	44.0	85.1	14.9
1988	80.0	20.0	53.0	47.0	82.5	17.5
1989	78.9	21.1	51.6	48.4	69.8	30.2
1990	78.2	21.8	49.6	50.4	71.6	28.4
1991	76.1	23.9	47.4	52.6	77.2	22.8
1992	75.6	24.4	44.9	55.1	84.4	15.6
1993	74.9	25.1	41.8	58.2	84.7	15.3
1994	74.7	25.3	40.6	59.4	85.1	14.9
1995	77.2	22.8	39.7	60.3	82.0	18.0
1996	77.3	22.7	41.0	59.0	83.5	16.5
1997	76.7	23.3	39.5	60.5	86.6	13.4
1998	76.0	24.0	36.9	63.1	91.2	8.8
1999	75.3	24.7	34.8	65.2	92.6	7.4
2000	74.5	25.5	33.0	67.0	97.1	2.9
2001	73.9	26.1	31.9	68.1	94.9	5.1
2002	73.9	26.1	30.7	69.3	95.8	4.2
2003	74.2	25.8	28.3	71.7	95.6	4.4
2004	74.5	25.5	27.1	72.9	94.1	5.9
2005	73.4	26.6	27.4	72.6	95.3	4.7
2006	73.0	27.0	26.4	73.6	94.6	5.4
2007	72.9	27.1	25.1	74.9	93.7	6.3
2008	72.8	27.2	24.8	75.2	92.6	7.4
2009	73.0	27.0	23.5	76.5	95.3	4.7
2010	72.5	27.5	22.7	77.3	94.8	5.2
2011	72.8	27.2	23.1	76.9	94.5	5.5
2012	72.7	27.3	22.2	77.8	95.6	4.4

数据来源：《中国统计年鉴》，2013 年，表 2－19，本表按当年价格计算。

核 算 点 评

（1）在讨论最终消费占 GDP 的比重时有必要进一步分解数据。最终消费可分为居民消费和政府消费两大部分。居民消费可分为城镇居民消费和农村居民消费两大部分。

（2）最终消费由居民消费和政府消费两大部分组成。在改革开放的 30 多年中（从 1979 年到 2011 年）最终消费由 1979 年的 64.4% 下降为 2011 年的 35.42%，下降 15.32 个百分点。居民消费由 1979 年的 49.15% 下降为 2011 年的 35.42%，下降 13.73 个百分点。政府消费由 1979 年的 15.25% 下降为 2011 年的 13.66%，下降 1.59 个百分点。总的来说，政府消费占 GDP 的比重基本上稳定在 13%—15% 之间，并没有出现较大的波动。居民消费占比下降是导致最终消费占比下降的主要原因。

（3）居民消费又可以分为城镇居民消费和农村居民消费两大部分。农村居民消费占 GDP 的比重从 1979 年的 30.61% 下降为 2011 年的 8.03%。而城镇居民消费从 1979 年的 18.54% 上升为 2011 年的 27.39%。导致城乡居民消费数据背离运动的原因主要是：第一，大量农村居民进城，城镇化加速进展。第二，农村居民的消费水平得到了很大的提高，只不过其增速赶不上城镇居民。

（4）在最终消费当中，居民消费占比从 1978 年的 78.6% 下降为 2012 年的 72.7%。在 32 年内下降了 6 个百分点。与此同时，政府消费从 21.4% 上升为 27.3%，上升了 6 个百分点。也就是说，改革开放以来，政府消费的增长速度高于居民消费。按理说，改革的大方向是由传统的计划经济逐步向市场经济过渡。理应逐步缩小政府对经济的干预程度，让市场在要素配置上起到决定性作用。可是，在这段时期内政府消费所占比例却有增无减，显然，这一点值得深思和检讨。

（5）在居民消费当中，城镇居民所占的比重由 1978 年的 37.9% 逐年上升，到了 2012 年已经高达 77.8%。农村居民消费占比由 62.1% 下降为 22.2%。这里有两方面的作用。首先随着城镇化的进展，城镇人口从 1978 年的 18.96% 上升为 2012 年的 52.57%。[①] 其次，农村人均消费水平增速赶不上城镇，也促使城乡居民的消费水平不仅没有缩小，反而有所加大。城镇化的进程不可阻挡，政策的重点应当放在如何通过财税政策提高农村居民消费水平上。

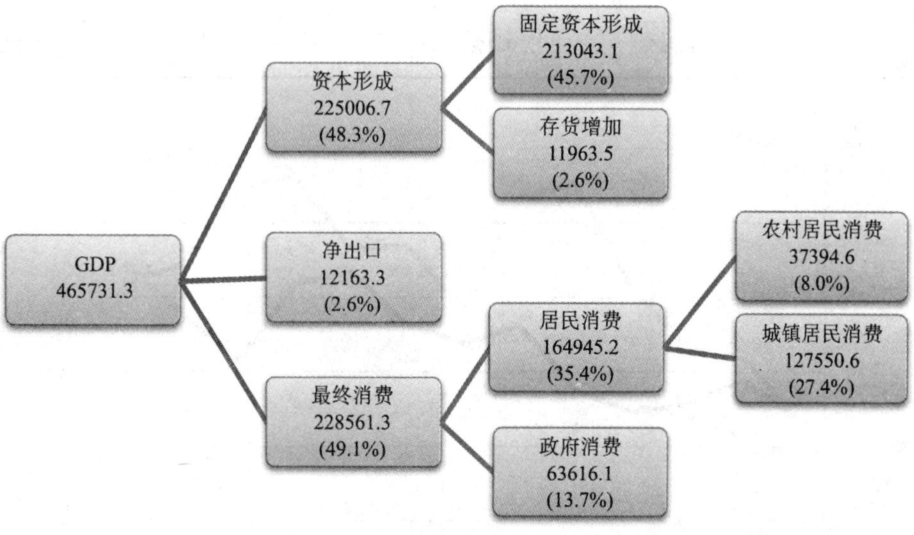

图 13－5　GDP 的构成（2011 年）

① 数据来源：《中国统计年鉴》，2013 年，表 3－1。

表 13－5　　GDP、消费和投资增速差距

年份	GDP 增速	最终消费支出增速	资本形成总额增速	GDP 和消费增速差距	资本形成和消费增速差距
1997	10.1%	9.6%	4.1%	0.5%	－5.5%
1998	6.0%	7.2%	4.5%	－1.2%	－2.7%
1999	5.3%	7.8%	5.2%	－2.5%	－2.6%
2000	8.4%	10.6%	5.7%	－2.2%	－4.8%
2001	10.4%	8.8%	14.1%	1.6%	5.3%
2002	10.5%	7.3%	14.6%	3.2%	7.3%
2003	13.4%	8.2%	22.8%	5.2%	14.6%
2004	17.8%	12.7%	23.6%	5.1%	10.9%
2005	16.4%	13.5%	12.6%	3.0%	－0.9%
2006	18.8%	13.8%	19.4%	5.0%	5.6%
2007	19.7%	16.9%	19.4%	2.8%	2.4%
2008	18.5%	16.0%	24.7%	2.5%	8.7%
2009	10.4%	10.3%	18.9%	0.0%	8.6%
2010	15.5%	14.7%	17.7%	0.8%	3.0%
2011	17.3%	19.6%	17.9%	－2.2%	－1.6%
2012	12.0%	12.8%	10.7%	－0.8%	－2.1%

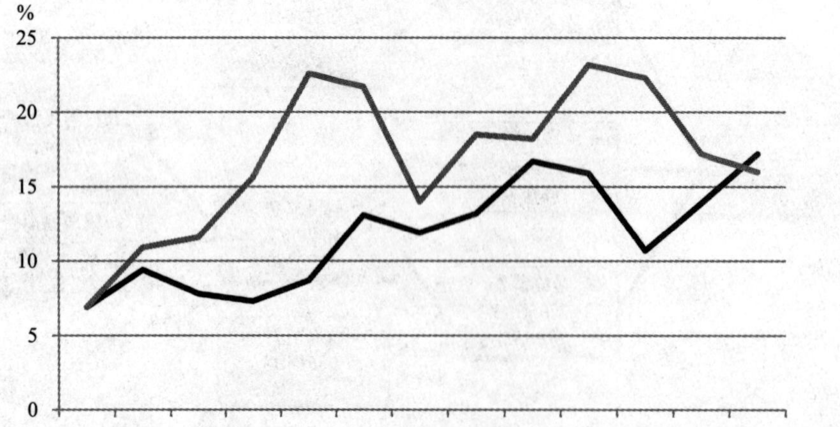

图 13－6　居民消费和固定资产形成增长率

核 算 点 评

（1）GDP有三大组成部分：最终消费、资本形成和净出口。近年来，最终消费的绝对值持续上升，与此同时，最终消费占GDP的比重持续下降。导致这种现象的原因是最终消费和资本形成的增速出现显著差异。在2001年以前，最终消费的增长速度和GDP、资本形成的增速相差无几，在有些年份消费的增速还略微超过GDP和资本形成。可是，在2008年国家主导的4万亿投资计划出台之后，资本形成的增加速度急剧上升。在2001年资本形成的增速超过消费增速5.3个百分点。在2002年超过7.3个百分点。在2003年超过14.6个百分点。在2004年超过10.9个百分点。正是由于投资急剧上升。拉动了GDP的高速增长，相比之下，消费依然按其惯性增长，导致消费在GDP中所占的比例显著下降。

（2）在1999年到2011年期间，居民消费增长率一直保持高速增长，可是，一直低于固定资本形成的增长率。特别是在2008年以后，两者之间拉大了差距。在2008年居民消费增长15.9%。可是固定资产形成增长率为23.2%（图13－5）。由于受到美国次贷危机的冲击，中国的资本市场很不景气，商品房销售额的增长率从2007年的43.5%急剧下降为负16.1%。可是，在2009年，居民消费增长率为10.7%。按理说，这个增长率不能算不高，但是固定资产形成的增长率为22.3%，比居民消费增长率高了一倍多。其中商品房销售额急剧上升，增长高达76.9%。在2010年。固定资产形成增长率（17.2%）仍然远远高于居民消费增长率（13.9%）。商品房销售额的增长率也保持在18.9%的高水平，难怪居民消费占GDP的比重会下降。

（3）2011年在严厉的房价调控政策下，商品房销售额大幅度下降，但是仍然保持11.1%的增速。因此，固定资产形成增长率下降为16%，首次低于居民消费增长率。由此可见，在2003年以后固定资产形成增长率徒然攀高是造成居民消费占GDP的比重下降的根本原因。只要固定资产形成的增长率回归正常，居民消费增长率也必然回归正常。

（4）固定资产形成总额指常住单位在一定时期内获得的固定资产减处置的固定资产的价值总额。固定资产的定义是使用年限在一年以上，单位价值在规定标准以上的资产，不包括自然资产。固定资产可分为有形和无形两类。有形固定资本形成总额包括一定时期内完成的建筑工程、安装工程和设备工具购置（减处置）价值，以及土地改良，新增役、种、奶、毛、娱乐用牲畜和新增林木价值。无形固定资本形成总额包括矿藏的勘探、计算机软件等获得减处置。

（5）固定资本形成当中包括政府的基础建设投资（例如，1999年以来的以铁路、公路、基础设施为主体的4万亿元投资）和民间的基本建设投资。民间投资除了设备购置、新建商铺、厂房之外，最主要的部分就是住房建设。近年来居民住房建设增长很快，正是基建和住房建设的高速增长压低了居民消费占GDP的比重，造成居民消费不旺的假象。

（6）在2011年，固定资产形成增长率为16%，而居民消费增长率为17.2%。这是近20年来，居民消费增长率的增速第一次超过固定资产形成增长率。如果这个趋势得以延续，居民消费占GDP的比重自然会逐步恢复到正常状态。

表 13-6　　　　各国居民人均最终消费支出（2000 年价格）

单位：美元

年份	澳大利亚	奥地利	阿塞拜疆	巴哈马	孟加拉	巴巴多斯岛	白俄罗斯	比利时
1990	10304.1	11318.3	NA	11869.3	270.9	NA	714.6	10234.0
1991	10297.3	11541.5	NA	11150.3	263.8	5431.0	669.7	10502.4
1992	10414.5	11811.9	493.2	10397.6	268.1	5142.8	631.6	10660.5
1993	10523.9	11732.8	362.9	10176.4	271.2	5109.1	599.4	10570.7
1994	10674.1	11928.1	262.1	10221.1	275.3	4943.3	516.2	10793.0
1995	11047.0	12014.9	252.3	10797.8	279.7	4646.4	457.5	10940.4
1996	NA	12350.0	273.5	11334.8	273.7	4894.7	483.5	11136.9
1997	11441.4	12335.7	303.1	11320.2	280.2	5548.1	538.3	11331.2
1998	11848.6	12602.5	342.0	12541.5	277.7	5582.0	612.5	11598.1
1999	12307.0	12834.6	380.4	13431.9	275.9	6100.1	670.5	11805.1
2000	12671.9	13151.9	459.3	13570.5	282.0	6397.5	724.5	12082.4
2001	12934.5	13284.4	441.5	13484.9	290.1	5632.9	856.5	12216.9
2002	13148.7	13354.6	492.7	13804.4	299.0	6265.9	957.1	12225.7
2003	13512.7	13462.9	517.2	13561.9	304.4	NA	1033.1	12271.8
2004	14020.7	13665.3	567.3	13164.8	309.3	NA	1138.0	12422.1
2005	14443.9	13870.4	680.6	14040.3	316.8	NA	1313.6	12485.7
2006	14644.9	14053.3	918.0	14244.7	326.4	NA	1489.6	12615.2
2007	15058.9	14123.0	1071.8	14212.7	341.7	NA	1696.5	12733.5
2008	15495.9	14158.0	1197.6	13473.2	356.7	NA	1980.2	12885.3
2009	15223.6	14258.9	1134.5	11764.7	373.9	NA	1984.6	12853.0
2010	15406.6	14451.7	862.9	11676.5	388.5	NA	2033.9	13077.7
2011	15699.4	14494.0	NA	11310.1	407.0	NA	2108.9	12956.9

表 13-6 续表 1

年份	伯利兹	贝宁	玻利维亚	博兹瓦纳	巴西	文莱	保加利亚	柬埔寨
1990	2035.2	307.9	682.4	912.2	1957.8	4654.2	1402.9	NA
1991	2330.0	308.2	689.0	974.0	2039.7	4448.4	1061.9	NA
1992	2363.1	311.8	697.1	934.4	1994.7	5291.8	1047.6	NA
1993	2376.5	306.7	703.8	887.5	2053.3	6031.5	1025.4	205.3
1994	2155.4	301.3	707.9	884.7	2172.7	5411.7	983.6	209.1
1995	2179.1	311.0	712.6	867.2	2324.3	5019.1	959.3	219.9
1996	2175.2	322.4	719.8	860.8	2363.1	5447.4	976.1	234.6
1997	2148.2	333.6	742.6	885.0	2398.0	5999.8	879.6	225.0
1998	2210.5	285.2	765.3	924.7	2345.0	5281.8	914.5	243.0
1999	2352.8	292.4	770.2	996.7	2319.2	5011.9	1004.2	252.9
2000	2467.9	285.2	772.0	1070.3	2378.3	4556.4	1079.6	260.7
2001	2584.6	287.8	766.2	1106.5	2361.3	4644.6	1186.5	262.3
2002	2675.8	297.0	766.5	1185.9	2374.4	4578.4	1252.8	280.7
2003	2675.5	283.4	765.9	1204.2	2325.6	5193.0	1345.6	298.8
2004	2587.4	285.4	773.5	1358.2	2385.0	5712.3	1456.7	330.8
2005	2463.3	271.9	785.0	1386.0	2463.3	5567.7	1563.2	366.6
2006	2323.2	NA	802.9	1422.7	2564.1	5663.1	1706.6	387.6
2007	2327.7	NA	822.5	1522.7	2693.4	5666.4	1870.0	397.9
2008	2213.4	NA	853.6	1661.7	2820.2	5658.4	1942.9	443.7
2009	NA	NA	871.0	1676.2	2919.5	5832.3	1805.0	438.0
2010	NA	NA	891.3	1846.1	3095.0	5831.9	1819.3	471.0
2011	NA	NA	922.6	2014.4	3193.7	5941.2	1854.9	514.0

表 13 - 6　　　　　　　　　　　　续表 2

年份	喀麦隆	加拿大	佛得角	乍得共和国	智利	中国	哥伦比亚	刚果金
1990	400.7	11306.6	528.7	174.8	1847.7	220.7	1641.5	NA
1991	380.2	10970.3	562.1	183.5	1975.4	229.7	1644.8	NA
1992	333.3	11003.8	563.3	189.2	2206.9	257.6	1659.3	NA
1993	344.7	11081.3	562.4	143.1	2328.1	281.9	1824.3	96.9
1994	348.5	11316.4	580.7	166.8	2474.8	293.6	1790.8	97.4
1995	357.4	11458.4	627.0	159.1	2673.6	322.6	1847.3	95.8
1996	358.8	11635.3	663.1	143.8	2863.6	349.9	1833.8	89.5
1997	379.1	12056.9	681.9	152.3	3009.3	362.1	1844.0	82.3
1998	374.8	12282.2	747.8	161.9	3108.2	381.3	1796.6	85.4
1999	372.9	12647.6	803.0	164.0	3118.7	410.4	1669.1	78.9
2000	411.8	13042.9	889.1	146.2	3342.8	438.7	1737.0	75.8
2001	417.1	13201.6	918.0	158.4	3384.7	460.8	1735.2	68.4
2002	425.1	13559.1	958.2	252.9	3424.9	487.8	1741.4	69.0
2003	440.5	13828.2	1022.8	156.5	3510.0	516.3	1764.9	70.8
2004	444.5	14139.7	1092.6	191.5	3675.8	551.0	1804.8	73.7
2005	448.3	14515.4	1142.3	155.2	3896.3	581.4	1849.3	77.6
2006	454.8	14996.8	1280.5	150.9	4093.9	629.0	1938.6	80.6
2007	463.5	15514.4	1340.3	NA	4303.3	691.0	2048.8	86.6
2008	479.4	15791.0	1474.9	NA	4439.4	743.0	2089.6	88.7
2009	459.9	15666.0	1504.2	NA	4362.9	808.8	2071.6	87.3
2010	455.1	15997.8	1489.4	NA	4825.9	871.4	2144.8	90.7
2011	442.2	16208.9	NA	NA	5230.2	949.0	2253.4	92.2

表 13－6 续表 3

年份	刚果（布）	哥斯达黎加	克罗地亚	古巴	塞浦路斯	捷克共和国	丹麦	多米尼加共和国
1990	184.4	2172.0	NA	2154.3	5890.1	2795.4	12308.6	1440.2
1991	207.1	2180.5	NA	1918.5	6308.8	2193.9	12487.4	1452.7
1992	156.2	2327.1	NA	1565.4	6338.3	2396.4	12779.1	1619.7
1993	173.2	2499.1	NA	1380.0	5900.1	2422.0	12659.2	1668.6
1994	201.1	2606.6	NA	1450.5	6174.2	2522.7	13425.4	1651.5
1995	232.5	2626.0	2467.7	1464.6	7541.1	2651.3	13571.4	1730.3
1996	258.4	2623.6	2615.1	1515.3	7681.6	2864.5	13791.7	1776.6
1997	248.3	2689.7	2875.5	1544.3	7736.5	2911.8	14156.0	1912.2
1998	135.6	2765.0	2894.6	1567.7	8093.6	2879.7	14421.5	2012.9
1999	254.1	2758.0	2763.8	1642.4	8236.5	2942.2	14311.1	2106.9
2000	241.4	2724.1	2934.9	1671.3	8698.7	2973.4	14288.1	2172.3
2001	288.6	2698.6	3047.0	1729.5	8990.5	3076.9	14242.8	2208.4
2002	208.4	2727.0	3293.0	1760.8	8992.0	3176.8	14415.7	2295.6
2003	227.3	2762.7	3420.4	1864.6	9026.7	3342.1	14519.2	2157.6
2004	238.5	2797.3	3558.2	1888.7	9391.0	3451.9	15168.4	2190.7
2005	269.9	2870.9	3695.2	1892.6	9549.5	3552.4	15704.0	2497.2
2006	274.4	2985.5	3816.2	2244.6	9802.7	3696.4	16208.2	2757.1
2007	294.0	3158.9	4066.9	2278.0	10565.0	3826.9	16624.7	2960.4
2008	348.5	3217.6	4124.0	2238.1	11184.3	3900.6	16478.1	3148.1
2009	361.6	3223.5	3820.7	2258.8	10764.5	3885.9	15807.0	3268.4
2010	423.9	3321.8	3796.3	2361.2	10798.3	3913.1	16005.4	3474.7
2011	379.5	3419.3	3817.4	NA	NA	3948.0	15858.1	3563.9

表 13－6　　　　续表 4

年份	厄瓜多尔	埃及	萨尔瓦多	厄立特里亚	爱沙尼亚	埃塞俄比亚	芬兰	法国
1990	817.1	914.7	1314.5	NA	NA	97.6	10678.7	10831.3
1991	822.7	938.8	1334.4	NA	NA	92.8	10210.5	10826.4
1992	824.1	949.3	1422.7	285.8	NA	81.5	9765.0	10876.5
1993	826.5	960.9	1518.5	257.8	1355.1	90.1	9380.3	10794.1
1994	840.7	985.0	1616.1	315.5	1392.5	88.2	9573.2	10917.6
1995	840.2	1000.8	1745.3	279.4	1471.7	87.9	9979.2	11062.4
1996	837.2	1023.8	1754.3	301.7	1702.1	98.2	10327.2	11194.0
1997	858.5	1048.7	1792.6	347.1	1949.3	109.9	10631.5	11180.5
1998	883.5	1053.9	1823.2	253.8	2078.0	94.6	11104.0	11553.6
1999	808.9	1083.7	1880.2	186.8	2113.9	90.9	11389.2	11915.4
2000	826.5	1119.6	1944.3	136.6	2298.4	90.4	11627.4	12236.8
2001	867.9	1143.2	1996.4	171.1	2472.9	97.8	11953.6	12439.1
2002	909.8	1146.4	2021.0	191.8	2724.9	105.6	12218.0	12595.0
2003	940.7	1151.4	2055.5	174.5	2988.0	103.0	12782.1	12721.3
2004	967.7	1153.8	2110.6	120.5	3245.4	108.4	13187.0	12840.6
2005	1022.3	1187.4	2211.9	133.6	3563.4	126.0	13546.6	13057.6
2006	1061.6	1241.0	2312.4	133.4	4050.7	134.8	14072.9	13254.1
2007	1108.5	1303.4	2447.6	153.0	4411.5	146.9	14498.2	13487.1
2008	1124.1	1353.7	2480.5	NA	4194.3	171.1	14707.3	13444.8
2009	1133.5	1405.7	2214.7	NA	3591.8	183.1	14223.4	13407.2
2010	1163.9	1452.2	2264.6	NA	3509.6	191.0	14608.0	13536.1
2011	1187.4	1368.7	2302.0	NA	3630.8	196.6	14892.2	13503.8

表 13－6　　续表 5

年份	加蓬	冈比亚	德国	希腊	危地马拉	几内亚	洪都拉斯	中国香港特区
1990	1692.2	476.0	11464.9	6886.7	1203.5	254.7	748.7	11664.0
1991	1606.6	476.2	11876.4	7030.8	1227.6	251.2	764.6	12638.7
1992	1518.8	501.8	12162.4	7127.9	1256.0	233.3	760.3	13608.5
1993	1459.0	541.7	12139.3	6998.8	1279.9	233.2	772.9	14426.4
1994	1264.3	519.7	12320.4	7084.9	1311.3	234.4	757.0	15021.7
1995	1248.1	542.9	12510.0	7199.1	1348.7	229.9	751.2	14967.1
1996	1098.5	485.3	12614.3	7324.3	1355.3	244.4	772.2	14850.7
1997	1061.8	501.6	12690.6	7473.0	1377.9	250.5	778.9	15543.4
1998	1252.8	514.4	12843.0	7698.9	1408.4	277.6	796.6	14567.0
1999	1293.3	503.4	13144.1	7854.7	1425.1	276.5	773.2	14579.3
2000	1320.0	542.5	13392.4	7960.3	1440.6	276.0	808.5	15103.9
2001	1287.1	586.5	13547.9	8341.6	1459.3	292.0	828.0	15203.0
2002	1508.4	598.9	13446.4	8701.7	1471.6	307.5	845.3	14977.5
2003	1472.8	510.3	13477.4	8965.7	1490.8	311.2	864.9	14773.4
2004	1288.4	547.3	13526.9	9278.1	1508.0	NA	889.9	15703.4
2005	1433.2	551.1	13556.0	9662.4	1536.0	NA	930.7	16188.9
2006	1588.5	504.7	13774.5	10043.1	1568.5	NA	991.4	17065.8
2007	1661.0	540.5	13766.3	10359.5	1598.4	NA	1025.8	18357.5
2008	1672.9	591.4	13898.2	10763.4	1594.6	NA	1035.6	18567.3
2009	1545.4	583.6	13952.4	10553.9	1587.5	NA	985.7	18643.7
2010	1626.3	606.4	14104.0	9862.0	1599.6	NA	989.1	19645.7
2011	1666.1	576.4	14340.9	9111.5	1643.8	NA	1002.8	21249.8

表 13－6　　　　　　　　　　　　续表 6

年份	匈牙利	冰岛	印度	印尼	伊朗	爱尔兰	以色列	意大利
1990	2324.0	19739.4	223.3	309.7	598.1	7610.8	NA	9828.6
1991	2194.0	19649.7	223.5	328.8	639.8	7699.0	NA	10085.6
1992	2208.0	19744.7	224.7	333.6	652.6	7866.9	NA	10253.3
1993	2329.9	19666.5	229.9	367.0	659.0	8071.2	NA	9933.6
1994	2279.5	19480.9	236.4	389.8	657.2	8391.7	NA	10089.1
1995	2132.0	19409.0	246.1	432.4	637.2	8634.4	9318.7	10252.1
1996	2079.2	19392.5	260.4	467.8	645.5	9169.1	9586.4	10358.8
1997	2128.9	19269.4	263.3	497.4	661.1	9790.6	9652.0	10692.4
1998	2244.0	19079.3	275.5	460.5	693.6	10437.3	9964.7	11062.0
1999	2409.4	18891.5	287.2	475.5	700.2	11262.4	10093.3	11351.1
2000	2492.2	18749.2	292.2	476.7	738.7	12297.0	10707.5	11619.3
2001	2615.1	18546.3	304.5	487.0	760.1	12695.6	10831.1	11693.8
2002	2840.0	18246.5	308.3	499.2	837.7	12968.5	10692.8	11674.3
2003	3088.6	18142.0	321.4	512.0	870.8	13150.5	10484.8	11687.6
2004	3147.9	16087.5	332.9	530.8	934.3	13389.5	10851.0	11660.7
2005	3226.9	17862.5	356.3	545.3	983.7	14003.2	10995.0	11713.1
2006	3286.4	18075.3	380.8	556.2	1031.7	14622.5	11260.4	11806.2
2007	3324.4	18628.1	410.4	577.6	1111.9	15186.1	11757.2	11849.3
2008	3307.6	16874.5	433.8	602.0	NA	14903.7	11875.8	11664.9
2009	3107.6	14300.0	458.7	624.7	NA	13957.7	11762.0	11412.9
2010	3047.1	14325.6	489.1	647.6	NA	13964.6	12158.9	11489.7
2011	NA	14666.7	509.1	671.2	NA	13328.9	12367.2	11458.1

表 13－6　　续表 7

年份	日本	约旦	哈萨克斯坦	肯尼亚	韩国	吉尔吉斯斯坦	拉脱维亚	黎巴嫩
1990	18986.7	1343.1	1276.2	317.0	4055.6	413.5	3557.0	NA
1991	19341.0	1040.0	1210.5	314.0	4368.1	336.7	2644.8	NA
1992	19699.1	1264.5	1197.7	300.9	4589.8	294.9	1519.2	NA
1993	19848.2	1194.8	1092.4	287.0	4822.8	267.9	1434.3	NA
1994	20231.1	1172.3	847.3	283.5	5182.2	197.2	1703.0	4232.2
1995	20489.4	1133.8	675.8	314.0	5614.0	182.0	1513.2	4308.8
1996	20905.6	1190.7	654.1	313.4	5935.4	190.1	1692.1	4173.6
1997	21034.8	1219.9	688.2	316.9	6073.8	170.6	1794.0	3865.8
1998	20823.4	1266.8	697.2	323.0	5220.4	198.0	1822.8	3888.6
1999	21029.9	1275.8	746.9	327.8	5779.5	195.7	1918.2	3878.7
2000	21076.9	1422.3	760.6	318.3	6214.5	183.7	2064.0	3878.0
2001	21365.1	1459.3	828.8	323.0	6517.6	186.0	2231.1	4018.5
2002	21569.9	1439.1	850.1	317.3	7057.0	193.0	2412.1	4049.1
2003	21630.9	1408.1	946.8	315.8	6992.9	236.9	2625.1	4119.6
2004	21872.9	1498.2	1070.1	315.1	6990.2	251.7	2890.8	4257.8
2005	22205.9	1677.2	1173.9	326.9	7297.9	269.6	3241.7	4120.8
2006	22453.8	1729.6	1305.4	343.7	7606.0	317.9	3952.1	3990.0
2007	22658.6	1855.1	1431.8	359.5	7953.5	323.5	4559.0	4214.8
2008	22460.6	1966.6	1507.9	345.7	7796.4	360.9	4341.1	4607.7
2009	22336.3	1976.7	1478.1	353.8	7750.5	305.3	3312.0	4954.3
2010	22939.0	1875.2	1621.4	369.6	8054.2	309.9	3333.1	5179.1
2011	22907.0	1920.1	1773.4	369.9	8170.8	323.2	NA	5162.7

表 13－6　　　　续表 8

年份	莱索托	立陶宛	卢森堡	中国澳门特区	马其顿共和国	马达加斯加	马来西亚	马里共和国
1990	325.7	NA	15569.0	4755.8	1166.8	231.3	1308.1	164.0
1991	340.0	NA	16446.0	4963.3	1068.3	224.2	1388.4	162.7
1992	331.0	NA	15835.2	5280.1	952.8	212.0	1415.4	170.1
1993	332.2	NA	15938.2	5516.6	1034.6	212.2	1466.0	157.7
1994	315.5	NA	16362.5	5752.9	1122.3	206.9	1563.6	159.0
1995	295.8	1561.6	16434.4	5817.2	1076.4	203.7	1702.4	166.7
1996	308.3	1675.3	16687.6	5954.5	1102.9	200.1	1774.2	166.8
1997	347.7	1782.5	17115.9	5946.2	1131.5	203.3	1805.3	161.1
1998	344.3	1880.8	17885.7	5796.7	1163.6	205.8	1581.3	163.5
1999	328.7	1988.2	18261.4	5845.6	1199.8	208.2	1587.7	167.5
2000	316.5	2111.3	18924.1	5685.6	1329.0	210.1	1752.6	170.4
2001	338.2	2210.7	19323.2	5683.1	1170.7	209.2	1764.2	175.2
2002	409.0	2352.5	20242.7	5877.2	1312.5	202.4	1791.4	169.0
2003	512.9	2608.6	18922.0	5941.4	1288.6	208.9	1894.6	158.9
2004	614.2	2934.5	19065.7	6286.6	1402.2	221.2	2038.1	163.6
2005	633.6	3312.0	19214.8	6515.4	1481.3	205.4	2180.3	165.2
2006	646.1	3685.1	19515.1	6749.5	1588.5	202.3	2281.9	148.6
2007	669.5	4151.9	19852.4	7218.0	1713.1	196.6	2477.0	147.6
2008	690.9	4420.7	19354.5	7405.2	1835.8	199.7	2648.8	NA
2009	716.0	3653.2	18677.6	7398.9	1745.9	192.4	2620.8	NA
2010	760.5	3498.5	18741.0	7769.9	1749.6	NA	2748.2	NA
2011	769.8	NA	18766.8	8377.0	1737.2	NA	2897.4	NA

表 13 - 6 续表 9

年份	马耳他	毛里塔尼亚	毛里求斯	墨西哥	摩尔多瓦	摩洛哥	莫桑比克	纳米比亚
1990	4091. 3	NA	1605. 1	2969. 0	NA	746. 5	163. 0	1032. 1
1991	4206. 4	NA	1668. 1	3049. 4	NA	810. 0	167. 7	1141. 7
1992	4343. 2	NA	1725. 5	3133. 7	135. 9	768. 8	151. 6	1068. 2
1993	4334. 6	NA	1796. 3	3123. 0	198. 2	723. 1	154. 8	1062. 9
1994	4403. 4	NA	1874. 8	3209. 1	214. 7	798. 9	160. 7	1084. 9
1995	4834. 2	NA	1947. 7	2854. 1	213. 5	734. 6	161. 3	1087. 7
1996	5157. 0	NA	2022. 9	2868. 1	243. 5	805. 4	166. 2	1168. 8
1997	5469. 3	NA	2099. 5	3002. 9	311. 7	757. 1	176. 4	1219. 6
1998	5882. 6	361. 4	2205. 5	3581. 4	326. 5	793. 9	190. 3	1228. 7
1999	6289. 5	367. 6	2266. 2	3680. 1	286. 0	780. 3	223. 6	1212. 6
2000	6680. 5	364. 7	2328. 2	3896. 1	323. 7	781. 5	188. 1	1252. 7
2001	6518. 3	354. 8	2376. 9	3917. 3	343. 4	790. 0	179. 1	1336. 9
2002	6451. 4	358. 0	2434. 1	3920. 0	360. 9	808. 8	185. 1	1292. 6
2003	6711. 2	363. 3	2529. 8	3951. 7	435. 9	858. 2	194. 3	1375. 6
2004	6840. 4	403. 5	2702. 5	4123. 2	451. 4	889. 9	210. 5	1377. 7
2005	6913. 8	365. 6	2876. 3	4267. 4	525. 2	900. 5	223. 1	1364. 3
2006	7028. 7	370. 5	3022. 2	4448. 7	576. 7	952. 2	221. 2	1455. 6
2007	7048. 2	380. 9	3132. 6	4567. 5	607. 2	977. 7	229. 8	1515. 8
2008	7339. 7	351. 8	3322. 2	4591. 8	653. 1	1025. 7	238. 8	1694. 9
2009	7316. 0	434. 7	3376. 0	4207. 4	564. 3	1061. 7	234. 1	1848. 5
2010	7181. 8	498. 8	3448. 1	4364. 1	616. 5	1073. 5	229. 9	1484. 7
2011	NA	538. 8	3519. 9	4505. 6	648. 0	1145. 8	242. 9	1530. 6

续表 10

年份	荷兰	新西兰	尼加拉瓜	挪威	阿曼	巴基斯坦	巴拿马	巴布亚新几内亚
1990	9582.6	7086.1	389.5	12265.0	2490.9	323.0	1514.6	351.2
1991	9765.1	6649.6	523.2	12436.7	2774.9	310.1	1689.1	382.0
1992	9756.3	6611.0	510.9	12631.0	2788.1	341.4	1862.2	401.8
1993	9764.1	6783.1	480.4	12838.5	2891.7	340.0	1976.4	398.7
1994	9894.6	7111.5	554.9	13216.5	2655.9	343.1	1957.7	451.2
1995	10108.5	7285.6	563.9	13650.3	2944.8	358.0	1820.7	362.7
1996	10507.2	7489.9	572.3	14471.5	3131.4	373.5	1975.6	412.2
1997	10822.3	7551.5	587.3	14841.2	3272.0	379.0	2100.9	464.0
1998	11316.0	7710.6	604.1	15165.8	3573.1	375.0	2440.9	428.6
1999	11838.9	7915.9	628.9	15629.1	3450.6	393.0	2404.2	419.5
2000	12196.5	7988.1	651.7	16190.9	3470.5	385.7	2355.2	292.0
2001	12321.3	8151.0	673.7	16428.4	3427.0	379.8	2383.5	245.8
2002	12353.3	8397.4	694.2	16852.6	3636.5	377.9	2501.9	314.7
2003	12271.2	8748.5	697.4	17293.0	3436.0	372.7	2671.2	235.5
2004	12348.8	9010.8	702.6	18134.4	3483.5	403.3	2737.4	267.9
2005	12443.6	9301.9	718.4	18806.3	NA	447.2	2926.2	NA
2006	12380.9	9411.7	734.1	19582.4	NA	443.7	3001.8	NA
2007	12570.6	9618.0	755.9	20423.1	NA	456.4	2977.3	NA
2008	12684.6	9411.0	810.9	20539.8	NA	440.1	2867.8	NA
2009	12367.4	9345.6	807.7	20317.5	NA	480.7	2815.8	NA
2010	12346.7	9443.0	822.5	20788.2	NA	464.2	3185.5	NA
2011	12166.7	9496.8	828.7	21012.5	NA	472.8	3707.0	NA

表 13－6　　　　　　　　　　　　　　续表 11

年份	巴拉圭	秘鲁	菲律宾	波兰	葡萄牙	罗马尼亚	俄罗斯	卢旺达
1990	1096.7	1235.4	651.6	1724.9	5412.6	1314.7	873.7	173.6
1991	1091.0	1252.6	650.3	1836.2	5645.9	1117.9	831.7	199.8
1992	1102.3	1224.7	655.8	1882.7	5917.0	1061.5	806.4	215.4
1993	1111.2	1243.1	660.3	1981.7	5975.8	1073.1	817.0	221.0
1994	1150.2	1340.3	669.4	2071.7	6021.3	1100.2	827.8	183.6
1995	1160.7	1444.2	679.3	2127.3	6041.0	1245.0	805.7	189.2
1996	1177.4	1462.9	694.9	2314.3	6219.3	1349.1	769.4	195.8
1997	1209.4	1502.8	713.5	2480.5	6425.4	1303.2	809.1	198.2
1998	1167.6	1464.7	722.0	2605.2	6724.3	1312.9	784.5	204.5
1999	1130.1	1435.9	734.9	2755.1	7065.2	1300.5	765.1	189.1
2000	1020.6	1466.3	756.7	2856.4	7295.7	1303.5	819.9	200.4
2001	1055.2	1466.9	771.1	2936.2	7338.8	1466.9	898.5	198.0
2002	990.2	1514.7	793.8	3038.9	7381.9	1534.0	977.7	218.0
2003	1055.8	1542.5	820.4	3104.5	7313.6	1650.6	1056.6	198.8
2004	1089.0	1587.6	852.4	3251.2	7465.1	1839.7	1190.1	207.5
2005	1092.3	1641.9	873.4	3319.0	7555.1	1981.2	1336.3	221.2
2006	1101.8	1728.4	893.5	3486.7	7667.1	1957.8	1504.2	246.7
2007	1141.6	1852.7	918.5	3660.5	7843.1	2163.5	1722.4	259.1
2008	1205.5	1993.2	936.2	3870.6	7936.0	2348.9	1905.2	264.8
2009	1160.6	2018.6	942.1	3946.0	7742.5	2290.9	1808.1	292.4
2010	1296.6	2116.5	957.4	4068.2	7903.2	2660.4	1895.0	306.8
2011	1390.7	2226.2	1000.7	NA	7646.7	2362.7	2014.5	319.7

表 13－6　　续表 12

年份	沙特阿拉伯	塞内加尔	塞尔维亚	塞舌尔	新加坡	斯洛伐克共和国	斯洛文尼亚	南非
1990	NA	374.4	NA	2978.2	7077.7	NA	4404.4	1857.4
1991	NA	371.5	NA	2744.5	7290.8	NA	3910.9	1810.1
1992	NA	370.1	NA	3966.6	7482.8	2126.7	3772.8	1747.5
1993	NA	378.1	NA	5007.1	8132.4	2296.3	4314.0	1743.3
1994	NA	351.2	NA	3539.6	8435.2	2307.9	4494.9	1774.8
1995	NA	352.4	NA	4589.9	8404.1	2425.0	4907.7	1839.8
1996	NA	352.4	NA	4772.5	8568.5	2644.1	5068.6	1879.8
1997	3526.0	347.9	NA	5236.7	8755.9	2758.6	5221.4	1897.1
1998	3352.4	365.6	NA	6020.2	8187.6	2935.8	5376.7	1885.3
1999	3358.0	371.6	678.1	4771.0	8925.6	2938.8	5733.6	1872.3
2000	3433.9	374.3	714.5	4084.9	9988.9	3009.2	5760.9	1902.1
2001	3354.2	383.0	770.1	4159.2	10290.7	3179.2	5892.7	1928.6
2002	3290.5	389.0	839.1	3844.0	10695.9	3358.7	6037.0	1962.6
2003	3204.8	389.3	780.3	3660.0	11027.4	3417.1	6239.5	1992.6
2004	3247.7	395.1	790.8	3843.3	11555.1	3572.2	6422.9	2092.1
2005	3411.2	401.9	781.9	4764.8	11689.9	3799.6	6544.7	2195.3
2006	3645.6	429.2	820.5	4563.9	11898.5	4021.2	6706.6	2351.6
2007	3848.4	447.2	826.4	5913.1	12188.8	4289.2	7077.0	2454.3
2008	NA	481.0	874.5	5551.8	11934.8	4540.9	7327.1	2485.4
2009	NA	433.0	858.2	4658.1	11596.3	4539.0	7250.1	2404.9
2010	NA	427.6	828.9	NA	12128.8	4497.2	7170.6	2477.6
2011	NA	436.3	848.6	NA	12369.5	NA	NA	2565.7

表 13－6　　续表 13

年份	西班牙	苏旦	斯威士兰	瑞典	瑞士	塔吉克斯坦	坦桑尼亚	泰国
1990	6878. 8	227. 8	749. 9	12016. 5	20090. 4	473. 4	206. 8	825. 8
1991	7061. 5	236. 3	763. 9	12044. 0	20202. 0	402. 7	204. 0	860. 9
1992	7191. 3	244. 0	794. 8	11786. 8	20073. 6	234. 8	197. 6	927. 5
1993	7033. 0	253. 1	871. 3	11278. 9	19818. 4	149. 0	194. 6	997. 9
1994	7090. 2	254. 9	748. 2	11462. 1	19899. 9	92. 9	191. 5	1066. 2
1995	7194. 9	249. 1	919. 7	11547. 7	19942. 2	110. 3	193. 9	1139. 1
1996	7341. 8	251. 3	1016. 7	11747. 2	20099. 8	76. 7	202. 1	1192. 9
1997	7556. 7	258. 9	1003. 7	12098. 9	20379. 4	100. 8	214. 1	1163. 5
1998	7891. 8	263. 4	1073. 4	12487. 9	20794. 1	113. 9	238. 5	1017. 4
1999	8267. 1	267. 0	1125. 8	12992. 8	21189. 7	102. 1	243. 1	1048. 7
2000	8605. 0	250. 2	1166. 4	13700. 4	21589. 3	121. 4	241. 0	1090. 7
2001	8802. 2	268. 7	1435. 0	13760. 9	21885. 9	125. 9	242. 5	1122. 4
2002	8915. 3	267. 8	1334. 8	14075. 1	21743. 3	136. 1	249. 7	1169. 9
2003	9020. 1	260. 4	1239. 2	14345. 6	21790. 6	144. 3	249. 9	1232. 0
2004	9247. 7	289. 0	1391. 6	14697. 4	21992. 4	152. 3	258. 3	1295. 2
2005	9472. 8	299. 4	1486. 4	15046. 3	22213. 2	159. 9	279. 6	1341. 6
2006	9693. 3	324. 8	1496. 3	15367. 1	22422. 4	167. 2	293. 9	1372. 2
2007	9864. 4	325. 0	1530. 8	15813. 5	22716. 4	174. 1	302. 9	1385. 6
2008	9658. 4	314. 9	1882. 8	15693. 6	22698. 7	180. 7	308. 7	1415. 9
2009	9220. 8	NA	2001. 4	15526. 8	22813. 1	186. 9	310. 0	1390. 9
2010	9248. 8	NA	1772. 0	16005. 8	22927. 3	192. 9	96. 1	1449. 1
2011	9140. 1	NA	1904. 2	16225. 5	22955. 2	198. 7	106. 5	1460. 1

表 13－6　　　　　　　　　　续表 14

年份	多哥	特立尼达和多巴哥	突尼斯	土耳其	乌干达	乌克兰	英国	美国
1990	210.3	2932.0	1062.2	2425.0	150.5	650.4	12636.5	18967.6
1991	220.6	3229.3	1054.5	2429.4	152.5	588.2	12377.5	18741.0
1992	227.6	3172.2	1103.9	2467.6	151.3	532.2	12393.6	19136.1
1993	171.8	2937.3	1118.3	2631.3	156.9	393.8	12739.5	19585.6
1994	179.4	2433.9	1132.0	2450.6	159.6	360.7	13096.5	20110.3
1995	192.4	2390.2	1147.6	2546.6	178.4	357.4	13316.3	20426.3
1996	238.9	2544.4	1180.6	2718.5	185.2	327.1	13829.3	20912.3
1997	249.8	2371.0	1216.9	2899.9	184.5	329.2	14347.6	21438.3
1998	252.0	2565.5	1263.4	2873.0	191.5	337.8	14946.5	22319.0
1999	248.0	3282.1	1319.2	2831.9	200.3	334.0	15653.6	23283.4
2000	235.0	3621.8	1360.9	2953.7	198.1	345.4	16413.4	24207.3
2001	238.1	3113.6	1426.0	2719.7	196.4	380.5	16990.5	24612.7
2002	225.2	3638.3	1459.6	2809.4	206.0	419.3	17585.6	25026.6
2003	236.5	3639.8	1517.7	3053.7	206.7	474.9	18140.1	25513.5
2004	222.2	4552.3	1581.4	3343.5	205.0	536.8	18621.6	26112.9
2005	184.9	3015.2	1641.5	3558.0	209.3	645.3	18986.5	26749.3
2006	178.9	2967.2	1698.0	3673.7	227.6	753.0	19150.2	27247.0
2007	187.9	4925.6	1773.7	3824.3	241.1	887.1	19547.7	27608.8
2008	175.3	5725.0	1834.9	3762.1	236.0	1008.7	19109.8	27205.4
2009	181.3	NA	1887.1	3629.1	256.1	862.2	18401.8	26459.5
2010	174.5	NA	1886.2	3823.1	275.2	926.3	18511.0	26711.9
2011	173.5	NA	1813.9	4070.0	277.5	1069.0	18193.1	27174.6

表 13－6　　　　　　　　　　　　　　　　续表 15

年份	乌拉圭	委内瑞拉	越南	赞比亚
1990	3551.6	2581.5	NA	290.0
1991	3704.3	2725.7	NA	231.8
1992	4206.9	2886.5	NA	290.6
1993	4418.3	2826.2	NA	222.6
1994	4775.7	2642.6	213.7	178.0
1995	4567.3	2611.9	225.4	202.6
1996	4926.4	2445.9	242.0	230.0
1997	5182.0	2519.8	252.4	225.4
1998	5503.7	2516.3	259.6	226.9
1999	5394.2	2426.3	262.4	256.0
2000	5289.8	2493.6	266.9	277.6
2001	5172.3	2594.5	275.3	294.0
2002	4299.5	2366.6	292.9	318.7
2003	4393.7	2225.7	312.7	302.0
2004	4862.0	2524.9	330.9	268.1
2005	5013.8	2872.2	350.8	286.6
2006	5323.2	3260.5	375.8	249.4
2007	5684.6	3748.4	411.9	394.6
2008	6182.7	3920.7	445.7	406.7
2009	6142.8	3745.8	457.2	375.5
2010	6958.5	3618.5	495.1	346.5
2011	7505.4	3707.0	511.5	340.0

资料来源：世界银行数据库。

表 13-7　　各国人均消费增长倍数（1990 年到 2011 年）

排序	国家	1990 年人均消费（美元）	2011 年人均消费（美元）	人均消费增长倍数
1	中国	220.7	949.0	4.30
2	白俄罗斯	714.6	2108.9	2.95
3	智利	1847.7	5230.2	2.83
4	斯威士兰	749.9	1904.2	2.54
5	多米尼加共和国	1440.2	3563.9	2.47
6	巴拿马	1514.6	3707.0	2.45
7	莱索托	325.7	769.8	2.36
8	俄罗斯	873.7	2014.5	2.31
9	印度	223.3	509.1	2.28
10	马来西亚	1308.1	2897.4	2.21
11	博兹瓦纳	912.2	2014.4	2.21
12	毛里求斯	1605.1	3519.9	2.19
13	印尼	309.7	671.2	2.17
14	尼加拉瓜	389.5	828.7	2.13
15	乌拉圭	3551.6	7505.4	2.11
16	刚果（布）	184.4	379.5	2.06
17	韩国	4055.6	8170.8	2.01
18	埃塞俄比亚	97.6	196.6	2.01
19	乌干达	150.5	277.5	1.84
20	卢旺达	173.6	319.7	1.84
21	中国香港特区	11664.0	21249.8	1.82
22	秘鲁	1235.4	2226.2	1.80
23	罗马尼亚	1314.7	2362.7	1.80
24	泰国	825.8	1460.1	1.77
25	中国澳门特区	4755.8	8377.0	1.76
26	爱尔兰	7610.8	13328.9	1.75
27	萨尔瓦多	1314.5	2302.0	1.75
28	新加坡	7077.7	12369.5	1.75
29	挪威	12265.0	21012.5	1.71
30	突尼斯	1062.2	1813.9	1.71
31	土耳其	2425.0	4070.0	1.68
32	乌克兰	650.4	1069.0	1.64
33	巴西	1957.8	3193.7	1.63
34	哥斯达黎加	2172.0	3419.3	1.57
35	菲律宾	651.6	1000.7	1.54
36	摩洛哥	746.5	1145.8	1.53
37	澳大利亚	10304.1	15699.4	1.52
38	墨西哥	2969.0	4505.6	1.52
39	孟加拉	270.9	407.0	1.50
40	埃及	914.7	1368.7	1.50
41	莫桑比克	163.0	242.9	1.49
42	马其顿共和国	1166.8	1737.2	1.49
43	纳米比亚	1032.1	1530.6	1.48

表 13－7　　　　续表 1

排序	国家	1990 年人均消费（美元）	2011 年人均消费（美元）	人均消费增长倍数
44	巴基斯坦	323.0	472.8	1.46
45	厄瓜多尔	817.1	1187.4	1.45
46	英国	12636.5	18193.1	1.44
47	委内瑞拉	2581.5	3707.0	1.44
48	加拿大	11306.6	16208.9	1.43
49	美国	18967.6	27174.6	1.43
50	约旦	1343.1	1920.1	1.43
51	葡萄牙	5412.6	7646.7	1.41
52	捷克共和国	2795.4	3948.0	1.41
53	芬兰	10678.7	14892.2	1.39
54	哈萨克斯坦	1276.2	1773.4	1.39
55	南非	1857.4	2565.7	1.38
56	哥伦比亚	1641.5	2253.4	1.37
57	危地马拉	1203.5	1643.8	1.37
58	玻利维亚	682.4	922.6	1.35
59	瑞典	12016.5	16225.5	1.35
60	新西兰	7086.1	9496.8	1.34
61	洪都拉斯	748.7	1002.8	1.34
62	西班牙	6878.8	9140.1	1.33
63	希腊	6886.7	9111.5	1.32
64	保加利亚	1402.9	1854.9	1.32
65	丹麦	12308.6	15858.1	1.29
66	奥地利	11318.3	14494.0	1.28
67	文莱	4654.2	5941.2	1.28
68	荷兰	9582.6	12166.7	1.27
69	巴拉圭	1096.7	1390.7	1.27
70	比利时	10234.0	12956.9	1.27
71	德国	11464.9	14340.9	1.25
72	法国	10831.3	13503.8	1.25
73	冈比亚	476.0	576.4	1.21
74	日本	18986.7	22907.0	1.21
75	卢森堡	15569.0	18766.8	1.21
76	赞比亚	290.0	340.0	1.17
77	肯尼亚	317.0	369.9	1.17
78	意大利	9828.6	11458.1	1.17
79	塞内加尔	374.4	436.3	1.17
80	瑞士	20090.4	22955.2	1.14
81	喀麦隆	400.7	442.2	1.10
82	加蓬	1692.2	1666.1	0.98
83	巴哈马	11869.3	11310.1	0.95
84	多哥	210.3	173.5	0.83
85	吉尔吉斯斯坦	413.5	323.2	0.78
86	冰岛	19739.4	14666.7	0.74
87	坦桑尼亚	206.8	106.5	0.51
88	塔吉克斯坦	473.4	198.7	0.42

资料来源：根据表 13－2 世界银行数据库整理，删除了信息不完全的样本。

核　算　点　评

在1990年到2011年期间，具有完整、有效统计数据的经济体88个，其中有17个经济体的居民人均消费增加2倍以上，有63个经济体的居民消费增长了1倍以上，有7个经济体居民消费增长低于一倍。在这段时期内中国居民消费增长了4.3倍，遥遥领先世界各国。从统计数据来看，无论如何也不能得出中国居民消费增长不快的结论。

表 13－8　　**部分国家人均消费支出（2000 年不变价）**

单位：美元

年份	世界	中国	美国	日本	德国	法国
1978	2360. 0	116. 3	14758. 6	12825. 9	9039. 3	8686. 9
1979	2411. 0	119. 8	14947. 3	13545. 2	9328. 7	8948. 3
1980	2404. 4	127. 6	14739. 4	13581. 5	9448. 2	9026. 6
1981	2401. 2	134. 1	14817. 3	13718. 6	9395. 2	9165. 7
1982	2399. 5	140. 9	14871. 7	14249. 8	9308. 7	9403. 9
1983	2441. 6	152. 1	15590. 9	14616. 9	9468. 7	9427. 6
1984	2490. 9	166. 3	16289. 6	14945. 1	9688. 1	9439. 5
1985	2544. 2	189. 3	16983. 3	15470. 6	9892. 5	9561. 2
1986	2593. 6	194. 0	17501. 6	15948. 7	10269. 5	9843. 5
1987	2638. 3	206. 7	17883. 3	16563. 4	10619. 9	10104. 9
1988	2703. 7	222. 3	18450. 6	17343. 3	10858. 6	10367. 5
1989	2747. 9	220. 7	18802. 9	18109. 5	11098. 3	10631. 5
1990	2786. 7	220. 7	18967. 6	18986. 7	11464. 9	10831. 3
1991	2781. 3	229. 7	18741. 0	19341. 0	11876. 4	10826. 4
1992	2815. 5	257. 6	19136. 1	19699. 1	12162. 4	10876. 5
1993	2838. 0	281. 9	19585. 6	19848. 2	12139. 3	10794. 1
1994	2886. 4	293. 6	20110. 3	20231. 1	12320. 4	10917. 6
1995	2919. 3	322. 6	20426. 3	20489. 4	12510. 0	11062. 4
1996	2975. 1	349. 9	20912. 3	20905. 6	12614. 3	11194. 0
1997	3024. 7	362. 1	21438. 3	21034. 8	12690. 6	11180. 5
1998	3077. 6	381. 3	22319. 0	20823. 4	12843. 0	11553. 6
1999	3155. 7	410. 4	23283. 4	21029. 9	13144. 1	11915. 4
2000	3238. 0	438. 7	24207. 3	21076. 9	13392. 4	12236. 8
2001	3276. 0	460. 8	24612. 7	21365. 1	13547. 9	12439. 1
2002	3311. 6	487. 8	25026. 6	21569. 9	13446. 4	12595. 0
2003	3351. 5	516. 3	25513. 5	21630. 9	13477. 4	12721. 3
2004	3422. 1	551. 0	26112. 9	21872. 9	13526. 9	12840. 6
2005	3498. 5	581. 4	26749. 3	22205. 9	13556. 0	13057. 6
2006	3572. 7	629. 0	27247. 0	22453. 8	13774. 5	13254. 1
2007	3650. 8	691. 0	27608. 8	22658. 6	13766. 3	13487. 1
2008	3645. 7	743. 0	27205. 4	22460. 6	13898. 2	13444. 8
2009	3583. 4	808. 8	26459. 5	22336. 3	13952. 4	13407. 2
2010	3643. 6	871. 4	26711. 9	22939. 0	14104. 0	13536. 1
2011	3691. 9	949. 0	27174. 6	22907. 0	14340. 9	13503. 8

表 13－8　　　　续表 1

年份	英国	意大利	韩国	印度	巴西
1978	8509.4	6769.1	2031.7	181.2	1882.0
1979	8897.4	7227.3	2157.0	173.0	2032.0
1980	8865.6	7659.3	2119.9	184.3	2162.1
1981	8876.4	7766.0	2192.7	187.9	2062.9
1982	8979.8	7830.0	2307.3	185.4	2080.9
1983	9375.3	7799.4	2478.8	195.3	2138.5
1984	9586.7	8032.9	2638.5	196.5	2290.0
1985	9974.8	8260.9	2795.2	200.1	2214.2
1986	10639.1	8602.1	3007.1	201.9	2188.2
1987	11247.9	8910.2	3209.7	204.3	2061.6
1988	12151.2	9270.5	3447.6	212.4	2050.3
1989	12559.8	9640.4	3758.1	218.3	1935.4
1990	12636.5	9828.6	4055.6	223.3	1957.8
1991	12377.5	10085.6	4368.1	223.5	2039.7
1992	12393.6	10253.3	4589.8	224.7	1994.7
1993	12739.5	9933.6	4822.8	229.9	2053.3
1994	13096.5	10089.1	5182.2	236.4	2172.7
1995	13316.3	10252.1	5614.0	246.1	2324.3
1996	13829.3	10358.8	5935.4	260.4	2363.1
1997	14347.6	10692.4	6073.8	263.3	2398.0
1998	14946.5	11062.0	5220.4	275.5	2345.0
1999	15653.6	11351.1	5779.5	287.2	2319.2
2000	16413.4	11619.3	6214.5	292.2	2378.3
2001	16990.5	11693.8	6517.6	304.5	2361.3
2002	17585.6	11674.3	7057.0	308.3	2374.4
2003	18140.1	11687.6	6992.9	321.4	2325.6
2004	18621.6	11660.7	6990.2	332.9	2385.0
2005	18986.5	11713.1	7297.9	356.3	2463.3
2006	19150.2	11806.2	7606.0	380.8	2564.1
2007	19547.7	11849.3	7953.5	410.4	2693.4
2008	19109.8	11664.9	7796.4	433.8	2820.2
2009	18401.8	11412.9	7750.5	458.7	2919.5
2010	18511.0	11489.7	8054.2	489.1	3095.0
2011	18193.1	11458.1	8170.8	509.1	3193.7

资料来源：世界银行数据库。

核 算 点 评

（1）为了便于分析比较，表 13－8 列出一些具有代表性的国家数据。尽管中国在过去 30 年的经济改革中取得了巨大的进步，可是，在 2011 年，中国人均最终消费 949 美元离开世界平均水平 3691 美元还有很大差距。

（2）在 2011 年，中国的居民人均消费水平（949 美元）高于印度（509 美元），但是低于巴西（3194 美元），也低于俄罗斯（2014 美元）。

（3）中国居民人均消费水平仅仅相当美国（27174 美元）的 3.49%。相当于韩国（9171 美元）的 10.3%。

（4）必须指出，由于各国物价相差很大。如果用汇率法来折算消费水平并且进行横向比较，必然带来很大的局限性，并不能真实地反映出人民生活水平和购买力。

表 13－9　　部分国家人均消费支出增速（2000 年不变价）

单位：%

年份	世界	中国	美国	日本	德国	法国
1979	2.16	2.98	1.28	5.61	3.20	3.01
1980	-0.27	6.48	-1.39	0.27	1.28	0.87
1981	-0.13	5.11	0.53	1.01	-0.56	1.54
1982	-0.07	5.06	0.37	3.87	-0.92	2.60
1983	1.75	8.00	4.84	2.58	1.72	0.25
1984	2.02	9.29	4.48	2.25	2.32	0.13
1985	2.14	13.86	4.26	3.52	2.11	1.29
1986	1.94	2.48	3.05	3.09	3.81	2.95
1987	1.73	6.55	2.18	3.85	3.41	2.66
1988	2.48	7.52	3.17	4.71	2.25	2.60
1989	1.63	-0.70	1.91	4.42	2.21	2.55
1990	1.41	-0.01	0.88	4.84	3.30	1.88
1991	-0.20	4.09	-1.19	1.87	3.59	-0.05
1992	1.23	12.15	2.11	1.85	2.41	0.46
1993	0.80	9.40	2.35	0.76	-0.19	-0.76
1994	1.71	4.18	2.68	1.93	1.49	1.14
1995	1.14	9.87	1.57	1.28	1.54	1.33
1996	1.91	8.47	2.38	2.03	0.83	1.19
1997	1.67	3.47	2.52	0.62	0.60	-0.12
1998	1.75	5.29	4.11	-1.01	1.20	3.34
1999	2.54	7.63	4.32	0.99	2.34	3.13
2000	2.61	6.90	3.97	0.22	1.89	2.70
2001	1.17	5.03	1.67	1.37	1.16	1.65
2002	1.09	5.86	1.68	0.96	-0.75	1.25
2003	1.20	5.84	1.95	0.28	0.23	1.00
2004	2.11	6.72	2.35	1.12	0.37	0.94
2005	2.23	5.53	2.44	1.52	0.22	1.69
2006	2.12	8.18	1.86	1.12	1.61	1.51
2007	2.19	9.85	1.33	0.91	-0.06	1.76
2008	-0.14	7.54	-1.46	-0.87	0.96	-0.31
2009	-1.71	8.86	-2.74	-0.55	0.39	-0.28
2010	1.68	7.74	0.95	2.70	1.09	0.96
2011	1.33	8.90	1.73	-0.14	1.68	-0.24

表 13 – 9 续表 1

年份	英国	意大利	韩国	印度	巴西
1979	4.56	6.77	6.17	-4.52	7.97
1980	-0.36	5.98	-1.72	6.48	6.41
1981	0.12	1.39	3.44	1.96	-4.59
1982	1.16	0.82	5.23	-1.29	0.88
1983	4.40	-0.39	7.43	5.34	2.77
1984	2.26	2.99	6.44	0.59	7.08
1985	4.05	2.84	5.94	1.87	-3.31
1986	6.66	4.13	7.58	0.90	-1.18
1987	5.72	3.58	6.74	1.19	-5.78
1988	8.03	4.04	7.41	3.97	-0.55
1989	3.36	3.99	9.01	2.75	-5.60
1990	0.61	1.95	7.92	2.31	1.16
1991	-2.05	2.62	7.71	0.08	4.18
1992	0.13	1.66	5.07	0.53	-2.21
1993	2.79	-3.12	5.08	2.31	2.94
1994	2.80	1.57	7.45	2.85	5.82
1995	1.68	1.62	8.33	4.10	6.98
1996	3.85	1.04	5.72	5.79	1.67
1997	3.75	3.22	2.33	1.14	1.47
1998	4.17	3.46	-14.05	4.63	-2.21
1999	4.73	2.61	10.71	4.26	-1.10
2000	4.85	2.36	7.53	1.71	2.55
2001	3.52	0.64	4.88	4.22	-0.71
2002	3.50	-0.17	8.28	1.23	0.55
2003	3.15	0.11	-0.91	4.28	-2.06
2004	2.65	-0.23	-0.04	3.57	2.56
2005	1.96	0.45	4.40	7.02	3.28
2006	0.86	0.80	4.22	6.88	4.09
2007	2.08	0.37	4.57	7.78	5.04
2008	-2.24	-1.56	-1.98	5.69	4.71
2009	-3.71	-2.16	-0.59	5.75	3.52
2010	0.59	0.67	3.92	6.62	6.01
2011	-1.72	-0.28	1.45	4.08	3.19

资料来源：世界银行数据库。

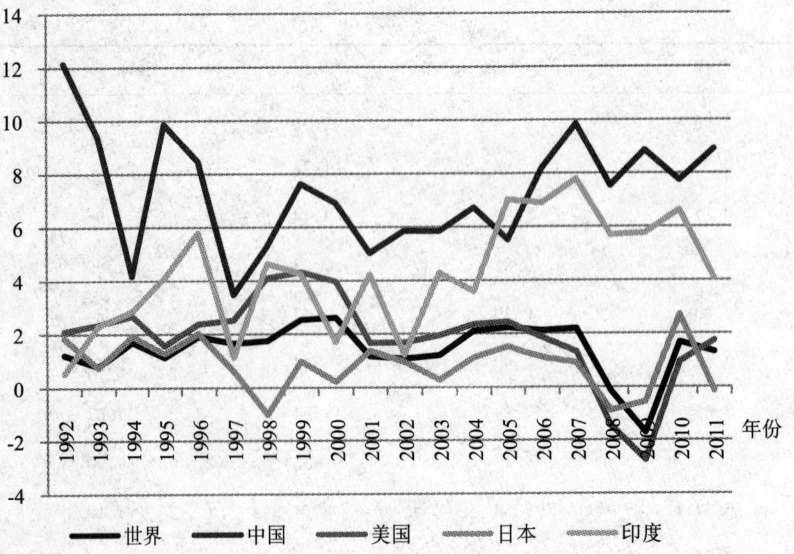

图 13－7　各国消费增速（%；世界均值、中国、美国、日本、印度）

表 13－10　　不同时期的人均消费支出增速（2000 年不变价）

单位：%

	1978—2011 年	1990—2000 年	2000—2012 年
世界	1.37	1.51	1.2
中国	6.57	7.11	7.27
美国	1.87	2.47	1.06
日本	1.77	1.05	0.76
德国	1.41	1.57	0.62
法国	1.35	1.23	0.9
英国	2.33	2.65	0.94
意大利	1.61	1.69	－0.13
韩国	4.31	4.36	2.52
印度	3.18	2.72	5.18
巴西	1.62	1.96	2.72

数据来源：根据世界银行数据库计算。

核　算　点　评

（1）自从 1979 年以来，中国人均消费的平均增长率为 6.57%，远远高于世界平均值 1.37%。相比之下，韩国在近 30 年来居民消费增长率为 4.36%，印度为 2.71%。西方发达国家的居民消费增长率一般在 1.3%—2.3%之间。

（2）进入 21 世纪以来，中国居民消费增速平均每年 7.24%。高于印度（5.18%），巴西（2.72%），韩国（2.52%）。工业化国家居民消费增速一般都在 1%左右。意大利甚至出现负值。世界上没有那个国家能够如同中国这样在相当长的时期内居民人均消费一直保持 7%以上的增速。由此可见，声称中国居民人均消费增速不快的观点是没有根据的。

表 13－11　　　　　　按收入分组各国人均最终消费支出（2000 年价格）

单位：美元

年份	世界	高收入国家	中等收入国家	低收入国家	中国
1990	2786.7	12561.5	617.8	202.2	220.7
1991	2781.3	12617.4	622.9	197.6	229.7
1992	2815.5	12875.3	634.7	192.0	257.6
1993	2838.0	13031.5	651.2	190.0	281.9
1994	2886.4	13340.9	665.8	189.0	293.6
1995	2919.3	13545.9	679.8	194.1	322.6
1996	2975.1	13866.6	703.2	195.5	349.9
1997	3024.7	14162.5	724.2	200.6	362.1
1998	3077.6	14496.9	741.7	202.2	381.3
1999	3155.7	15000.4	753.3	203.2	410.4
2000	3238.0	15468.9	779.8	202.0	438.7
2001	3276.0	15732.8	791.3	206.0	460.8
2002	3311.6	15975.2	803.1	213.3	487.8
2003	3351.5	16188.4	828.9	213.3	516.3
2004	3422.1	16492.7	874.6	219.3	551.0
2005	3498.5	16819.4	922.9	227.2	581.4
2006	3572.7	17104.6	977.0	235.7	629.0
2007	3650.8	17356.9	1043.0	246.5	691.0
2008	3645.7	17193.0	1089.8	255.9	743.0
2009	3583.4	16851.8	1099.5	264.2	808.8
2010	3643.6	17067.4	1157.0	255.9	871.4
2011	3691.9	17202.6	1214.4	265.3	949.0
增长倍数	1.32	1.37	1.97	1.31	4.30

资料来源：世界银行数据库。增长倍数指的是 2011 年和 1990 年人均消费之比。

核　算　点　评

（1）从 1990 年到 2011 年，全球居民人均最终消费增加了 1.32 倍，高收入国家增加了 1.37 倍，中等收入国家增加了 1.97 倍，低收入国家增加了 1.31 倍。在这段时间内中国的居民人均消费增加了 4.3 倍。增速远远超过其他国家。数据很明显地揭示了在赶超过程中，人民生活水平得到了显著提高。

（2）如果把世界各国按照收入水平分组，2011 年，中国的人均消费水平（949 美元）高于低收入国家（265 美元），但是依然低于中等收入国家（1214.4 美元），和高收入国家（17202.6 美元）还相差很远，即使和世界平均水平（3691.9 美元）相比还有相当大的差距。

表 13－12　　世界各国消费占 GDP 比重

单位：%

年份	阿尔巴尼亚	阿尔及利亚	安哥拉	安提瓜和巴布达
1990	60.50	56.84	35.80	47.63
1991	90.95	47.92	38.58	45.49
1992	152.14	51.77	56.44	44.11
1993	119.54	54.94	48.52	44.14
1994	95.85	55.57	33.80	46.94
1995	87.39	55.13	NA	54.64
1996	92.51	52.73	NA	66.51
1997	98.65	51.45	NA	46.46
1998	97.56	55.00	NA	39.03
1999	86.47	51.59	NA	41.04
2000	84.76	41.57	30.00	52.14
2001	81.09	43.37	61.35	60.87
2002	91.62	43.73	49.53	57.24
2003	91.74	40.37	56.67	63.17
2004	88.41	38.49	53.15	62.47
2005	91.11	33.56	38.85	67.46
2006	90.14	32.19	25.32	66.86
2007	87.41	31.17	38.33	72.48
2008	85.17	30.37	39.77	68.06
2009	87.37	34.68	67.60	53.57
2010	87.64	NA	50.28	NA
2011	88.70	NA	47.41	NA

资料来源：世界银行数据库。

表 13－12　　续表 1

年份	阿根廷	亚美尼亚	澳大利亚	奥地利	阿塞拜疆	巴哈马	巴林	孟加拉
1990	77.14	45.88	56.16	55.90	51.22	59.52	38.41	86.15
1991	80.44	61.09	58.13	56.32	73.04	60.70	58.64	84.53
1992	81.86	101.26	58.81	57.11	51.36	59.36	59.09	83.00
1993	69.84	86.47	58.24	56.18	66.65	63.22	56.28	82.19
1994	69.95	99.05	58.26	56.61	67.08	61.69	52.14	81.58
1995	69.14	108.66	58.33	55.31	77.04	63.82	53.03	82.73
1996	70.09	101.51	58.16	56.44	85.02	64.97	53.65	83.21
1997	70.81	107.72	57.87	56.13	77.15	66.14	53.50	80.94
1998	70.12	103.65	58.28	55.34	83.30	67.45	57.09	78.59
1999	70.01	98.78	58.59	54.37	71.78	64.64	55.38	78.68
2000	70.66	96.72	58.37	54.72	69.21	78.54	47.11	77.65
2001	70.35	89.64	59.11	55.20	66.75	91.72	47.49	78.53
2002	60.91	85.58	58.40	54.66	64.02	63.24	45.69	76.62
2003	62.65	83.42	58.89	54.70	60.31	64.52	42.76	77.07
2004	62.61	80.52	58.27	55.02	55.15	65.17	39.11	75.80
2005	60.75	73.40	57.67	54.93	38.06	66.22	36.75	76.40
2006	58.70	69.89	56.46	54.34	31.57	68.56	35.52	76.08
2007	58.58	72.01	55.98	53.11	28.79	67.32	33.53	76.94
2008	59.45	74.51	55.93	52.79	27.53	68.25	29.72	78.92
2009	58.54	79.52	54.00	54.68	37.91	67.16	34.81	77.49
2010	59.77	77.69	55.06	54.81	38.12	69.09	NA	76.83
2011	59.99	81.38	53.93	54.65	32.31	70.67	NA	77.77

资料来源：世界银行数据库。

表 13-12 续表 2

年份	巴巴多斯岛	白俄罗斯	比利时	伯利兹	贝宁	不丹	玻利维亚	波黑
1990	63.62	47.39	55.56	59.27	86.81	58.52	76.86	NA
1991	66.66	46.27	55.96	68.00	87.26	59.11	77.83	NA
1992	66.64	51.09	55.11	63.04	89.24	59.64	79.44	NA
1993	65.74	56.20	54.71	60.17	88.53	52.63	79.37	NA
1994	63.56	59.39	54.24	66.76	83.88	43.74	77.60	NA
1995	56.98	59.09	54.02	65.16	82.05	47.55	75.82	NA
1996	59.14	60.00	54.48	65.76	85.95	47.09	75.13	NA
1997	63.20	58.64	53.92	68.22	84.21	55.54	74.71	NA
1998	62.93	58.28	53.78	70.94	84.03	62.00	75.06	NA
1999	65.06	59.22	53.01	74.20	85.15	62.63	76.84	NA
2000	66.88	58.31	53.23	76.07	82.44	54.36	76.37	NA
2001	62.04	58.24	53.50	80.35	81.89	36.42	75.29	NA
2002	60.51	60.54	52.65	75.43	83.81	39.20	73.82	103.52
2003	62.43	57.50	52.36	77.59	80.72	39.56	71.01	109.74
2004	66.56	57.09	51.65	74.39	80.90	43.72	67.91	104.35
2005	64.45	50.04	51.46	74.04	78.06	52.86	66.32	97.85
2006	61.26	52.78	51.31	67.37	NA	37.38	62.77	85.32
2007	61.94	53.65	50.94	66.85	NA	46.29	63.23	83.79
2008	61.78	53.56	52.02	65.01	NA	52.34	62.22	88.77
2009	62.00	57.24	52.76	NA	NA	53.91	65.50	80.41
2010	NA	55.58	52.92	NA	NA	46.33	62.30	80.30
2011	NA	50.74	52.64	NA	NA	37.79	60.95	79.77

资料来源：世界银行数据库。

表 13－12　　续表 3

年份	博兹瓦纳	巴西	文莱	保加利亚	布基纳法索	布隆迪	柬埔寨	喀麦隆
1990	33.23	59.30	34.76	59.85	73.52	94.55	NA	66.57
1991	36.06	61.57	30.29	54.10	69.96	93.41	NA	64.69
1992	36.62	61.52	43.45	65.60	69.65	90.85	NA	70.65
1993	35.24	60.08	41.51	73.49	70.92	85.75	100.24	73.31
1994	34.72	64.12	41.65	74.04	57.59	93.82	94.01	73.83
1995	33.94	62.46	32.70	65.54	63.34	88.94	95.00	72.25
1996	31.33	64.66	34.17	74.71	67.72	81.73	97.96	71.60
1997	30.06	64.88	40.65	71.28	64.67	81.73	91.23	72.70
1998	34.02	64.33	43.26	65.31	68.85	87.53	96.50	72.14
1999	39.80	64.73	42.59	69.01	78.35	84.34	91.16	71.34
2000	30.78	64.35	29.59	68.36	78.53	91.95	89.16	68.52
2001	45.42	63.47	25.84	70.34	78.43	89.98	84.69	70.18
2002	41.22	61.72	26.07	69.52	71.19	93.25	85.28	70.06
2003	36.70	61.93	27.56	69.28	73.33	88.92	84.68	71.21
2004	38.37	59.78	27.45	69.33	76.58	87.88	86.61	69.33
2005	34.47	60.27	27.35	69.22	73.02	93.06	86.13	74.58
2006	41.02	60.30	24.99	67.47	75.49	94.08	83.42	73.38
2007	41.35	59.90	24.44	68.97	NA	89.15	80.69	72.23
2008	49.15	58.93	18.51	66.38	NA	86.60	77.98	71.75
2009	54.15	61.11	22.15	63.16	NA	82.42	79.17	74.45
2010	56.62	59.64	13.14	62.77	NA	80.80	81.73	73.05
2011	53.60	60.33	17.16	60.70	NA	83.69	82.30	69.47

资料来源：世界银行数据库。

表 13－12　　续表 4

年份	加拿大	佛得角	中非共和国	乍得共和国	智利	中国	哥伦比亚	科摩罗
1990	56.69	91.63	85.66	97.63	61.39	46.73	66.36	78.70
1991	58.12	95.79	81.11	96.99	63.03	45.39	67.37	79.81
1992	58.48	93.86	83.59	97.06	64.19	45.74	71.79	82.70
1993	58.62	91.98	83.16	96.19	64.60	42.66	70.97	78.50
1994	57.69	78.33	76.51	94.06	63.04	41.13	65.67	82.99
1995	56.77	82.17	78.60	91.38	61.23	42.68	65.39	83.07
1996	57.33	81.43	89.82	83.38	63.34	43.51	65.03	84.64
1997	57.85	73.57	84.72	86.21	63.28	43.35	64.58	91.41
1998	58.01	89.37	83.10	88.51	64.88	43.96	65.33	92.24
1999	57.10	82.15	77.51	93.25	64.43	45.31	63.84	91.58
2000	55.43	72.09	79.13	86.80	64.98	46.69	69.15	93.97
2001	55.97	80.37	82.66	87.25	66.09	45.66	70.21	89.05
2002	56.82	78.55	81.43	133.11	65.72	43.97	69.73	86.63
2003	56.60	78.06	87.58	74.40	63.78	41.85	68.76	88.71
2004	55.80	69.39	91.25	70.56	60.89	40.22	66.89	94.19
2005	55.29	64.21	89.65	59.79	59.45	38.10	65.71	98.82
2006	55.33	63.78	90.75	58.69	55.94	35.21	64.79	100.64
2007	55.63	62.14	92.30	69.20	56.54	35.96	64.58	101.17
2008	55.53	61.19	92.65	60.20	60.82	34.94	63.47	104.83
2009	58.73	67.51	91.38	79.25	59.62	33.94	63.07	105.85
2010	57.91	64.65	91.49	76.10	58.30	34.58	63.07	NA
2011	57.03	73.06	91.10	NA	60.19	34.39	61.69	NA

资料来源：世界银行数据库。

表 13-12　　　　续表 5

年份	刚果金	刚果（布）	哥斯达黎加	科特迪瓦	克罗地亚	古巴	塞浦路斯	捷克共和国
1990	79.14	-6.28	72.91	71.93	52.54	54.83	61.22	52.25
1991	84.86	38.15	72.26	73.26	74.48	59.83	65.71	50.68
1992	72.21	27.23	71.95	71.84	57.34	59.97	63.45	53.94
1993	80.59	31.33	72.43	71.20	62.25	60.75	59.47	52.65
1994	85.00	39.40	71.72	63.04	53.26	68.79	58.22	51.92
1995	80.96	46.61	71.05	66.48	67.04	71.10	64.65	51.36
1996	66.26	45.85	74.08	68.75	64.39	59.55	65.94	51.93
1997	85.95	41.38	72.68	70.20	66.06	61.12	65.53	53.73
1998	92.90	45.47	69.26	73.77	63.14	63.12	65.19	52.58
1999	84.93	43.98	64.63	72.23	61.51	62.01	63.85	52.58
2000	87.41	29.12	66.95	74.88	60.21	60.71	64.81	51.94
2001	90.17	35.45	68.42	72.95	61.08	60.54	64.38	51.50
2002	89.81	30.66	67.81	65.51	62.31	58.37	64.61	51.29
2003	83.26	51.79	66.74	70.80	60.35	58.45	64.10	51.46
2004	82.75	32.82	65.97	71.67	59.38	54.99	64.46	50.50
2005	86.34	37.16	67.33	74.54	59.15	52.90	64.62	49.34
2006	80.54	45.90	66.19	72.04	57.73	55.80	64.41	48.59
2007	74.53	36.21	66.83	76.77	57.74	51.70	66.41	47.72
2008	80.30	41.60	67.80	73.56	58.54	49.06	68.64	48.94
2009	85.53	45.04	66.35	71.92	58.44	48.19	68.10	50.59
2010	76.22	38.61	64.47	72.47	58.85	49.65	68.30	50.70
2011	75.97	12.27	65.48	81.09	59.15	NA	NA	50.77

资料来源：世界银行数据库。

表 13－12　　　　　　　　　　　　　续表 6

年份	丹麦	吉布提	多米尼克	多米尼加共和国	厄瓜多尔	埃及	萨尔瓦多	赤道几内亚
1990	50.34	78.92	64.74	80.42	67.48	72.57	88.89	80.34
1991	50.58	78.54	66.20	82.99	68.19	75.62	87.95	44.76
1992	50.62	72.81	63.84	85.04	68.08	72.61	88.45	80.59
1993	50.62	NA	64.94	82.48	69.43	74.10	87.56	74.38
1994	51.60	NA	66.64	80.96	67.80	74.57	87.15	59.59
1995	51.18	68.72	61.88	81.26	68.46	74.46	87.43	56.26
1996	50.65	72.73	62.37	80.23	65.93	76.94	88.32	49.49
1997	50.55	71.31	61.90	78.75	66.35	77.17	87.47	45.83
1998	50.73	74.55	59.07	77.34	69.32	76.69	84.99	59.17
1999	49.37	72.95	59.15	77.15	66.18	75.03	85.90	NA
2000	47.66	76.83	72.61	77.78	64.01	75.86	87.94	9.75
2001	47.30	73.69	79.11	77.76	69.80	75.27	88.64	7.12
2002	47.51	66.83	80.53	78.00	69.84	73.63	88.00	17.69
2003	47.62	65.20	80.72	78.22	69.81	73.03	89.00	12.70
2004	48.24	65.99	80.18	78.11	67.18	71.67	91.40	20.12
2005	48.22	64.25	82.66	82.26	66.32	71.55	92.84	13.58
2006	48.21	59.93	79.34	82.41	64.27	70.60	93.83	11.60
2007	48.39	57.46	85.57	82.73	63.65	72.40	96.82	11.50
2008	47.91	NA	92.35	87.81	61.05	72.32	98.44	27.53
2009	49.38	NA	85.99	85.35	66.80	76.10	91.41	29.01
2010	48.70	NA	80.98	87.05	67.75	74.73	93.24	25.36
2011	48.82	NA	79.66	86.58	67.75	75.78	93.95	37.76

资料来源：世界银行数据库。

表 13－12　　续表 7

年份	厄立特里亚	爱沙尼亚	埃塞俄比亚	斐济	芬兰	法国	加蓬	冈比亚
1990	NA	NA	77.17	73.03	51.31	57.47	49.74	75.59
1991	NA	NA	83.02	69.96	53.93	57.34	45.27	71.81
1992	103.95	NA	86.47	72.26	55.03	57.37	49.80	67.31
1993	92.78	NA	84.80	72.63	54.92	57.60	48.00	88.43
1994	99.53	NA	81.72	73.21	53.31	57.27	42.72	91.40
1995	94.10	53.87	79.64	60.79	51.58	56.97	41.30	93.26
1996	91.83	59.66	82.10	63.43	51.98	57.42	34.25	89.14
1997	94.98	59.06	78.79	62.30	50.89	56.37	34.37	86.01
1998	80.64	58.28	76.70	51.92	49.80	56.18	46.14	88.39
1999	62.13	57.61	74.81	61.73	49.88	55.90	40.56	88.53
2000	79.08	55.46	73.77	70.61	49.42	56.20	32.18	88.97
2001	68.31	55.76	75.63	74.50	49.45	56.51	36.82	80.75
2002	86.31	56.65	75.24	66.57	50.20	56.43	45.29	88.13
2003	91.68	56.03	78.84	69.73	51.64	56.84	41.74	87.88
2004	90.35	56.34	78.15	81.84	51.25	56.62	36.16	83.21
2005	89.32	55.52	85.11	73.16	51.51	56.91	33.32	87.10
2006	80.21	55.35	86.39	79.06	51.74	56.73	35.60	81.16
2007	85.64	54.15	85.46	77.35	50.44	56.49	35.86	86.26
2008	NA	54.80	89.88	81.76	51.51	56.88	32.87	91.78
2009	NA	53.73	87.63	NA	54.65	58.10	43.93	87.45
2010	NA	52.16	86.10	NA	55.45	58.04	38.79	87.67
2011	NA	51.78	81.38	NA	55.51	57.66	34.98	89.48

资料来源：世界银行数据库。

表 13－12　　续表 8

年份	格鲁吉亚	德国	加纳	希腊	格林纳达	危地马拉	几内亚	几内亚比绍
1990	64.80	57.65	85.22	71.84	60.66	83.63	66.88	86.88
1991	65.59	57.51	83.20	71.56	62.11	83.90	67.92	86.20
1992	97.84	57.62	86.63	73.34	67.26	84.48	71.33	87.83
1993	113.00	58.29	79.50	73.69	69.60	84.77	71.53	85.94
1994	138.88	57.95	73.82	73.48	60.31	86.08	74.25	88.96
1995	101.89	57.69	76.34	73.29	61.80	85.61	74.50	94.77
1996	91.75	58.06	74.74	73.93	69.28	87.01	76.89	91.70
1997	98.53	58.08	83.42	72.48	71.25	86.96	74.90	87.85
1998	82.40	57.67	79.42	72.08	75.11	85.01	79.62	100.79
1999	81.95	58.09	85.70	71.14	58.10	84.68	77.59	90.38
2000	81.55	58.37	84.27	69.70	64.89	83.92	76.88	94.55
2001	74.44	58.68	83.26	69.95	73.25	83.41	77.61	106.74
2002	74.88	58.18	82.68	70.34	78.54	83.22	79.76	98.92
2003	73.50	58.88	81.46	67.97	76.55	84.51	69.43	NA
2004	70.68	58.46	80.51	67.66	71.64	85.52	73.51	NA
2005	67.00	58.76	80.96	69.79	76.40	87.73	73.80	NA
2006	77.95	57.89	87.62	69.70	85.82	87.76	76.68	NA
2007	72.81	55.87	87.01	69.59	84.03	87.28	86.65	NA
2008	77.95	56.17	91.47	72.34	85.82	89.27	78.89	NA
2009	81.71	58.60	74.32	72.35	84.79	85.92	81.49	NA
2010	75.16	57.41	74.26	73.40	89.24	86.08	82.58	NA
2011	74.76	57.38	84.74	74.60	88.17	86.66	89.70	NA

资料来源：世界银行数据库。

表 13－12　　　　续表 9

年份	圭亚那	洪都拉斯	中国香港特区	匈牙利	冰岛	印度	印尼	伊朗伊斯兰共和国
1990	72.40	66.83	57.45	61.38	59.79	64.61	58.89	59.32
1991	65.52	67.56	59.15	55.49	60.64	65.87	58.44	57.22
1992	55.76	66.60	59.00	58.16	60.79	65.02	57.83	54.84
1993	62.73	64.86	58.53	60.42	58.24	67.13	58.51	43.64
1994	70.26	62.76	59.92	58.81	57.28	66.14	59.68	43.86
1995	62.67	63.51	62.16	54.49	57.99	64.03	61.58	46.23
1996	58.02	64.45	61.54	53.43	58.52	68.22	62.36	44.08
1997	60.39	64.62	61.11	51.84	58.10	65.11	61.68	49.05
1998	64.62	66.63	61.44	52.22	58.13	65.60	67.78	54.91
1999	64.07	68.96	60.24	54.71	59.95	62.83	73.94	50.89
2000	66.16	70.75	58.64	54.86	60.62	64.75	60.70	47.87
2001	68.71	72.49	59.61	54.42	56.23	63.41	62.30	51.43
2002	65.86	73.30	58.03	54.98	54.88	64.58	65.04	48.25
2003	60.94	73.86	57.53	56.74	57.24	63.94	58.93	50.06
2004	59.02	73.94	58.58	55.25	57.08	58.37	62.95	49.47
2005	82.88	75.33	57.48	54.96	59.44	57.59	62.66	45.86
2006	81.23	77.68	57.78	53.78	58.18	56.96	60.56	45.23
2007	88.40	77.78	59.51	55.03	57.44	55.69	62.69	45.02
2008	93.37	79.92	60.12	54.17	53.39	58.61	62.70	NA
2009	82.33	80.60	61.47	54.54	51.03	57.26	56.62	NA
2010	87.35	79.60	61.84	53.26	51.43	56.46	56.71	NA
2011	90.75	77.65	63.97	63.53	51.93	57.21	56.83	NA

资料来源：世界银行数据库。

表 13－12　　　　续表 10

年份	爱尔兰	以色列	意大利	牙买加	日本	约旦	哈萨克斯坦	肯尼亚
1990	56.51	55.60	57.20	64.89	53.31	74.07	NA	62.83
1991	56.91	60.42	57.48	65.22	52.82	71.44	NA	63.77
1992	56.79	60.54	58.43	61.77	53.54	75.80	51.62	67.81
1993	55.15	62.43	57.95	68.53	54.30	71.10	74.92	62.96
1994	55.03	63.37	58.46	69.27	55.27	66.70	70.67	62.74
1995	52.15	55.63	58.32	70.45	55.36	64.61	71.10	69.90
1996	51.40	54.86	57.86	69.02	55.49	70.26	67.30	76.73
1997	49.35	53.54	58.45	68.41	55.42	70.97	70.52	78.01
1998	49.55	53.86	59.13	70.09	56.11	73.28	73.27	75.62
1999	47.45	53.95	59.83	71.11	57.21	72.29	72.41	75.25
2000	48.13	53.89	59.93	74.21	56.52	80.62	62.28	77.67
2001	46.49	55.48	59.10	73.82	57.32	81.05	60.77	75.32
2002	44.96	56.32	58.71	74.26	57.91	76.42	61.15	73.16
2003	44.68	55.87	59.06	74.46	57.63	77.14	57.67	71.35
2004	44.23	56.28	58.62	74.88	57.29	81.57	53.48	71.43
2005	44.96	55.75	59.02	78.82	57.78	87.82	48.97	72.43
2006	45.98	55.38	59.04	78.17	57.91	85.02	45.25	74.66
2007	47.89	56.64	58.62	80.35	57.34	86.65	46.73	73.92
2008	50.19	58.06	59.17	89.17	58.27	79.54	42.20	78.42
2009	48.26	56.92	60.31	80.43	60.05	75.02	50.70	77.17
2010	50.16	58.17	60.62	81.96	59.25	76.69	49.07	74.87
2011	48.56	62.40	61.34	85.65	60.40	82.93	45.42	77.69

资料来源：世界银行数据库。

表 13－12 续表 11

年份	韩国	科威特	吉尔吉斯斯坦	老挝	拉脱维亚	黎巴嫩	莱索托	利比里亚
1990	51.75	56.76	71.05	NA	52.66	139.56	123.28	NA
1991	51.29	90.73	64.18	NA	46.22	132.50	126.30	NA
1992	51.82	35.83	70.73	NA	39.41	124.65	111.96	NA
1993	52.04	43.46	75.69	NA	52.47	118.00	107.20	NA
1994	52.34	41.40	78.39	NA	58.71	105.30	99.27	NA
1995	52.22	42.67	75.01	NA	63.46	102.69	93.14	NA
1996	52.98	44.53	82.10	NA	68.47	93.24	92.92	NA
1997	53.08	46.47	68.93	NA	67.43	86.77	102.15	NA
1998	49.33	58.28	88.24	NA	64.85	82.09	95.09	NA
1999	51.88	52.08	77.65	NA	63.15	82.91	78.22	NA
2000	54.63	41.53	65.68	93.48	62.53	84.08	83.35	85.70
2001	55.83	46.29	64.82	88.48	62.46	83.94	85.43	90.56
2002	56.71	49.59	67.53	82.43	62.10	82.99	95.35	81.59
2003	54.80	42.74	77.91	82.77	62.38	84.82	88.58	37.59
2004	52.59	37.42	76.04	85.36	63.06	84.46	111.18	123.58
2005	53.74	32.15	86.00	81.17	62.55	84.25	113.32	127.77
2006	54.48	28.57	95.53	70.12	65.17	82.91	109.48	178.19
2007	54.37	30.44	87.49	70.91	62.22	82.89	106.00	148.31
2008	54.68	28.14	92.54	70.64	62.89	83.84	99.96	157.77
2009	54.03	33.46	78.28	68.19	61.56	78.90	101.91	126.68
2010	52.69	30.44	84.60	68.57	62.01	79.82	104.82	122.38
2011	53.13	23.87	84.46	68.97	62.09	79.82	98.70	125.60

资料来源：世界银行数据库。

表 13－12 续表 12

年份	利比亚	立陶宛	卢森堡	中国澳门特区	马其顿共和国	马达加斯加	马拉维	马来西亚
1990	48.43	56.79	47.23	39.15	72.32	86.43	71.54	51.73
1991	57.37	56.29	47.17	39.74	63.63	91.52	73.79	52.18
1992	53.85	67.78	45.76	35.20	64.00	88.86	85.23	50.27
1993	64.18	73.11	44.01	34.67	70.87	90.00	87.89	48.28
1994	60.14	67.97	43.43	35.31	75.71	89.78	71.46	48.14
1995	58.77	68.46	43.30	34.82	70.42	89.93	79.38	47.92
1996	55.90	67.99	43.21	37.42	72.12	84.11	82.74	46.03
1997	59.14	63.99	43.79	38.58	72.83	87.46	83.11	45.35
1998	63.35	62.24	44.40	40.99	72.36	85.15	77.19	41.56
1999	60.22	65.88	41.28	42.51	69.71	85.62	87.18	41.58
2000	45.67	64.62	40.74	40.24	74.44	83.24	81.59	43.75
2001	52.38	64.80	41.87	44.85	70.04	75.62	80.43	46.12
2002	58.85	64.10	41.92	42.75	77.13	84.17	83.51	45.01
2003	39.52	64.10	37.69	38.48	77.03	81.87	84.36	44.58
2004	44.24	64.98	37.13	32.65	78.50	84.53	87.52	44.00
2005	40.16	64.47	35.51	31.13	77.26	86.19	91.14	44.19
2006	22.46	64.56	33.50	27.78	78.21	82.00	84.20	44.33
2007	24.79	64.60	31.99	25.91	76.68	77.07	72.11	45.15
2008	22.88	65.81	32.94	26.29	80.25	78.76	78.59	44.71
2009	NA	68.87	33.88	26.78	76.54	79.43	69.11	48.84
2010	NA	64.32	31.78	22.67	74.76	NA	71.50	47.50
2011	NA	63.75	31.25	20.70	76.95	NA	74.49	47.50

资料来源：世界银行数据库。

表 13－12 续表 13

年份	马里共和国	马耳他	毛里塔尼亚	毛里求斯	墨西哥	摩尔多瓦	蒙古国	摩洛哥
1990	79.83	65.96	69.18	63.43	69.58	NA	68.65	64.62
1991	80.07	64.71	68.72	61.91	70.50	57.53	76.47	66.26
1992	82.33	64.32	75.86	60.86	71.81	23.67	65.93	66.39
1993	80.75	63.35	82.65	61.48	71.90	36.88	70.62	65.21
1994	81.21	62.83	45.26	62.35	71.39	54.10	65.66	67.38
1995	82.57	64.98	74.19	62.67	66.94	56.65	63.13	68.49
1996	82.65	66.79	83.19	61.66	65.07	67.30	68.13	67.47
1997	78.03	66.88	88.54	61.41	64.23	77.30	57.41	65.29
1998	74.89	66.91	76.06	61.31	67.39	85.75	65.60	60.97
1999	74.59	68.21	72.86	62.38	67.04	82.05	65.60	60.53
2000	79.44	64.38	74.50	60.30	66.98	91.44	69.58	61.45
2001	76.75	65.20	73.69	59.61	69.60	88.57	73.22	57.76
2002	80.04	62.85	73.41	60.97	69.03	83.31	76.30	57.92
2003	78.28	63.97	79.72	60.88	66.74	90.91	69.09	57.35
2004	81.37	66.60	76.12	63.69	66.37	89.59	64.10	57.15
2005	79.10	65.47	72.27	68.71	66.96	93.99	55.18	57.45
2006	75.32	64.98	58.99	70.51	64.66	95.68	46.47	57.50
2007	76.75	62.01	66.72	69.48	65.62	92.70	46.88	58.42
2008	NA	62.89	72.84	73.19	64.56	93.02	54.28	58.13
2009	NA	64.24	69.90	73.98	65.64	89.71	58.14	57.13
2010	NA	61.73	71.17	73.73	65.39	93.63	53.13	57.27
2011	NA	61.40	69.46	73.37	64.31	96.20	48.96	63.09

资料来源：世界银行数据库。

表 13 - 12　　　　　　　　　　　　续表 14

年份	莫桑比克	纳米比亚	尼泊尔	荷兰	新西兰	尼加拉瓜	尼日尔	挪威
1990	92.31	51.21	84.35	49.70	61.04	58.64	83.82	49.78
1991	98.96	62.48	82.49	50.06	61.02	89.36	82.42	50.00
1992	99.29	57.44	81.27	49.86	60.31	95.42	76.68	50.92
1993	102.44	56.76	79.27	49.93	58.42	90.38	80.26	50.75
1994	98.58	52.84	82.02	49.68	58.96	87.95	83.99	50.54
1995	90.33	54.27	75.10	49.48	58.88	82.52	85.73	49.91
1996	88.11	54.59	76.37	50.24	59.82	78.45	85.57	49.08
1997	83.87	59.62	77.13	49.73	60.12	74.79	83.02	47.83
1998	86.32	56.72	76.91	50.36	61.85	76.94	84.22	49.50
1999	92.06	57.16	77.46	50.69	60.64	75.39	81.36	48.13
2000	80.56	63.07	75.88	50.44	59.72	81.93	83.42	43.21
2001	86.05	61.36	80.23	50.08	58.30	84.17	83.19	43.44
2002	82.14	62.06	82.11	50.09	59.11	87.11	82.49	45.55
2003	86.27	67.51	82.77	49.92	59.17	87.64	83.71	46.52
2004	81.44	62.83	79.61	49.43	58.81	85.43	83.60	45.09
2005	83.17	60.89	79.55	48.76	59.48	84.77	75.12	42.61
2006	80.52	59.95	82.34	47.18	59.66	83.97	NA	40.90
2007	81.90	56.91	80.98	46.19	58.22	82.52	NA	41.28
2008	86.37	57.47	80.28	45.49	58.84	88.84	NA	39.17
2009	84.53	60.62	88.90	45.97	59.28	84.20	NA	43.61
2010	81.38	48.95	78.50	45.49	58.68	85.11	NA	43.12
2011	79.90	50.12	81.77	45.04	59.15	84.44	NA	41.48

资料来源：世界银行数据库。

表 13－12　　　　　　　　　　　　　　　　续表 15

年份	阿曼	巴基斯坦	巴拿马	巴布亚新几内亚	巴拉圭	秘鲁	菲律宾	波兰
1990	45.73	73.76	56.88	59.05	77.17	73.69	71.51	48.30
1991	51.54	68.22	59.40	58.84	76.62	76.81	72.85	58.50
1992	50.07	70.02	56.61	50.76	81.11	77.60	73.90	61.12
1993	52.08	72.21	55.71	42.03	81.30	76.47	74.36	62.61
1994	51.12	71.10	53.60	46.26	75.61	72.40	71.45	62.58
1995	51.46	72.42	51.99	43.64	75.83	71.09	73.99	60.44
1996	48.58	72.88	58.53	46.34	75.64	71.95	72.82	62.27
1997	47.67	74.88	57.42	60.56	76.87	70.30	72.38	62.73
1998	57.90	72.07	62.03	58.81	74.76	71.39	72.47	62.46
1999	50.19	75.69	62.38	56.45	77.19	70.52	72.75	63.22
2000	39.55	75.38	59.91	44.61	76.78	71.40	72.20	64.13
2001	43.89	76.28	61.62	47.73	78.84	72.81	73.63	65.00
2002	35.93	74.78	64.25	60.56	74.89	72.15	73.90	66.95
2003	38.29	73.86	61.98	49.44	73.53	71.01	74.35	65.82
2004	39.37	74.19	63.99	51.44	72.87	68.45	74.50	64.69
2005	28.57	76.95	62.06	57.41	74.48	66.14	75.01	63.39
2006	32.16	75.04	60.95	51.85	74.49	61.75	74.60	62.48
2007	33.90	75.41	57.32	56.29	74.77	61.60	73.48	60.50
2008	34.77	76.50	52.79	57.02	77.20	63.98	74.34	61.56
2009	40.44	81.25	45.97	68.68	76.06	65.39	74.67	61.15
2010	NA	82.34	53.87	69.95	77.34	61.88	71.55	61.40
2011	NA	84.07	63.66	73.13	78.93	60.79	73.72	NA

资料来源：世界银行数据库。

表 13-12　　续表 16

年份	葡萄牙	罗马尼亚	俄罗斯	卢旺达	沙特阿拉伯	塞内加尔	塞尔维亚	塞舌尔
1990	64.38	65.88	48.87	83.66	46.68	79.19	NA	52.01
1991	65.22	60.74	46.94	84.65	44.24	79.74	NA	53.08
1992	66.08	62.72	37.46	82.59	44.43	80.31	NA	52.02
1993	67.84	63.70	45.24	84.30	48.04	82.93	NA	52.29
1994	66.93	63.49	50.80	137.27	47.80	81.72	NA	46.56
1995	65.24	67.63	52.09	96.95	46.91	79.51	NA	49.34
1996	65.25	69.47	52.61	94.31	43.92	80.20	NA	40.88
1997	64.21	74.18	54.75	94.48	42.31	78.03	72.69	49.51
1998	63.28	83.18	59.63	92.77	45.99	78.27	76.56	50.03
1999	63.51	83.06	53.54	91.23	41.79	75.77	81.09	47.45
2000	63.60	78.50	46.19	93.54	36.53	76.04	88.29	53.90
2001	63.12	78.48	48.94	86.20	37.82	78.04	83.19	56.20
2002	62.88	77.18	51.20	89.45	36.83	79.97	86.84	52.90
2003	63.29	75.55	49.85	88.10	33.55	77.90	82.36	52.94
2004	64.03	76.98	49.87	87.55	30.43	78.35	78.51	57.02
2005	64.72	77.87	49.36	86.94	26.47	76.25	78.47	72.89
2006	65.12	72.42	48.71	87.97	26.57	79.55	78.49	68.43
2007	65.34	69.88	49.92	86.25	29.20	81.44	74.68	85.58
2008	66.84	65.89	47.43	83.99	27.21	86.40	76.72	81.40
2009	65.15	61.21	52.85	89.05	38.56	82.04	74.46	74.45
2010	65.97	59.51	50.26	90.14	35.44	80.53	74.46	NA
2011	66.30	58.75	48.32	88.67	30.16	80.31	72.40	NA

资料来源：世界银行数据库。

表 13－12 续表 17

年份	塞拉利昂	新加坡	斯洛伐克共和国	斯洛文尼亚	南非	西班牙	斯里兰卡	圣克里斯多福与尼维斯
1990	83.49	45.34	53.88	53.20	57.13	60.49	75.92	57.95
1991	81.94	43.89	51.17	54.58	58.55	60.40	77.41	61.01
1992	82.31	44.27	50.29	54.93	60.99	61.02	75.35	51.58
1993	81.44	44.51	54.82	58.48	60.95	60.90	74.82	50.22
1994	76.54	43.21	52.27	56.64	60.87	60.69	75.11	53.28
1995	88.26	41.58	51.80	59.82	62.82	60.02	73.24	56.80
1996	96.78	39.81	52.84	59.33	62.07	59.77	74.13	63.18
1997	86.56	38.99	53.60	58.19	62.97	59.60	72.32	54.37
1998	88.41	38.36	55.06	57.75	63.08	59.46	71.07	54.08
1999	100.60	41.56	56.56	58.36	62.60	59.55	71.47	63.05
2000	99.99	43.08	56.45	57.35	62.98	59.70	72.05	70.00
2001	94.00	45.57	57.88	56.50	62.40	59.14	73.97	64.17
2002	91.80	46.51	57.91	55.80	61.53	58.34	71.76	69.97
2003	88.12	44.17	56.89	55.88	61.80	57.65	72.24	73.31
2004	87.19	41.73	57.43	54.97	62.86	57.93	71.46	64.16
2005	82.19	40.13	57.47	54.27	63.05	57.77	69.01	54.84
2006	78.61	39.12	57.24	52.84	63.07	57.45	67.66	59.90
2007	82.03	37.45	56.14	52.44	62.65	57.41	67.15	60.23
2008	85.85	38.77	57.08	53.16	61.55	57.21	69.95	71.31
2009	83.67	38.21	60.88	55.80	60.29	56.52	64.45	70.93
2010	84.43	38.93	58.25	56.02	59.42	57.98	65.16	71.49
2011	84.33	40.57	57.43	56.75	59.40	58.31	69.82	69.23

资料来源：世界银行数据库。

表 13－12 续表 18

年份	圣卢西亚	圣文森特和格林纳丁斯	苏旦	苏利南	斯威士兰	瑞典	瑞士	阿拉伯叙利亚共和国
1990	71.09	63.79	86.07	61.62	80.45	48.84	57.57	68.72
1991	73.53	77.08	83.60	61.27	80.86	50.54	59.08	74.43
1992	70.17	61.01	82.86	60.75	85.65	51.06	60.37	73.78
1993	66.82	72.16	75.71	64.08	83.42	52.11	60.36	73.47
1994	67.43	74.68	82.99	64.13	74.49	51.16	59.54	68.93
1995	67.97	56.06	85.22	63.79	82.28	49.42	60.06	66.26
1996	69.15	56.81	90.26	62.85	87.04	49.56	61.09	70.59
1997	66.20	77.70	85.98	64.38	76.86	49.56	61.12	69.65
1998	63.99	74.87	84.30	57.05	77.84	49.08	61.03	67.52
1999	64.66	65.92	85.87	61.80	79.88	49.02	61.67	70.31
2000	64.63	65.57	63.47	63.62	77.34	49.16	60.58	63.51
2001	67.13	68.81	66.55	70.08	72.89	48.79	60.60	61.02
2002	68.97	68.52	66.61	69.98	70.01	48.85	60.57	59.87
2003	71.80	71.16	63.35	78.36	65.49	48.77	60.79	58.44
2004	60.88	74.56	57.64	74.54	72.15	48.34	60.40	66.48
2005	60.20	74.11	67.26	66.54	73.87	48.24	59.88	69.11
2006	73.03	75.12	64.56	NA	75.70	47.18	58.21	68.93
2007	84.31	84.78	58.52	NA	74.86	46.71	56.81	59.09
2008	79.80	85.66	58.42	NA	84.89	46.96	56.47	56.89
2009	65.56	87.02	66.87	NA	87.33	49.34	58.47	59.88
2010	63.76	85.88	63.49	NA	75.51	48.45	57.82	71.48
2011	70.67	87.41	65.15	NA	84.30	47.76	57.36	NA

资料来源：世界银行数据库。

表 13－12　　续表 19

年份	塔吉克斯坦	坦桑尼亚	泰国	多哥	汤加	特立尼达和多巴哥	突尼斯	土耳其
1990	73.81	80.95	56.76	71.09	93.60	58.69	63.62	68.70
1991	70.19	78.10	54.48	73.46	100.48	63.69	62.40	67.66
1992	42.22	80.04	54.15	81.13	88.68	64.87	61.73	66.67
1993	52.02	85.21	54.25	84.14	91.89	68.26	62.02	66.16
1994	55.35	81.24	54.83	75.51	90.81	54.39	61.97	66.04
1995	61.88	86.12	54.75	76.72	95.21	52.77	62.92	68.20
1996	64.29	83.81	54.28	80.07	92.25	52.74	60.94	70.16
1997	70.47	86.29	54.85	89.24	89.23	61.79	61.48	68.44
1998	84.15	80.28	52.60	86.32	99.58	60.20	61.59	66.48
1999	74.17	81.15	55.43	87.07	89.54	62.29	61.05	68.49
2000	84.44	78.27	57.20	87.59	91.58	54.16	60.61	70.50
2001	92.00	74.97	58.09	89.06	91.86	48.84	61.17	68.39
2002	92.65	71.93	58.43	88.02	97.90	58.25	62.74	68.02
2003	91.85	69.73	57.50	91.00	97.36	47.65	62.90	71.25
2004	91.05	66.94	57.25	94.46	98.65	51.72	62.31	71.29
2005	102.14	66.28	57.78	90.83	102.61	31.39	61.79	71.72
2006	108.05	67.97	56.41	89.71	94.97	29.16	61.73	70.52
2007	107.79	67.93	52.99	92.75	103.53	47.81	61.57	70.89
2008	105.19	66.42	55.97	NA	104.78	52.21	61.03	69.85
2009	92.93	65.49	54.79	86.48	105.80	NA	61.90	71.47
2010	93.64	62.58	53.67	89.23	96.59	NA	62.65	71.69
2011	91.96	66.12	55.58	88.65	87.85	NA	62.61	71.15

资料来源：世界银行数据库。

表 13－12　　续表 20

年份	土库曼斯坦	乌干达	乌克兰	英国	美国	乌拉圭	乌兹别克斯坦	瓦努阿图
1990	49.34	91.91	57.10	62.21	66.62	70.27	61.40	63.20
1991	43.88	90.46	54.08	62.79	66.90	70.08	56.27	62.60
1992	NA	89.93	46.00	63.52	67.19	72.21	75.10	61.93
1993	28.97	87.72	48.04	64.36	67.63	72.62	57.65	60.43
1994	NA	83.93	48.47	63.82	67.40	72.87	64.26	58.40
1995	NA	85.45	55.13	63.46	67.68	72.86	50.60	59.72
1996	43.61	79.53	58.12	64.01	67.61	72.14	55.20	58.71
1997	74.02	75.97	54.21	64.12	67.20	74.90	60.80	58.65
1998	76.44	81.45	56.85	64.53	67.71	74.56	59.58	72.83
1999	75.76	79.58	57.20	65.11	68.19	75.92	62.11	75.91
2000	36.48	77.46	54.42	65.50	69.00	76.50	61.94	68.09
2001	52.33	77.41	56.99	65.69	69.85	75.88	61.57	72.99
2002	45.70	76.84	57.08	65.64	70.25	73.37	60.24	74.23
2003	56.84	77.08	56.45	65.00	70.38	69.70	54.96	68.13
2004	62.13	76.03	53.27	64.71	70.10	68.78	50.67	67.95
2005	46.59	73.79	57.94	64.62	70.07	69.44	46.68	69.45
2006	32.26	77.85	59.64	63.78	69.86	70.63	57.15	66.21
2007	36.08	78.35	60.56	63.46	69.99	70.02	59.26	63.25
2008	45.37	73.51	63.05	63.28	70.58	69.38	54.20	NA
2009	14.25	75.72	64.47	63.94	70.84	66.30	56.16	NA
2010	5.14	74.95	62.92	64.20	70.85	67.71	55.81	NA
2011	NA	74.87	65.81	64.33	71.57	67.87	55.72	NA

资料来源：世界银行数据库。

表 13－12　　续表 21

年份	委内瑞拉	越南	也门共和国	赞比亚	津巴布韦
1990	62.10	84.33	76.97	64.40	63.10
1991	66.54	81.96	88.71	59.80	68.06
1992	69.65	80.68	82.08	84.67	64.86
1993	72.93	77.18	89.52	73.36	64.01
1994	70.05	75.72	80.06	73.31	61.50
1995	69.47	73.76	83.39	72.38	65.01
1996	63.25	74.51	71.84	76.44	64.33
1997	51.52	71.71	68.62	71.84	72.57
1998	57.63	70.63	80.65	75.49	65.19
1999	57.41	68.44	68.83	81.43	63.92
2000	51.75	66.43	60.14	87.03	59.91
2001	54.91	64.78	65.32	87.16	70.02
2002	53.54	65.73	67.38	79.36	80.21
2003	54.78	66.60	67.05	73.62	79.74
2004	49.22	65.69	66.25	60.09	81.59
2005	46.75	62.45	64.20	59.94	92.21
2006	47.00	62.30	69.42	50.89	103.45
2007	51.13	66.67	74.54	58.41	98.28
2008	51.50	69.37	76.64	63.61	119.41
2009	62.88	65.92	83.29	58.08	102.60
2010	55.89	64.87	80.60	49.15	87.34
2011	55.16	62.73	NA	45.45	91.83

资料来源：世界银行数据库。

表 13－13　　按收入分组的居民消费支出占 GDP 百分比

年份	世界均值	低收入国家	中等收入国家	高收入国家	中国
1990	60.08	81.05	60.72	59.85	46.73
1991	60.39	81.26	61.04	60.15	45.39
1992	60.67	80.90	60.96	60.50	45.74
1993	60.90	81.96	60.03	60.95	42.66
1994	60.86	80.80	60.08	60.91	41.13
1995	60.75	81.17	59.81	60.83	42.68
1996	60.94	81.14	60.43	60.93	43.51
1997	60.67	80.97	60.02	60.69	43.35
1998	61.07	80.01	60.93	61.00	43.96
1999	61.40	79.56	60.77	61.42	45.31
2000	61.41	78.68	60.25	61.55	46.69
2001	61.96	79.11	60.52	62.15	45.66
2002	61.95	79.31	59.50	62.34	43.97
2003	61.76	79.15	58.59	62.28	41.85
2004	61.23	78.77	57.25	61.91	40.22
2005	61.13	79.79	56.53	61.93	38.10
2006	60.65	80.36	55.02	61.65	35.21
2007	60.44	79.79	55.25	61.36	35.96
2008	60.88	81.78	55.31	61.85	34.94
2009	61.83	80.71	56.02	62.84	33.94
2010	61.58	78.51	55.66	62.62	34.58
2011	61.95	79.59	55.70	63.06	34.39

资料来源：世界银行数据库。

表 13－14　　部分国家居民最终消费支出占 GDP 百分比

年份	世界	中国	美国	日本	德国	法国
1978	59.07	49.50	62.72	53.70	57.51	55.99
1979	59.19	49.20	62.56	54.68	57.60	56.23
1980	59.69	50.29	63.44	54.77	58.43	56.75
1981	59.51	51.17	62.49	54.20	59.55	58.31
1982	60.33	48.86	64.30	55.40	59.84	58.56
1983	60.89	49.66	65.26	56.06	59.74	58.31
1984	60.29	49.77	64.12	55.47	59.94	58.36
1985	60.42	51.32	64.94	54.60	59.74	58.88
1986	60.49	49.33	65.46	54.33	58.05	58.28
1987	60.54	48.97	65.90	54.67	58.33	58.98
1988	60.35	50.31	66.20	53.71	57.92	57.85
1989	60.07	50.33	66.08	53.34	58.27	57.55
1990	60.08	46.73	66.62	53.31	57.65	57.47
1991	60.39	45.39	66.90	52.82	57.51	57.34
1992	60.67	45.74	67.19	53.54	57.62	57.37
1993	60.90	42.66	67.63	54.30	58.29	57.60
1994	60.86	41.13	67.40	55.27	57.95	57.27
1995	60.75	42.68	67.68	55.36	57.69	56.97
1996	60.94	43.51	67.61	55.49	58.06	57.42
1997	60.67	43.35	67.20	55.42	58.08	56.37
1998	61.07	43.96	67.71	56.11	57.67	56.18
1999	61.40	45.31	68.19	57.21	58.09	55.90
2000	61.41	46.69	69.00	56.52	58.37	56.20
2001	61.96	45.66	69.85	57.32	58.68	56.51
2002	61.95	43.97	70.25	57.91	58.18	56.43
2003	61.76	41.85	70.38	57.63	58.88	56.84
2004	61.23	40.22	70.10	57.29	58.46	56.62
2005	61.13	38.10	70.07	57.78	58.76	56.91
2006	60.65	35.21	69.86	57.91	57.89	56.73
2007	60.44	35.96	69.99	57.34	55.87	56.49
2008	60.88	34.94	70.58	58.27	56.17	56.88
2009	61.83	33.94	70.84	60.05	58.60	58.10
2010	61.58	34.58	70.85	59.25	57.41	58.04
2011	61.95	34.39	71.57	60.40	57.38	57.66

资料来源：世界银行数据库。

表 13－14　　　　　　　　　　　　　续表 1

年份	英国	意大利	韩国	印度	巴西	越南
1978	57.78	57.31	60.16	70.34	68.56	NA
1979	58.78	57.77	60.57	70.03	69.55	NA
1980	58.22	59.03	63.65	74.86	69.71	NA
1981	58.56	59.08	63.34	70.63	67.98	NA
1982	59.01	59.25	61.46	69.38	69.57	NA
1983	59.35	58.51	60.28	71.38	71.24	NA
1984	59.75	58.60	58.88	69.00	70.35	NA
1985	59.43	58.57	58.23	67.39	65.78	NA
1986	61.42	58.58	54.84	66.19	67.77	NA
1987	61.37	58.33	51.92	66.21	62.26	NA
1988	62.14	57.85	50.73	65.36	59.49	NA
1989	62.11	58.36	52.50	65.05	54.13	87.73
1990	62.21	57.20	51.75	64.61	59.30	84.33
1991	62.79	57.48	51.29	65.87	61.57	81.96
1992	63.52	58.43	51.82	65.02	61.52	80.68
1993	64.36	57.95	52.04	67.13	60.08	77.18
1994	63.82	58.46	52.34	66.14	64.12	75.72
1995	63.46	58.32	52.22	64.03	62.46	73.76
1996	64.01	57.86	52.98	68.22	64.66	74.51
1997	64.12	58.45	53.08	65.11	64.88	71.71
1998	64.53	59.13	49.33	65.60	64.33	70.63
1999	65.11	59.83	51.88	62.83	64.73	68.44
2000	65.50	59.93	54.63	64.75	64.35	66.43
2001	65.69	59.10	55.83	63.41	63.47	64.78
2002	65.64	58.71	56.71	64.58	61.72	65.73
2003	65.00	59.06	54.80	63.94	61.93	66.60
2004	64.71	58.62	52.59	58.37	59.78	65.69
2005	64.62	59.02	53.74	57.59	60.27	62.45
2006	63.78	59.04	54.48	56.96	60.30	62.30
2007	63.46	58.62	54.37	55.69	59.90	66.67
2008	63.28	59.17	54.68	58.61	58.93	69.37
2009	63.94	60.31	54.03	57.26	61.11	65.92
2010	64.20	60.62	52.69	56.46	59.64	64.87
2011	64.33	61.34	53.13	57.21	60.33	62.73

资料来源：世界银行数据库。

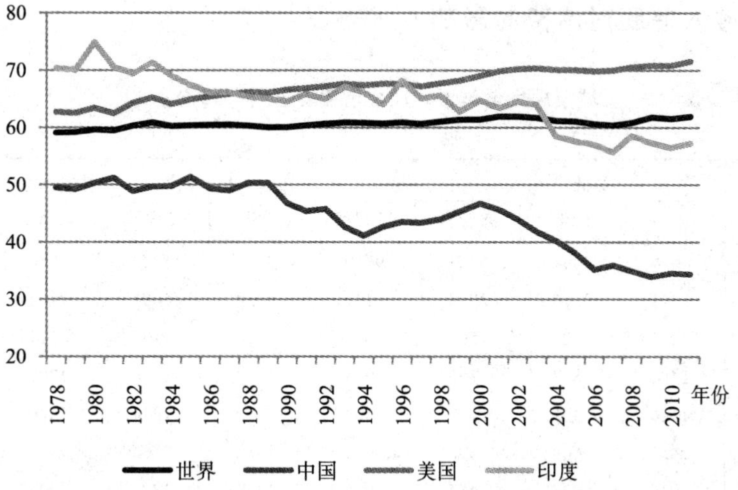

图13－8　居民消费占 GDP 比重（%，中国、美国、印度以及世界均值）

核　算　点　评

（1）在过去 30 多年里，世界各国居民消费占 GDP 比重一直在 60% 上下波动。全球平均比重从 1990 年的 60.08% 到 2011 年为 61.95%。上升了将近 2 个百分点。

（2）世界各国居民消费占 GDP 的比重基本稳定。低收入国家的居民消费占 GDP 的比重为 80% 左右。一般来说，穷国居民消费占 GDP 的比重高于富国。中等收入国家居民消费占 GDP 的比重从 1990 年的 60.72% 下降为 2011 年 55.7%，下降了 5 个百分点。高收入国家从 1990 年的 59.85% 上升为 2011 年 63.06%，上升了 3.21 个百分点。美国、英国等工业化国家的居民消费占比呈上升态势。

（3）也许可以这样说，在过去 25 年之中，一个国家的居民消费占 GDP 的比重上下波动的幅度在 5 个百分点之内都是合理的。

（4）中国居民消费占 GDP 的比重一直都很低。在 1990 年居民消费占 GDP 的比重为 46.73%。比世界平均值（60.08%）低了 13.35 个百分点。到了 2011 年中国居民消费占 GDP 的比重下降为 34.39%，比世界平均值（61.95%）低了 27.56 个百分点。一方面，中国居民消费的增速在世界上名列前茅，另一方面，居民消费占 GDP 的比重一直在下降。

（5）高速发展的新兴经济体的居民消费占 GDP 的比重呈下降趋势。例如，越南的居民消费占 GDP 的比重从 1990 年的 84.33% 下降为 2011 年的 62.73%。下降了 20.6 个百分点。众所周知，这段时期恰恰是越南经济高速增长的时期。

（6）印度在 1978 年居民消费占 GDP 的比重为 70.34%，到 2011 年这个比重为 57.21%，下降了 13.13 个百分点。这个时期也是印度经济发展最快的时期。

（7）巴西的居民最终消费占比从 1978 年的 68.56% 下降为 2011 年的 60.33%，下降了 8.23 个百分点。韩国的居民最终消费从 1978 年的 60.16% 下降为 2011 年的 53.13%，下降了 7.03 个百分点。

（8）在 1990 年到 2011 年期间，中国的居民消费占 GDP 的比重从 46.73% 下降为 34.39%，下降 12.34 个百分点。也许可以得出这样一个结论：高经济增长必定伴随着高投资，如果投资迅速上升，居民消费在 GDP 中的比重必然下降。中国居民消费占比的下降幅度很大，但是还不及越南和印度。因此，不能一看到居民消费占 GDP 的比重下降就惊慌失措。

第三部分　居民收入差距对消费的影响

表 13－15　　　　城镇居民全年人均现金消费支出（2012 年）

单位：元

	全国	最低收入（10%）	困难户	较低收入（10%）	中等偏下（20%）	中等收入（20%）	中等偏上（20%）	较高收入（10%）	最高收入（10%）
现金消费支	16674	7301	6367	9610	12281	15720	19830	25797	37662
食品	6041	3310	2979	4147	5029	6061	7102	8561	10323
衣着	1823	707	590	1046	1408	1766	2214	2768	3928
居住	1484	833	760	924	1160	1384	1709	2154	3123
家庭设备及用品	1116	405	333	569	760	1034	1346	1828	2807
交通通信	2455	603	495	954	1393	2063	2961	4304	7971
文教娱乐	2034	723	614	1035	1327	1785	2449	3433	5432
医疗保健	1064	548	467	670	833	1096	1249	1580	1951
其他	657	172	129	265	371	530	800	1169	2126
现金消费支出构成（%）									
食品	36.2	45.3	46.8	43.2	40.9	38.6	35.8	33.2	27.4
衣着	10.9	9.7	9.3	10.9	11.5	11.2	11.2	10.7	10.4
居住	8.9	11.4	11.9	9.6	9.4	8.8	8.6	8.4	8.3
家庭设备及用品	6.7	5.6	5.2	5.9	6.2	6.6	6.8	7.1	7.5
交通通信	14.7	8.3	7.8	9.9	11.3	13.1	14.9	16.7	21.2
文教娱乐	12.2	9.9	9.6	10.8	10.8	11.4	12.4	13.3	14.4
医疗保健	6.4	7.5	7.3	7.0	6.8	7.0	6.3	6.1	5.2
其他	3.9	2.4	2.0	2.8	3.0	3.4	4.0	4.5	5.6

数据来源：《中国统计年鉴》，2013 年，表 11－7。

核　算　点　评

（1）居民消费占 GDP 比重下降还和居民收入的贫富差距不断加大，城乡居民收入差距不断加大有关。有必要按照居民收入分类，按照城乡居民分类，从不同角度探讨居民收入占 GDP 比重变化的原因。

（2）不同收入组别的居民消费增长速度不同。由于贫富差距很大，如果单单看居民消费的平均值，往往不能准确地理解居民消费的变化规律。

（3）2012 年，收入最高的 10% 居民人均消费 37662 元，是全国平均值 16674 元的 2.26 倍。而最低收入的困难户的人均消费仅 6367 元，是全国平均值的 38.2%。最高收入组的人均消费是困难户消费的 5.92 倍。

（4）收入最高的 10% 居民的消费远远超过了低收入困难户。在食品消费上相差 3.46 倍。在居住上（不包括购房）相差 4.11 倍。在医疗保健上相差 4.18 倍。在衣着上相差 6.66 倍。在家庭设备上相差 8.43 倍。在文教娱乐上相差 8.85 倍。在交通通讯上相差 16.09 倍。

（5）在收入最高的 10% 居民的消费当中，食品只占 27.4%。而低收入家庭的消费中 46.8% 属于食品。最富裕的家庭用于交通通讯的开支占消费总额的 21.2%。可是低收入家庭用于交通通讯的消费仅仅是 7.8%。

表 13－16　　城镇居民消费收入比（现价）

单位：元，%

年份	低收入户			中低收入户		
	人均可支配收入	人均消费支出	消费收入比	人均可支配收入	人均消费支出	消费收入比
1999	3048.70	2825.80	0.93	4363.78	3694.46	0.85
2000	3132.00	2899.10	0.93	4623.54	3947.91	0.85
2001	3319.70	3064.40	0.92	4946.60	4197.57	0.85
2002	3032.11	2826.02	0.93	4931.96	4205.99	0.85
2003	3295.38	3066.77	0.93	5377.25	4557.82	0.85
2004	3642.24	3396.28	0.93	6024.10	5096.15	0.85
2005	4017.28	3708.26	0.92	6710.58	5574.32	0.83
2006	4567.05	4102.66	0.90	7554.16	6108.33	0.81
2007	5364.25	4840.05	0.90	8900.51	7123.69	0.80
2008	6074.87	5374.57	0.88	10195.56	7993.66	0.78
2009	6725.23	5832.96	0.87	11243.55	8738.79	0.78
2010	7605.21	6409.51	0.84	12702.08	9649.21	0.76
2011	8788.85	7478.69	0.85	14498.26	10872.83	0.75

表 13－16　　续表 1

年份	中等收入户			中高收入户			高收入户		
	人均可支配收入	人均消费支出	消费收入比	人均可支配收入	人均消费支出	消费收入比	人均可支配收入	人均消费支出	消费收入比
1999	5512	4432	0.80	6905	5347	0.77	10296	7320	0.71
2000	5898	4795	0.81	7487	5895	0.79	11299	8136	0.72
2001	6366	5132	0.81	8164	6242	0.76	12663	8624	0.68
2002	6657	5453	0.82	8870	6940	0.78	15460	11023	0.71
2003	7279	5848	0.80	9763	7547	0.77	17472	12067	0.69
2004	8167	6498	0.80	11051	8346	0.76	20102	13753	0.68
2005	9190	7308	0.80	12603	9411	0.75	22902	15576	0.68
2006	10270	7905	0.77	14049	10218	0.73	25411	17050	0.67
2007	12042	9097	0.76	16386	11570	0.71	29479	19301	0.65
2008	13984	10345	0.74	19254	13317	0.69	34668	22297	0.64
2009	15399	11309	0.73	21018	14964	0.71	37434	24043	0.64
2010	17224	12609	0.73	23189	16140	0.70	41158	26339	0.64
2011	19545	14028	0.72	26420	18161	0.69	47021	29453	0.63

核　算　点　评

（1）城镇居民的消费收入比无论收入高低都呈逐年下降态势。

（2）在 2001 年到 2011 年这十年中，城镇低收入群体的消费收入比平均值为 0.8916。中低收入群体的消费收入比平均值为 0.8010。中等收入群体的消费收入比平均值为 0.7617。中高收入群体的消费收入比平均值为 0.7242。高收入群体的消费收入比平均值为 0.6607。收入越高的群体其消费收入比越低。

表 13-17　　农村居民消费收入比（现价）

单位：元，%

年份	低收入户			中低收入户		
	人均纯收入	人均消费支出	消费收入比	人均纯收入	人均消费支出	消费收入比
2001	818	992	1.21	1491	1274	0.85
2002	857	1006	1.17	1548	1310	0.85
2003	866	1065	1.23	1607	1378	0.86
2004	1007	1248	1.24	1842	1581	0.86
2005	1067	1548	1.45	2018	1913	0.95
2006	1182	1625	1.37	2222	2039	0.92
2007	1347	1851	1.37	2582	2358	0.91
2008	1500	2145	1.43	2935	2653	0.90
2009	1549	2355	1.52	3110	2871	0.92
2010	1870	2535	1.36	3621	3219	0.89
2011	2001	3313	1.66	4256	3962	0.93

表 13-17　　续表 1

年份	中等收入户			中高收入户			高收入户		
	人均纯收入	人均消费支出	消费收入比	人均纯收入	人均消费支出	消费收入比	人均纯收入	人均消费支出	消费收入比
2001	2081	1563	0.75	2891	1946	0.67	5534	3308	0.60
2002	2164	1645	0.76	3031	2087	0.69	5903	3500	0.59
2003	2273	1733	0.76	3207	2189	0.68	6347	3756	0.59
2004	2579	1951	0.76	3608	2460	0.68	6931	4129	0.60
2005	2851	2328	0.82	4003	2879	0.72	7747	4593	0.59
2006	3149	2568	0.82	4447	3230	0.73	8475	5277	0.62
2007	3659	2938	0.80	5130	3683	0.72	9791	5994	0.61
2008	4203	3286	0.78	5929	4191	0.71	11290	6854	0.61
2009	4502	3546	0.79	6468	4592	0.71	12319	7486	0.61
2010	5222	3964	0.76	7441	5026	0.68	14050	8190	0.58
2011	6208	4818	0.78	8894	6003	0.67	16783	9150	0.55

核 算 点 评

（1）农村低收入群体的消费收入比逐年上升。在 2001 年，农村低收入群体人均收入每年 818 元，消费支出 992.06 元，入不敷出，农村低收入群体人均得到政府补贴 174 元。到了 2011 年人均收入 2000.51 元，消费 3312.59 元。平均每人每年得到政府补贴 1312.08 元。消费收入比从 2001 年的 1.21 上升为 2011 年的 1.66。

（2）农村低收入、中低收入群体的消费收入比在逐年上升，中等收入和中高收入群体的消费收入比基本维持不变。高收入群体的消费收入比逐年下降。

（3）在 2001 年到 2011 年这十年中，农村低收入群体的消费收入比平均值为 1.3995。中低收入群体的消费收入比平均值为 0.9018。中等收入群体的消费收入比平均值为 0.7802。中高收入群体的消费收入比平均值为 0.6955。高收入群体的消费收入比平均值为 0.5918。

（4）城镇居民和农村居民的收入消费比呈现不同的变化规律。城镇居民的收入消费比随着收入的增加在逐年下降。收入越高，消费收入比越低。农村中、低收入群体的收入消费比在逐年上升。由此可见，增加内需的重点应当放在农村中、低收入群体身上。只有切实地增加农村中、低收入群体的可支配收入才能有效地增加居民消费，从而扩大内需。增加农民收入的途径除了要继续鼓励农民增产农产品，扩大经济作物种植和多种经营之外，最重要的是加速将农村剩余劳动力转移出来，鼓励他们向制造业和服务业转移。近年来，某些地区急于推进最低工资，实际上阻碍了农村剩余劳动力的转移，不利于缩小贫富差距，不利于农村低收入群体。

表 13－18　　城镇居民人均可支配收入

单位：元

年份	低收入户	中低收入户	中等收入户	中高收入户	高收入户	高低差距倍数
1999	3049	4364	5512	6905	10296	3.38
2000	3132	4624	5898	7487	11299	3.61
2001	3320	4947	6366	8164	12663	3.81
2002	3032	4932	6657	8870	15460	5.10
2003	3295	5377	7279	9763	17472	5.30
2004	3642	6024	8167	11051	20102	5.52
2005	4017	6711	9190	12603	22902	5.70
2006	4567	7554	10270	14049	25411	5.56
2007	5364	8901	12042	16386	29479	5.50
2008	6075	10196	13984	19254	34668	5.71
2009	6725	11244	15399	21018	37434	5.57
2010	7605	12702	17224	23189	41158	5.41
2011	8789	14498	19545	26420	47021	5.35
增长倍数	2.88	3.32	3.55	3.83	4.57	

表 13－19　　城镇居民人均消费支出

单位：元

年份	低收入户	中低收入户	中等收入户	中高收入户	高收入户	高低差距倍数
1999	2826	3694	4432	5347	7320	2.59
2000	2899	3948	4795	5895	8136	2.81
2001	3064	4198	5132	6242	8624	2.81
2002	2826	4206	5453	6940	11023	3.90
2003	3067	4558	5848	7547	12067	3.93
2004	3396	5096	6498	8346	13753	4.05
2005	3708	5574	7308	9411	15576	4.20
2006	4103	6108	7905	10218	17050	4.16
2007	4840	7124	9097	11570	19301	3.99
2008	5375	7994	10345	13317	22297	4.15
2009	5833	8739	11309	14964	24043	4.12
2010	6410	9649	12609	16140	26339	4.11
2011	7479	10873	14028	18161	29453	3.94
增长倍数	2.65	2.94	3.16	3.40	4.02	

核 算 点 评

（1）从1999年到2011年，城镇低收入群体的人均可支配收入增加了2.88倍，与此同期，高收入群体的可支配收入增加了4.57倍。城镇居民中富裕群体的可支配收入增长速度大大超过了低收入群体。其结果，在1999年，城镇高收入群体的可支配收入是低收入群体的3.38倍，到了2011年这个差距增加到5.35倍。显而易见，政府主导的增加收入必然向高收入群体倾斜，导致贫富差距越来越大。

（2）在1999年到2011年期间，城镇低收入群体的人均消费支出增加了2.65倍，高收入群体增加了4.02倍。在1999年城镇居民中高收入群体的人均消费支出是低收入群体的2.59倍，到了2011年这个差距增加到3.94倍。城镇居民可支配收入的差距扩大得比居民人均消费更快。显然，增加低收入群体的可支配收入对消费的刺激作用高于高收入群体。从提高国内居民消费的角度来看，应当把注意力更多地集中在提高低收入群体的可支配收入上。

（3）提高低收入群体可支配收入的途径不是简单地增加工资或者提高最低工资线，而是通过全面、系统的税制改革减轻低收入群体的税负，通过社会保障体制改革缓和低收入群体在养老、医疗、教育等等方面的后顾之忧，从而提高低收入群体的可支配收入。

表13-20　　农村人均纯收入

单位：元

年份	低收入户	中低收入户	中等收入户	中高收入户	高收入户	高低差距倍数
2001	818	1491	2081	2891	5534	6.77
2002	857	1548	2164	3031	5903	6.89
2003	866	1607	2273	3207	6347	7.33
2004	1007	1842	2579	3608	6931	6.88
2005	1067	2018	2851	4003	7747	7.26
2006	1182	2222	3149	4447	8475	7.17
2007	1347	2582	3659	5130	9791	7.27
2008	1500	2935	4203	5929	11290	7.53
2009	1549	3110	4502	6468	12319	7.95
2010	1870	3621	5222	7441	14050	7.51
2011	2001	4256	6208	8894	16783	8.39
增长倍数	2.45	2.85	2.98	3.08	3.03	

表13-21　　农村人均消费支出

单位：元

年份	低收入户	中低收入户	中等收入户	中高收入户	高收入户	高低差距倍数
2001	992	1274	1563	1946	3308	3.33
2002	1006	1310	1645	2087	3500	3.48
2003	1065	1378	1733	2189	3756	3.53
2004	1248	1581	1951	2460	4129	3.31
2005	1548	1913	2328	2879	4593	2.97
2006	1625	2039	2568	3230	5277	3.25
2007	1851	2358	2938	3683	5994	3.24
2008	2145	2653	3286	4191	6854	3.20
2009	2355	2871	3546	4592	7486	3.18
2010	2535	3219	3964	5026	8190	3.23
2011	3313	3962	4818	6003	9150	2.76
增长倍数	3.34	3.11	3.08	3.09	2.77	

核 算 点 评

（1）在 2001 年，农村高收入群体的人均纯收入比低收入群体高 6.77 倍。到了 2011 年这个差距扩大为 8.39 倍。从 2001 年到 2011 年，农村低收入群体的人均纯收入增加了 2.45 倍，高收入群体增加了 3.03 倍。虽然农村的居民收入差距也有所扩大，但是恶化的程度不如城镇。

（2）在 2001 年农村高收入群体的人均消费支出是低收入群体的 3.33 倍。到了 2011 年这个差距缩小到 2.76 倍。

（3）从 2001 年到 2011 年，农村高收入群体的人均消费支出增加了 2.77 倍，而低收入群体的人均消费增加了 3.34 倍。农村人均消费差距呈现缩小的趋势。

（4）由于农民的主要收入来源是农产品和农村的制造、服务业，受到政府的干预较小，政府主导的几轮加工资基本上没有涉及农民。政府取消农业税，惠及了广大的农民，因此，居民收入和消费的贫富差距并没有恶化。

第四部分　城乡消费差距

表 13-22　　农村居民消费增长率

年份	低收入户	中低收入户	中等收入户	中高收入户	高收入户
2002	1.4%	2.9%	5.3%	7.2%	5.8%
2003	5.8%	5.1%	5.3%	4.9%	7.3%
2004	17.2%	14.8%	12.6%	12.3%	9.9%
2005	24.0%	21.0%	19.3%	17.1%	11.2%
2006	4.9%	6.6%	10.3%	12.2%	14.9%
2007	13.9%	15.6%	14.4%	14.0%	13.6%
2008	15.9%	12.5%	11.8%	13.8%	14.3%
2009	9.8%	8.2%	7.9%	9.6%	9.2%
2010	7.7%	12.1%	11.8%	9.4%	9.4%
2011	30.7%	23.1%	21.5%	19.4%	11.7%

表 13-23　　城镇居民消费增长率

年份	低收入户	中低收入户	中等收入户	中高收入户	高收入户
2000	2.6%	6.9%	8.2%	10.2%	11.1%
2001	5.7%	6.3%	7.0%	5.9%	6.0%
2002	-7.8%	0.2%	6.3%	11.2%	27.8%
2003	8.5%	8.4%	7.2%	8.8%	9.5%
2004	10.7%	11.8%	11.1%	10.6%	14.0%
2005	9.2%	9.4%	12.5%	12.8%	13.3%
2006	10.6%	9.6%	8.2%	8.6%	9.5%
2007	18.0%	16.6%	15.1%	13.2%	13.2%
2008	11.0%	12.2%	13.7%	15.1%	15.5%
2009	8.5%	9.3%	9.3%	12.4%	7.8%
2010	9.9%	10.4%	11.5%	7.9%	9.5%
2011	16.7%	12.7%	11.3%	12.5%	11.8%

核　算　点　评

（1）无论城乡，低收入群体的消费增长率高于高收入群体。显然，提高低收入群体的收入能够更有效地刺激消费。

（2）农村居民的消费增长率明显高于城镇居民。因此，为了促进内需应当更多的关注如何提高农民的收入。

表 13－24 **城乡居民可支配收入差距**

单位：元

年份	城镇人均可支配收入	农村人均可支配收入	城乡收入差距
1985	739.10	397.60	1.86
1986	900.90	423.76	2.13
1987	1002.10	462.55	2.17
1988	1180.20	544.94	2.17
1989	1373.93	601.51	2.28
1990	1510.20	686.31	2.20
1991	1700.60	708.55	2.40
1992	2026.60	783.99	2.58
1993	2577.40	921.62	2.80
1994	3496.20	1220.98	2.86
1995	4283.00	1577.74	2.71
1996	4838.90	1926.07	2.51
1997	5160.30	2090.13	2.47
1998	5425.10	2161.98	2.51
1999	5854.00	2210.34	2.65
2000	6280.00	2253.42	2.79
2001	6859.60	2366.40	2.90
2002	7702.80	2475.63	3.11
2003	8472.20	2622.24	3.23
2004	9421.60	2936.40	3.21
2005	10493.00	3254.90	3.22
2006	11759.45	3587.04	3.28
2007	13785.79	4140.36	3.33
2008	15780.80	4760.62	3.31
2009	17174.65	5153.17	3.33
2010	19109.44	5919.01	3.23
2011	21809.78	6977.29	3.13

表 13－25 **城乡居民消费差距**

年份	城镇人均消费支出	农村人均消费支出	城乡消费差距
1985	673.20	317.42	2.12
1986	798.96	356.95	2.24
1987	884.40	398.29	2.22
1988	1103.98	476.66	2.32
1989	1210.95	535.37	2.26
1990	1278.89	584.63	2.19
1991	1453.81	619.79	2.35
1992	1671.73	659.01	2.54
1993	2110.81	769.65	2.74
1994	2851.34	1016.81	2.80
1995	3537.57	1310.36	2.70
1996	3919.47	1572.08	2.49
1997	4185.64	1617.15	2.59
1998	4331.61	1590.33	2.72
1999	4615.91	1577.42	2.93
2000	4998.00	1670.13	2.99
2001	5309.01	1741.09	3.05
2002	6029.88	1834.31	3.29
2003	6510.94	1943.30	3.35
2004	7182.10	2184.65	3.29
2005	7942.90	2555.40	3.11
2006	8696.55	2829.02	3.07
2007	9997.47	3223.85	3.10
2008	11242.85	3660.68	3.07
2009	12264.55	3993.45	3.07
2010	13471.45	4381.82	3.07
2011	15160.89	5221.13	2.90

核 算 点 评

（1）在1985年，城镇居民的可支配收入是农村居民的1.86倍。这个城乡差距到了2002年扩大到3.11倍。从2002年至2011年的十年内，城乡居民可支配收入的差距一直维持在3.2倍上下。显然，应当采取有效措施，缩小城乡居民可支配收入的差距。

（2）正是由于城乡居民可支配收入的差距如此之大，城乡居民消费也相差甚远。在1985年城镇居民的平均消费比农村居民高2.22倍。到了2003年这个差距扩大到3.35倍。近年来由于采取了免除农业税等扶助政策，农民的收入状况有所改善，城乡居民消费的差距从2003年期逐年下降，到了2011年城乡居民消费差距下降为2.9倍。总的来说，虽然城乡居民消费差距在缩小，但是依然相差将近3倍。应当继续努力提高农民收入，促进农村居民的消费水平。

表 13-26　　分地区城镇居民家庭人均全年现金消费支出（2012 年）

单位：元

	现金消费支出	食品	衣着	居住	家庭设备及用品	交通通信	文教娱乐	医疗保健	其他
全　国	16674	6041	1823	1484	1116	2455	2034	1064	657
上　海	26253	9656	2111	1790	1906	4564	3724	1017	1486
北　京	24046	7535	2639	1971	1611	3782	3696	1658	1154
广　东	22396	8258	1521	2100	1467	4177	2954	1048	871
浙　江	21545	7552	2110	1552	1161	4134	2997	1228	812
天　津	20024	7344	1881	1854	1151	3083	2254	1556	900
江　苏	18825	6658	1916	1437	1288	2690	3078	1058	700
福　建	18593	7317	1634	1754	1255	2962	2105	773	793
内蒙古	17717	5463	2730	1584	1243	2573	1972	1354	799
辽　宁	16594	5809	2042	1433	1070	2323	1844	1310	762
重　庆	16573	6870	2229	1177	1196	1903	1471	1102	626
山　东	15778	5201	2197	1572	1126	2370	1656	1005	650
陕　西	15333	5551	1789	1322	987	1788	2079	1212	605
四　川	15050	6074	1651	1284	1098	1947	1587	773	636
安　徽	15012	5815	1541	1397	811	1810	1933	1143	562
吉　林	14614	4635	2045	1594	871	1781	1643	1448	597
湖　南	14609	5442	1625	1302	1034	2084	1738	918	467
湖　北	14496	5838	1783	1371	978	1477	1652	1030	367
海　南	14457	6556	865	1521	777	2004	1320	993	420
广　西	14244	5553	1146	1377	1125	2089	1626	884	444
宁　夏	14067	4769	1876	1193	929	2110	1516	1063	611
新　疆	13892	5239	2031	1167	950	1660	1281	1028	536
云　南	13884	5468	1760	974	634	2264	1434	939	410
河　南	13733	4607	1886	1191	1145	1730	1525	1085	562
黑龙江	12984	4687	1807	1337	742	1463	1217	1181	551
甘　肃	12847	4602	1631	1288	833	1576	1388	1050	479
江　西	12776	5072	1477	1174	966	1501	1487	671	428
贵　州	12586	4993	1399	1014	850	1891	1396	655	389
河　北	12531	4211	1542	1502	876	1724	1204	1047	425
青　海	12346	4667	1512	1232	924	1550	1097	906	458
山　西	12212	3856	1529	1439	833	1672	1506	906	471
西　藏	11184	5518	1362	845	475	1387	550	467	580

数据来源：《中国统计年鉴》，2013 年，表 11-15。

表 13－27　　城镇居民消费支出结构（2011 年）

	食品	衣着	居住	家庭设备及用品	交通通信	文教娱乐	医疗保健	其他
全　国	0.362	0.109	0.089	0.067	0.147	0.122	0.064	0.039
上　海	0.368	0.080	0.068	0.073	0.174	0.142	0.039	0.057
北　京	0.313	0.110	0.082	0.067	0.157	0.154	0.069	0.048
广　东	0.369	0.068	0.094	0.066	0.187	0.132	0.047	0.039
浙　江	0.351	0.098	0.072	0.054	0.192	0.139	0.057	0.038
天　津	0.367	0.094	0.093	0.057	0.154	0.113	0.078	0.045
江　苏	0.354	0.102	0.076	0.068	0.143	0.164	0.056	0.037
福　建	0.394	0.088	0.094	0.067	0.159	0.113	0.042	0.043
内蒙古	0.308	0.154	0.089	0.070	0.145	0.111	0.076	0.045
辽　宁	0.350	0.123	0.086	0.064	0.140	0.111	0.079	0.046
重　庆	0.415	0.134	0.071	0.072	0.115	0.089	0.066	0.038
山　东	0.330	0.139	0.100	0.071	0.150	0.105	0.064	0.041
陕　西	0.362	0.117	0.086	0.064	0.117	0.136	0.079	0.039
四　川	0.404	0.110	0.085	0.073	0.129	0.105	0.051	0.042
安　徽	0.387	0.103	0.093	0.054	0.121	0.129	0.076	0.037
吉　林	0.317	0.140	0.109	0.060	0.122	0.112	0.099	0.041
湖　南	0.373	0.111	0.089	0.071	0.143	0.119	0.063	0.032
湖　北	0.403	0.123	0.095	0.067	0.102	0.114	0.071	0.025
海　南	0.453	0.060	0.105	0.054	0.139	0.091	0.069	0.029
广　西	0.390	0.080	0.097	0.079	0.147	0.114	0.062	0.031
宁　夏	0.339	0.133	0.085	0.066	0.150	0.108	0.076	0.043
新　疆	0.377	0.146	0.084	0.068	0.119	0.092	0.074	0.039
云　南	0.394	0.127	0.070	0.046	0.163	0.103	0.068	0.030
河　南	0.335	0.137	0.087	0.083	0.126	0.111	0.079	0.041
黑龙江	0.361	0.139	0.103	0.057	0.113	0.094	0.091	0.042
甘　肃	0.358	0.127	0.100	0.065	0.123	0.108	0.082	0.037
江　西	0.397	0.116	0.092	0.076	0.117	0.116	0.053	0.034
贵　州	0.397	0.111	0.081	0.068	0.150	0.111	0.052	0.031
河　北	0.336	0.123	0.120	0.070	0.138	0.096	0.084	0.034
青　海	0.378	0.122	0.100	0.075	0.126	0.089	0.073	0.037
山　西	0.316	0.125	0.118	0.068	0.137	0.123	0.074	0.039
西　藏	0.493	0.122	0.076	0.042	0.124	0.049	0.042	0.052

核 算 点 评

（1）居民消费的地区差距相当大。2012年，上海人均消费26253元，是全国人均消费16674元的1.57倍。西藏人均消费11184元，仅为全国平均值的67%。

（2）上海居民在文教娱乐上的消费金额是西藏的6.76倍。上海居民在交通通信上的消费是西藏的3.29倍。在衣着上是1.55倍，在食品上是1.75倍。

（3）从消费支出的结构来看，富裕地区城镇居民在交通通讯、文教娱乐等方面的开支占比高于比较贫穷的地区。在食品上的消费占比相差不大。

第六部分　住房对消费的影响

表 13－28　　住房销售额占 GDP 的比重

年份	GDP	住房销售额	住房开支占 GDP 比重
1998	84402	2007	2.4%
1999	89677	2414	2.7%
2000	99215	3229	3.3%
2001	109655	4021	3.7%
2002	120333	4958	4.1%
2003	135823	6543	4.8%
2004	159878	8619	5.4%
2005	184937	14564	7.9%
2006	216314	17288	8.0%
2007	265810	25566	9.6%
2008	314045	21196	6.7%
2009	340903	38433	11.3%
2010	401513	44121	11.0%
2011	473104	48198	10.2%
2012	518942	53467	10.3%

数据来源：《中国统计年鉴》，2013 年，表 5－35。

核　算　点　评

（1）自从 2000 年以来，住房销售额占 GDP 的比重逐年上升。在 2000 年仅为 3.25%，到 2010 年已经上升到 10.99%。即使在 2011 年严厉的房价调控下，住房销售额占 GDP 的比重依然为 10.22%。显然，住房销售额的增长速度超过了 GDP 增速。

（2）由于近十年来城镇化速度很快，大量农民工进城，城镇人口增加 2 亿多。城镇人口增速超过了商品房建设速度，导致城镇居民人均住房面积几乎原地踏步。在 2011 年城镇人均住房面积在 19—20 平方米。那些和中国人口密度相近的国家人均住房面积在 45 平方米左右。如果中国城镇居民在 2030 年达到人均住房面积 30 平方米，尚需新建 150 亿平方米，超过了现有城镇住房总面积（126 亿—136 亿平方米）。

（3）西方各国人均住房面积已经处于稳定阶段。而中国城镇居民迫切希望改善居住条件，大量农民希望进城，因此，在未来许多年内，中国固定资产形成将处于高峰期。相当一大部分居民收入将储蓄起来，最终用于购置商品房。

表 13－29　　广义居民消费率

单位：亿元

年份	GDP	消费	住房销售额	消费加住房	狭义消费占比	广义消费占比
1998	86532	51588	2007	53595	59.6%	61.9%
1999	91125	55637	2414	58051	61.1%	63.7%
2000	98749	61516	3229	64745	62.3%	65.6%
2001	109028	66934	4021	70955	61.4%	65.1%
2002	120476	71817	4958	76775	59.6%	63.7%
2003	136613	77686	6543	84229	56.9%	61.7%
2004	160957	87553	8619	96172	54.4%	59.8%
2005	187423	99358	14564	113922	53.0%	60.8%
2006	222713	113104	17288	130392	50.8%	58.5%
2007	266599	132233	25566	157799	49.6%	59.2%
2008	315975	153423	21196	174619	48.6%	55.3%
2009	348775	169275	38433	207708	48.5%	59.6%
2010	402817	194115	44121	238236	48.2%	59.1%
2011	472619	232112	48198	280310	49.1%	59.3%
2012	529238	261833	53467	315300	49.5%	59.6%

核算点评

（1）按照统计口径，居民购买商品房属于固定资本形成。可是从居民资金流角度来看，购买住房是居民资金的一个重要流向。除非城镇居民住房面积达到30平方米以上，居民用于购置商品房的资金将继续上升。

（2）如果把居民购置住房的资金和正常统计的消费加在一起，考虑成为广义的消费，那么居民消费占GDP的比重会发生重大变化。全面住房改革肇始于1998年，居民消费占GDP的比重为59.6%。如果把居民购买住房的资金也算成消费的话，居民消费占比为61.9%。在2012年，统计数据显示的居民消费占比为49.5%。如果从广义消费率来看，包括购房在内的居民消费占比为59.6%。也就是说，居民消费占GDP的比重基本上维持不变。

（3）显然，中国正处在居民购房的高峰期。当居民住房条件得到逐步改善之后，居民用在购房的资金占GDP的比重将逐渐降低。由此可见，近年来，居民购房资金急剧上升是导致居民消费占比下降的一个原因。

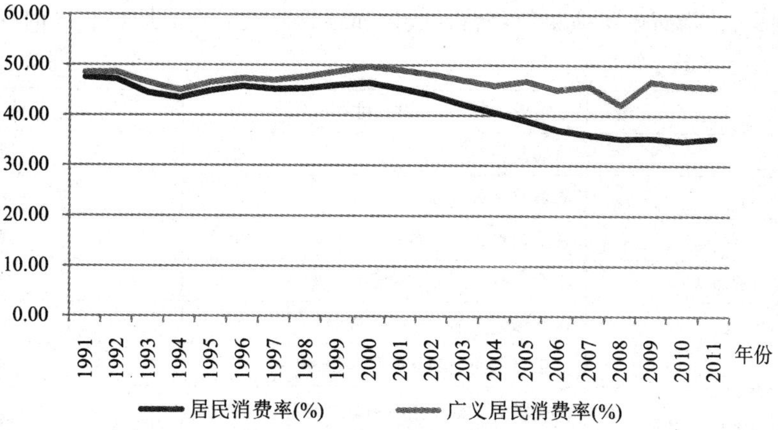

图 13－9　居民消费率和广义的居民消费率

一、主要统计指标解释：

最终消费：指常住单位在一定时期内对于货物和服务的全部最终消费支出，也就是常住单位为满足物质、文化和精神生活的需要，从本国经济领土和国外购买的货物和服务的支出；不包括非常住单位在本国经济领土内的消费支出。最终消费分为居民消费和政府消费。

居民最终消费支出：指居民购买的所有货物和服务（包括耐用品，例如汽车、洗衣机、家用电脑等）的市场价值。不包括购买住房的支出，但包括业主自住房屋的估算租金。也包括为取得许可证和执照向政府支付的费用。此处居民消费支出包括为居民服务的非营利机构的支出，无论国家是否另行公布。此项目也包括资源使用量相对于资源供给量的任何统计偏差。居民消费按市场价格计算，即按居民支付的购买者价格计算。购买者价格是购买者取得货物所支付的价格，包括购买者支付的运输和商业费用。居民消费除了直接以货币形式购买货物和服务的消费之外，还包括以其他方式获得的货物和服务的消费支出，即所谓的虚拟消费支出。居民虚拟消费支出包括以下几种类型：单位以实物报酬及实物转移的形式提供给劳动者的货物和服务；住户生产并由本住户消费了的货物和服务，其中的服务仅指住户自有住房服务和付酬的家庭雇员提供的家庭和个人服务；金融机构提供的金融媒介服务；保险公司提供的保险服务。

政府消费支出：指政府部门为全社会提供公共服务的消费支出和免费或以较低价格向居民住户提供的货物和服务的净支出，前者等于政府部门公共服务的产出价值减去政府部门所获得的经营收入的价格，后者等于政府部门免费或以较低价格向居民住户提供的货物和服务的市场价值减去向住户收取的价值。

政府部门包括以下行业的各种行政单位和非营利性事业单位：农、林、牧、渔服务业，科学研究、技术服务和地质勘查业，水利、环境和公共设施管理业，居民服务和其他服务业中的托儿所和殡葬服务，教育、卫生、社会保障和社会福利业，文化、体育业，公共管理和社会组织等。(引自《中国非经济普查年度国内生产总值核算办法》，修订版，2010 年)

资本形成总额：指常住单位在一定时期内获得减去处置的固定资产和存货的净额，包括固定资本形成总额和存货增加两部分。

固定资产形成总额：指常住单位在一定时期内获得的固定资产减处置的固定资产的价值总额。固定资产是通过生产活动生产出来的，其使用年限在一年以上。单位价值在规定标准以上的资产，不包括自然资产。可分为有形固定资本形成总额和无形固定资本形成总额。有形固定资本形成总额包括一定时期内完成的建筑工程、安装工程和设备工器具购置（减处置）价值，以及土地改良，新增役、种、奶、毛、娱乐用牲畜和新增林木价值。无形固定资本形成总额包括矿藏的勘探、计算机软件等获得减处置（引自《中国统计年鉴》，2012 年，第 84 页）。

政府市场性收入：指行政事业单位经营性收入和预算外收入中对居民收取的各项费用。

核算分类：

	农 村	城 镇
(1) 食品类	食品及相关服务	同前
(2) 衣着类	衣着及相关服务	同前
(3) 居住类	住房、水、电、燃料等	同前
(4) 家庭设备、用品及服务类	家庭设备、用品和家庭设备服务	同前
(5) 医疗保健类	医疗保健用品、医疗保健服务	同前
(6) 交通和通信类	生活目的交通和通讯品、服务	同前
(7) 文教娱乐用品及服务类	文化教育、娱乐用品和教育服务、文化体育娱乐服务	同前
(8) 银行中介服务类	间接计算的银行中介服务和直接付费的银行服务	同前
(9) 保险服务	生活保险活动消费的保险机构提供的保险服务	同前
(10) 自有住房服务	虚拟计算的住房服务消费	同前
(11) 实物消费类		城镇单位、政府部门、社会福利部门等免费或低价得到的各种商品和服务。
(12) 其他商品和服务类	以上支出以外的其他商品和服务最终消费	同前

二、主要核算指标解释：

政府消费支出 = 经常性业务支出 - 政府部门市场性收入 + 固定资产折旧。

经常性业务支出 = （工资性福利支出 + 商品服务支出 + 对个人和家庭补助支出 - 抚恤费 - 生活补贴 - 救济费 - 助学金 - 公费医疗 - 生产补贴 - 其他） × 行政、事业、民间非营利组织占全国预算单位资产比重 + 国防费经常性支出 - 政府部门市场性收入。

其中：行政、事业、民间非营利组织占全国预算单位资产比重 = （全国预算单位年平均资产总额 - 企业化管理事业单位年平均资产） ÷ 全国预算单位年平均资产总额。

固定资产折旧 = 行政单位固定资产折旧 + 事业单位固定资产折旧 + 民间非营利组织固定资产折旧

专题十四　劳工荒

——中国劳动力市场的供求结构变化

子 目 录

说　　明

近年来，经常有媒体报道东南沿海地区出现的“劳工荒”。根据广州市人力资源中心提供的数据，据说广州2010年用工总量为683万人，缺工15万人以上，深圳市缺工20万人以上。广东省人力资源和社会保障厅的调研显示，在2010年广东企业缺工总量约90万人。据某媒体报道：广州地区对应每个求职者有1.36个岗位空缺。深圳仅仅一个宝安区节后用工缺口就达20万人左右。四川、河南、安徽、湖南等一些劳务输出大省的部分企业也出现不同程度的“招工难”现象。① 有媒体声称：“种种迹象表明，用工荒已经由技术工人蔓延到普工，由东南沿海蔓延到全国。尽管我国的劳动力总量尚未开始下降，但年轻劳动力的短缺已经十分明显了。”

2011年春节过后，“劳工荒”卷土重来。随着经济复苏，订单重新飞来，珠三角的企业不得不采取措施抢夺工人。普工的工资迅速提高。比如东莞的最低工资线为770元。长期以来，许多企业比照最低工资支付普工的底薪。自2010年夏，不少企业把普工工资提到1000元甚至1200元。有些企业过去只招30岁以下的员工，现在也将标准放宽到了45岁。尽管如此，依然有不少企业因招不到足够的普工而叫苦不迭。②

究竟“劳工荒”是一个什么性质的问题？

“劳工荒”，说到底无非两点：农村没人，企业没钱。倘若农村有人（剩余劳动力），企业有钱（能够支付让农民工满意的工资），还闹什么劳工荒？

说农村没有剩余劳动力，要看在什么地方。2012年在全国农村至少还有8876.2万剩余劳动力。在河南还有剩余劳动力967.6万人，湖南965.8万人。四川910.7万人，云南885万人，安徽701.9万人。③ 可是，在珠三角和长三角的农村里确实没有多少剩余劳动力了。在江阴华西村不仅没有剩余劳动力，70%以上的员工是外地来打工的。本村人的收入比那些外来的工程师还高。不过，中国有多少农村能够像华西村那样？即使每年能够转移出去600万—800万农村剩余劳动力，起码还要用10年才能基本消化农村剩余劳动力。随着农业机械化和先进科学技术的推广，剩余劳动力的数量可能还会有所增加。声称农村已经没有剩余劳动力或者已经接近刘易斯拐点的说法缺乏事实根据。

从总量来讲，2011年中国从事农业生产的劳动力占总数的34.8%（表14－5），世界先进国家农业劳动力占比只有3%左右④，就算把农业劳动力比重降低10个百分点，恐怕都不敢说中国没有剩余劳动力。

归根到底，劳工荒是产业升级过程中在劳动力市场上必然出现的矛盾。随着经济增长，人民生活水平不断提高，由于劳动力密集型企业的利润空间太小，很难支付足够高的工资，逐步丧失对劳动力的吸引力。事实上，招不到劳工的绝大多数都是劳动力密集型企业。如果劳动力短缺，涨工资就行了。根据中国的现状，只要支付的工资足够高，要多少普工就有多少，还怕雇不到人吗？据说，深圳缺几十万普工，倘若把普工的月薪涨到5000元，就是需要100万工人，很快就能

---

① 参见《用工荒蔓延全国殃及劳务输出大省》，不知道应该由谁来核实上述消息？资料来源：《北京日报》，2011年2月18日。

② 据报道，由于企业招工难现象越来越突出，武汉地区今年有超过八成的企业主动提高了薪资标准，平均涨幅都在15%左右。当前武汉区域内的普工工资已提高到1600—2800元，服务类工种也达到了不低于1200元的高水平线。据富士康武汉方面的人士介绍，2011年的员工工资比去年涨了400元左右，员工通过考核以后，月薪基本维持在2200—2800元。在宁波，雅戈尔衬衫有限公司等开出了年薪3万元、缴纳五大社保等条件，另外享受产假、婚假、丧假及节假日补助工资等福利，但招聘摊前门可罗雀。

③ 关于农村剩余劳动力的估计数字请参阅北京师范大学，《2013国民核算研究报告》，第五章，主报告。

④ 在2011年，美国农业劳动力占总劳动力的0.7%，日本农业劳动力占比为3.9%，加拿大为2.0%，法国3.8%，德国1.6%。资料来源：CIA World Fact－books。

补足，怕只怕深圳容纳不下。[1] 退一万步说，境内没有，境外还没有吗？20世纪60年代，“亚洲四小龙”在经济起飞之前都有大量剩余劳动力。随着经济高速增长，很快就将剩余劳动力吸收干净，随后就大规模地从海外引进劳动力。“亚洲四小龙”的经济发展背景和中国内地十分相像，许多在“亚洲四小龙”出现过的现象都会在中国内地重演，只不过重演的时间和方式略有不同而已。如果境内还有大量剩余劳动力，无论是把眼光放在引进海外劳工或者把产业向海外转移，这些想法都不合时宜。

在市场经济中，供求关系是一对基本矛盾。有的时候供大于求，有的时候供不应求。均衡是相对的、暂时的，不均衡则是绝对的、长期的。在劳动力市场上也是这样。随着经济周期波动，失业率时高时低，用不着大惊小怪。无论出现劳工荒还是高失业率，只要市场机制能正常起作用，过段时间就会调整过来。劳工荒的话题被反复提及，其中必定有些特殊的地方值得探讨。

对劳动力市场基本数据的核算表明：

第一，从总体上来看，劳动力市场依然是供大于求。每年新增劳动力的数量一直大于第二产业和第三产业新增的就业人数。劳动力的供给大大多于能够提供的工作岗位。许多年轻人找不到工作，就业压力很大。中国劳动力市场离开“刘易斯拐点”还有很大的距离。

第二，从地区来讲，在沿海地区，特别是珠三角，劳工荒的问题不仅存在而且相当严重。主要是因为当地生活水平不断提高，特别是租房费用大幅度上升，沿海发达地区对“五险一金”的缴纳抓得较严，从而提高了用工成本；而劳动力密集型产业的利润空间有限，很难同步增加工资福利。普工的工资水平上升的速度低于当地生活消费水平上涨速度，对外地农民工的吸引力越来越低。外来务工人员不得不要求较高的工资。此外，随着内地经济发展，许多农民工在本地找到了就业机会。如果沿海企业不能支付更高的劳动报酬，与其千里迢迢外出打工还不如在家门口上班。许多内地中小城市的经济高速发展。给农民工提供了在省内、县内就近就业的机会，加剧了沿海地区不时出现的劳工荒。农民工的理性选择导致某些沿海地区的劳动力密集型产业频频出现劳工荒。

第三，从行业来讲，工资水平较低的劳动力密集型行业容易出现劳工荒。

第四，从工人的技术水平和培训周期来讲，技术工人短缺比一般普工更为严重。由于经济发达地区的产业升级，对技术工人的要求持续增加，对普通工人的需求相对下降。技术工人或熟练工人更容易出现劳工荒。

第五，从年龄来讲，对20—30岁之间工人的需求比年长的普工更强。需要较多年轻工人的企业更容易发生劳工荒。

第六，随着产业升级的进展，许多劳动力密集型产业纷纷向内地转移。劳动力不断地从劳动力密集型产业向资本密集型和技术密集型产业转移，从农业向制造业和服务业转移。在2012年以后，服务业提供了越来越多的就业机会。在产业升级的过程中劳动力结构必然发生变化，必然出现不均衡。劳动力市场由原来的均衡态转向新的均衡态。劳工荒就是这种不均衡的体现。

---

① 据说富士康增加工资报酬之后，“从大年初四（2011年2月6日）开始，深圳龙华富士康门口求职人数一天比一天多，到2011年2月14日，每天都有万余人排队求职。排队人群占据马路，甚至站到路边荒草堆上”。参见李海年，“富士康掴了‘用工荒’一个大耳光”，《人民网强国论坛》，2011年2月21日。

表 14－1　　**全国分年龄人口数**

单位：万人

年龄（岁）	出生年份	实际人口数	移动平均值	就业年份
0	2011	1330.69	—	2031
1	2010	1438.22	—	2030
2	2009	1612.96	1521.56	2029
3	2008	1639.84	1561.88	2028
4	2007	1586.07	1567.26	2027
5	2006	1532.31	1540.37	2026
6	2005	1465.10	1478.54	2025
7	2004	1478.54	1438.22	2024
8	2003	1330.69	1416.71	2023
9	2002	1384.45	1416.71	2022
10	2001	1424.78	1400.58	2021
11	2000	1465.10	1440.91	2020
12	1999	1397.90	1467.79	2019
13	1998	1532.31	1526.93	2018
14	1997	1518.87	1604.89	2017
15	1996	1720.49	1690.92	2016
16	1995	1854.90	1793.07	2015
17	1994	1828.02	1887.16	2014
18	1993	2043.08	1992.00	2013
19	1992	1989.31	2172.11	2012
20	1991	2244.70	2330.72	2011
21	1990	2755.47	2411.37	2010
22	1989	2621.05	2548.47	2009
23	1988	2446.32	2551.16	2008
24	1987	2674.82	2400.62	2007
25	1986	2258.14	2271.58	2006
26	1985	2002.75	2180.18	2005
27	1984	1975.87	2096.84	2004
28	1983	1989.31	2037.70	2003
29	1982	2258.14	2013.51	2002
30	1981	1962.43	2013.51	2001
31	1980	1881.78	2010.82	2000
32	1979	1975.87	1930.17	1999
33	1978	1975.87	1951.68	1998
34	1977	1854.90	1994.69	1997
35	1976	2069.96	2059.21	1996
36	1975	2096.84	2150.61	1995
37	1974	2298.46	2274.27	1994

数据来源：人数来自于《中国人口统计年鉴》，2012 年，表 1－2，第 4 页。年龄以 2011 年为基年。

表 14－1　　续表 1

年龄（岁）	出生年份	实际人口数	移动平均值	就业年份
38	1973	2432.88	2357.60	1993
39	1972	2473.20	2478.58	1992
40	1971	2486.64	2518.90	1991
41	1970	2701.70	2580.73	1990
42	1969	2500.08	2524.28	1989
43	1968	2742.03	2500.08	1988
44	1967	2190.93	2440.94	1987
45	1966	2365.67	2483.95	1986
46	1965	2405.99	2403.30	1985
47	1964	2715.14	2365.67	1984
48	1963	2338.79	2112.97	1983
49	1962	2002.75	1914.04	1982
50	1961	1102.19	1631.77	1981
51	1960	1411.34	1494.67	1980
52	1959	1303.81	1462.41	1979
53	1958	1653.28	1578.01	1978
54	1957	1841.46	1647.90	1977
55	1956	1680.16	1741.99	1976
56	1955	1760.81	1728.55	1975
57	1954	1774.25	1680.16	1974
58	1953	1586.07	1612.96	1973
59	1952	1599.51	1532.31	1972
60	1951	1344.13	1438.22	1971
61	1950	1357.57	1344.13	1970
62	1949	1303.81	1236.60	1969
63	1948	1115.63	1164.02	1968
64	1947	1061.86	1069.93	1967
65	1946	981.21	978.53	1966
66	1945	887.13	911.32	1965
67	1944	846.80	846.80	1964
68	1943	779.60	803.79	1963
69	1942	739.27	768.84	1962
70	1941	766.15	720.45	1961
71	1940	712.39	698.95	1960
72	1939	604.86	674.75	1959
73	1938	672.07	637.12	1958
74	1937	618.30	602.17	1957
75	1936	577.98	580.66	1956
76	1935	537.65	543.03	1955
77	1934	497.33	497.33	1954
78	1933	483.89	451.63	1953

表 14-1　　　　续表 2

年龄（岁）	出生年份	实际人口数	移动平均值	就业年份
79	1932	389.80	413.99	1952
80	1931	349.47	368.29	1951
81	1930	349.47	319.90	1950
82	1929	268.83	282.27	1949
83	1928	241.94	244.63	1948
84	1927	201.62	201.62	1947
85	1926	161.30	169.36	1946
86	1925	134.41	139.79	1945
87	1924	107.53	112.91	1944
88	1923	94.09	91.40	1943
89	1922	67.21	72.58	1942
90	1921	53.77	56.45	1941
91	1920	40.32	43.01	1940
92	1919	26.88	32.26	1939
93	1918	26.88	29.57	1938
94	1917	13.44	—	1937
95	1916	40.32	—	1936

数据来源：人数来自于《中国人口统计年鉴》，2012 年，表 1-2，第 4 页。年龄以 2011 年为基年。

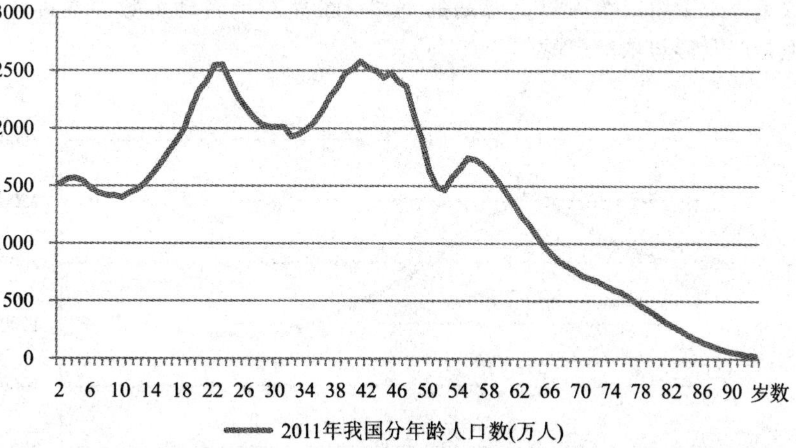

图 14-1　中国人口结构图

数据来源：《中国人口统计年鉴》，2012 年。

（1）中国人口的年龄分布大起大落。由于 1960 年前后新生人数大幅度减少，随后由于人口政策失误导致新生儿人数大增，特别是在 1966 年之后，大学、中学和小学停课，新生儿人数持续猛增。两次政策失误使得中国人口年龄分布的扰动很大。在 1961 年出生的人只有 1102.19 万人，在 1964 年出生的人数猛增到 2715.14 万人。在 1968 年达到 2742.03 万人的高峰。在 1976 年以前，每年出生的人口居高不下，保持在 2000 万人以上。在 20 世纪 70 年代后期实施计划生育之后，每年出生的人口逐年下降。毋庸讳言，历史上人口政策给中国人口结构带来巨大的扰动，不仅导致1961年和1968年这两年出生的人口相差悬殊，还影响到随后年份。就像一块石头丢进河，激起一波又一波涟漪。中国人平均的生育周期大约是24年。如果24年前出生的婴儿多，那么24年后，育龄的妇女也多。即使维持一胎化政策，出生的婴儿也多。中国人口的逐年变化类似波幅递减的正弦曲线。在1968年到1980年期间每年出生的人口数下降，时隔22年后，在1990到2000年年期间每年出生的人口数再度下降。毫无疑问，对应着每年新生儿数量下降的时间段，20多年后新增劳动力数量也会下降。在1985年到1991年期间，中国人口出现第二个高峰，每年出生的人口都在2000万人以上。从1992年开始，每年出生的人口逐年减少，从1992年的1989.31万人下降为2011年的1330.69万人。①

（2）由于年轻人的死亡率很低，因此各年龄段的人口数字在50岁之前衰减得很慢。根据统计数据，5—9岁的平均死亡率是0.053%，10—14岁的平均死亡率为0.043%，15—19岁为0.057%，20—24岁为0.099%。25—29岁为0.12%，30—34岁为0.143%，35—39岁为0.157%，40—44岁为0.208%，45—49岁为0.333%。② 在分析就业问题的时候，可以假定在50岁以下的各年龄组人数是个常数。

（3）新增劳动力定义：大部分年轻人在18岁（中学毕业）到22岁（大学毕业）之间走出校门，进入劳动市场。20岁为年轻人就业的平均年龄。新增劳动力指的是某一年18岁到22岁之间人口的移动平均值。例如，2010年的新增劳动力等于1988年、1989年、1990年、1991年和1992年各年出生人口的平均值。例如，在1994年出生的人口1828.02万人，前后各两年，在1992年到1996年期间的人口移动平均值为1887.16万人，这些人在2014年满20岁，构成新增劳动力。因此，2014年新增劳动力数字为1887.16万人（表14－1）。

（4）如果把新增劳动力高于2000万人当作就业高峰期，那么，在近50年内出现了2次就业高峰。分别为1983年到1994年，2005年到2012年。

（5）在2012年新增劳动力为2172.11万人，2013年为1992万人，2014年为1887.16万人，新增劳动力的数量正处于第二个人口高峰期的尾端。虽然新增劳动力数字在逐年下降，就业压力在逐步减轻，但是就业形势依然严峻。

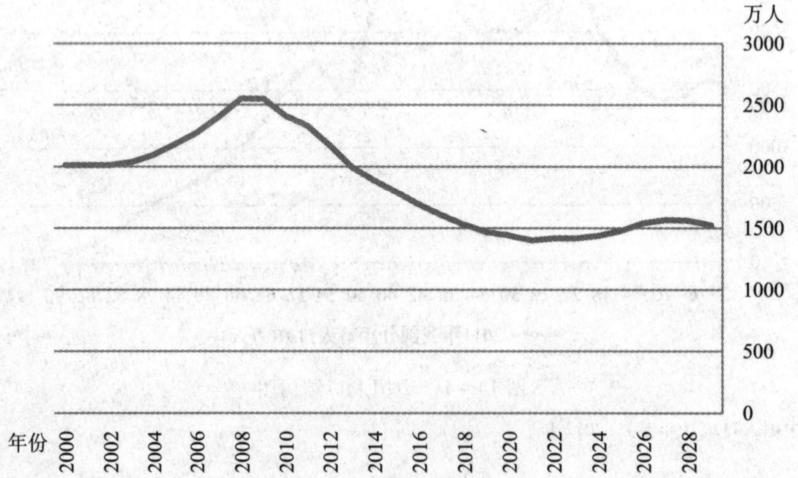

图14－2　新增劳动力

数据来源：根据表14－1绘制。

① 关于中国人口扰动的分析请参阅徐滇庆、丁宁“人口扰动与就业压力”，《数量经济和技术经济研究》，2006年第3期。

② 数据来源：《中国人口统计年鉴》，2002年，第56页。

表 14－2　　**城乡分年龄人口数**

单位：万人

年龄（岁）	出生年份	城镇人口数	乡村人口数
0	2011	553	779
1	2010	655	779
2	2009	710	902
3	2008	713	928
4	2007	710	876
5	2006	678	857
6	2005	666	798
7	2004	654	831
8	2003	595	727
9	2002	640	747
10	2001	655	772
11	2000	674	792
12	1999	652	740
13	1998	692	837
14	1997	676	837
15	1996	818	909
16	1995	944	909
17	1994	989	831
18	1993	1184	857
19	1992	1115	876
20	1991	1251	987
21	1990	1531	1233
22	1989	1432	1188
23	1988	1360	1091
24	1987	1507	1162
25	1986	1293	961
26	1985	1155	844
27	1984	1155	824
28	1983	1181	805
29	1982	1378	883
30	1981	1173	785
31	1980	1113	772
32	1979	1190	785
33	1978	1171	805
34	1977	1100	753
35	1976	1204	863
36	1975	1195	902
37	1974	1316	987

数据来源：《中国人口统计年鉴》，2002 年，表 1－3，1－4，1－5。表中年龄以 2001 年为起点。假定 20 岁是适龄就业年龄。

表 14－2　　　　　　　　　　　续表 1

年龄（岁）	出生年份	城镇人口数	乡村人口数
38	1973	1382	1052
39	1972	1378	1091
40	1971	1369	1110
41	1970	1477	1220
42	1969	1340	1162
43	1968	1445	1292
44	1967	1102	1084
45	1966	1170	1194
46	1965	1234	1168
47	1964	1437	1285
48	1963	1238	1097
49	1962	1009	993
50	1961	589	519
51	1960	753	656
52	1959	687	610
53	1958	864	785
54	1957	926	909
55	1956	842	837
56	1955	849	915
57	1954	870	915
58	1953	744	844
59	1952	748	850
60	1951	623	721
61	1950	623	734
62	1949	585	721
63	1948	512	610
64	1947	481	571
65	1946	432	552
66	1945	393	487
67	1944	374	480
68	1943	345	435
69	1942	329	409
70	1941	335	428
71	1940	324	396
72	1939	290	325
73	1938	314	364
74	1937	283	331
75	1936	273	305
76	1935	251	286
77	1934	229	266
78	1933	216	266

表 14－2 续表 2

年龄（岁）	出生年份	城镇人口数	乡村人口数
79	1932	175	221
80	1931	158	188
81	1930	156	188
82	1929	129	136
83	1928	108	136
84	1927	91	110
85	1926	73	91
86	1925	59	71
87	1924	49	58
88	1923	42	45
89	1922	28	45
90	1921	28	32
91	1920	20	26
92	1919	14	13
93	1918	14	13
94	1917	7	6
95	1916	17	19

表 14－3 **城乡新增劳动力人数**

单位：千人

年龄（岁）	出生年份	适龄就业年份	城镇合计	乡村	全国合计
0	2011	2031			
1	2010	2030			
2	2009	2029	668	853	1521
3	2008	2028	693	869	1562
4	2007	2027	695	872	1568
5	2006	2026	684	858	1542
6	2005	2025	660	818	1478
7	2004	2024	646	792	1438
8	2003	2023	642	775	1417
9	2002	2022	644	774	1417
10	2001	2021	643	756	1399
11	2000	2020	663	778	1440
12	1999	2019	670	796	1466
13	1998	2018	702	823	1525
14	1997	2017	756	846	1603
15	1996	2016	824	865	1688
16	1995	2015	922	869	1790
17	1994	2014	1010	876	1886
18	1993	2013	1096	892	1988
19	1992	2012	1214	957	2171
20	1991	2011	1303	1028	2331
21	1990	2010	1338	1075	2413
22	1989	2009	1416	1132	2548
23	1988	2008	1425	1127	2551
24	1987	2007	1349	1049	2398
25	1986	2006	1294	976	2270
26	1985	2005	1258	919	2177
27	1984	2004	1232	863	2096
28	1983	2003	1208	828	2037
29	1982	2002	1200	814	2014
30	1981	2001	1207	806	2013
31	1980	2000	1205	806	2011
32	1979	1999	1149	780	1930
33	1978	1998	1156	796	1952
34	1977	1997	1172	822	1994
35	1976	1996	1197	862	2059
36	1975	1995	1239	911	2151
37	1974	1994	1295	979	2274

数据来源：《中国人口统计年鉴》，2012 年，表 1－3、表 1－4、表 1－5。

表 14－3　　续表 1

年龄（岁）	出生年份	适龄就业年份	城镇合计	乡村	全国合计
38	1973	1993	1328	1028	2356
39	1972	1992	1385	1092	2476
40	1971	1991	1389	1127	2516
41	1970	1990	1402	1175	2577
42	1969	1989	1347	1174	2521
43	1968	1988	1307	1191	2498
44	1967	1987	1258	1180	2439
45	1966	1986	1278	1205	2483
46	1965	1985	1236	1166	2402
47	1964	1984	1218	1148	2365
48	1963	1983	1101	1013	2114
49	1962	1982	1005	910	1915
50	1961	1981	855	775	1630
51	1960	1980	780	713	1493
52	1959	1979	764	696	1460
53	1958	1978	814	759	1574
54	1957	1977	834	811	1645
55	1956	1976	870	872	1743
56	1955	1975	846	884	1730
57	1954	1974	811	872	1683
58	1953	1973	767	849	1616
59	1952	1972	722	813	1534
60	1951	1971	665	774	1439
61	1950	1970	618	727	1345
62	1949	1969	565	671	1236
63	1948	1968	527	637	1164
64	1947	1967	481	588	1069
65	1946	1966	439	540	979
66	1945	1965	405	505	910
67	1944	1964	375	473	847
68	1943	1963	355	448	803
69	1942	1962	341	430	771
70	1941	1961	324	399	723
71	1940	1960	318	384	702
72	1939	1959	309	369	678
73	1938	1958	297	344	641
74	1937	1957	282	322	604
75	1936	1956	270	310	580
76	1935	1955	251	291	541
77	1934	1954	229	269	498
78	1933	1953	206	245	451

表 14-3 续表 2

年龄（岁）	出生年份	适龄就业年份	城镇合计	乡村	全国合计
79	1932	1952	187	226	413
80	1931	1951	167	200	367
81	1930	1950	145	174	319
82	1929	1949	128	152	280
83	1928	1948	112	132	244
84	1927	1947	92	109	201
85	1926	1946	76	93	170
86	1925	1945	63	75	138
87	1924	1944	50	62	112
88	1923	1943	41	51	92
89	1922	1942	33	42	75
90	1921	1941	26	32	59
91	1920	1940	21	26	47
92	1919	1939	16	18	35
93	1918	1938	14	16	30
94	1917	1937	10		
95	1916	1936	8		

核 算 点 评

（1）分析劳动力市场的供求关系必然要研究每年有多少年青人走出校门开始寻找工作。杨支柱指出："用工荒在2011年春天变得异常显眼的另一个原因是大约20年前生育率的大幅下降。要保持劳动力规模长期不萎缩（产业升级期间光不萎缩还不够），一个国家的人口总和生育率应该达到世代更替水平，这在发达国家是2.09，在中国这样一个性别比失衡的半发展中国家可能需要2.3。根据2000年第五次全国人口普查的数据，中国的总和生育率在1990年还有2.37，但1991年已经下降到1.8，1992为1.68，1993为1.57，1994为1.47，1995为1.48，1996为1.36，1997为1.31，1998为1.31，1999为1.23，2000为1.22。这表明"用工荒"在中国将是长期的，而且有愈演愈烈之趋势。"① 这种说法有道理。1991年出生的人到2011年满20岁。刚好是要走上工作岗位的年龄。从1991年到2000年，中国的生育率逐年下降，使得20年后新增劳动力的数量相应减少。因此，有必要全面地综合考虑计划生育政策，适度放宽一胎化政策，努力保持劳动力市场的相对均衡。但是，2011年新增劳动力的数字在2303万人，而新增就业机会在1300万人左右，就业缺口相当大。起码在最近几年之内生育率下降尚且还不能成为劳工荒的理由。

（2）有人从人口红利的角度分析劳工荒。如果劳动年龄的人口比重较大，赡养老人的负担比

① 参见杨支柱，"用工荒根源在于劳动力储备不足"，《新快报》，2011年2月19日。

较轻，抚养比比较低，社会储蓄能力强，有利于经济发展。有人把这种发展过程中特定阶段的优势称为人口红利。他们认为中国人口红利到了2015年就出现拐点。工作人群的社会负担会越来越重。[①] 虽然这些观点有其道理，但是和当前出现的劳工荒并不直接相关。北欧、加拿大和日本等地早就没有人口红利了，怎么没有出现上下起伏的“劳工荒”？

（3）按照人口年龄分布状况，新增劳动力在2009年达到2548万的高峰之后逐年下降，2011年新增劳动力2331万人，一直减少到2020年的1440万人。假定其他因素保持不变，从劳动力供给方面来看，从2009年开始，每年新增劳动力数量将逐年减少。2020年的新增劳动力数量和1990年相比可能要减少1000万人左右。显然，这是未来可能导致“劳工荒”的一个重要原因。

（4）按照适龄就业的人口数字来看，2014年在18岁到22岁区间的均值为城镇1010万人，乡村876万人，全国合计1886万人。按照人力资源和社会保障部测算的数据，2014年城镇新成长劳动力为1600万人。显然，在这个数据中处理城镇适龄的新增劳动力之外还包括了一部分从农村流入城镇的农民工以及他们的子弟，但是不包括在农村务农的人员。

（5）按照国家统计局及人力资源和社会保障部公布的数据，2009年城镇新增就业人数为1102万人，2010年为1168万人，2011年1221万人，2012年1266万人，2013年1310万人。[②] 尽管宏观经济增速下滑，但是新增就业人数并没有减少。以前有个说法，经济增长没减少1个百分点，就要减少120万人就业。显然，这个说法很难成立。

（6）但是，千万不要简单地认为新增劳动力永远保持下降趋势。每年新生儿的数量在波动，相对应20年后的新增劳动力数量也呈现波动规律。从2000年以后，新生儿数量开始下一波的攀升，可以预料在2020年后新增劳动力数量将迎来上升周期。到了那个时候，劳工荒引起的矛盾有可能让位于高失业率的压力。

① 参见蔡昉，“促进劳动力市场发展，改善收入分配制度”，《前线》，2010年第6期，第49页。

② 数据来源：“半年新增城镇就业725万”，《人民日报》，2013年7月26日。2013年数据来自于《人民日报》，2014年5月22日。

表 14－4　　全国城乡就业人员年末人数

单位：万人

年份	就业人员				就业占人口比重（%）
		城镇就业人员	乡村就业人员		
1952	20729	2486	18243	57482	36.1
1953	21364	2754	18610	58796	36.3
1954	21832	2744	19088	60266	36.2
1955	22328	2802	19526	61465	36.3
1956	23018	2993	20025	62828	36.6
1957	23771	3205	20566	64653	36.8
1958	26600	5300	21300	65994	40.3
1959	26173	5389	20784	67207	38.9
1960	25880	6119	19761	66207	39.1
1961	25590	5336	20254	65859	38.9
1962	25910	4537	21373	67295	38.5
1963	26640	4603	22037	69172	38.5
1964	27736	4828	22908	70499	39.3
1965	28670	5136	23534	72538	39.5
1966	29805	5354	24451	74542	40.0
1967	30814	5446	25368	76368	40.3
1968	31915	5630	26285	78534	40.6
1969	33225	5825	27400	80671	41.2
1970	34432	6312	28120	82992	41.5
1971	35620	6868	28752	85229	41.8
1972	35854	7200	28654	87177	41.1
1973	36652	7388	29264	89211	41.1
1974	37369	7687	29682	90859	41.1
1975	38168	8222	29946	92420	41.3
1976	38834	8692	30142	93717	41.4
1977	39377	9127	30250	94974	41.5
1978	40152	9514	30638	96259	41.7
1979	41024	9999	31025	97542	42.1
1980	42361	10525	31836	98705	42.9
1981	43725	11053	32672	100072	43.7
1982	45295	11428	33867	101654	44.6
1983	46436	11746	34690	103008	45.1
1984	48197	12229	35968	104357	46.2
1985	49873	12808	37065	105851	47.1
1986	51282	13292	37990	107507	47.7
1987	52783	13783	39000	109300	48.3
1988	54334	14267	40067	111026	48.9
1989	55329	14390	40939	112704	49.1

注：全国就业人员 1990 年及以后的数据根据劳动力调查、人口普查推算，2001 年及以后数据根据第六次人口普查数据重新修订（下表同）。

表 14－4 续表 1

年份	就业人员				就业占人口比重（%）
		城镇就业人员	乡村就业人员		
1990	64749	17041	47708	114333	56. 6
1991	65491	17465	48026	115823	56. 5
1992	66152	17861	48291	117171	56. 5
1993	66808	18262	48546	118517	56. 4
1994	67455	18653	48802	119850	56. 3
1995	68065	19040	49025	121121	56. 2
1996	68950	19922	49028	122389	56. 3
1997	69820	20781	49039	123626	56. 5
1998	70637	21616	49021	124761	56. 6
1999	71394	22412	48982	125786	56. 8
2000	72085	23151	48934	126743	56. 9
2001	72797	24123	48674	127627	57. 0
2002	73280	25159	48121	128453	57. 0
2003	73736	26230	47506	129227	57. 1
2004	74264	27293	46971	129988	57. 1
2005	74647	28389	46258	130756	57. 1
2006	74978	29630	45348	131448	57. 0
2007	75321	30953	44368	132129	57. 0
2008	75564	32103	43461	132802	56. 9
2009	75828	33322	42506	133450	56. 8
2010	76105	34687	41418	134091	56. 8
2011	76420	35914	40506	134735	56. 7

核 算 点 评

（1）由于 20 世纪 60、70 年代的人口生育高峰，形成了当前和未来二十年劳动年龄人口占总人口的比重维持在 65% 以上的较高水平。劳动年龄人口处于高峰期。

（2）2011 年全国就业人口 76420 万人，占总人口的 56. 7%。其中城镇就业 35914 万人，乡村就业 40506 万人。这是按照居民户籍所在地统计的就业人口。实际上有 2. 6 亿农民工从乡村走进了城镇，他们在城镇居留时间超过 6 个月，在统计中他们归于城镇人口，城镇化率在 2012 年为 53. 2%。

（3）如果按照户籍区分的城乡人口计算 5 年移动平均值，2012 年城镇户籍新增劳动力 581. 1 万人，农村户籍新增劳动力 1433. 8 万人，合计 2018. 9 万人。在 2013 年，城镇中新增劳动力 1096 万人，乡村为 892 万人，合计 1988 万人（表 14－3）。实际上，大量农村户籍家庭早已移居城镇。他们的下一代是在城镇中长大的。在讨论就业问题时很难按照户籍来区分边界。在最近几年内，大致上可以估计为农村新增劳动力 1000 万人，城镇新增劳动力 1000 万人。

表 14－5　**全国分产业从业人员年末人数**

单位：万人

年份	就业人员合计	就业人员			构成（合计为100）		
		第一产业	第二产业	第三产业	第一产业	第二产业	第三产业
1952	20729	17317	1531	1881	83.5	7.4	9.1
1953	21364	17747	1715	1902	83.1	8.0	8.9
1954	21832	18151	1882	1799	83.1	8.6	8.3
1955	22328	18592	1913	1823	83.3	8.6	8.1
1956	23018	18544	2468	2006	80.6	10.7	8.7
1957	23771	19309	2142	2320	81.2	9.0	9.8
1958	26600	15490	7076	4034	58.2	26.6	15.2
1959	26173	16271	5402	4500	62.2	20.6	17.2
1960	25880	17016	4112	4752	65.7	15.9	18.4
1961	25590	19747	2856	2987	77.2	11.2	11.6
1962	25910	21276	2059	2575	82.1	8.0	9.9
1963	26640	21966	2038	2636	82.5	7.6	9.9
1964	27736	22801	2183	2752	82.2	7.9	9.9
1965	28670	23396	2408	2866	81.6	8.4	10.0
1966	29805	24297	2600	2908	81.5	8.7	9.8
1967	30814	25165	2661	2988	81.7	8.6	9.7
1968	31915	26063	2743	3109	81.7	8.6	9.7
1969	33225	27117	3030	3078	81.6	9.1	9.3
1970	34432	27811	3518	3103	80.8	10.2	9.0
1971	35620	28397	3990	3233	79.7	11.2	9.1
1972	35854	28283	4276	3295	78.9	11.9	9.2
1973	36652	28857	4492	3303	78.7	12.3	9.0
1974	37369	29218	4712	3439	78.2	12.6	9.2
1975	38168	29456	5152	3560	77.2	13.5	9.3
1976	38834	29443	5611	3780	75.8	14.5	9.7
1977	39377	29340	5831	4206	74.5	14.8	10.7
1978	40152	28318	6945	4890	70.5	17.3	12.2
1979	41024	28634	7214	5177	69.8	17.6	12.6
1980	42361	29122	7707	5532	68.7	18.2	13.1
1981	43725	29777	8003	5945	68.1	18.3	13.6
1982	45295	30859	8346	6090	68.1	18.4	13.5
1983	46436	31151	8679	6606	67.1	18.7	14.2
1984	48197	30868	9590	7739	64.0	19.9	16.1
1985	49873	31130	10384	8359	62.4	20.8	16.8
1986	51282	31254	11216	8811	60.9	21.9	17.2

数据来源：《中国人口劳动统计年鉴》，2012 年，表 1－5 全国就业人员年末人数。

表 14－5 续表 1

年份	就业人员合计	就业人员			构成（合计为 100）		
		第一产业	第二产业	第三产业	第一产业	第二产业	第三产业
1987	52783	31663	11726	9395	60. 0	22. 2	17. 8
1988	54334	32249	12152	9933	59. 3	22. 4	18. 3
1989	55329	33225	11976	10129	60. 1	21. 6	18. 3
1990	64749	38914	13856	11979	60. 1	21. 4	18. 5
1991	65491	39098	14015	12378	59. 7	21. 4	18. 9
1992	66152	38699	14355	13098	58. 5	21. 7	19. 8
1993	66808	37680	14965	14163	56. 4	22. 4	21. 2
1994	67455	36628	15312	15515	54. 3	22. 7	23. 0
1995	68065	35530	15655	16880	52. 2	23. 0	24. 8
1996	68950	34820	16203	17927	50. 5	23. 5	26. 0
1997	69820	34840	16547	18432	49. 9	23. 7	26. 4
1998	70637	35177	16600	18860	49. 8	23. 5	26. 7
1999	71394	35768	16421	19205	50. 1	23. 0	26. 9
2000	72085	36043	16219	19823	50. 0	22. 5	27. 5
2001	72797	36399	16234	20165	50. 0	22. 3	27. 7
2002	73280	36640	15682	20958	50. 0	21. 4	28. 6
2003	73736	36204	15927	21605	49. 1	21. 6	29. 3
2004	74264	34830	16709	22725	46. 9	22. 5	30. 6
2005	74647	33442	17766	23439	44. 8	23. 8	31. 4
2006	74978	31941	18894	24143	42. 6	25. 2	32. 2
2007	75321	30731	20186	24404	40. 8	26. 8	32. 4
2008	75564	29923	20553	25087	39. 6	27. 2	33. 2
2009	75828	28890	21080	25857	38. 1	27. 8	34. 1
2010	76105	27931	21842	26332	36. 7	28. 7	34. 6
2011	76420	26594	22544	27282	34. 8	29. 5	35. 7

核 算 点 评

通常人们说的新增就业指的是在城镇中企事业单位新增就业人数。表 14－5 中的新增就业人数包含的面更宽。凡是非农产业中的增加的就业都计入新增就业人数。

表 14－6　　全国分产业新增就业人数

单位：万人

年份	第一产业	第二产业	第三产业	非农就业
1953	430	184	21	205
1954	404	167	－103	64
1955	441	31	24	55
1956	－48	555	183	738
1957	765	－326	314	－12
1958	－3819	4934	1714	6648
1959	781	－1674	466	－1208
1960	745	－1290	252	－1038
1961	2731	－1256	－1765	－3021
1962	1529	－797	－412	－1209
1963	690	－21	61	40
1964	835	145	116	261
1965	595	225	114	339
1966	901	192	42	234
1967	868	61	80	141
1968	898	82	121	203
1969	1054	287	－31	256
1970	694	488	25	513
1971	586	472	130	602
1972	－114	286	62	348
1973	574	216	8	224
1974	361	220	136	356
1975	238	440	121	561
1976	－13	459	220	679
1977	－103	220	426	646
1978	－1022	1114	684	1798
1979	316	269	287	556
1980	488	493	355	848
1981	655	296	413	709
1982	1082	343	145	488
1983	292	333	516	849
1984	－283	911	1133	2044
1985	262	794	620	1414
1986	124	832	452	1284
1987	409	510	584	1094
1988	586	426	538	964
1989	976	－176	196	20
1990	5689	1880	1850	3730
1991	184	159	399	558

数据来源：《中国劳动统计年鉴》，2012 年，表 1－5，全国就业人员年末人数。

表 14 – 6　　续表 1

年份	第一产业	第二产业	第三产业	非农就业
1992	-399	340	720	1060
1993	-1019	610	1065	1675
1994	-1052	347	1352	1699
1995	-1098	343	1365	1708
1996	-710	548	1047	1595
1997	20	344	505	849
1998	337	53	428	481
1999	591	-179	345	166
2000	275	-202	618	416
2001	356	15	342	357
2002	241	-552	793	241
2003	-436	245	647	892
2004	-1374	782	1120	1902
2005	-1388	1057	714	1771
2006	-1501	1128	704	1832
2007	-1210	1292	261	1553
2008	-808	367	683	1050
2009	-1033	527	770	1297
2010	-959	762	475	1237
2011	-1337	702	950	1652

核 算 点 评

（1）农村就业人数在 1992 年到 1996 年期间逐年下降（表 14 – 6），在 1997 年到 2002 年期间基本维持不变。在 2003 年以后，由于大批农民工离乡进城，农村就业（第一产业）每年减少 800 万—1300 万人左右。

（2）在 2005 年到 2007 年期间，第二产业（制造业）每年新增就业人数都超过 1000 万人。第三产业（服务业）新增就业 700 万人左右。在 2008 年以后，由于劳动力密集型产品扩张的高峰期已过，制造业提供的新增就业机会下降，在 2011 年只有 702 万人。与此同时，服务业提供的新增就业机会逐年上升，在 2007 年服务业提供新增就业 261 万人，到 2011 年增加为 950 万人。由此可见，在改革开放初期，制造业的主体是劳动力密集型产业，制造业的扩张提供了大量就业机会。大量农村剩余劳动力转移进制造业。在 2008 年以后，劳动力密集型产品在国内市场逐渐趋于饱和，海外市场份额扩张速度减慢，中国进入产业升级的阶段。虽然制造业的总产值在继续上升，主要发生在资本密集型产业和高科技部门，提供的新增就业机会远不如以前。

（3）进入 21 世纪以来，服务业提供了越来越多的新增就业机会。在 1999 年服务业新增就业机会 345 万人，到 2011 年服务业提供的新增就业 950 万人。毋庸置疑，服务业将成为未来新增就业的主要来源。

（4）在 2011 年农业就业人员减少 1336 万人，制造业增加 702 万人，服务业增加 950 万人。城镇就业人员当中，除了从农业向制造业、服务业转移的劳动力之外，净增劳动力 316 万人。

表 14－7 就业缺口

单位：万人

年份	新增就业人数	新增劳动力	就业缺口
2000	416	2011	1595
2001	357	2013	1656
2002	241	2014	1773
2003	892	2037	1145
2004	1902	2096	194
2005	1771	2177	406
2006	1832	2270	438
2007	1553	2398	845
2008	1050	2551	1501
2009	1297	2548	1251
2010	1237	2413	1176
2011	1652	2331	679

数据来源：新增就业来自于表 14－6，适龄就业劳动力来自于表 14－2。

核 算 点 评

（1）在 2010 年新增适龄就业劳动力 2303 万人，该年全国提供的就业机会 1237 万人，就业缺口 1066 万人。2011 年新增适龄就业劳动力 2186 万人，新增就业 1651 万人，就业缺口 535 万人。显然，从全国劳动力市场来看，劳动力供大于求。

（2）从总趋势来看，由于上一个人口生育高峰期（1986 年到 1991 年）出生的人慢慢地过了就业年龄，就业压力正在逐步减缓，但是就业缺口依然非常大。

（3）失业分摩擦性失业、季节性失业、周期性失业、结构性失业和政策性失业。摩擦性失业包括由于大学专业设置不符合市场要求而导致的失业。每年都有数百万年青人在毕业之后找不到工作，在城镇中处于摩擦性失业和季节性失业的人数居高不下。

（4）农村剩余劳动力没有被计入失业。在经济增长过程中，某些产业被逐渐淘汰，产业结构调整将促使结构性失业上升。最重要的是政策性失业。如果实行最低工资线，提高了企业的人工成本，必将大大减少劳动力密集型企业的雇佣人数。

表 14－8　　各地区部分行业平均工资（2011 年）

单位：元

地　区	总计	农林	采矿	制造业	农副食品加工	纺织服装
全　国	41799	17537	52230	36665	27901	29026
北　京	75482	29453	74247	56742	37336	29036
天　津	55658	46230	74009	49023	46853	36926
河　北	35309	7816	57900	32695	23370	25223
山　西	39230	20723	64539	30182	22783	20299
内蒙古	41118	18110	51159	36330	24875	20744
辽　宁	38154	8416	49014	36417	28203	24845
吉　林	33610	17403	35981	35704	20293	20429
黑龙江	31302	15038	44726	31197	21737	16277
上　海	75591	40315	95958	61491	42451	38429
江　苏	45487	21431	47936	37720	31866	27185
浙　江	45162	25268	35070	35363	30312	30633
安　徽	39352	16743	65805	36355	27512	23025
福　建	38588	13100	33539	33341	28013	31216
江　西	33239	18808	36496	31158	29094	23408
山　东	37618	24389	53767	32069	28901	28250
河　南	33634	18743	52619	30012	28026	23795
湖　北	36128	23565	35715	35824	27449	28139
湖　南	34586	16159	31827	35652	29392	24208
广　东	45060	13460	53944	35772	25800	26792
广　西	33032	15563	33527	30206	27930	21060
海　南	36244	15246	39104	30601	23944	22473
重　庆	39430	23252	37703	36466	37297	26138
四　川	37330	31198	42399	33210	26824	20004
贵　州	36102	20443	40914	35200	18987	18648
云　南	34004	10714	33926	32923	23126	22716
西　藏	49464	28739	43848	29796	18279	8242
陕　西	38143	10722	52368	33385	21459	25111
甘　肃	32092	16224	54103	36312	27902	10851
青　海	41370	16972	45311	35208	22358	26660
宁　夏	42703	18453	78338	35503	29103	27271
新　疆	38238	24213	63085	39883	29271	25614

数据来源：《中国劳动统计年鉴》，2012 年，表 3－2，各行业分地区就业人员和工资总额。

表 14-8 续表 1

地 区	家具	印刷	石油加工	黑色金属	通用设备	交通设备
全 国	30700	34095	52641	44238	38809	45635
北 京	33375	44606	84451	60673	56068	65032
天 津	29308	41376	66338	45949	52956	47559
河 北	20773	29004	46205	45660	26978	34758
山 西	11232	25965	33617	43412	27447	34178
内蒙古	23065	25157	70989	52903	31702	43836
辽 宁	22614	27860	56508	42552	34961	47474
吉 林	19755	21896	23709	30722	25357	53209
黑龙江	22194	21081	51332	30434	34743	38614
上 海	43132	57257	85317	108066	69903	76532
江 苏	39676	35174	60559	41487	40769	47732
浙 江	31256	33256	83435	46537	38476	39112
安 徽	27638	27278	26997	53657	35088	43143
福 建	31614	33064	115016	38592	33876	40352
江 西	21545	32593	39700	39500	33428	44924
山 东	25100	29640	47788	42471	32778	38736
河 南	25860	31850	34265	37904	30625	33751
湖 北	25950	36792	49306	55920	34065	43303
湖 南	29509	34604	58756	40821	33513	42290
广 东	28412	31105	77288	44506	38985	50020
广 西	18350	25788	55421	36154	29389	45041
海 南	18710	22068	53302	34156	32518	30585
重 庆	35081	34760	34934	46431	35054	36625
四 川	38916	31164	24409	33635	39651	37983
贵 州	18587	26258	27302	31437	29630	39609
云 南	22917	29606	26156	32820	34525	34977
西 藏	13907	27091	—	—	—	—
陕 西	18800	40659	56196	32873	35684	35045
甘 肃	13324	19117	50660	46398	23066	30420
青 海	-	26101	92939	39317	29935	23121
宁 夏	47218	30764	29344	30240	41313	25303
新 疆	20777	31838	60623	46831	28397	39088

数据来源：《中国劳动统计年鉴》，2012 年，表 3-2 各行业分地区就业人员和工资总额。

表 14－9　　行业间的收入差距（以各个行业的平均值为基准）

地　区	总计	农林	采矿	制造业	农副食品加工	纺织服装
全　国	100.0%	42.0%	125.0%	87.7%	66.8%	69.4%
北　京	100.0%	39.0%	98.4%	75.2%	49.5%	38.5%
天　津	100.0%	83.1%	133.0%	88.1%	84.2%	66.3%
河　北	100.0%	22.1%	164.0%	92.6%	66.2%	71.4%
山　西	100.0%	52.8%	164.5%	76.9%	58.1%	51.7%
内蒙古	100.0%	44.0%	124.4%	88.4%	60.5%	50.4%
辽　宁	100.0%	22.1%	128.5%	95.4%	73.9%	65.1%
吉　林	100.0%	51.8%	107.1%	106.2%	60.4%	60.8%
黑龙江	100.0%	48.0%	142.9%	99.7%	69.4%	52.0%
上　海	100.0%	53.3%	126.9%	81.3%	56.2%	50.8%
江　苏	100.0%	47.1%	105.4%	82.9%	70.1%	59.8%
浙　江	100.0%	55.9%	77.7%	78.3%	67.1%	67.8%
安　徽	100.0%	42.5%	167.2%	92.4%	69.9%	58.5%
福　建	100.0%	33.9%	86.9%	86.4%	72.6%	80.9%
江　西	100.0%	56.6%	109.8%	93.7%	87.5%	70.4%
山　东	100.0%	64.8%	142.9%	85.2%	76.8%	75.1%
河　南	100.0%	55.7%	156.4%	89.2%	83.3%	70.7%
湖　北	100.0%	65.2%	98.9%	99.2%	76.0%	77.9%
湖　南	100.0%	46.7%	92.0%	103.1%	85.0%	70.0%
广　东	100.0%	29.9%	119.7%	79.4%	57.3%	59.5%
广　西	100.0%	47.1%	101.5%	91.4%	84.6%	63.8%
海　南	100.0%	42.1%	107.9%	84.4%	66.1%	62.0%
重　庆	100.0%	59.0%	95.6%	92.5%	94.6%	66.3%
四　川	100.0%	83.6%	113.6%	89.0%	71.9%	53.6%
贵　州	100.0%	56.6%	113.3%	97.5%	52.6%	51.7%
云　南	100.0%	31.5%	99.8%	96.8%	68.0%	66.8%
西　藏	100.0%	58.1%	88.6%	60.2%	37.0%	16.7%
陕　西	100.0%	28.1%	137.3%	87.5%	56.3%	65.8%
甘　肃	100.0%	50.6%	168.6%	113.1%	86.9%	33.8%
青　海	100.0%	41.0%	109.5%	85.1%	54.0%	64.4%
宁　夏	100.0%	43.2%	183.4%	83.1%	68.2%	63.9%
新　疆	100.0%	63.3%	165.0%	104.3%	76.5%	67.0%

数据来源：根据表 14－8 计算。以全国和各省市的平均收入为基准。

表 14－9　　　　续表 1

地 区	家具	印刷	石油加工	黑色金属	通用设备	交通设备
全 国	73.4%	81.6%	125.9%	105.8%	92.8%	109.2%
北 京	44.2%	59.1%	111.9%	80.4%	74.3%	86.2%
天 津	52.7%	74.3%	119.2%	82.6%	95.1%	85.4%
河 北	58.8%	82.1%	130.9%	129.3%	76.4%	98.4%
山 西	28.6%	66.2%	85.7%	110.7%	70.0%	87.1%
内蒙古	56.1%	61.2%	172.6%	128.7%	77.1%	106.6%
辽 宁	59.3%	73.0%	148.1%	111.5%	91.6%	124.4%
吉 林	58.8%	65.1%	70.5%	91.4%	75.4%	158.3%
黑龙江	70.9%	67.3%	164.0%	97.2%	111.0%	123.4%
上 海	57.1%	75.7%	112.9%	143.0%	92.5%	101.2%
江 苏	87.2%	77.3%	133.1%	91.2%	89.6%	104.9%
浙 江	69.2%	73.6%	184.7%	103.0%	85.2%	86.6%
安 徽	70.2%	69.3%	68.6%	136.4%	89.2%	109.6%
福 建	81.9%	85.7%	298.1%	100.0%	87.8%	104.6%
江 西	64.8%	98.1%	119.4%	118.8%	100.6%	135.2%
山 东	66.7%	78.8%	127.0%	112.9%	87.1%	103.0%
河 南	76.9%	94.7%	101.9%	112.7%	91.1%	100.3%
湖 北	71.8%	101.8%	136.5%	154.8%	94.3%	119.9%
湖 南	85.3%	100.1%	169.9%	118.0%	96.9%	122.3%
广 东	63.1%	69.0%	171.5%	98.8%	86.5%	111.0%
广 西	55.6%	78.1%	167.8%	109.5%	89.0%	136.4%
海 南	51.6%	60.9%	147.1%	94.2%	89.7%	84.4%
重 庆	89.0%	88.2%	88.6%	117.8%	88.9%	92.9%
四 川	104.2%	83.5%	65.4%	90.1%	106.2%	101.7%
贵 州	51.5%	72.7%	75.6%	87.1%	82.1%	109.7%
云 南	67.4%	87.1%	76.9%	96.5%	101.5%	102.9%
西 藏	28.1%	54.8%	0.0%	0.0%	0.0%	0.0%
陕 西	49.3%	106.6%	147.3%	86.2%	93.6%	91.9%
甘 肃	41.5%	59.6%	157.9%	144.6%	71.9%	94.8%
青 海	0.0%	63.1%	224.7%	95.0%	72.4%	55.9%
宁 夏	110.6%	72.0%	68.7%	70.8%	96.7%	59.3%
新 疆	54.3%	83.3%	158.5%	122.5%	74.3%	102.2%

核 算 点 评

（1）导致劳工荒的原因当中除了地区差距、城乡差距和收入差距这三大差距之外还有行业之间的收入差距。数据表明，并不是所有的行业都发生劳工荒。可以大致将行业分为三类：第一类是劳动力密集型行业，例如农林、一般制造业、纺织服装、农副食品加工、家具和印刷等。第二类是资本密集型行业或资源型行业，这些行业往往被国有企业所垄断，例如石油加工、电力、通讯等。第三类是高科技行业。出现劳工荒的行业往往是第一类行业。

（2）2011 年，全国平均工资水平为 41799 元，可是农林行业的工资只有 17537 元。农副食品加工行业的平均工资只有 27901 元。表 14 - 9 列出了行业之间的收入差距。从全国平均数据来看，农林业的收入只有全国平均收入的 42%。农副业食品加工行业的收入仅仅有全国平均水平的 66.8%，纺织服装行业的平均收入为全国平均收入的 69.4%。劳动力密集型产业的平均工资水平明显低于资本密集型产业和高科技产业。

（3）事实上，即使在沿海地区也并不是所有的企业都缺少普工。根据中国人力资源市场信息监测中心提供的数据，2009 年 3 季度，广东省调查了 500 家企业，其中有 300 家雇工难。统计数字显示，反映雇工难的企业月薪要比那些没有雇工困难的企业低 200—400 元，不仅工资薪酬低，而且工作时间长，福利条件差。如果企业平均月工资水平 1800 元以上，福利待遇较好，基本都不缺工。[①] 那些不缺普工的企业多数都属于资本或技术密集型产业，出现劳工荒的行业往往都是收入水平比较低的劳动力密集型行业，例如，农林、纺织服装、农副业食品加工、家具、印刷等。劳动密集型企业，多数都是中小企业，不仅缺乏技工和管理人员连普工都招不足。

① 资料来源：2009 年 4 季度中国人力资源市场信息监测中心对 103 个城市的就业市场供求信息统计。

表 14－10　　各地区的平均工资差距（以全国平均值为基准）

地区	总计	农林	采矿	制造业	农副食品加工	纺织服装
全国	100.0%	100.0%	100.0%	100.0%	100.0%	100.0%
北京	180.6%	167.9%	142.2%	154.8%	133.8%	100.0%
天津	133.2%	263.6%	141.7%	133.7%	167.9%	127.2%
河北	84.5%	44.6%	110.9%	89.2%	83.8%	86.9%
山西	93.9%	118.2%	123.6%	82.3%	81.7%	69.9%
内蒙古	98.4%	103.3%	97.9%	99.1%	89.2%	71.5%
辽宁	91.3%	48.0%	93.8%	99.3%	101.1%	85.6%
吉林	80.4%	99.2%	68.9%	97.4%	72.7%	70.4%
黑龙江	74.9%	85.8%	85.6%	85.1%	77.9%	56.1%
上海	180.8%	229.9%	183.7%	167.7%	152.1%	132.4%
江苏	108.8%	122.2%	91.8%	102.9%	114.2%	93.7%
浙江	108.0%	144.1%	67.1%	96.4%	108.6%	105.5%
安徽	94.1%	95.5%	126.0%	99.2%	98.6%	79.3%
福建	92.3%	74.7%	64.2%	90.9%	100.4%	107.5%
江西	79.5%	107.2%	69.9%	85.0%	104.3%	80.6%
山东	90.0%	139.1%	102.9%	87.5%	103.6%	97.3%
河南	80.5%	106.9%	100.7%	81.9%	100.4%	82.0%
湖北	86.4%	134.4%	68.4%	97.7%	98.4%	96.9%
湖南	82.7%	92.1%	60.9%	97.2%	105.3%	83.4%
广东	107.8%	76.8%	103.3%	97.6%	92.5%	92.3%
广西	79.0%	88.7%	64.2%	82.4%	100.1%	72.6%
海南	86.7%	86.9%	74.9%	83.5%	85.8%	77.4%
重庆	94.3%	132.6%	72.2%	99.5%	133.7%	90.1%
四川	89.3%	177.9%	81.2%	90.6%	96.1%	68.9%
贵州	86.4%	116.6%	78.3%	96.0%	68.1%	64.2%
云南	81.4%	61.1%	65.0%	89.8%	82.9%	78.3%
西藏	118.3%	163.9%	84.0%	81.3%	65.5%	28.4%
陕西	91.3%	61.1%	100.3%	91.1%	76.9%	86.5%
甘肃	76.8%	92.5%	103.6%	99.0%	100.0%	37.4%
青海	99.0%	96.8%	86.8%	96.0%	80.1%	91.8%
宁夏	102.2%	105.2%	150.0%	96.8%	104.3%	94.0%
新疆	91.5%	138.1%	120.8%	108.8%	104.9%	88.2%

数据来源：《中国劳动统计年鉴》，2012 年，表 3－2，各行业分地区就业人员和工资总额。

表 14－10 续表 1

地　区	家具	印刷	石油加工	黑色金属	通用设备	交通设备
全　国	100.0%	100.0%	100.0%	100.0%	100.0%	100.0%
北　京	108.7%	130.8%	160.4%	137.2%	144.5%	142.5%
天　津	95.5%	121.4%	126.0%	103.9%	136.5%	104.2%
河　北	67.7%	85.1%	87.8%	103.2%	69.5%	76.2%
山　西	36.6%	76.2%	63.9%	98.1%	70.7%	74.9%
内蒙古	75.1%	73.8%	134.9%	119.6%	81.7%	96.1%
辽　宁	73.7%	81.7%	107.3%	96.2%	90.1%	104.0%
吉　林	64.3%	64.2%	45.0%	69.4%	65.3%	116.6%
黑龙江	72.3%	61.8%	97.5%	68.8%	89.5%	84.6%
上　海	140.5%	167.9%	162.1%	244.3%	180.1%	167.7%
江　苏	129.2%	103.2%	115.0%	93.8%	105.1%	104.6%
浙　江	101.8%	97.5%	158.5%	105.2%	99.1%	85.7%
安　徽	90.0%	80.0%	51.3%	121.3%	90.4%	94.5%
福　建	103.0%	97.0%	218.5%	87.2%	87.3%	88.4%
江　西	70.2%	95.6%	75.4%	89.3%	86.1%	98.4%
山　东	81.8%	86.9%	90.8%	96.0%	84.5%	84.9%
河　南	84.2%	93.4%	65.1%	85.7%	78.9%	74.0%
湖　北	84.5%	107.9%	93.7%	126.4%	87.8%	94.9%
湖　南	96.1%	101.5%	111.6%	92.3%	86.4%	92.7%
广　东	92.5%	91.2%	146.8%	100.6%	100.5%	109.6%
广　西	59.8%	75.6%	105.3%	81.7%	75.7%	98.7%
海　南	60.9%	64.7%	101.3%	77.2%	83.8%	67.0%
重　庆	114.3%	102.0%	66.4%	105.0%	90.3%	80.3%
四　川	126.8%	91.4%	46.4%	76.0%	102.2%	83.2%
贵　州	60.5%	77.0%	51.9%	71.1%	76.3%	86.8%
云　南	74.6%	86.8%	49.7%	74.2%	89.0%	76.6%
西　藏	45.3%	79.5%	—	—	—	—
陕　西	61.2%	119.3%	106.8%	74.3%	91.9%	76.8%
甘　肃	43.4%	56.1%	96.2%	104.9%	59.4%	66.7%
青　海	—	76.6%	176.6%	88.9%	77.1%	50.7%
宁　夏	153.8%	90.2%	55.7%	68.4%	106.5%	55.4%
新　疆	67.7%	93.4%	115.2%	105.9%	73.2%	85.7%

核 算 点 评

（1）劳工荒具有鲜明的地域特征。分省数据表明，劳工荒只发生在沿海地区。据劳动保障部的调查，2006年春季企业用工需求中，基本得到满足的比重依次为环渤海地区71%、长江三角洲地区66%、中西部地区65%、珠江三角洲地区55%、闽东南地区50%。[①] 中金公司首席经济学家哈继铭指出："目前的'劳工荒'仍是区域性的，缺工最突出的地区是珠三角和闽东南的加工贸易出口业。从全国劳动力市场供求对比来看，伴随经济回升，103个主要城市岗位空缺与求职人数的比率从金融危机期间的0.85，大幅回升至0.97，接近2007—2008年的历史最高点。这一比率虽然较高，但似乎显示全面的劳动力供不应求尚未出现。然而历史上这一比例一旦超过0.96，就会出现局部劳工荒现象，源于区域差异较大，目前东、中、西部的岗位空缺与求职人数的比率分别为1.01、0.92、0.93，显示东部地区存在招工难。在东部当中，珠三角、闽东南、长三角、环渤海的这一比率分别为1.26、1.14、0.99和0.95，显示招工难主要集中于珠三角和闽东南，特别是广州、深圳、东莞、泉州。"[②]

（2）为什么在珠三角和闽东南会出现劳工荒？地区收入差距是导致劳工荒的重要原因之一。人们往往认为广东地区的平均工资比较高。从统计数据来看，广东地区的平均工资是全国平均工资的107.8%。可是，细分到行业则展示完全不同的图像。广东农林就业人员的收入水平仅仅是全国平均水平的76.8%。广东制造业的平均工资是全国平均水平的97.6%，农副食品加工业的工资是全国平均水平的92.5%，纺织业（92.3%），家具（92.5%），印刷业（91.2%）的工资水平也明显低于全国平均水平。和其他省市横向比较，广东的劳动力密集型产业的工资水平明显低于北京、上海、天津等大都市，也低于江苏、浙江等省市。可是，广东的石油加工（146.8%）、黑色金属（100.6%）、通用设备（100.5%）、交通设备（109.6%）等行业的工资水平高于全国平均水平，和江苏、浙江不相上下。这就很清楚地解释了，劳工荒发生在广东的劳动力密集型产业而没有波及广东的重工业部门。

（3）即使从事同一个行业，各省市之间的工资水平差距也很大。例如纺织服装业，上海的工资水平是全国平均水平的132.4%，可是甘肃的工资水平只有全国平均数的37.4%（表14-10）。两地纺织工人的收入相差2.5倍。农副食品加工行业在天津为全国平均值的167.9%，在甘肃只有68.1%。两地之间的工资水平也将近相差2.5倍。水往低处流，人往高处走。只要有可能，人们趋向于到收入较高的地区就业。

（4）研究劳工荒不仅要看名义工资高低，还要看当地的生活成本和其他费用。在改革开放初期，广东首先开放试点。大批农民工从内地四面八方涌向深圳。当时，深圳不过是海边的一个小渔村，生活成本很低。尽管农民工的工资很低，扣除在当地的生活费用之后的实际收入大大高于在家乡的收入水平。大量农民工不断涌入深圳。毫无疑问，深圳对外来务工人员具有很大的吸引力，深圳劳动力市场几乎处于劳动力无限供给态势。如今，深圳、东莞等地的生活消费成本越来越高。特别是住房成本特别高。可是，深圳、东莞劳动力密集型产业支付给普工的名义工资和许多内地城镇相差无几。扣除日益高昂的生活费之后，农民工所剩无几。甚至还不如在家乡打工的实际收入。由于大部分劳动力密集型企业的利润水平不高，面对着不断上涨的劳动力成本，企业的竞争力不断萎缩，提高工资待遇的空间越来越小。[③] 许多处在高消费水平的珠三角地区的劳动密

---

① 资料来源：劳动保障部，"当前劳动力市场供求状况分析报告"，中央政府门户网站2007年6月13日。

② 数据来源："节后劳工荒说明什么"，《人民日报》，2011年2月12日。

③ 《南方周某》的记者在广东采访了一个鞋厂。老板说：制鞋业的平均利润只有微薄的五六个点上下，如果工资上涨30%，利润就要再下降一个点，再加上改善员工福利等投入，"投资鞋厂恐怕还不如把钱存在银行里，起码省了辛苦"。《南方周末》，网址：http：//www.infzm.com/content/42165。

集型企业面对高房价无能为力，又没有能力提高普工的工资，在扣除“五险一金”之后，来广东打工的人实际到手的收入甚至比许多内地城镇还要低。在这种情况下，人们还值不值得离乡背井到广东打工？难怪在深圳、东莞一带出现了劳工荒。

（5）为什么同样是经济比较发达的地区，苏、锡、常地区并没有出现劳工荒？主要原因在于长三角地区的产业升级换代领先于珠三角。长三角地区的教育水平历来比较高，有着许多著名的高等院校和科研机构，许多劳动力密集型企业纷纷转型为高科技或资本密集型企业。在产业升级之后，企业完全有能力给技术工人支付较高的工资待遇。这些地区的房价水平也不如深圳、广州。长三角地区有序地吸收了大量外地打工人员，基本上没有发生劳工荒。显然，许多劳动力密集型产业已经不能继续在珠三角存在。珠三角地区的出路在于“腾笼换鸟”，加速产业升级。

表 14－11　　　　　　　　　城镇就业人员平均工资和指数

省份	平均	国有企业	集体企业	国有/集体	平均/集体
北　京	84742	87299	38552	2.26	2.20
天　津	61514	68231	40494	1.68	1.52
河　北	38658	39177	28597	1.37	1.35
山　西	44236	40881	32780	1.25	1.35
内蒙古	46557	49278	45344	1.09	1.03
辽　宁	41858	43177	28183	1.53	1.49
吉　林	38407	39335	29506	1.33	1.30
黑龙江	36406	36814	28762	1.28	1.27
上　海	78673	89739	52786	1.70	1.49
江　苏	50639	61221	42368	1.44	1.20
浙　江	50197	73494	46789	1.57	1.07
安　徽	44601	44818	34741	1.29	1.28
福　建	44525	54211	38576	1.41	1.15
江　西	38512	39422	29429	1.34	1.31
山　东	41904	47894	34001	1.41	1.23
河　南	37338	39344	27682	1.42	1.35
湖　北	39846	41979	32683	1.28	1.22
湖　南	38971	40397	29663	1.36	1.31
广　东	50278	59423	30947	1.92	1.62
广　西	36386	37706	28819	1.31	1.26
海　南	39485	40225	31715	1.27	1.24
重　庆	44498	50523	30087	1.68	1.48
四　川	42339	47721	33409	1.43	1.27
贵　州	41156	43702	38882	1.12	1.06
云　南	37629	43415	37211	1.17	1.01
西　藏	51705	52219	25966	2.01	1.99
陕　西	43073	45526	32399	1.41	1.33
甘　肃	37679	38401	32580	1.18	1.16
青　海	46483	50729	29341	1.73	1.58
宁　夏	47436	46880	44330	1.06	1.07
新　疆	44576	42479	46452	0.91	0.96

数据来源：《中国统计年鉴》，2012 年，表 4－11，城镇单位就业人员平均工资和指数。

核 算 点 评

（1）在讨论劳动力市场的时候，如果使用平均工资的概念往往导致误解。众所周知，大部分农民工在集体或民营企业就业。在国有企业正式就业的农民工数量不多。国有企业的工资待遇要比民营企业好。即使在国有企业内部，农民工和正式员工的收入差别也很大，同工不同酬的现象普遍存在。事实上，在国企打工的农民工收入水平和社会上普通工人差不多。

（2）一般来说，当地的生活水平和平均工资水平相关。2011 年，广东的平均年工资为 50278 元，远远高于四川（42339 元）、安徽（44601 元）。显然，广东地区的平均生活费用高于四川、安徽和许多内地城镇。

（3）可以近似地用非国有企业（集体企业）的平均工资代表农民工的平均工资。在广东，国有企业的工资水平是民营企业（或集体企业）的工资水平的 1.92 倍（表 14－11）。可是，在四川，国有企业的工资是民营企业的 1.43 倍，在安徽是 1.29 倍。这说明在广东的农民工的工资水平大大低于国有企业员工的工资水平，也大大低于当地的平均工资水平，显然，广东的民营企业缺乏对农民工的吸引力。

（4）从工资的绝对数来看，广东的普通工人的平均工资是 30947 元，四川是 33409 元，安徽是 34741 元，贵州是 38882 元，云南是 37221 元。也就是说，农民工在广东打工的实际工资收入还不如在四川、安徽、贵州和云南。毋庸置疑，广东的生活成本要高于四川、安徽等地。迄今为止，四川、安徽、贵州和云南等地还有大量剩余劳动力。如果这些地方的农民工能够在当地找到工作，他们为什么要千里迢迢跑到广东打工？

（5）劳动保障部调查部分农民工春节后不想返回原单位工作的原因，认为“工资太低”的占 51%，“加班太多吃不消”的占 22%，两者合计占 73%。其他原因包括“学不到技术”（占 14%），“没什么前途”（占 16%）等。目前招工困难的主要是那些条件比较艰苦、经常加班、工资待遇相对较低的企业，而那些待遇较好、管理规范、收入较高的企业依然能够满足生产需要。

（6）若要给农民工涨工资，前提条件是企业尚有利润空间。如果企业还有较大的利润空间，资本所得的比例较高，那么可以通过调整企业的劳动、资本所得分配，降低企业主和资本所得部分，给员工涨工资。如果企业的利润空间已经很小，再提高工资水平必将迫使一部分企业关门倒闭。哪些企业的利润空间比较大？显然，资本和技术密集型产业的附加值较高，利润空间较大。劳动力密集型产业的利润空间几乎不允许企业支付更高的工资。在企业支付能力和农民工的收入需求之间出现了矛盾。农民工几乎没有让步的空间，企业如果不能让步，那就只能关门大吉。沿海地区利润微薄的劳动力密集型企业普遍面临着严酷的挑战：随着沿海地区生活费用上升，企业必须从劳动力密集型产业升级为资本、技术密集型产业。如果产业升级有困难，那么就只好让企业搬家。从生活费用较高的沿海地区搬到生活费用相对较低的内地。

（7）总之，在珠三角和闽东南地区出现劳工荒的根本原因是，第一，在当地已经没有剩余劳动力，如果传统的劳动力密集型产业继续扩张，必然需要从外地引进劳动力。目前还存在着阻碍劳动力流动的制度性障碍。第二，在这些地区的企业至今依然以劳动力密集型产业为主。企业净利润率比较低，给民工增加工资的空间甚小。第三，当地物价水平不断上涨，如果农民工的工资赶不上物价水平，他们的净收入不断下降。第四，随着农村收入水平逐步提高，内地就业机会逐年增加，除非珠三角的工资水平有显著提高，否则外出打工的激励越来越弱。

表 14－12　　全国分行业新增就业人数

单位：千人

年份		2005	2006	2007	2008	2009	2010	2011
总计		3051.5	3091.4	3112.6	1681.0	3805.1	4784.7	13618.0
农、林、牧、渔业		－198.1	－110.1	－89.4	－162.2	－364.1	20.6	－162.2
	农业	－65.7	－20.6	－54.1	－21.2	－61.3	－93.8	－76.9
	林业	－40.6	－33.1	－19.1	－54.3	－89.7	34.1	－34.8
	畜牧业	9.4	－11.0	14.5	－26.0	－100.0	77.8	－8.9
	渔业	－5.6	－3.9	－7.4	－7.1	－13.3	1.8	－2.2
	农、林、牧、渔服务业	－95.5	－41.5	－23.3	－53.7	－99.8	0.6	－39.3
采矿业		84.9	204.7	53.6	53.6	132.9	83.5	495.6
	煤炭开采和洗选业	52.6	145.0	－6.8	40.9	141.1	95.2	311.7
	石油和天然气开采业	－9.7	55.9	36.0	62.8	21.8	－26.0	41.3
	黑色金属矿采选业	4.7	2.7	－4.3	3.9	5.7	18.8	63.4
	有色金属矿采选业	23.0	15.3	44.2	－49.7	－35.3	6.7	25.5
	非金属矿采选业	5.0	－7.8	－14.2	－5.6	－6.4	0.5	19.0
	其他采矿业	9.2	－6.4	－1.1	1.3	6.1	－11.8	34.8
制造业		1600.8	1407.2	1137.5	－311.0	576.4	1452.5	4511.8
	农副产品加工业	103.5	43.8	31.5	－9.6	36.3	51.4	214.3
	食品制造业	39.0	34.8	27.6	－7.0	42.8	16.2	175.8
	饮料制造业	0.4	19.7	23.2	17.2	21.6	43.8	86.8
	烟草制品业	－15.9	－6.3	11.9	11.0	2.4	0.1	－6.5
	纺织业	148.1	46.4	－200.6	－119.6	－194.5	－5.5	99.2
	纺织服装、鞋帽制造业	104.9	208.3	60.5	16.6	3.2	－36.3	99.8
	皮革、毛皮、羽毛（绒）及其制品业	169.1	81.2	37.6	－59.3	－25.2	27.0	110.4
	木材加工及木、竹、藤、棕草制品业	16.2	21.2	2.9	－48.2	－7.7	－1.0	24.9
	家具制造业	65.6	30.4	40.0	－34.4	31.6	－2.7	35.0
	造纸及纸制品业	27.9	12.7	4.9	3.9	6.5	18.0	53.1

数据来源：根据《中国劳动统计年鉴》2013 年计算。

表 14－12 续表 1

年份	2005	2006	2007	2008	2009	2010	2011
印刷业和记录媒介的复制	－26.7	－7.5	－3.8	－5.9	13.4	－21.1	8.3
文教体育用品制造业	38.7	52.1	28.7	－36.6	15.2	21.9	11.5
石油加工、炼焦及核燃料加工业	44.1	2.8	70.1	－20.7	－50.3	9.9	64.1
化工原料及化学制品制造业	12.7	－0.9	29.3	－4.0	25.7	59.3	257.5
医药制造业	34.0	－3.8	－1.0	34.2	20.2	－980.1	1158.4
化学纤维制造业	0.2	5.7	9.2	－11.3	－6.0	－205.0	233.9
橡胶制品业	－4.5	17.6	31.2	6.5	15.0	－1.1	52.9
塑料制品业	64.1	47.9	42.9	－30.2	17.6	27.9	154.1
非金属矿物制品业	45.7	－29.2	－61.3	－114.3	－43.2	34.2	256.7
黑色金属冶炼及压延加工业	27.3	4.6	56.4	－39.2	27.1	44.8	197.9
有色金属冶炼及压延加工业	2.8	18.8	74.2	35.7	80.8	2.7	122.6
金属制品业	97.6	49.9	81.5	－17.0	－1.0	63.6	178.8
通用设备制造业	34.1	35.0	121.1	－44.1	17.8	85.5	248.6
专用设备制造业	－0.1	85.4	20.1	40.2	－54.1	118.8	96.6
交通运输设备制造业	114.8	141.4	61.0	113.8	217.1	305.0	624.0
电气机械及器材制造业	99.4	121.0	114.3	74.3	153.2	188.6	352.3
通信设备、计算机及其他电子设备制造业	321.8	284.4	381.8	3.9	204.1	328.3	720.4
仪器仪表及文化、办公用机械制造业	3.8	56.6	39.6	－27.5	12.6	44.1	43.0
工艺品及其他制造业	30.5	38.8	－0.2	－44.2	－16.6	－12.0	52.3
废弃资源和废旧材料回收加工业	1.7	－5.6	3.0	4.9	10.5	2.8	8.9

表 14-12 续表 2

年份	2005	2006	2007	2008	2009	2010	2011
电力、燃气及水的生产和供应业	-6.3	26.0	8.7	31.0	11.6	28.4	241.8
电力、热力的生产和供应业	13.6	24.0	1.0	26.4	-9.4	13.1	215.5
燃气生产和供应业	-12.9	-2.8	9.2	6.2	4.6	2.9	16.0
水的生产和供应业	-7.0	4.8	-1.5	-1.7	16.4	12.4	10.3
建筑业	855.6	620.8	621.1	218.0	1049.1	900.3	4572.6
房屋和土木工程建筑业	694.4	593.6	558.9	198.6	880.9	798.7	3916.0
建筑安装业	99.3	-7.9	16.3	-2.8	85.4	56.1	403.0
建筑装饰业	36.4	-2.7	21.8	-6.4	28.1	16.3	152.0
其他建筑业	25.4	37.9	24.1	28.6	54.6	29.1	101.7
交通运输、仓储和邮政业	-179.8	-11.4	103.2	42.1	71.1	-32.6	316.8
铁路运输业	-15.6	-36.7	130.0	1.2	2.0	-93.8	5.2
道路运输业	-43.0	-41.0	-14.9	54.9	16.1	6.7	73.2
城市公共交通业	10.3	21.7	7.8	27.2	75.6	31.7	49.5
水上运输业	-27.3	-17.4	-19.3	-17.3	-7.3	-4.5	15.6
航空运输业	1.8	8.9	10.8	22.1	-5.2	19.2	63.2
管道运输业	-0.7	-0.3	0.2	2.0	2.0	5.5	5.1
装卸搬运和其他运输服务业	-35.7	45.7	-28.2	-17.0	-5.9	16.2	25.9
仓储业	-86.0	-14.4	-7.5	-3.4	16.3	5.3	-5.2
邮政业	16.5	22.2	24.2	-27.5	-22.6	-18.8	84.4
信息传输、计算机服务和软件业	63.9	80.9	120.4	92.7	143.1	119.6	269.9
电信和其他信息传输服务业	38.2	57.5	20.8	25.9	74.3	21.5	205.5
计算机服务业	-2.1	4.3	34.8	9.8	37.5	10.2	13.0
软件业	27.7	19.1	64.8	57.0	31.3	87.9	51.4
批发和零售	-426.9	-283.1	-88.7	74.9	64.9	142.5	1124.0
批发	-298.5	-181.1	-99.9	5.5	9.3	70.2	521.8
零售	-128.4	-102.0	11.2	69.4	55.6	72.2	602.2
住宿和餐饮业	41.2	26.6	19.0	74.4	88.7	71.0	335.2
住宿业	24.8	9.5	13.7	24.0	22.1	10.4	130.2
餐饮业	16.4	17.0	5.4	50.4	66.7	60.6	205.0

表 14－12　　续表 3

年份		2005	2006	2007	2008	2009	2010	2011
金融业		32.6	81.1	223.2	278.4	315.0	210.3	352.4
	银行业	12.9	5.8	40.0	86.2	104.5	94.7	236.1
	证券业	－4.4	5.7	11.4	14.3	30.8	37.1	29.0
	保险业	25.0	68.3	167.6	168.1	159.6	62.4	70.1
	其他金融活动	－0.9	1.3	4.2	9.8	20.0	16.1	17.2
房地产业		130.8	74.3	125.2	62.1	182.4	207.1	369.5
	房地产开发经营	66.8	34.2	47.3	－2.5	81.4	113.2	287.1
	物业管理	46.8	34.0	42.5	63.6	70.8	72.7	91.2
	房地产中介服务	1.9	0.8	38.9	－9.4	11.2	13.2	－8.1
租赁和商务服务业		241.1	182.1	104.8	274.6	158.0	195.7	－234.8
	租赁业	－3.5	－3.9	4.5	3.3	6.9	1.8	1.3
	商务服务业	244.6	186.0	100.3	271.4	151.1	193.9	－236.2
科学研究、技术服务和地质勘查业		56.1	77.2	79.3	136.6	155.4	197.0	61.8
研究与试验发展		5.2	5.6	－1.6	22.3	13.7	34.9	54.2
	自然科学研究与试验发展	－2.8	－23.7	－3.0	－5.1	－8.8	12.4	6.4
	工程和技术研究与试验发展	6.6	31.2	1.9	18.6	23.6	14.6	40.8
	农业科学研究与试验发展	4.2	1.8	－1.6	3.0	－0.7	4.8	6.4
	医学研究与试验发展	0.6	1.4	3.0	7.5	0.4	2.2	0.0
	社会人文科学研究与试验发展	－3.3	－5.2	－2.0	－1.7	－0.8	0.9	0.5
专业技术服务业		32.2	26.7	62.6	14.8	61.5	115.7	114.3
	气象服务	1.9	0.8	0.3	0.1	2.3	0.9	1.9
	地震服务	－0.6	1.6	0.1	0.2	－0.5	0.5	－1.2
	海洋服务	0.2	0.4	0.7	－0.8	－0.1	1.0	0.9
	测绘服务	－0.6	－1.4	1.1	4.1	5.5	3.8	4.2
	技术检测	6.6	4.0	6.1	6.7	9.1	9.2	16.7
	环境检测	－2.7	1.7	1.2	－0.9	0.8	8.7	－4.9
	工程技术与规划管理	36.0	22.4	30.5	41.4	43.4	64.4	93.9
	科技交流和推广服务业	44.8	40.5	4.5	76.5	70.7	37.9	－133.5
	地质勘查业	－26.2	4.5	13.9	23.1	9.5	8.4	26.9

表 14－12　续表 4

年份	2005	2006	2007	2008	2009	2010	2011
水利、环境和公共设施管理业	42.7	66.1	64.6	38.3	83.7	132.5	114.4
水利管理业	-4.7	1.3	-6.3	-1.6	-6.4	14.4	23.7
环境管理业	44.1	44.3	46.7	39.2	47.7	74.4	59.4
公共设施管理业	3.3	20.6	24.1	0.7	42.4	43.7	31.3
居民服务和其他服务业	-3.1	26.2	8.3	-8.6	22.9	14.3	-3.9
居民服务业	1.7	13.1	-4.9	26.1	1.1	-3.8	-0.7
其他服务业	-4.8	13.1	13.2	-34.7	21.8	18.0	-3.2
教育	164.6	211.7	165.0	130.8	163.6	314.0	360.2
初等教育	-62.9	-13.5	-15.0	-60.9	-102.1	55.6	29.4
中等教育	112.1	138.8	80.1	102.7	111.5	139.7	164.9
高等教育	72.7	67.4	89.9	29.7	78.9	50.7	84.6
卫生、社会保障和社会福利业	142.2	165.2	173.8	208.1	321.6	367.7	465.2
卫生	127.1	160.5	168.8	201.0	311.8	353.4	439.5
社会保障业	12.8	6.0	4.5	5.5	0.6	9.5	21.3
社会福利业	2.3	-1.3	0.5	1.6	9.3	4.8	4.4
文化体育和娱乐业	-8.6	-1.6	26.6	9.5	35.6	18.6	36.1
新闻出版业	2.4	3.5	23.1	-2.1	9.9	2.3	-2.3
广播电影电视和音像业	-7.5	-15.5	3.5	7.3	-1.2	6.0	22.9
文化艺术业	-6.1	10.5	-3.8	1.3	12.3	11.5	3.9
体育	-4.7	-2.3	0.1	4.7	0.5	-0.5	10.7
娱乐业	7.2	2.2	3.7	-1.7	14.1	-0.8	0.9
公共管理和社会组织	417.9	247.5	256.5	437.8	593.1	341.7	391.6
中国共产党机关	22.7	34.1	32.1	6.3	-29.6	22.0	-5.9
国家机构	410.4	180.5	254.7	415.9	616.2	318.3	376.9
人民政协和民主党派	0.2	1.9	3.2	4.3	-1.0	0.3	2.8
群众社团和宗教组织	1.7	7.1	5.9	18.0	18.1	2.5	22.6

核 算 点 评

（1）在观察劳动力市场的竞争态势的时候，必须把数据细化到各个地区和各个行业。即使在“劳工荒”最严重的深圳、东莞地区，各行业的就业态势也截然不同，有些行业的就业稳步增加，有些行业的就业逐年萎缩。几家欢乐几家愁，这就是常说的产业升级。产业升级和劳动力密集型产业的转移是不可阻挡的历史趋势。那些就业数量不断萎缩的劳动力密集型行业已经不适合在经济发达地区继续存在。空喊劳工荒，无济于事。

（2）据劳动保障部2007年初组织的调查，农民工在外就业时间增加，为平均每年9.4个月。春节准备回家探亲的外地农民工中约80%的人打算节后继续回原企业工作。农民工主要集中在建筑施工、电子电器、制衣制鞋和住宿餐饮业，这些行业占农民工总量的一半以上。

（3）在产业升级过程中，劳动力密集型产业发展速度不如高附加值产业。对于单位投资而言，高附加值行业提供的就业人数远远不如劳动力密集型产业。随着产业升级，单位投资能够提供的就业机会下降。

（4）外贸出口的结构逐渐发生变化，早些年，外贸出口快速发展，其中劳动力密集型产品的比重较高，自然增加了对农民工的需求。近年来，劳动力密集型产品出口增加的速度明显放慢，相应提供的就业机会自然减少了。

（5）从表14－11中可以清楚地看到，在2011年全国新增就业1361万人，总的来说，就业形势很好。但是，农、林、牧、渔的就业人员减少了162万人。与此同时还有上千万农村剩余劳动力进城打工。毫无疑问，这些劳动力都进入了制造业和服务业。劳动力供给相当充裕。

（6）在制造业中，纺织业的就业人数逐年减少，在2007年减少了20万，2008年减少11.9万，2009年减少19.4万，2010年减少0.5万，虽然在2011年增加了9.9万，但是，纺织业就业的总趋势是持续下降。服装、鞋帽业的就业人数也呈下降趋势。

（7）2011年，在制造业中新增就业最多的部门分别是：通讯设备、计算机及其电子设备（72万），交通运输设备制造业（62.4万），电器机械及器材制造业（35.2万），化工原料及化学制品制造业（25.7万），非金属矿物制品业（25.6万），通用设备制造业（24.8万）。

（8）在2011年新增就业最多的部分是建筑业（457.3万），批发零售业（112.4万）。这些恰恰是农民工就业的主要领域。

（9）采矿业在2011年新增就业49.6万。黑色金属和有色金属冶炼业的就业人数也显著增加。不过，这些就业很少发生在深圳和东莞地区。

表 14－13 **广东新增就业人数**

单位：千人

年份		2005	2006	2007	2008	2009	2010	2011
总计		735.5	501.7	470.2	64.1	471.6	634.9	1197.0
农、林、牧、渔业		－13.8	－3.7	－3.8	0.0	－7.0	－3.8	－6.0
	农业	－8.0	－7.0	－2.6	－0.5	－3.2	－0.4	－1.6
	林业	－1.3	－0.6	－1.4	0.1	－2.0	0.4	－0.7
	畜牧业	－0.6	－1.9	－0.4	0.1	－0.4	－1.5	－0.6
	渔业	－1.6	－0.4	－0.8	0.9	－0.3	－0.3	0.0
	农、林、牧、渔服务业	－2.4	6.3	1.4	－0.6	－1.2	－2.1	－3.0
采矿业		－6.2	0.9	0.6	0.4	－1.0	0.6	－1.8
	煤炭开采和洗选业	－4.2	－0.2	0.0	0.0	－0.1	0.0	0.0
	石油和天然气开采业	0.3	2.4	－0.2	0.2	0.4	0.1	－0.8
	黑色金属矿采选业	0.2	0.3	0.3	－0.1	－0.3	0.8	0.7
	有色金属矿采选业	－0.5	0.3	0.3	0.4	－0.6	－0.3	－1.3
	非金属矿采选业	－2.1	－1.9	0.1	－0.1	－0.4	0.0	－0.4
	其他采矿业	0.0	0.0	0.0	0.0	0.0	0.0	0.0
制造业		418.4	310.9	319.1	－65.1	269.9	332.0	423.1
	农副产品加工业	3.2	4.0	0.0	－6.9	－3.7	2.0	7.9
	食品制造业	2.9	7.4	9.5	1.9	3.0	4.2	12.4
	饮料制造业	1.0	－2.8	1.9	7.6	2.4	4.3	－1.3
	烟草制品业	－0.3	－3.3	1.7	－0.1	－0.2	0.0	1.5
	纺织业	32.7	13.2	－7.7	－9.6	－12.6	14.9	13.4
	纺织服装、鞋、帽制造业	－24.4	15.8	10.4	－22.5	－7.0	－5.6	6.1
	皮革、毛皮、羽毛（绒）及其制品业	47.9	0.6	11.7	－17.4	－14.0	8.0	11.6
	木材加工及木、竹、藤、棕、草制品业	－1.4	0.8	2.3	－2.0	－0.2	2.7	4.0
	家具制造业	18.2	3.8	4.2	－10.2	10.1	3.8	3.9
	造纸及纸制品业	8.2	3.3	7.6	3.0	3.6	－0.3	6.9
	印刷业和记录媒介的复制	1.5	2.2	5.5	1.2	－0.5	1.4	4.5
	文教体育用品制造业	17.7	10.7	18.7	－8.5	24.6	20.8	－11.9
	石油加工、炼焦及核燃料加工业	0.5	－2.1	0.0	0.7	0.6	0.7	3.8
	化工原料及化学制品制造业	10.1	4.3	15.8	1.9	16.4	8.9	27.8
	医药制造业	0.7	1.8	－0.8	4.3	3.1	－61.2	79.0
	化学纤维制造业	1.4	－0.2	0.8	1.2	－0.5	－10.8	11.0
	橡胶制品业	0.2	3.3	8.7	5.3	2.3	－1.4	2.5
	塑料制品业	16.0	12.4	11.9	－12.7	24.2	－1.4	18.7
	非金属矿物制品业	3.7	2.1	16.9	－1.0	0.3	12.0	31.8

数据来源：根据《中国劳动统计年鉴》2013 年计算。

表 14－13

续表 1

年份	2005	2006	2007	2008	2009	2010	2011
制造业	418.4	310.9	319.1	－65.1	269.9	332.0	423.1
黑色金属冶炼及压延加工业	9.3	3.4	2.3	－0.4	－1.8	－0.9	9.7
有色金属冶炼及压延加工业	1.7	2.8	3.6	2.7	0.0	4.1	9.9
金属制品业	40.1	9.4	10.6	－3.2	－2.3	9.0	39.6
通用设备制造业	6.2	6.8	12.0	－1.0	10.1	11.8	15.3
专用设备制造业	19.6	14.9	13.5	19.8	4.3	21.7	－0.6
交通运输设备制造业	18.6	12.8	33.2	12.6	18.2	50.7	57.0
电气机械及器材制造业	34.8	45.7	12.4	－27.5	88.5	40.8	45.0
通信设备、计算机及其他电子设备制造业	116.8	123.2	87.8	21.4	93.1	103.9	60.8
仪器仪表及文化、办公用机械制造业	1.2	9.7	17.7	－8.4	17.9	13.5	10.4
工艺品及其他制造业	29.7	4.6	6.6	－17.4	－11.0	－0.4	15.3
废弃资源和废旧材料回收加工业	0.6	0.2	0.2	0.1	0.8	0.0	1.7
电力、燃气及水的生产和供应业	－1.7	6.9	－8.3	－8.8	－0.3	2.5	11.0
电力、热力的生产和供应业	0.3	7.0	－8.2	－8.8	－3.0	－0.4	8.1
燃气生产和供应业	－0.5	0.7	2.1	－1.0	0.3	0.9	1.1
水的生产和供应业	－1.5	－0.8	－2.2	1.0	2.4	2.0	1.8
建筑业	35.3	17.7	－2.3	－5.5	35.7	12.3	282.9
房屋和土木工程建筑业	9.7	11.3	－2.7	－11.3	30.4	5.5	247.3
建筑安装业	15.7	3.5	－4.0	2.0	－2.9	2.0	23.4
建筑装饰业	8.1	1.4	2.2	2.6	6.6	4.6	9.4
其他建筑业	1.8	1.6	2.2	1.2	1.6	0.3	2.7
交通运输、仓储和邮政业	22.6	9.7	5.0	5.0	42.6	25.6	57.5
铁路运输业	－1.7	－1.5	－1.5	2.2	1.1	1.9	－1.0
道路运输业	6.7	5.1	7.5	5.8	14.6	13.2	15.5
城市公共交通业	9.3	－3.3	－0.6	2.6	22.8	15.0	22.5
水上运输业	－1.5	0.5	－3.3	－2.4	1.9	－4.1	－10.1
航空运输业	4.4	7.9	1.0	3.7	0.2	2.3	－2.7
管道运输业	－0.2	0.0	0.0	0.0	0.0	0.0	0.0
装卸搬运和其他运输服务业	1.9	－0.3	0.4	0.0	0.5	0.6	8.6
仓储业	2.5	0.4	0.7	0.5	3.7	－2.7	2.3
邮政业	1.1	0.9	0.7	－7.5	－2.2	－0.7	22.5

表 14－13　　　　续表 2

年份		2005	2006	2007	2008	2009	2010	2011
信息传输、计算机服务和软件业		14.0	8.7	9.2	3.9	5.2	8.4	21.6
	电信和其他信息传输服务业	-0.8	1.2	-2.0	7.7	3.4	-2.4	12.6
	计算机服务业	5.3	1.0	7.6	-5.8	0.6	3.6	1.8
	软件业	9.5	6.5	3.6	1.9	1.2	7.3	7.3
批发和零售		10.9	-7.4	6.5	3.7	-0.8	18.4	129.8
	批发	1.2	-6.9	-8.5	-4.4	-4.2	6.2	63.3
	零售	9.7	-0.5	15.0	8.1	3.4	12.2	66.4
住宿和餐饮业		11.2	9.2	8.4	2.2	-4.1	15.2	37.6
	住宿业	17.2	3.6	-4.1	0.1	-0.5	0.9	14.2
	餐饮业	-6.0	5.6	12.5	2.1	-3.6	14.2	23.4
金融业		7.7	5.7	18.9	31.3	20.1	36.8	49.2
	银行业	4.4	0.5	4.1	6.9	8.6	6.0	29.9
	证券业	-0.6	1.2	4.0	0.7	2.7	6.3	4.2
	保险业	3.4	3.9	7.9	22.4	6.7	18.2	18.1
	其他金融活动	0.5	0.0	2.9	1.3	2.1	6.2	-3.1
房地产业		34.2	19.7	10.1	2.3	20.0	29.5	43.5
	房地产开发经营	2.1	2.5	-0.5	1.5	0.1	8.1	23.1
	物业管理	23.8	13.1	4.3	5.6	10.2	13.9	12.6
	房地产中介服务	3.8	2.2	6.9	-7.7	5.6	3.8	2.7
租赁和商务服务业		66.8	20.9	7.9	5.7	15.9	15.3	16.7
	租赁业	-1.2	0.3	-0.1	0.5	0.9	0.3	0.5
	商务服务业	68.0	20.6	8.0	5.3	15.1	15.0	16.1
科学研究、技术服务和地质勘查业		16.3	7.7	11.4	8.5	3.3	26.5	5.2
	研究与试验发展	0.8	1.6	2.1	3.0	-0.5	6.1	3.9
	自然科学研究与试验发展	-0.5	0.0	-0.1	0.0	-0.6	2.5	2.2
	工程和技术研究与试验发展	-0.1	0.7	2.4	2.7	0.1	2.4	3.1
	农业科学研究与试验发展	1.1	-0.1	0.2	0.4	-0.1	1.0	-1.4
	医学研究与试验发展	0.4	0.3	0.1	0.0	0.2	0.1	-0.1
	社会人文科学研究与试验发展	-0.2	0.8	-0.5	-0.1	0.0	0.1	0.0
	专业技术服务业	11.9	6.4	6.9	5.9	2.6	19.1	2.6
	气象服务	0.0	0.2	0.0	0.1	0.1	0.0	0.2
	地震服务	0.1	-0.1	0.0	0.0	0.0	0.0	0.0
	海洋服务	0.4	0.0	0.3	-0.6	-0.1	0.0	1.3
	测绘服务	-0.1	0.2	0.0	-0.2	0.2	0.0	0.3
	技术检测	2.0	1.3	1.8	2.2	0.4	1.5	2.1
	环境检测	0.3	0.2	-0.1	-0.4	0.1	0.3	0.9
	工程技术与规划管理	8.0	2.9	4.2	4.0	2.4	8.8	3.3
	科技交流和推广服务	4.0	-0.1	2.4	-1.4	1.2	1.8	1.0
	地质勘查业	-0.3	-0.3	0.0	1.1	-0.1	-0.4	-2.2

表 14－13　　　　　　　　　　　　　　　　　续表 3

年份		2005	2006	2007	2008	2009	2010	2011
水利、环境和公共设施管理业		8.3	5.1	5.0	3.3	3.4	4.1	3.6
	水利管理业	0.1	－0.2	－0.7	0.5	－0.7	0.3	0.9
	环境管理业	2.6	0.1	5.4	0.8	1.0	4.2	－0.1
	公共设施管理业	5.6	5.3	0.4	2.0	3.2	－0.5	2.8
居民服务和其他服务业		7.2	3.4	6.2	3.1	5.0	4.6	4.3
	居民服务业	0.6	2.3	0.2	0.6	1.3	1.3	－3.2
	其他服务业	6.6	1.1	6.1	2.6	3.8	3.3	7.5
教育		30.4	28.7	19.4	25.5	33.0	33.0	38.0
	初等教育	－5.1	－1.5	8.8	－0.3	1.8	2.9	5.3
	中等教育	19.5	23.4	1.0	21.6	20.6	17.5	9.2
	高等教育	9.4	5.3	6.5	1.7	5.8	3.7	9.5
卫生、社会保障和社会福利业		24.4	18.6	17.2	22.1	22.5	39.8	36.4
	卫生	22.3	19.0	13.3	20.5	24.7	38.7	37.6
	社会保障业	1.5	－0.4	3.3	1.2	－2.8	0.2	0.3
	社会福利业	0.6	0.0	0.5	0.4	0.6	0.9	－1.5
文化体育和娱乐业		8.7	5.7	－0.1	1.5	0.5	5.0	－2.5
	新闻出版业	3.1	0.9	－0.1	0.8	－0.2	0.3	－2.3
	广播、电影、电视和音像业	2.2	2.4	－1.2	0.2	0.6	1.0	1.3
	文化艺术业	0.7	0.4	0.2	0.3	－0.1	0.6	1.3
	体育	0.3	0.7	0.3	0.2	0.0	0.1	－1.1
	娱乐业	2.3	1.3	0.6	0.0	0.1	3.0	－1.8
公共管理和社会组织		40.8	33.6	39.7	25.0	7.8	29.1	46.8
中国共产党机关		0.0	1.0	21.8	－1.6	－16.5	1.0	1.2
国家机构		42.0	32.3	37.0	24.5	27.3	28.6	43.3
人民政协和民主党派		0.3	0.2	0.2	0.3	－0.2	0.1	0.1
群众社团、社会团体和宗教组织		2.7	－0.8	1.3	0.5	－0.8	－0.6	2.2

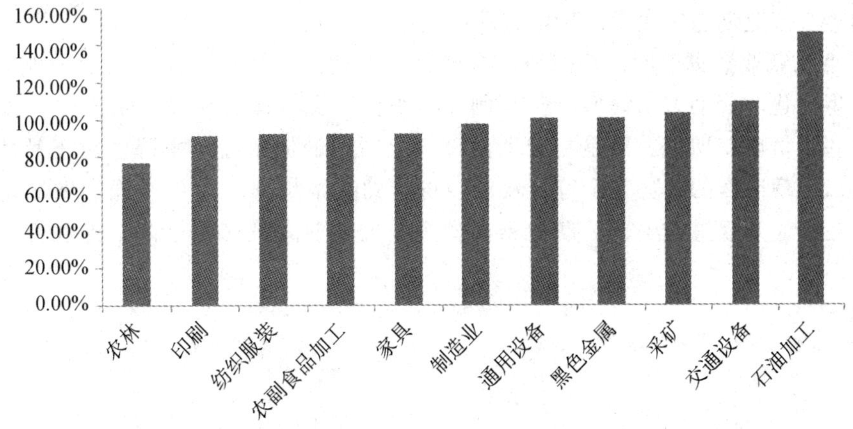

图 14－3　广东各行业平均工资水平

资料来源：《中国劳动统计年鉴》2012 年。

核 算 点 评

（1）劳工荒吵得最凶的是广东，实际上，从总体来讲，广东的就业状况并不差。在2005年新增就业73.5万人，2006年50.1万人，2007年47万人。受到国际金融危机的冲击，广东新增就业人数在2008年下降为6.4万人。随后，广东新增就业人数逐步恢复，在2009年上升为47.1万人，2010年63.4万人，2011年高达119.7万人。从2005年以来走过了一个明显的“马鞍型”。

（2）广东制造业的新增就业也呈现马鞍形。在2008年广东制造业就业人数下降了6.5万。2009年增加了26.9万，2010年增加了23.2万。在2011年广东制造业新增就业42.3万人，明显地好转。

（3）纺织业就业人数在2007年下降0.77万，2008年又下降0.96万，2009年下降1.26万，2010年略有恢复，增加1.49万，2011年增加1.34万。纺织服装、鞋帽制造业的就业在2008年减少了2.25万，2009年再减少0.7万，2010年减少0.56万，在2011年勉强制止了颓势，略略增加0.61万。显然，和纺织业类似的劳动力密集型产业的处境都不妙。文教体育用品制造业在2011年就业人数下降1.19万。

（4）众所周知，在20世纪80年代，香港地区曾经是全球著名的服装业中心，随后，香港地区的服装业大多转移到了珠三角地区。服装、鞋帽行业在珠三角落户已经超过了30年。如今到了这些行业向别的地区转移的时候了。这些行业雇佣了大量劳动力，由于行业平均利润率不高，随着珠三角生活水平的不断提高，很难给员工提高工资。扣除生活费用和“五险一金”之后外来劳工几乎没有剩余，当然他们不愿意在珠三角的纺织服装业就业。也许这是当地出现劳工荒的主要原因。

（5）在制造业当中，广东的交通运输设备制造业的就业人数一直在增加。在2010年增加就业5.07万，在2011年又增加5.7万。通讯设备、计算机、电子设备制造业的就业也连续上升，在2010年增加10.3万，2011年再增加6.1万。电气机械及器材制造业的就业人数在2008年受到国际金融危机的冲击下降2.75万，随后逐渐恢复，在2009年增加8.85万，2010年增加4.08万，2011年再增加4.5万。

（6）广东建筑业的新增就业也走过了一个马鞍型曲线。在2008年建筑业就业减少0.23万，2009年再减少0.55万。在2009年和2010年略有恢复，在2011年新增就业28.3万。广东经济对外开放程度较高。即使是和外贸出口并没有直接联系的建筑业也受到国际经济起伏的严重冲击。

（7）批发零售业在2011年增加就业12.9万。住宿餐饮业增加3.76万，金融业增加4.9万。显然，广东的第三产业创造了大量的新增就业机会。

（8）分行业的就业数据表明，广东地区有些行业的就业在增加，有些行业的就业在减少，就业结构逐年发生变化。劳动力密集型产业（例如纺织业、文教体育用品制造业等）雇佣的劳动力数量即使在某些年份略有增加，但是在劳动力市场上所占的比重逐年下降。对于经济发展较快的广东地区而言，出现这样的趋势完全符合发展经济学的基本规律。当年“亚洲四小龙”也出现过类似的现象。在产业升级过程中，劳动力密集型企业的就业人数必然下降，这和劳工荒是截然不同的两回事。

表 14－14　制造业新增就业人数

年份	2005	2006	2007	2008	2009	2010	2011
全国	1600757	1407157	1137462	－310990	576369	1452528	4511753
北京	－27181	－27034	28329	－61836	31452	10977	72202
天津	9305	7559	－8011	－49690	1881	23994	373642
河北	－12127	10247	8731	－58466	5995	26892	109052
山西	－18860	8385	27895	－54652	－5363	19434	－15415
内蒙古	2981	－16196	－6136	－24379	－15762	－5081	27617
辽宁	－1284	－30859	－15500	12393	－9477	－11872	227492
吉林	－60250	－6514	－17158	－10417	20733	17271	41772
黑龙江	－61597	－31122	－7218	－143349	－57369	－118654	－10964
上海	－15446	－9744	243774	9520	－23300	6093	455089
江苏	200307	392792	194260	－29129	8439	272600	182292
浙江	491442	421082	392305	345004	138483	186174	250491
安徽	－25971	6881	13236	－30238	33054	54058	95111
福建	169436	175464	99954	－39472	26432	147924	417792
江西	13284	39550	22848	－770	－21720	35740	161876
山东	548757	84426	11855	－61996	－28980	91286	258905
河南	31672	38443	－19783	－34603	11291	40480	349969
湖北	－42946	61787	－367656	－29818	60575	200214	296872
湖南	26510	5282	53943	41230	75793	75151	227983
广东	418364	310892	319127	－65117	269868	331990	423074
广西	－6301	－673	10032	8198	7915	32799	52803
海南	－800	－2993	5123	－944	2442	5027	3221
重庆	10204	－10127	23393	5529	14472	50483	171540
四川	17979	9144	16762	34913	－7655	11101	174193
贵州	－8591	－6548	13894	－48403	－3001	－3712	29362
云南	－8552	17012	98911	4473	42561	－19981	44085
西藏	－804	357	－789	－227	－143	326	－1334
陕西	3191	－18332	10416	－3270	－28828	－11734	41211
甘肃	－33078	－9766	－34163	－28216	16688	－33515	－13994
青海	－666	350	4177	8222	7690	10397	23268
宁夏	－7168	－2468	1830	－5615	－1275	651	1624

数据来源：根据《中国劳动统计年鉴》2013 年计算。

核算点评

（1）2008 年，受到了美国次贷危机的影响外部订单大幅度减少，我国制造业就业急剧下滑。全国制造业就业人数在 2008 年减少 31 万人。其中，广东减少 6.5 万人，黑龙江减少得更为严重，14.3 万人，北京减少 6.1 万人。当外部市场恢复时，订单纷至沓来，又会大量增加就业。全国制造业的新增就业数从 2009 年的 57.6 万人，上升到 2010 年的 145 万人，2011 年的 451 万人。

（2）广东制造业的新增就业人数从 2008 年的－6.5 万人上升到 2011 年的 42.3 万人。在这几年内广东的生活指数不断上升，当广东制造业就业人数从马鞍形的底部上升时，如果劳动力密集型企业支付的工资水平跟不上去，必然出现“劳工荒”。

表 14－15 纺织业新增就业人数

年　份	2005	2006	2007	2008	2009	2010	2011
全　国	148123	46410	－200627	－119638	－194464	－5526	99235
北　京	－2703	－4774	－111	－1856	－3566	－393	－320
天　津	－2132	－3566	－7221	－8191	－3665	－411	95
河　北	6881	－587	－7245	－29013	－18267	－6090	－18350
山　西	1278	－1319	－9675	－9443	－9064	－2272	－2589
内蒙古	53	－5490	－3992	－6679	－3028	－2378	－878
辽　宁	－7962	－6202	－5077	938	－945	－4944	－450
吉　林	－4729	－3871	－1970	－2459	－230	－1294	783
黑龙江	－7779	－8553	－4413	－11099	－1604	－5044	－14631
上　海	－7547	－8471	－7282	－538	－2749	－2560	8850
江　苏	899	47378	－24200	4311	－48787	21567	3992
浙　江	84910	38834	49727	81873	13856	2099	65907
安　徽	－11716	176	－4924	－13103	－5514	－1537	－4684
福　建	692	13716	－3901	36	－786	2410	21888
江　西	－1329	4204	1567	－10881	－464	－2725	10100
山　东	100808	－13402	－12229	－23661	－41533	－5381	－1506
河　南	－9921	706	－14608	－26679	－27407	－285	8848
湖　北	－8474	4530	－117193	－23683	15729	7733	21360
湖　南	－1485	5451	－4261	－1950	－5885	－3143	6337
广　东	32689	13207	－7651	－9633	－12614	14902	13354
广　西	－684	406	－1792	－2687	－2752	－552	2626
海　南	－879	－88	－37	4003	－4654	－37	－30
重　庆	－3081	－7203	－15	－1332	－6185	209	－1507
四　川	－235	－1985	－3342	－9953	－9283	－11016	－7701
贵　州	－2636	－87	－492	－673	－895	－117	－264
云　南	－466	933	－1250	－1027	－3515	－388	－502
西　藏	59	－89	－100	－1	－10	－30	－54
陕　西	1839	－8920	－4455	－12380	－1961	－4226	－4833
甘　肃	1268	－1251	－2353	－197	－2214	－460	－2140
青　海	223	－7	－1423	97	－377	－119	－318
宁　夏	36	126	437	163	－90	2486	418

数据来源：根据《中国劳动统计年鉴》2013 年计算。

核 算 点 评

全国纺织业的就业人数从 2006 年的 284.9 万人逐年下降，到 2011 年为 242 万人，减少了 42.1 万人。山东、湖北、河北、河南的纺织业就业人数都显著下降。连四川的纺织业就业人数也下降了。广东的纺织业就业人数基本没变。唯独浙江在此期间增加了 21 万人就业。

表 14－16　　批发零售业新增就业人数

年　份	2005	2006	2007	2008	2009	2010	2011
全　国	－426890	－283137	－88700	74946	64900	142450	1124004
北　京	－34350	－22947	18837	52774	65231	52202	81858
天　津	474	－6961	17233	7683	－16779	5309	23585
河　北	－15862	－17608	－15789	－5201	－10227	4029	9244
山　西	－25526	－18402	－5844	－7230	210	－2968	4837
内蒙古	－6087	－1263	－743	－4179	－2523	1744	8454
辽　宁	－13053	－7965	－18555	12452	16661	－2266	51118
吉　林	－56199	－2133	－6390	－2868	－2162	7121	4411
黑龙江	－63602	10014	－12109	－20317	－9674	－6420	－13170
上　海	－12602	－24303	8488	12656	12909	10263	210959
江　苏	－27702	－15861	－7304	6899	4576	13130	30606
浙　江	－4936	10566	7076	36814	34064	29479	68423
安　徽	－24762	－22418	－1305	－13410	－3041	5135	15429
福　建	－3793	4415	3766	4734	7814	7420	62653
江　西	－11700	－616	－12600	－111	－5300	－4588	51831
山　东	8249	－36200	－5129	9136	38470	－21962	99812
河　南	－50581	－21469	－29257	－20962	－21283	－6929	45452
湖　北	960	－45208	－47792	9759	9081	13236	58868
湖　南	－47027	－15143	3074	23372	8558	3958	10719
广　东	10882	－7425	6454	3733	－792	18445	129764
广　西	－7767	－8578	－7213	－2733	－2297	3256	9043
海　南	－248	－955	1264	－550	3534	3281	8826
重　庆	－2350	7417	949	10541	569	－309	52494
四　川	－5953	－12123	6841	－4055	－7207	－3533	7147
贵　州	－2830	－746	－2361	－19549	1631	3359	3354
云　南	－16230	1964	23422	－174	7832	8825	37947
西　藏	111	－24	－411	－53	－491	654	－1128
陕　西	－8282	－17375	－1121	400	－59209	1392	25170
甘　肃	－953	－9507	－4094	－10981	－4810	1047	－544
青　海	－532	－1075	－841	1224	2190	－641	5244
宁　夏	－1085	－1902	－422	－1122	－898	－1040	579

数据来源：根据《中国劳动统计年鉴》2013 年计算。

核　算　点　评

在 2007 年以前，批发零售业的就业人数呈下降趋势。但是在 2008 年以后，批发零售业的新增就业人数逐年增加。在 2010 年增加 14 万人，在 2011 年增加 112.4 万人。第三产业的扩张提供了大量就业机会。

大都市的第三产业扩张速度高于中小城市。在 2011 年上海的批发零售行业新增就业 21 万人，广东新增就业 12.9 万人，北京新增 8.2 万人。除了 2009 年以外，广东的批发零售业就业人数一直在上升。也就是说，广东的产业升级趋势非常明显。

表 14-17　　金融业新增就业人数

年份	2005	2006	2007	2008	2009	2010	2011
全国	32607	81064	223213	278375	314976	210335	352429
北京	3618	26577	23853	18385	27012	18551	56301
天津	444	361	3913	6302	5109	2692	7715
河北	4422	9406	5552	25383	12648	8257	-4104
山西	5556	400	7037	10867	919	-2017	12493
内蒙古	4171	2686	2218	4652	8952	2041	3202
辽宁	-404	4645	9125	10393	-4524	4561	17685
吉林	-175	-3242	1698	1934	5493	3863	2811
黑龙江	1374	794	830	5551	13029	6902	5021
上海	23700	13042	21835	13335	10579	19195	41518
江苏	-7071	6731	6126	15326	15749	2808	20390
浙江	4180	11474	21490	30760	25078	14326	24638
安徽	-6355	3608	4252	10768	14487	1541	13539
福建	3181	651	450	9650	12015	7634	6755
江西	-2531	1407	-2902	3692	10742	5253	3852
山东	-4712	2292	15892	29204	34535	4401	13746
河南	-2731	-1969	16026	-8318	5297	5770	12129
湖北	1972	-941	17809	-6536	17171	2513	-3459
湖南	-9308	2796	10104	13773	9215	13624	17164
广东	7737	5685	18945	31295	20055	36791	49182
广西	934	-107	6463	2422	6098	3798	12315
海南	-382	-962	1742	492	183	1462	2932
重庆	1969	-3161	11898	10422	6691	9081	8412
四川	9591	-8061	4766	10967	24376	9276	1373
贵州	-492	1255	3255	3589	2600	4913	7268
云南	-1225	1486	2421	9544	4407	1809	7066
西藏	-111	335	822	355	113	520	1132
陕西	1471	296	1259	4654	22973	12763	-917
甘肃	2587	-465	4612	3853	-728	1928	956
青海	-273	509	739	971	1916	1492	387
宁夏	985	1655	307	776	146	171	1326

数据来源：根据《中国劳动统计年鉴》2013年计算。

核 算 点 评

最近十年内，金融业就业人数一直在稳步增加。在2011年全国金融业新增就业35.2万人。其中北京金融业新增就业5.6万人，广东新增就业4.9万人，位居全国第二，上海新增就业4.2万人。

按照产业升级的梯度转移规律，大量劳动力密集型就业机会从沿海逐级向内地转移。从行业来讲，新增就业发生在高科技行业和服务业，而传统劳动力密集型产业的就业人数上升速度明显放慢。从地区来讲，在四川、安徽等省市新增就业发生在劳动力密集型行业。在沿海各省市新增就业发生在服务业、高科技和资本密集型行业。

表 14 - 18　　农民工收入增长率

年份	名义月收入	城市 CPI	实际月收入	收入增长率
2002	640	252	254	NA
2003	690	254	271	6.7%
2004	742	263	282	4.1%
2005	861	267	323	14.5%
2006	946	271	349	8.0%
2007	1060	283	392	12.3%
2008	1340	299	448	14.3%
2009	1417	296	478	6.7%
2010	1690			
2011	2049			
2012	2290			
2013	2609			

资料来源：2002 年到 2009 年数据来自于北京大学中国经济研究中心，CMRC 劳动就业课题组，2010 年 9 月 28 日。2010 年到 2013 年数据来自于“农村剩余劳动力供给面临拐点”，《人民日报》，2014 年 5 月 13 日。

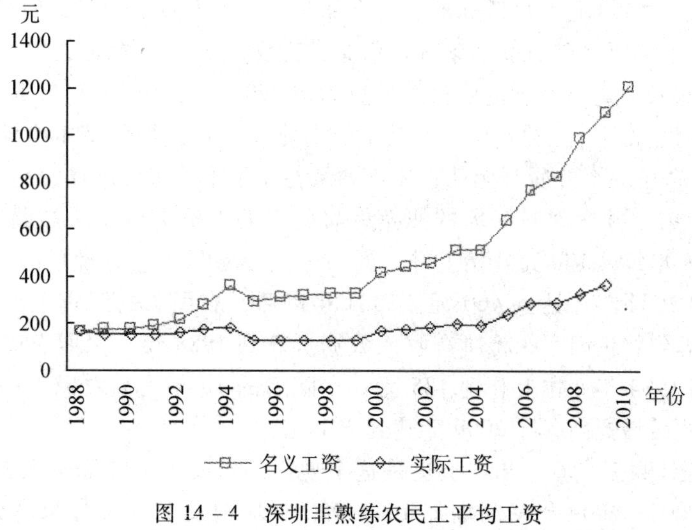

图 14 - 4　深圳非熟练农民工平均工资

核 算 点 评

（1）促使农村劳动力向城市流动的激励机制是城乡收入差别。在讨论城乡收入差别的时候不仅要考虑农民工的名义工资还要综合考虑他们外出打工的成本。农民在外出打工之前都面临多种选择：第一，留在家里务农，第二，短途外出在家乡周边打工，第三，长途外出到沿海打工。无论做何种选择他们都要自觉或不自觉地进行成本核算，考虑替代成本。去沿海打工的成本包括长途跋涉的路费，较高的生活费支出，不能照顾家庭的损失，额外的子女教育费用，打工就业的不确定性以及对外地生活的不适应等等。除非外出打工的收益明显高于成本，他们为何要千里迢迢不辞辛苦地背井离乡？

（2）近年来农民工工资逐年上涨，即使在2008年金融危机的冲击下，农民工的平均工资依然保持上涨趋势。在2009年以后，农民工平均工资每年都增加10%以上。可是，生活费用也在上涨。2010年2月14日，《人民日报》报道："年后普工的价格平均上涨200元至300元。"来自河南的吕师傅告诉记者："我希望工资有2000元左右，最低也要1700元至1800元，现在物价水平提高了，租一间普通的房子都要五六百元，工资低了不能干。"① 在20年前，来深圳打工只要50元就可以租到一个床位，现在要好几百元。不仅房租涨，蔬菜涨价，猪肉涨价，什么都涨。沿海地区价格涨幅普遍高于内地。在这种情况下，农民工到深圳打工，即使工资从800元涨到1000元，七扣八扣，真正能够拿回家的钱非但没有增加反而减少了。由于沿海地区的物价水平和生活费用不断上升，严重地削弱了农民工外出打工的积极性。有些企业家以为过去支付月薪800元就可以雇佣到工人，还可以挑挑拣拣，如今把工资涨到上千元，觉得很慷慨了。他们就没有想一想，按照他们支付的工资，农民工的生活水平是上升还是下降了？根据调查，深圳关内最便宜的租房地区要属白石洲和清水河的农民房聚集地。以白石洲为例，一房的租金大概是600—800元/月，取平均700元；吃饭5元一顿，一月伙食费约300元；日用品100元/月；上班交通费200元/月；电话费50元/月；合计1350元。在深圳工作，要满足最基本的生存条件（衣、食、住、行），每月工资应不低于1350元。而深圳农民工月薪平均1521.14元，其中，初、中级农民技工平均工资分别为1212和1354元，拥有小学、初中、高中或职高学历的农民工平均工资分别是1077、1190、1359、1322元。均低于1350元的最低标准。只有那些拥有大专以上学历，属于高级技工等级的农民工工资，才能满足在深圳生存的基本条件。但是，在深圳打工的农民工中，大专以下学历比重高达93.42%，属高级技工等级以下的农民工比重为70.90%，其中55.81%为无技术等级的工人。这意味着，至少90%在深圳打工的农民工，其工资不能满足在深圳的基本生活要求。如果民工除掉了食宿费用之后，辛苦一个月所剩无几，还不如呆在家里不出来。难怪深圳出现"劳工荒"。

（3）日本经济学家石井次郎对深圳的非熟练农民工的工资进行了采样调查。根据他的研究，农民工的工资从1988年每月170元开始上升，到1994年为360元。在随后的八年期间农民工的工资上升非常缓慢，到2002年才达到460元。2004年以后，农民工的工资上涨较快。2010年已经超过了1200元。考虑到物价因素，将所有收入数据折算到1988年，深圳农民工实际收入从1988年的170元开始，到1994年方才上升到185元。在随后的10年内，农民工的实际收入几乎没有动，在2004年以后才缓慢提高，在2009年达到371元。

（4）从全国的统计数据来看，基本上也是这个规律。农民工的实际收入在1984年到2002年期间增长缓慢。在2002—2009年期间增加1.21倍，年均增长12%。如果考虑通货膨胀的因素，将农民工的工资折算到1980年水平。在这个期间，农民工的工资增长88%，年均增长9.4%。

（5）毫无疑问，近年来农民工的收入在逐渐增长。可是，城镇职工的工资收入增长得更快。

① 参见《人民日报》，"中国农民工在城市门口徘徊"，2011年2月14日。

1953—1977 年，在计划经济体制下，实际工资年均增长 0.03%，累计增长不到 8%。改革开放以后，在 1978—2008 年期间年均增长约 7.2%。城镇职工的收入总共增长约 7 倍。在 20 世纪 90 年代职工收入增长较慢，在 1991—1998 年期间每年平均增长为 5%。在 2000 年以后，城镇职工的收入迅速增加。在 1999—2008 年均增长近 13%。正是工资收入差距推动着农民工走出家门到外地打工。

（6）有人说，在农村只看到老人、妇女和儿童，已经没有剩余劳动力了。他们据此判断，中国的劳动力市场已经达到了刘易斯拐点。亲身调查固然能够说明一些问题，但是感性观察却不能代替理论。在很多情况下，有可能以点代面，出现经验主义的系统偏差。判断劳动力市场是否已经达到刘易斯拐点的一个重要依据是在劳动报酬上是否还存在着较大的差距。如果城市和乡村之间还存在着较大的收入差距，就难免会有农民离开家乡进城找工作。在劳动力流动的过程中，城乡收入差距得以逐步缩小。劳动力市场逐步向刘易斯拐点移动。从 1999 年到 2014 年的数据来分析，城乡居民收入差距非但没有缩小反而呈现加大的态势。在这种情况下必然刺激更多的农村劳动力进城。这一现象恰恰说明中国劳动力市场尚未达到刘易斯拐点。

表 14－19　　历年全国社会保险基金收入

单位：亿元

年份	合计	城镇职工基本养老保险	失业保险	城镇基本医疗保险	工伤保险	生育保险
2000	2644.9	2278.5	160.4	170.0	24.8	11.2
2001	3101.9	2489.0	187.3	383.6	28.3	13.7
2002	4048.7	3171.5	215.6	607.8	32.0	21.8
2003	4882.9	3680.0	249.5	890.0	37.6	25.8
2004	5780.3	4258.4	290.8	1140.5	58.3	32.1
2005	6975.2	5093.3	340.3	1405.3	92.5	43.8
2006	8643.2	6309.8	402.4	1747.1	121.8	62.1
2007	10812.3	7834.2	471.7	2257.2	165.6	83.6
2008	13696.1	9740.2	585.1	3040.4	216.7	113.7
2009	16115.6	11490.8	580.4	3671.9	240.1	132.4
2010	18822.8	13419.5	649.8	4308.9	284.9	159.6
2011	24043.2	16894.7	923.1	5539.2	466.4	219.8
社会保险基金增长率（%）						
2001	17.3	9.2	16.8	125.7	14.2	23.1
2002	30.5	27.4	15.1	58.4	13.2	58.9
2003	20.6	16.0	15.7	46.4	17.4	18.3
2004	18.4	15.7	16.6	28.1	55.1	24.4
2005	20.7	19.6	17.0	23.2	58.7	36.4
2006	23.9	23.9	18.2	24.3	31.7	41.8
2007	25.1	24.2	17.2	29.2	36.0	34.6
2008	26.7	24.3	24.0	34.7	30.9	36.0
2009	17.7	18.0	-0.8	20.8	10.8	16.4
2010	16.8	16.8	12.0	17.3	18.7	20.5
2011	27.7	25.9	42.1	28.6	63.7	37.8

数据来源：《中国劳动统计年鉴》，2012 年表 10－1，历年全国社会保险基金收入。

核 算 点 评

(1) 全国社会保险基金收入由2000年的2644.9亿元急剧上升，到2011年已经达到24043亿元。年增长率高达27.7%。其中失业保险的增长率为42.1%，工伤保险增长率为63.7%。大都市和沿海地区，特别是广东的深圳、东莞等地征收“五险一金”比较到位，而内地许多地方进展较慢。

(2)“五险一金”的征收大大提高了企业用工成本。企业雇佣劳动力成本上升速度过快，许多劳动力密集型企业的利润空间被压缩得所剩无几。用工单位提高工资的空间受到严重挤压。

(3) 对于工人来说，名义工资扣除“五险一金”之后才是他们拿到手的收入。由于内地许多民营企业没有严格征收“五险一金”，从表面来看，来深圳、东莞打工的人拿到手的工资可能还不如在家乡打工。

(4) 按照道理来讲，购买各种保险有利于员工本身。可是，由于当前社会保险的信誉欠佳，社会保险基金在不同省市间的流动还存在种种障碍，许多农民工认为在家乡城镇打工，扣除的“五险一金”比较有把握落实领取，而跑到外省市去打工被扣除的“五险一金”很可能是肉包子打狗，有去无回。许多农民工外出打工没有长期打算，缺乏风险防范意识，更多关注实际到手的收入。在深圳、东莞的许多农民工觉得扣除五险一金之后到手的收入还不如在内地打工，远水不解近渴。农民工到广东打工的积极性正在逐步减弱。

(5) 近年来中西部工资涨幅加快，与东部工资差距正在缩小，对劳工外出的积极性产生不可忽视的影响。根据国家统计局2009年的数据，外出打工者的月均收入在东部地区为1455元，中部地区为1389元，西部地区为1382元。① 5年前东部工资比西部平均高15%。如今东部工资只比西部高5%。差距逐渐缩小。可是，东部的生活费用比西部高出近25%，再加上外出打工的各种隐形成本，许多西部农民非常理性地考虑是外出打工还是留在本地就业或者留在家里务农。

(6) 国家取消了农业税，不断增加对农业的补贴，提高农产品收购价，提高了农业收益，对于稳定农业生产起到很大的作用。随着农业机械化的进展，科技知识不断普及，外出农民获得了更多信息，眼界更为开阔，拥有了一些创业资金，部分外出农民返乡从事规模种植、农产品加工和服务业。他们的收入很可能不低于外出打工。随着大量农民工不断离乡进城，剩余劳动力数量在逐步减少，留在家里的农民的平均收入在稳步增加。城乡差距逐步缩小，削弱了农民工外出的积极性。

(7) 近年来，农村养殖业高速发展，经济作物的播种面积不断增加。由于养殖业和经济作物的利润水平较高，增加了农民的收入。从而导致许多农民回乡从事养殖、经济作物生产。

(8) 近年来产业转移加速，大量劳动力密集型企业从沿海迁往内地，内地各省市新增就业机会逐年增加，对农民工产生分流效应。农民工就业的总数在不断增加，但是主要发生在内地的中小城市。不少农村劳动者选择就地就近就业，而不是出外打工。如果在家乡能够找到工作，就没有必要长途跋涉外出打工。如果家乡的企业不仅能够提供就业机会而且工资待遇不断上涨，农民工外出的积极性就更低了。

(9) 根据中金公司关于农民工的研究报告，“在外出民工中，去往中西部占比显著上升。去年在东部地区就业农民工的数量减少了880万，而在中西部农民工就业数量大幅增加。这一趋势在今年还将持续：东部地区今年春平均每个企业计划新招工156人，与2008年同期基本持平；但中西部地区用工需求明显增长，平均每个企业计划新招工61人，比2008年同期增加16%。因此，今年外出民工的目的地分布中，打算去东部地区的占71%，中西部占29%，后者比往年增加了7

① 数据来源：“节后劳工荒说明什么”，《人民日报》，2011年2月12日。

个百分点。特别是就近就业比例大幅上升，河南省就近就业民工数量从2008年的600多万人增加到1100万人，湖南就近就业的民工占比较2008年上升了5个百分点，达到30%（来源于人保部调查分析）”。中金公司首席经济学家哈继铭指出，“短期来看，是区域增长更平衡的结果，内地就业岗位增多，与沿海的工资差距缩小，对农民工的吸收加强：我们早在去年7月17日的报告《未来增长更趋平衡》中就分析，过去沿海地区经济一枝独秀，农民工只有赶赴沿海才能找到工作。近年来由于内地基础设施的改善、人力资本的进步，政府政策的倾斜，以及沿海企业向内地搬迁，内地经济增长开始赶超沿海，重演20世纪50—70年代美国穷州追赶富州，以及欧洲较穷区域追赶富裕区域的现象。这使得内地企业数量明显上升，用工需求增加，为农民工提供了在家乡就近就业的机会。”①

（10）根据人事劳动保障部的调查，愿意外出务工的民工数较往年下降。2011年仅有62%的返乡民工明确表示春节后要继续外出务工，比2008年同期相比降低了6个百分点。另有30%表示要看看再说，还有8%表示不再外出务工，主要原因是务工工资太低、准备在家乡创业、务农或从事家务。在准备外出人员中，超过四分之一的民工不打算回原企业上班，主要原因是收入太低（占49%）、加班太多（占18%）和没发展前途（占14%）。②

① 参见哈继铭“劳工荒启示”，《新财富》，2010年4月9日。

② 援引自人保部2011年2月份的“农民工就业情况调查”。

表 14－20　　影响农民工就业选择的变量

变量名	单位	含义	均值	标准差	最小值	最大值
Price	%	居民消费指数，表示生活成本	102.74	0.42	102.01	103.82
Citiwage	元	城镇职工制造业的平均工资	41108.23	7670.42	33317.00	65032.00
Pwage	元	农民工平均工资，即私营企业中制造业的职工平均工资水平	26336.73	4778.29	17849.00	38498.00
Newemp	人	各地区制造业新增加的劳动力人数	149027.70	147900.30	－15415.00	455089.00
Newemp10	人	2010 年各地区制造业新增加的劳动力人数	48217.00	93432.96	－118654.00	331990.00
Trade	%	各地区制造业外贸出口量在全国中的比重	0.03	0.06	0.0001	0.29
Manu	%	地区制造业就业人数占全国比重	3.2	4.51	0.06	20.00
RGDP	亿元	各地区 GDP	18635.80	14318.65	701.03	57067.92
unemp	%	地方失业率	3.31	0.64	1.27	4.23
GDciwage	元	广东城镇职工平均工资	12091.03	12913.13	615.00	45152.00
GDemp	万人	广东制造业新增就业人数	369.36	327.54	19.58	899.46
GDlnpro	万元	广东制造业私营业利润总额对数	5.46	0.86	4.62	6.97
GDLNPWAGE	元	广东农民工工资对数	9.78	0.33	9.16	10.37
GDPRICE	%	广东居民消费价格指数	101.16	2.49	97.70	105.50
GDTrade	万美元	广东外贸出口量	1545.98	1567.54	101.40	5317.93

核 算 点 评

（1）影响“劳工荒”的主要因素包括：生活成本、农民工工资水平、行业工资差距（城镇平均工资），产业聚集度，外贸出口量等。在模型中，还设置了地区虚拟变量，若发生“劳工荒”的地区，取值为1，表示企业招不到农民工。相反，若没有出现“劳工荒”的地区，取值为0，表示企业能够招到农民工，没有出现劳工荒。

（2）使用的数据为国家统计局、人力资源与社会保障部、中宏数据库以及《中国统计年鉴》、《中国劳动统计年鉴》、《中国贸易外经统计年鉴》、《广东省统计年鉴》及广东省统计局网站提供的数据。一部分是全国31个省、市、自治区的数据，采用的是2011年的横截面数据，另一部分是广东省的数据，采用的是1978—2012年的时间序列数据。

（3）由于在劳动力密集型产业中出现劳工荒的行业主要集中在农林、一般制造业、纺织服装、农副食品加工、家具和印刷等，这里主要选取制造业的数据作为代表。

（4）具体的回归方程为：

$$DEmp_{ij} = \beta_0 + \beta_1 X_{ij} + \beta_2 \ln(Pwage) + \beta_3 Z_{ij} + \mu_{ij} \quad ①$$

$$DEmp_{ij} = \beta_0 + \beta_1 X_{ij} + \beta_2 \ln(Pwage * manu_{ij}) + \beta_3 Z_{ij} + \mu_{ij} \quad ②$$

其中，$DEmp_{ijt}$代表i企业在j地区是否能雇佣到低技术农民工，Pwage为农民工平均工资水平，X为农民工的特征变量，具体包括生活成本，制造业新增就业人数。Manu为制造业聚集度，Z代表影响企业雇工的其他因素，包括城镇职工的平均工资水平，外贸出口量。μ为随机扰动项。方程②考虑了农民工工资与制造业聚集度的交叉项。这里，生活成本指标用各地的物价水平表示，制造业聚集度以各地区制造业就业人员在全国的比重来表示。

表 14－21　影响企业招聘到低技术水平农民工的主要因素

	因变量：企业是否招到农民工的可能性			
	①		②	
	Probit	Logit	Probit	Logit
农民工工资对数	－0.10 (－0.03)	－1.01 (－0.17)		
农民工工资水平×制造业聚集的对数			－0.25 (－0.47)	－0.56 (－0.55)
居民消费指数	－19.89 (－0.42)	－40.14 (－0.42)	－0.85 (－0.56)	－1.81 (－0.60)
城镇平均工资水平	74.04 (1.04)	160.98 (1.20)	71.72 (1.09)	151.45 (1.19)
外贸出口量	11.09 (1.98)**	20.25 (1.97)**	14.21 (1.52)*	26.92 (1.47)*
地区虚拟变量	是	是	是	是
常数项	59.27 (0.39)	116.79 (0.38)	82.22 (0.54)	176.05 (0.57)
R^2	0.44	0.44	0.45	0.46

注：括号里的统计值是 t 统计量；***、**、*分别表示 1%、5%、10% 的统计水平下显著。

核　算　点　评

（1）表 14－21 是企业是否能招到农民工的回归结果，括号里为稳健的 t 统计量。其中方程①和方程②分别考察了影响企业招聘农民工，及农民工是否愿意接收这份工作的各项因素。

（2）分析运用 Probit 和 Logit 方法。方程①Probit 的结果显示，农民工工资每提高 1%，企业招聘到普通农民工的可能性会下降 0.1 个百分点。

（3）由于广东地区的生活水平不断提高，农民工不得不要求提高工资水平。劳动力密集型企业的利润水平不高，很难满足农民工提高工资的要求，于是，他们就很可能遭遇“劳工荒”。在缺乏劳工的情况下，这些企业或者转移到劳动力成本相对较低的中西部地区，或者关门倒闭。

（4）方程②控制了农民工工资与制造业聚集度的交叉项，结果进一步验证了上述回归结果，在产业集聚度和农民工工资水平提高之后劳动力密集型企业不能招聘到足够的农民工，将面临劳工荒。

表 14－22　企业利润与农民工工资水平（以广东为例）

	因变量：LNGD_ Pro
LnGD_ pwage	－1.02 （－2.6）**
GD_ CIWAGE	4.01 （1.36）
GD_ EMP	－0.001 （－3.15）***
GD_ PRICE	－0.03 （－1.39）
GD_ TRADE	0.0004 （3.03）***
T	0.08 （1.31）
C	－158.30 （－1.21）
R^2	0.98
D. W.	2.45

注：括号里的统计值是 t 统计量；***、**、* 分别表示 1%、5%、10% 的统计水平下显著。

核　算　点　评

（1）选取劳工荒最严重的广东地区，以私营和个体企业的利润额为解释变量，运用 1978—2012 年广东省的相关数据，分析农民工工资水平与企业利润间的关系。

（2）回归模型为：

$$\ln(GD\_\ Pro) = \beta_0 + \beta_1 \ln GD\_\ Pwage + \beta_2 X + \beta_3 Z + T + \mu \qquad (4)$$

其中，GD_ Pro 代表广东私营和个体企业的利润总额，*GD_ Pwage* 代表广东农民工平均工资水平，X 为农民工的特征变量，如生活成本、新增就业人数，Z 为其他因素，如城镇职工平均工资水平、外贸出口量，T 为时间变量，μ 为随机扰动项。

（3）回归结果显示，农民工平均工资每提高 1%，企业利润会下降 1.02 个百分点。由于劳动力成本的提高会导致企业利润下降，企业很难提高农民工工资水平。而对农民工来说，以现有的工资水平，在扣除生活费用和“五险一金”后，将没有多少剩余，他们当然不愿在工资较低生活成本又高的地区或行业就业，这些地区发生“劳工荒”在所难免。

结　论

（1）局部地区出现劳工荒的形成和发展和外出打工人员的年龄、性别和文化结构有关。劳动保障部 2007 年初的调查表明，企业用人需求中，18—34 岁年龄组劳动力始终供不应求。近六成的岗位要求年龄在18—25岁之间，近三成的岗位要求年龄在26—35岁之间。

（2）根据国家统计局2008年的数据，在农村外出打工人员当中，30岁以下占52.6%，30—40岁的占29.5%，40岁以上的占17.9%。在2010年，外出打工的农民工当中出生于80后的数量已达9000万人，在外出农民工当中超过60%。澳大利亚国立大学的孟昕教授采用15个城市的数据，分析了2000到2004年期间农民工外出打工的状况。男性20—31岁外出打工的比例超过50%，女性18—22岁外出打工比例超过50%。从农村人口结构来看，30岁以下的劳动力当中外出打工的比重为43%。在农村本地从事非农产业的青年人有40%左右，两者相加，大约80%的青年人已经不再从事农业生产。这个趋势和当年“亚洲四小龙”走过的道路非常雷同。

（3）在性别方面，对女性劳动力的需求一直高于男性。而在外出劳动者中，青年劳动力特别是女性的比重呈下降趋势。蔡昉等人说农村没有剩余劳动力实际是指没有简单可移动的劳动力。

（4）和留守在家乡的人相比，外出打工的人文化程度比较高。外出打工的农民当中初中及初中以上教育程度的占80.1%。北京大学中国经济研究中心的一份研究报告揭示：教育程度最高的和最低的两个极端的年轻人留在农村的比例较高。中等教育水平的农村年青人差不多都外出打工了。① 众所周知，有文化的年青人是社会最活跃的群体，他们的离去给人们非常深刻的印象，好像留在农村的只剩下来妇女、老人和儿童。2006年国务院发展研究中心调查结果表明，有74.3%的村庄认为能够外出打工的青年劳动力已经都走了。只有1/4的村庄认为还有青壮年劳动力可以转移。② 根据蔡昉等人的研究，在农村剩余劳动力当中有一半左右的人年龄在40岁以上，不太适合外出打工。③ 毫无疑问，在中国东部地区劳动力市场的无限供给状态已经不复存在。必须以更高的工资收入、更好的工作条件，才能把中西部农村中尚存的剩余劳动力吸引出来。

（5）受过教育的农村年青人容易接受新鲜事物，敢闯敢干，拥有较好的信息来源和社会联系，经受得起挫折。近年来他们成群结队地离开家乡，外出打工。他们赚到了钱之后必然带动更多的年青人外出。转移成本较低的先外出，剩下的农村剩余劳动力的转移成本比较高。显然，当这些年青人外出之后，需要更强的激励才能将剩余劳动力吸引出来。例如，年纪比较大，文化教育较低、有家室连累的妇女等。他们目前不具备外出打工的条件，却仍然属于剩余劳动力。界定剩余劳动力的定义是劳动力边际产出为零，而不是能够不能外出打工。剩余劳动力和可以外出打工的劳动力，这是两个不同的概念，不应被混淆。倘若能够创造条件，从制度建设上帮助他们克服困难，解除后顾之忧，就有可能从农村解放出更多的剩余劳动力。

（6）劳工荒说到底就是在普工市场上供不应求。随着产业升级换代，对普工的要求会逐渐减少，而需要更多的技工。在劳动力市场上技工的短缺由来已久，今后恐怕还会更加严重。在发达国家中人力资本的结构类似纺锤型，两头小，中间大。中等技能的工人占多数。可是，在中国的农民工队伍中具有较高技能的比例很低，类似金字塔，上面小，下面大。劳动保障部2007年初对企业的调查显示，37%的新增岗位需要初级工以上的技能水平，其中近10%的岗位需要达到中级工以上的职业资格。而对农民工的调查则显示，虽然其中有2/3具有初中文化程度，但近半数没有接受过任何职业培训，只接受过15天内简单培训的占25%，接受过正规职业培训的仅占13%。因而，有必要在农村和中小城镇大量举办职业教育，帮助农村的年轻人掌握一定的生产技能，适应较高层次的工作。

（7）斗转星移，时代变迁，未来的劳动力市场必然具有新的特征。一方面，第二代农民工的期望值较高，他们肩负的责任感和吃苦耐劳的能力都远远不及他们的父兄。他们在就业选择、工

---

① 参见赵耀辉，“中国农村劳动力流动及教育在其中的作用”，《经济研究》，1997年第2期，第37—43页。

② 参见韩俊，《破解三农难题》，中国发展出版社出版，第162页。

③ 参见蔡昉，“中国劳动力市场发育与就业变化”，《经济研究》，2007年第7期。

作条件、劳动保护上要求更高，更加挑剔工作，不再像他们的父兄那样愿意就业于工资水平较低、长期加班的企业。另一方面，第二代农民工的流动性更高，视野更开阔，学习能力更强，更适应产业升级。这些特征决定着今后劳工荒可能会时起时伏，以不同的形态，在不同的地域出现。倘若某些企业雇不到普工，无非两条选择，涨工资或者搬家。在正常的市场环境下企业自然会根据各自的状况正确决策。政府的作用是维护公平的竞争环境，提供必要的公共服务，用不着直接干预劳动力市场。只要坚持改革开放，充分发挥市场作用，就一定能够不断完善、健全劳动力市场，促使资源的最优配置。

（8）从总体上看，在未来相当长的一个时期内，城乡劳动力的基本态势是供大于求。中西部地区农村富余劳动力仍有大量存量和增量。存量大部分为中年劳动力，多以农业剩余劳动时间形式存在；增量主要是农村初高中毕业后不能继续升学的毕业生，他们将是转移和输出的主要来源，也是新生代农民工。

（9）沿海地区近年来企业用工需求增加，在部分地区出现了劳工供不应求的现象。能不能给农民工增加工资决定了是否出现劳工荒。如果企业确实还有利润空间，只要劳工荒持续一段时间，企业雇不到足够的劳工，不能维持正常生产，不怕企业家不给普工加工资。如果企业确实没有利润空间，产业升级还有困难，倘若政府强行要求企业给农民工增加工资，只能迫使这些企业关门倒闭。最终断绝了目前尚在农村中大量剩余劳动力的出路，损害了最穷的穷人的利益。由此可见，在解决劳工荒的问题上，政府有所为，有所不为。倘若不论青红皂白，政府直接出手干预劳动力市场，很可能好心办坏事，适得其反。

（10）劳工荒反映了在经济增长过程中劳动力市场由一个均衡态向另一个均衡态过渡的不均衡现象。劳动力在行业之间和地区之间流动。由沿海向中西部流动，由劳动力密集型产业向资本密集型和技术密集型产业流动，通过劳动力的流动，劳动力密集型产业将逐步向中西部转移。从而缩小地区差距和行业差距，实现全国整体、全面、和谐发展。

（11）由于劳动力市场信息渠道不畅通，加重了结构性失衡。我国公共就业服务机构和民办的职业介绍机构主要分布在城市，信息的发布渠道有限，对农民工流动就业服务的针对性、引导性较差。农村劳动力获得外出就业信息的主渠道是亲朋好友，这些信息零散且不及时，导致供求难以对接和流动的盲目性。

（12）总之，劳工荒并非空穴来风，在经济发展过程中劳动力市场的不均衡将长期伴随着我们。在实现现代化、城镇化的过程中，劳工荒和产业升级将如影随形，不足为奇。因此，有必要从理论上好好理清脉络，找出正确的对策。

专题十五　高储蓄率的由来与走向[①]

子　目　录

① 本专题由徐滇庆、李静毅核算，宋旭光审核。

说　明

勤俭储蓄一向被认为是中国人传统美德。可是，近年来高储蓄率却给中国招来一些意料不到的麻烦。

从2008年以来，美国普林斯顿大学教授克鲁格曼和美国前财政部长保尔森曾经多次指责中国政府操纵汇率。他们的逻辑是：中国保持较高的储蓄率，导致国内消费不足；为了给商品寻找出路，必然大力扩展海外市场；于是压低汇率，鼓励出口，从而导致大量贸易顺差，外汇储备不断攀高；中国人大量购买美国国债，促使美国人过度消费；美国不断通过金融创新推出风险更高的金融产品，最终诱发了金融危机。按照他们的逻辑，说来说去，美国金融危机的源头被追溯为中国的高储蓄率。

2009年3月11日，美联储前主席格林斯潘在《华尔街日版》上发表文章为自己的失误辩护。他认为，美国遭遇房地产泡沫的责任不在美联储。由于中国的高储蓄导致了国际金融市场的低利率，从而刺激了美国人的高借贷和高消费行为，最终导致美国的次贷危机。①

另一位美联储前主席柏南克讲了好多次，全球金融结构失衡的主要原因是中国的储蓄率太高而美国的储蓄率太低。他认为中国储蓄率过高，国内投资不能完全消化储蓄，剩余资本输出国外导致经常项目盈余。正是由于中国和一些石油输出国家的高储蓄导致了美国经常项目逆差和国际金融结构失衡。在他看来，美国闹金融危机全怪中国的储蓄率太高。

从资金平衡表上来看，柏南克和格林斯潘等人的说法并非完全没有道理。中国的总消费低于总收入，储蓄率很高，逐渐积累起大量资产。美国花的比挣的更多，年年赤字，债台高筑。外贸逆差一年比一年大。如果这种态势长期持续下去，自然会导致全球金融结构失衡。可是，柏南克等人既没有拿出个办法来让美国民众降低消费，增加储蓄，也没有搞懂为什么中国的储蓄率会这么高，更没有弄清楚在中国的高储蓄率和美国的贸易、财政赤字之间的传递机制。

柏南克的说法在中国得到了一些人的呼应。近年来，国内要求涨工资的呼声甚为响亮。他们把矛头指向居民储蓄，好像为了增加内需就非把居民储蓄率降下来不可。其实，说这些话的人并不清楚究竟怎么样才能促进内需，怎样才能把储蓄率降下来。其实，储蓄率和内需都不是控制变量，它反映的是宏观经济中的一个现实。有必要认真探讨一下，为什么中国的储蓄率居高不下，究竟中国的高储蓄率和世界金融结构失衡有什么关系？

---

① 参见格林斯潘发表在《华尔街日报》上的文章，“The Fed Didn't Cause the Housing Bubble”，2009年3月11日。

第一部分　居高不下的中国储蓄率

表 15－1　　中国的储蓄率

单位：亿元

年份	国内生产总值	最终消费	储蓄	储蓄率
1978	3605	2239	1366	0.38
2000	98749	61516	37233	0.38
2005	187424	99358	88066	0.48
2006	222713	113104	109609	0.50
2007	266599	132233	134366	0.51
2008	315975	153423	162552	0.51
2009	348775	169275	179500	0.52
2010	402817	194115	208702	0.53
2011	472619	232112	240508	0.53
2012	529238	261833	267406	0.54
2013	586673	292165	294508	0.52

数据来源：《中国统计摘要》，2014 年，第 33 页。

表 15－2　　总储蓄占国内生产总值的比重

单位：%

年份	世界	高收入国家	中等收入国家	低收入国家	中国
1970	25.06	25.73	21.74	—	28.93
1980	23.72	23.61	24.88	—	34.83
1990	23.17	22.72	25.91	13.94	39.13
1995	22.57	21.92	26.27	17.10	43.54
2000	22.24	21.64	25.66	18.54	37.53
2005	21.80	20.31	29.46	21.78	48.04
2006	22.85	21.22	31.26	22.53	51.55
2007	22.62	20.93	31.29	24.91	51.87
2008	21.63	19.74	31.29	25.22	53.17
2009	18.86	16.82	29.29	26.64	53.48
2010	19.89	17.88	30.22	—	52.81

数据来源：World Bank，World Development Indicators & Global Development Finance。

表 15-3　　世界各国储蓄率

单位：%

年份	中国	澳大利亚	加拿大	法国	德国	印度	意大利
1980	34.8	26.2	22.1	21.7	19.7	17.0	24.5
1985	34.6	24.0	19.9	17.1	19.0	21.8	22.2
1990	39.5	23.5	17.3	19.9	23.0	23.1	20.8
1995	42.1	20.4	18.4	18.7	20.5	26.1	21.8
2000	36.8	21.1	23.5	21.3	20.2	24.6	20.6
2001	37.6	20.5	22.2	21.0	19.9	26.5	20.9
2002	40.3	21.5	21.2	19.8	20.0	26.2	21.1
2003	44.0	20.8	21.4	19.3	19.6	28.1	20.2
2004	46.7	21.4	22.9	19.9	22.3	32.8	20.8
2005	48.0	21.1	23.8	19.6	22.3	33.7	20.2
2006	51.5	22.3	24.4	20.4	24.6	35.0	20.4
2007	51.8	22.3	23.8	20.9	26.6	36.6	20.9
2008	53.3	22.7	23.5	20.4	25.4	33.9	18.8
2009	53.1	24.7	17.5	17.2	22.4	33.9	17.1
2010	53.4	24.9	19.1	18.6	23.0	34.2	16.9

表 15-3　　续表 1

年份	日本	韩国	墨西哥	新西兰	瑞典	英国	美国
1980	31.1	23.1	22.0	17.1	19.6	19.0	22.2
1985	31.8	29.0	22.5	17.8	20.5	18.2	20.4
1990	33.9	36.8	20.3	16.0	21.4	15.7	18.8
1995	30.3	36.2	18.3	17.7	20.4	15.8	18.7
2000	27.8	33.0	20.5	17.4	23.0	14.7	20.6
2001	26.4	31.1	18.8	19.3	23.1	15.1	19.5
2002	25.3	30.5	18.0	18.7	22.4	15.2	18.2
2003	25.5	31.8	20.6	18.7	24.5	15.2	17.4
2004	26.2	34.0	21.8	17.9	23.8	15.2	17.6
2005	26.0	32.0	21.5	15.9	25.0	15.2	17.9
2006	26.5	30.7	22.8	14.9	26.8	14.6	19.2
2007	27.7	30.8	22.3	15.9	29.0	15.9	17.4
2008	26.3	30.7	22.8	14.0	29.1	16.0	15.6
2009	22.6	30.3	22.2	16.7	23.5	12.6	14.5
2010	23.8	31.9	24.4	15.7	24.8	11.8	12.5

资料来源：World Economic Outlook（WEO），2011ed，IMF。

核算点评

（1）常用的储蓄率定义有两种：第一，储蓄占可支配收入的比重，在经济学中称为边际储蓄倾向（Marginal Propensity to Save）。第二，总储蓄占 GDP 的比重。在计算储蓄率的时候分子是储蓄总额，分母有的时候是采用支出法计算出来的国内生产总值，有的时候用国民收入总值。由于统计储蓄的口径略有不同，各个数据库提供的储蓄率数据略有不同。储蓄又可分解为居民、企业和政府储蓄。这些部分的划分原则也有所不同。无论采用什么定义，只有采取统一的口径，横向比较才有意义。

（2）纵观全球200多个经济体的历史数据，富国和穷国的储蓄率（总储蓄占国内生产总值的比重）相差很大。一般来说，富国的储蓄率高于穷国。从1970年到2009年，在近40年时间内高收入国家的储蓄率平均值为16.90%。其中，美国为11.42%，英国11.23%，德国21.44%，加拿大19.26%。低收入国家的储蓄率较低，例如，布隆迪的储蓄率为5.2%，缅甸11.3%，埃及15.1%，均显著低于世界平均水平。在这段时期内，低收入国家的总储蓄水平从10.98%略微上升至12.08%。

（3）一般来说，中等收入国家的储蓄率高于高收入国家和低收入国家。例如，2009年高收入国家平均储蓄率为16.82%，低收入国家为26.64%，中等收入国家的平均储蓄率为29.29%。

（4）中国的储蓄率在2010年为53.4%，大大超过了中等收入国家的平均水平。由于各国统计口径不同，中国的储蓄率有可能被高估，外国在华企业的利润也可能被计入储蓄当中，但是上述误差加到一起不会超过2到3个百分点。即使考虑到这些统计误差仍然不能改变中国储蓄率遥遥领先的结论。

（5）从储蓄率的变化趋势来看，西方各国的储蓄率在最近几年呈下降态势。美国的储蓄率逐年下降，从1980年的22.2%下降为2010年的12.5%。日本的储蓄率从1080年的31.1%下降为2010年的23.8%。英国从1980年的19%下降为2010年的11.8%。恰恰相反，中国的储蓄率不断上升，从1980年的34.8%上升为2010年的53.4%（表15－3）。印度的储蓄率也处于上升态势，从1980年的17%上升为2010年的34.2%。

（6）在中国经济改革初期，储蓄占国内生产总值（按支出法计算）的37.9%。这个比例一直延续到2000年。随后储蓄率开始节节攀高。在2006年突破了50%之后一直居高不下。在2009年中国的储蓄率高达52.6%，从1980年到2010年，年均增长率约2.9%。

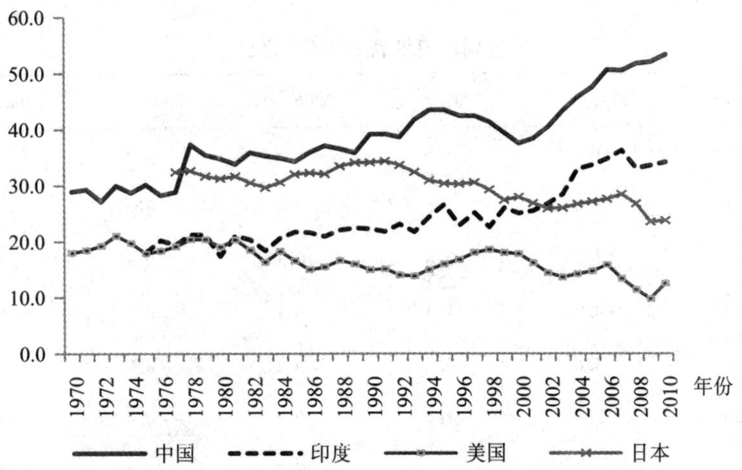

图15－1 中国和其他国家近30年国内总储蓄占 GDP 比重变化（%）

数据来源：WDI 2011ed。

第二部分　居民、企业和政府储蓄的比重

表 15－4　　各国居民储蓄占 GDP 比重

年份	1995	2000	2005	2006	2007	2008	2009
中国	26.9	21.6	27.4	28.7	26.5	28.7	27.1
印度	17.1	24.4	27.2	30.1	34.8	36.0	34.7
韩国	13.7	8.7	6.9	5.8	4.4	4.6	5.3
日本	13.4	10.2	6.9	6.8	6.0	6.1	－－
美国	－－	5.3	4.6	5.5	5.4	7.6	9.4
英国	7.3	3.2	2.7	2.3	1.7	1.3	4.2
德国	11.5	10.4	11.4	11.2	11.3	11.8	11.9

数据来源：ADB，OECD，National data。指标说明：－－表示数据缺失。

表 15－5　　各国企业储蓄占 GDP 比重①

年份	1995	2000	2005	2006	2007	2008	2009
中国	15.7	14.8	18.7	20.1	21.3	20.7	22.6
印度	4.7	4.4	7.9	6.3	7.0	6.4	6.5
韩国	11.0	10.7	13.0	12.9	13.4	14.2	14.6
日本	11.9	15.6	17.9	17.2	18.6	18.3	－－
美国	－－	6.7	9.2	7.5	6.9	7.2	7.0
英国	10.6	10.5	11.6	11.4	11.9	11.1	10.1
德国	8.7	7.3	10.0	10.5	12.1	10.8	9.8

数据来源：ADB，OECD，National data.

表 15－6　　各国政府储蓄占 GDP 比重

年份	1995	2000	2005	2006	2007	2008	2009
中国	0.9	1.2	1.6	1.9	2.7	2.4	2.3
印度	3.5	3.3	3.6	2.4	2.5	2.7	3.1
韩国	8.7	11.8	9.8	10.1	10.9	9.6	6.8
日本	2.8	－0.2	－1.4	0.1	0.3	－0.4	－－
美国	－－	3.8	－0.7	0.2	－0.2	－3.6	－8.4
英国	－2.9	2.8	－1.1	－0.2	－0.4	－1.3	－6.4
德国	0.1	1.5	－0.9	0.7	2.4	2.4	－0.6

数据来源：ADB，OECD，National data.

① 这里主要指非金融机构储蓄。

核 算 点 评

(1) 总储蓄 S 可分解为企业储蓄 S^E，居民储蓄 S^H 和政府储蓄 S^G。总消费 C 可细分为：居民消费 C^H、企业消费 C^E 和政府消费 C^G。

$$GDP = C + I + NX$$

$$C = C^H + C^E + C^G$$

$$S = S^H + S^E + S^G$$

在这里，I 表示投资，可以分为固定资本形成和存货增加。NX 表示货物和服务净出口。

(2) 近年来，中国的储蓄率在全球名列前茅。可是，无论居民储蓄、企业储蓄和政府储蓄哪一项都能找出比中国更高的国家。

(3) 居民储蓄，在 2006 年印度的居民储蓄占 GDP 的比重为 30.1%，高于中国的 28.7%。在 2007 年到 2009 年，印度的居民储蓄率都高于中国（表 15－5）。①

(4) 企业储蓄，在 2000 年，日本企业储蓄占 GDP 的比重为 15.6%，比中国的 14.8% 高 0.8 个百分点（表 15－6）。

(5) 政府储蓄，中国的政府储蓄率虽高却显著低于韩国和印度。1995—2009 年，韩国的政府储蓄占 GDP 比重平均高达 9.6%。而中国仅约 1.9%（表 15－7）。②

(6) 之所以中国的储蓄率特别高，是因为中国的居民、企业和政府储蓄率都很高，加在一起就形成遥遥领先的态势。若要探索中国高储蓄的原因，就必须分别剖析居民、政府和企业的储蓄率变化的规律。

(7) 在 GDP 不变的情况下，消费减少必然导致储蓄上升。从动态角度来看，如果 GDP 增加得比消费更快，储蓄也可能上升。从理论上来讲，储蓄的大部分转换为投资，变成固定资产。也有可能一部分产品既没有被消费，也没有形成有效投资，而被积压在仓库里。从长期来看，库存的变化受到市场调节，上下波动，不会在较长时间内影响储蓄率。

---

① 2001 年印度的居民储蓄率（未剔除个人固定资产投资）为 24%，2007 年上升为 34.8%，2008 年为 36%。印度的居民储蓄率和中国差不多。数据来源：Centre for Monitoring Indian Economy。

② 注意，在这里政府储蓄的定义和一般的理解略有不同。

表 15－7 中国各项储蓄占 GDP 的比重

单位：%

年份	占 GDP 的比重				在总储蓄中的比重（%）		
	总储蓄	企业储蓄	居民储蓄	政府储蓄	企业储蓄	居民储蓄	政府储蓄
1992	38.6	11.5	19.8	4.3	32.2	55.7	12.1
1993	41.8	15.0	17.4	3.9	41.4	47.8	10.8
1994	43.5	13.9	20.8	3.0	36.9	55.0	8.1
1995	43.5	15.4	18.9	2.4	41.9	51.4	6.6
1996	42.5	13.0	19.1	3.5	36.5	53.7	9.9
1997	42.4	12.6	20.7	3.9	33.9	55.8	10.4
1998	41.4	13.0	20.6	3.2	35.3	56.0	8.7
1999	39.4	14.3	19.5	2.6	39.3	53.6	7.1
2000	37.5	17.9	20.9	－1.4	47.7	55.9	－3.6
2001	38.4	18.9	20.6	－1.1	49.2	53.6	－2.8
2002	40.4	19.3	20.2	0.6	48.1	50.4	1.5
2003	43.4	19.9	21.7	1.4	46.3	50.4	3.3
2004	45.8	22.6	20.7	2.6	49.2	45.1	5.7
2005	47.9	21.4	21.3	3.3	46.5	46.3	7.2
2006	50.1	21.1	21.9	4.1	44.7	46.5	8.8
2007	51.0	22.3	23.3	5.7	43.4	45.4	11.2
2008	51.4	23.0	23.5	5.9	43.8	44.8	11.3
2009	51.8	20.8	24.0	4.8	41.9	48.3	9.8
2010	52.6	21.2	25.4	5.2	40.9	49.1	10.0
2011	53.1	19.9	24.7	5.7	39.6	49.1	11.4

资料来源：总储蓄来自 WDI，企业、居民和政府储蓄数据来自中经数据库。

核 算 点 评

（1）在2002年以前，总储蓄占GDP的比重相对比较稳定，一直在40%左右。2002年以后，总储蓄占GDP的比重节节上升。在2010年达到52.6%，在2011年达到53.1%。

（2）在2000年以后，企业储蓄在GDP中的比重一直维持在18%到22%之间，变化不大。居民储蓄在GDP中的比重21%到25%之间。政府储蓄从2000年的-1.4%持续上升，在2011年达到GDP的5.7%，在10年之内上升了7.1个百分点。显然，政府储蓄上升是近年来中国总储蓄上升的主要原因。

（3）在改革初期企业储蓄率并不高，在1992年只占GDP的11.5%，随后逐年上升。到2011年达19.9%。众所周知，企业储蓄转化为投资，并且在很大程度上转换为资本存量。根据白重恩等人的研究（2006），中国资本存量在1990年为GDP的130%，到了2005年这个比重上升为170%。

（4）企业投资的资金有四处来源：企业自身储蓄、政府转移支付、银行贷款、外国直接投资。从总体上来说，近年来民营企业的利润率上升较快。这就提高了企业自身储蓄能力。企业自身储蓄占GDP的比重相对稳定。政府转移支付主要给了国有企业。银行贷款大约70%给了国有企业。政府给予国有企业的资金支持力度在不断上升。外部资金对企业投资的支持力度有所下降。

（5）中国企业储蓄的比重高于很多国家。其原因如下：

第一，国有企业在国民经济中的比重较高。国有企业往往比民营企业更愿意提高企业的资本存量。虽说国有企业的产权在名义上属于全民，实际上，国企拥有的资产总量和各级官员的权势和利益密切相关。国企资产越多，官员支配权越大，向上级报告时政绩更好看，在某些情况下寻租空间越大。其次，某些大型国有企业，特别是在石油、通讯、电力、金融等行业拥有垄断优势。垄断利润给企业增加储蓄提供了较大的空间。再次，国有企业往往以较低成本得到银行贷款和基本建设所需的土地。由于国有企业融资渠道畅通，又有政府作为后台，无需过多地考虑风险防范，因此，他们可以保持很高的储蓄率。

第二，由于中国农村尚且存在着大量剩余劳动力，拖住了工资上升的速度，近年来，劳动生产率上升的速度高于工资上升的速度，企业的利润率上升，为增加企业储蓄创造了条件。

第三，近年来，社会保障体系改革要求企业为所有员工购买“五险一金”（养老、医疗、工伤、生育和失业保险以及住房公积金）。国家主导的社会保障基金规模在2000年到2010年期间增加了三倍。社保基金主要的支付来源是企业，必然抬高了企业的储蓄率。

第四，在2000年以后，重化工业发展速度很高，相对而言，投入到劳动力密集型产业的资金所占比例下降。重化工业要求投资资金密集程度较高，在一定程度上促使企业储蓄率上升。

第五，以国有企业为主的上市公司在最近十年内很少分红。特别是那些带有垄断性质的大国企，分红甚少或干脆不分红，自然也就提高了企业储蓄率。

第三部分　政府储蓄

表 15－8　　　　政府储蓄

单位：亿元

年份	财政收入	政府消费	政府储蓄	政府储蓄占 GDP 比重	财政收入增速	政府消费增速
2000	13395	15661	－2266	－2.3%	17.0%	14.2%
2001	16386	17498	－1112	－1.0%	22.3%	11.7%
2002	18903	18759	144	0.1%	15.4%	7.2%
2003	21715	20035	1680	1.2%	14.9%	6.8%
2004	26396	22334	4062	2.5%	21.6%	11.5%
2005	31649	26398	5251	2.8%	19.9%	18.2%
2006	38760	30528	8232	3.8%	22.5%	15.6%
2007	51321	35900	15421	5.8%	32.4%	17.6%
2008	61330	41752	19578	6.2%	19.5%	16.3%
2009	68518	45690	22828	6.7%	11.7%	9.4%
2010	83080	53356	29724	7.4%	21.3%	16.8%
2011	103874	63154	40720	8.6%	25.0%	18.4%
2012	117209	71229	45980	8.9%	12.8%	12.8%

数据来源：《中国统计摘要》2013 年，第 34 页和 72 页。

核　算　点　评

（1）2013 年国家财政收入 129143 亿元，财政支出 139744 亿元，两者相减得出政府财政赤字 10601 亿元。[①] 有些文章把政府结余当作政府储蓄，从道理上讲亦无不可。如果按照这种定义，在 2012 年政府储蓄为负值。

（2）如果采取另一种定义，政府财政收入减去政府消费等于政府储蓄。2013 年政府消费支出 79978 亿元，财政收入减去政府消费之后得到的政府储蓄为 49165 亿元，储蓄率相当高。[②] 然而，这并不意味着政府有财政结余。政府储蓄中很大的部分转化成了政府的投资，说明近年来政府主导的投资力度很大。为了不至于造成误解，在讨论政府储蓄率的时候务必要说清楚它的含义。

（3）在近十年内，政府财税收入迅速增长，虽然政府消费也在稳步上升，不过上升的速度落后于政府财税收入。在 2010 年财政收入增速 21.3%，政府消费增速 16.8%；在 2011 年，政府财政收入增速 25%，政府消费增速 18.4%；在 2012 年财政收入和政府消费增速基本拉平，都是 12.8%。显而易见，政府储蓄率高的直接原因是财税收入增速高于政府消费增速。

（4）政府储蓄从 2000 年的－2266 亿元逐年上升，到 2012 年政府储蓄已经高达 45980 亿元。政府储蓄占 GDP 的比重从 2000 年的－2.3%逐步上升，到 2012 年政府储蓄占 GDP 的 8.9%。

---

① 数据来源：《中国统计摘要》，2014 年，第 69 页。

② 同上，第 34 页。

表 15－9 **各项财政支出**

单位：亿元

年份	2007	2008	2009	2010	2011	2012	2013
财政支出	49781	62593	76300	89874	109248	125953	139744
一般公共服务	8514	9796	9164	9337	10988	12700	14139
外交支出	215	241	251	269	310	334	
对外援助支出	112	126	133	136	159		
国防支出	3555	4179	4951	5333	6028	6692	7409
公共安全支出	3486	4060	4744	5518	6304	7112	
武装警察支出	585	664	866	934	1082		
教育支出	7122	9010	10438	12550	16497	21242	21876
科学技术支出	1783	2129	2745	3250	3828	4453	5063
文化体育与传媒支出	899	1096	1393	1543	1893	2268	
社会保障和就业支出	5447	6804	7607	9131	11109	12586	14417
医疗卫生支出	1990	2757	3994	4804	6430	7245	8209
环境保护支出	996	1451	1934	2442	2641	2963	
城乡社区事务支出	3245	4206	5108	5987	7621	9079	3383
农林水事务支出	3405	4544	6720	8130	9938	11974	11067
交通运输支出	1915	2354	4648	5488	7498	8196	13227
车辆购置税支出	849	1003	1085	1542	2315		
地震后恢复重建支出		798	1174	1133	174	104	
其他支出	2952	2941	3203	2700	2911	2482	
缺口	2712	4434	6142	9647	11522	16523	

数据来源：《中国统计年鉴》2013 年；2013 年数据来自于《中国统计摘要》，2014 年，第 68 页。

表 15－10　　　　　　　　　　　　　各项财政支出占比

单位：%

年份	2007	2008	2009	2010	2011
财政支出	100.0	100.0	100.0	100.0	100.0
一般公共服务	17.1	15.7	12.0	10.4	10.1
外交支出	0.4	0.4	0.3	0.3	0.3
对外援助支出	0.2	0.2	0.2	0.2	0.1
国防支出	7.1	6.7	6.5	5.9	5.5
公共安全支出	7.0	6.5	6.2	6.1	5.8
武装警察支出	1.2	1.1	1.1	1.0	1.0
教育支出	14.3	14.4	13.7	14.0	15.1
科学技术支出	3.6	3.4	3.6	3.6	3.5
文化体育与传媒支出	1.8	1.8	1.8	1.7	1.7
社会保障和就业支出	10.9	10.9	10.0	10.2	10.2
医疗卫生支出	4.0	4.4	5.2	5.3	5.9
环境保护支出	2.0	2.3	2.5	2.7	2.4
城乡社区事务支出	6.5	6.7	6.7	6.7	7.0
农林水事务支出	6.8	7.3	8.8	9.0	9.1
交通运输支出	3.8	3.8	6.1	6.1	6.9
车辆购置税支出	1.7	1.6	1.4	1.7	2.1
地震后恢复重建支出	0.0	1.3	1.5	1.3	0.2
其他支出	5.9	4.7	4.2	3.0	2.7
缺口	5.4	7.1	8.0	10.7	10.5

数据来源：《中国统计摘要》，2013 年。

核 算 点 评

（1）在统计上，政府消费和政府财政支出并不是一回事。由于统计部门从2007年开始实施《政府收支分类科目》，所以政府财政支出细则数据只能追溯到2007年。从最近6年数据可见，政府支出中一般公共服务、国防的比重下降；科学技术、城乡事务、教育、社会保障等项目基本维持不变；农林水、交通运输、环境保护、医疗卫生所占比重上升。统计数据列出各项支出和总支出之间有一个不小的缺口，而且这个缺口在不断加大，从2007年的5.4%上升为2012年的10.5%。

（2）一般来说，没有花掉的钱称为“储蓄”。政府储蓄高，并不是说政府有结余，把钱存了起来。从2008年以来，政府财政收入低于财政支出，一直处于赤字预算。特别是地方政府的赤字非常严重。由于统计口径不同，地方债务的数字也不同。按照中国人民银行的统计，2010年地方政府的债务超过14万亿元，按照国家统计局的口径超过10万亿元。政府花掉的钱（消费）中包括行政管理、一般公共服务、医疗、教育、社保、科学技术、国防、环境保护、城乡事务等。政府储蓄可能是指政府投资的基础建设和交通运输等，实际上也花掉了，不过没有花在上述各项支出之内。

表15－11　　财政赤字

单位：亿元

年份	2007	2008	2009	2010	2011	2012	2013
财政支出	49781	62593	76300	89874	109248	125953	139744
财政收入	51321	61390	68518	83101	103874	117209	129142
财政结余	1540	－1203	－7782	－6773	－5374	－8744	－10602

数据来源：《中国统计摘要》，2014年，第68页。

核 算 点 评

（1）综合平衡，量入为出是保持经济可持续发展的一个重要原则。可是，自从2008年美国金融危机爆发以来，中国政府采取了4万亿元大规模投资计划。虽然，在短期内收到一定效果，扩大了内需，拉动了GDP，可是，政府财政状况却从结余转为赤字。从2008年以来，政府财政赤字逐年增加，在2013年财政赤字已经突破了10000亿元。显然，寅吃卯粮，靠赤字拉动经济是难以持久的。

（2）政府和企业的高储蓄率都具有鲜明的时间特征，很难长期持续。以下四点都可能导致政府和企业储蓄率显著下降。

第一，随着税制改革，削减企业税负，大幅度提高居民收入，通过个人所得税的转移支付，缩小贫富差距，刺激居民消费。减少企业支配的资金规模，导致企业储蓄率下降。

第二，扩大政府在教育、医疗和廉租房上的开支，导致政府储蓄率下降。

第三，由于中国的人口分布状况极不均衡。在1960年前后出生的人口很少，在1960年出生的人只有1102万，可是在1968年出生的人口有2742万，相差一倍多。[①] 在20世纪70年代开始推行的一胎化政策有效地减缓了人口增长速度，却埋下了一个潜在的危机：退休高峰将在2020年前后到来。届时，人口生育高峰（1968年）时出生的人陆续退休，可是负责赡养任务，缴纳社会保障税的恰是在计划生育政策下出生的群体。这种扭曲将使养老金的缺口十分惊人。为了填平养

① 数据来源：本书表14－1。

老金的缺口，不得不增大政府在社会福利上的开支，从而降低政府储蓄率。

第四，随着政府主导的投资高峰期结束，政府和企业的储蓄率都可能下滑。众所周知，政府和企业储蓄比重居高不下和通过投资拉动 GDP 的政策有关。在政府和企业投资当中基础设施建设占有很大的比例。基础建设投资有它自己的规律。在经济起飞阶段，百废待兴，要建设的好项目非常多。例如，在万里长江上，在 1958 年修造了一座武汉长江大桥，举国欢腾。十年以后才修通南京长江大桥。在长江上修座大桥被认为是了不起的大事。经济改革之后，大桥建设突飞猛进，截至 2011 年 12 月，长江上已经架起了 168 座大桥，以至于新的长江大桥通车的消息已经很难吸引媒体的目光。再修下去，该修的桥都修了，在长江上大规模修桥的历史阶段必然宣告结束。同样，修建高速公路、铁路也是这样，修到一定程度，满足了物流需求，道路建设的高峰期就过去了。美国在 20 世纪 30 年代实施凯恩斯主义，靠大量投资基础设施渡过了大衰退。如今，该修的高速公路已经修了，该建的大桥、机场已经建了，投资效益较好的基建项目不多了。2008 年美国遭遇空前的金融危机，失业率急剧上升。有人建议再度采用凯恩斯主义，扩大基础设施建设规模。可是，在美国值得投资的好项目屈指可数，凯恩斯主义在美国的用武之地有限。中国在 2008 年以来，投资 4 万亿大搞基础建设，取得了显著的成绩。但是，随着时代进展，值得大规模投资的项目必然越来越少。

（3）所谓政府高储蓄其实反映出政府主导的投资、基建和其他支出太多，用于教育、社会保障、廉租房的开支太少。

表 15 - 12　　政府在教育和医疗上的支出占 GDP 的比重

单位：%

国家和地区	排名	教育支出占 GDP 比重		排名	医疗支出占 GDP 比重
古巴	2	13.6	美国	2	16.2
丹麦	11	7.8	古巴	13	11.8
瑞典	12	6.6	加拿大	22	10.9
以色列	30	5.9	西班牙	34	9.7
美国	44	5.5	以色列	36	9.5
英国	44	5.5	阿根廷	37	9.5
越南	49	5.3	日本	40	9.3
巴西	55	5.1	英国	41	9.3
阿根廷	63	4.9	巴西	44	9.0
墨西哥	69	4.8	德国	55	8.1
柬埔寨	70	4.8	马来西亚	58	8.0
伊朗	71	4.7	越南	72	7.2
中国香港地区	80	4.5	韩国	90	6.5
德国	82	4.6	俄国	132	5.4
韩国	95	4.2	坦桑比亚	138	5.1
泰国	102	4.4	赞比亚	142	4.8
俄国	107	3.9	安哥拉	146	4.6
日本	117	3.5	秘鲁	147	4.6
中国大陆	128	3.1	中国大陆	148	4.6
印度	129	3.1	印度	185	2.4

资料来源：World Factbook，CIA，2011.11。

核 算 点 评

（1）从绝对值来看，中国政府花在教育、科研、医疗和居民住房保障的费用在逐年增加，是否已经达到一个合理的水平？我们不妨通过国际比较来观察是否还有继续提高的空间。

（2）在 2010 年中国政府花在教育上的支出占国内生产总值的 3.1%，这个数据在世界上排名第 128。世界上大部分国家教育开支在 GDP 中的比重都高于 4%，其中美国、英国等都在 5% 以上。越南政府花在教育上的开支占 GDP 的 5.3%。中国教育开支在 GDP 的比重低于亚洲四小龙，也低于大部分发展中国家，和印度差不多。

（3）2010 年在教育、医疗和社会保障三项公共服务上的政府支出占政府总支出的 29% 左右，比发达国家低了 25 个百分点。由于近年来政府财税收入高速增长，当前正是大幅度提高政府在教育、医疗和廉租房建设上开支的大好时机。如果政府在这些项目上扩大开支，肯定会得到民众的拥护，同时也可以有效地降低政府的储蓄率。

（4）2010 年中国政府花在医疗卫生上的开支占 GDP 的 4.6%，在世界上排名第 148。美国花在医疗上的开支占 GDP 的 16.2%。加拿大为 10.9%。日本、英国、德国等都在 9% 左右。中国花在医疗卫生上的开支占 GDP 比重甚至低于世界上许多发展中国家，例如坦桑比亚、赞比亚、安哥拉等。中国在教育和医疗上的政府开支如此之低和中国的国力很不相称。

表 15－13　　廉租房投入

单位：亿元

年份	廉租房投入	政府财税开支	廉租房投入占政府开支百分比（%）
2005	47.4	33930	0.141
2006	70.8	40422	0.175
2007	83.2	49781	0.167
2008	310	62592	0.495
2009	420	76299	0.550
2010	732	89575	0.817

数据来源：廉租房投入数据来自于温家宝总理各年“政府工作报告”中央财政安排资金部分。地方政府安排资金的数字不详。政府财税开支取自于《中国统计年鉴》，2011 年，第 74 页。

核 算 点 评

（1）世界上工业化国家用于居民住房保障的资金一般占政府收入的 2%—3%，中国香港地区用于社会保障住房的资金超过政府收入的 4%，新加坡占 5% 以上。可是，中国政府用于廉租房的资金在 2006 年只占政府财税开支的 0.175%。在 2010 年政府完成廉租房建设总额为 732 亿元，占政府财政开支的 0.817%。

（2）近年来，政府大幅度增加了基本建设投资，兴建了许多高速公路、桥梁、机场。这些是积极的投资。除此之外，还兴建了许多豪华的政府楼堂馆所，这就未必妥当。数额较大的贪污腐败案例几乎都和大型政府主导的工程有关。许多官员把他们公费吃喝、公车、贪污腐败也包括进了投资之内，助长了不良之风。

第四部分 居民储蓄

表 15－14　居民可支配收入与储蓄占 GDP 的百分比（2001 年）

年份	中国	美国	法国	日本	韩国	墨西哥
可支配收入	62.5	80.6	65.4	65.4	60.2	81.9
居民消费	47.2	70.8	54.6	57.1	55.7	73.9
居民储蓄	16.0	10.3	10.8	8.2	4.5	8.0
差额	－0.7	－0.5	0	0.1	0	0
居民储蓄率	25.3	6.4	16.6	12.6	7.4	9.8

数据来源：转引自 Kouis Kuijs " Investment and Saving in China"，2005，P18。表中差额表示在当期的借贷或结余。表中居民储蓄率的定义是居民储蓄占居民可支配收入的比重。

表 15－15　居民消费与国内生产总值

单位：亿元

年份	国内生产总值	国内生产总值增长率	居民消费	居民消费增长率	居民消费占 GDP 比重
2005	187423	0.108	72959	0.086	0.389
2006	222713	0.133	82575	0.132	0.371
2007	266599	0.146	96333	0.167	0.361
2008	315975	0.101	111670	0.159	0.353
2009	348775	0.108	123585	0.107	0.354
2010	402816	0.102	140759	0.139	0.349
2011	472619	0.087	168957	0.200	0.357
2012	529238	0.081	190424	0.127	0.360

数据来源：《中国统计摘要》2013 年第 35 页。表内的 GDP 和消费数值都没有扣除通货膨胀因素。

核 算 点 评

（1）居民储蓄不仅在总储蓄中占有很大的比例，而且直接影响居民生活水平。经济改革以来，居民储蓄率发生了巨大的变化。在计划经济体制下，一个普通工人的月工资仅仅 30—40 元，吃饭、穿衣尚且不够，哪里还有储蓄的能力？虽说总储蓄率并不低，不过，基本上都属于政府储蓄。正是这些储蓄支撑了基础设施投资和重工业建设。在改革开放初期，中国的居民储蓄率和其他发展中国家差不多，只能维持一个很低的水平。1978 年中国居民储蓄率只有很可怜的 2% 左右。随着经济高速发展，居民收入节节上升，居民储蓄率也不断攀高。在 1984 年储蓄率首次达到两位数。在 2010 年居民储蓄率 25.3%，远远高于美国（6.4%）、日本（12.6%）、墨西哥（9.8%）。在 2011 年居民储蓄率为 24.7%（表 15－7）。

（2）有些人误认为中国内需不旺的原因是居民收入在 GDP 中的比重太低。显然这是一个误解。从表 15－14 中可见，居民可支配收入占 GDP 的比重，中国为 62.5%，虽然低于美国（80.6%）和墨西哥（81.9%），却和法国、日本、韩国近似。

（3）有些人误认为中国居民消费萎缩。实际上，居民消费总额增长幅度相当可观，从 2005 年的 72959 亿元上升为 2012 年的 190424 亿元。居民消费增长率基本上都在 10% 以上，在 2011 年居民消费增长率为 20%。和世界各国相比，居民消费增速遥遥领先。举世皆知，近些年来中国人的生活水平得到了显著提高。

（4）国内外经济学家已经发表了大量研究中国居民储蓄率的文章。为什么中国的居民储蓄率会这样高？归纳起来有以下七条原因：

第一，收入的快速增长导致高储蓄率。

第二，收入差距扩大导致高储蓄率。

第三，社会保障体系不健全促使人们进行预防性储蓄。

第四，信贷约束加大了储蓄率。

第五，文化传统和节约习惯影响储蓄率。

第六，人口老龄化对储蓄率也产生影响。

第七，经济起飞后的第一代效应。

除此之外，经济学家还总结出许多影响储蓄率的原因，例如，价格、利率、汇率变动都可能影响储蓄率。其实，在诸多因素中有些重要，有些不那么重要。有些变量对储蓄率的影响在西方国家很重要，却对中国的储蓄率影响不大。如果不分主次，罗列开来，往往会使人不得要领，反而抓不住主要矛盾。

（5）收入的快速增长必然会促使储蓄率上升。经济学理论和实践告诉人们，高储蓄率往往发生在经济起飞阶段。在第二次世界大战后的60多年内，在世界财富排名榜上由穷变富的典型是日本、“亚洲四小龙”和中国。在经济起飞阶段，这些经济体的居民收入上升的速度超过了消费，必然导致储蓄率上升。日本的储蓄率在1955—1970年期间上升了15个百分点。韩国的储蓄率在1983—2000年期间上升了24个百分点。中国的储蓄率在2000—2010年期间上升了15个百分点。

（6）居民收入差距不断加大促使储蓄率上升。改革开放以来，居民收入不断提高。低收入家庭的收入状况有所改善，可是高收入群体收入的上升速度远远超过了中、低收入群体，导致收入差距逐步扩大。1990年中国基尼系数为0.35，到了2005年上升为0.45，在2013年高达0.474。按照王小鲁的研究，2010年中国基尼系数很可能已经超过了0.50。[①]

1997—2007年期间城镇居民平均储蓄率为23.5%，这个数字往往误导人们，错以为所有的家庭储蓄率都很高而且在不断上升。事实上，大部分居民储蓄都集中在收入最高的20%居民家庭。倘若扣除这些高收入家庭，其余80%城镇居民的储蓄率只有8.77%。农村的情况也是这样。近十年内，农村居民平均储蓄率为24.96%。大部分储蓄被20%高收入家庭拥有。如果扣除这些高收入家庭，其余80%农村居民的储蓄率只有9.2%。[②]

根据CEIC数据，在1997年到2007年的期间内，高收入家庭的储蓄率从26.5%上升为36.2%；可是最低收入家庭的储蓄率从2%下降为-2%左右。[③]

由于高收入家庭收入增加速度超过了消费增速，他们的储蓄率必然上升。高收入家庭的边际消费倾向较低，即使收入大幅度增加，他们也只是略微提高一点消费水平，增加的收入大部分被存进了银行。与此相反，如果低收入家庭的收入有较大提高，他们必然会相应增加消费。显然，居民贫富差距越来越大是导致中国高储蓄率的一个重要原因。

倘若要增加内需，就必须在缩小贫富差距上下工夫，着重提高低收入群体的收入。有些人空喊加工资，似乎只要给老百姓加工资就可以促进内需，降低贫富差距。且不知如何给农民加工资，如何给民营企业员工加工资？如果只给公务员、国企员工加工资，结果可能使得贫富差距越来越大，不仅不能降低储蓄率反而适得其反。

---

① 参见徐滇庆、李昕《看懂中国贫富差距》，机械出版社2011年版。

② 参见陈昌盛，“扩大消费要着眼我国居民储蓄结构特征”，《中国经济时报》，2009年7月6日。

③ 关于不同收入组居民储蓄率变化的分析请参见Steven Barnett and Ray Brooks, " China: Does Government Health and Education Spending Boost Consumption?" IMF Working Paper, 2010。

应当通过税制改革，减少低收入群体的税负，将主要税负从企业转移到个人肩上。然后再通过个人所得税改革做到收入高的多缴税，收入少的少缴税，收入很低的不仅不缴税反而领取政府的各种补贴。特别是在医疗和教育上给予低收入家庭更多的帮助。只有这样才能有效地促进内需，改变经济增长模式。①

（7）预防性储蓄。在计划经济体制下人人都有铁饭碗，没有失业，养老、医疗、子女教育、住房都由国家包下来，未来的确定性很低。由于居民收入很低，刚刚能维持温饱，即使想储蓄也没钱。随着改革深入发展，鼓励竞争，通过竞争优胜劣汰，提高生产效率。竞争必然伴随着不确定性。人们不仅担心生病、养老还要防范失业。预防性储蓄的作用越来越大。

生命周期模型（Life cycle model）指出，人们通常在中年时收入最高，必须通过储蓄来拉平补齐，保证在年青和老年时期都有一个合理的消费水平。

社会化保险系统的基本原理就是通过扩大基数来降低不确定性。社会保障系统可以显著地降低个人或家庭单独预防风险的成本。如果社会保障系统不够健全，人们获得信息的渠道不够畅通，人们就不得不转而依靠自身力量来防范风险，相应提高储蓄率。在很多情况下甚至会出现过度防范，导致储蓄率偏高的情况。

预防性储蓄主要集中在失业、医疗和养老等方面。

失业。在20世纪90年代深化国有企业改革，大量冗员下岗，许多亏损企业被关闭停业，人们丢掉了计划经济下已经习以为常的铁饭碗，可是现行的失业救济不仅标准太低，而且覆盖面偏窄，人们必须有所储蓄以防范失业。近年来政府要求各单位在发工资的时候强行扣除“五险一金”，其中就包括失业保险。

医疗。“看病难，看病贵”已经成为当前社会的流行语。许多医院要先付费才看病、抢救。许多家庭不得不存上几万元作为紧急情况下的医疗费用。即使很长时间都没有生过病的人也不敢掉以轻心，轻易不敢动用这笔钱。这些钱存在银行中不用，自然推高了储蓄率。

退休养老。养老体制改革始于1997年，从现收现付体制转向个人账户体制。不言而喻，养老金的积累绝非一朝一夕能建立起来的，迄今为止，个人账户上还存在着巨大的缺口。统计数据显示，中国未富先老。由于历史原因，新生儿数量大起大落，退休高峰即将在2025年到来。家庭老年赡养率迅速上升。一般说来为了维持最低水平的养老保险，国家控制的养老基金应当不低于GDP的50%。2010年中国GDP为39万亿元，社保基金的规模需要在20万亿元上下才能令人放心。可是截至2010年底，国家主导的社保基金会管理的基金资产总额只有8566亿元。② 全国地方社保基金积累的资金总额大约在2万亿元左右。缺口不可谓不大。在城市中，依靠儿女养老的模式逐步失效，由于退休高峰将于2025年前后到达，越来越多的人意识到国家主导的养老体系无以为继，不得不自行准备养老金。

如果政府能够加大对社会保障系统的投入，有效地降低居民预防性储蓄。这样做可以改善资源配置，促进内需，提高整个社会福利。IMF的Steven Barnett和Ray Brooks根据中国1994—2007年期间分省数据进行回归分析，对于城市居民来说，如果政府在医疗保健上的开支增加1元，居民储蓄就可以下降差不多2元。换句话说，居民消费可以增加2元。加上政府在医疗保健上投入的1元，整个社会消费就可以提高3元左右。由此可见，增加政府在医疗保健、养老、失业上的投入是一个促进内需的好办法。③

---

① 关于缩小贫富差距的课题请参阅徐滇庆、李昕《看懂中国贫富差距》，机械出版社2011年版。

② 数据来源：社保基金全国社会保障基金理事会基金年度报告（2010年度）。

③ 参见Steven Barnett and Ray Brooks，" China：Does Government Health and Education Spending Boost Consumption?" IMF Working Paper，2010。他们的研究还证明了居民对医疗健保的预防性储蓄动机要比教育更敏感。对城市居民的影响要强于农村居民。

(8) 信贷市场的不健全以及信贷约束导致高储蓄率。金融体系健全程度和储蓄率存在着明显的相关关系。金融服务业越发达，人们取得信贷的机会越高，贷款成本越低，居民储蓄率就越低。由于西方国家的金融服务系统比较发达，符合条件的居民可以很方便地从银行或其他金融机构获得贷款。贷款的范围包括住房按揭、汽车、日用电器等。在这种情况下，人们没有必要保持较高的个人储蓄账户。中国的金融体系和西方相比还有待提高完善。中小企业和居民贷款难的现象相当普遍。金融体制改革的深化有助于降低储蓄率。

(9) 欠发达的资本市场抬高了储蓄率。中国企业融资的主要渠道是间接融资，主要依靠银行贷款，企业上市融资非常困难。广大中小企业基本上没有直接融资的渠道，向银行贷款也很难，迫使企业不得不提高储蓄。证券市场太黑、太乱；企业债券市场太小；期货市场和外汇市场尚未完全开放。居民缺乏投资的选择，除了买房之外只能将自己的收入剩余存进银行，从而抬高了居民储蓄。中国的上市公司很少分红也促进了储蓄率上升。

如果资本存量较少，人们抵抗风险的能力较弱。即使在收入相同的情况下，资本存量也会影响储蓄率变化。

(10) 东方文化传统形成的节约习惯促进高储蓄率。亚洲各国的储蓄率普遍高于西方各国。受到儒学影响较大的国家，例如中国、日本、韩国、新加坡等都具有较高的储蓄率。许多学者将此归结于东方文化传统的影响。① 可是，只要稍一追究就发现了矛盾。人尽皆知，文化传统是几千年形成的，不可能在短期内发生变化。同样是在儒教文化氛围内，储蓄率却大幅度地上下变化。在新中国成立前中国的储蓄率很低，日本和四小龙在经济起飞之前储蓄率也很低。日本、亚洲四小龙经济起飞初期储蓄率迅速上升，在持续 20—25 年之后，从峰值 40% 左右逐年下降，最后收敛于 25%—30%。在改革开放之后中国储蓄率也大幅度上升。这种储蓄率先上后下的变化很难用传统文化来解释。儒教文化对储蓄率有影响，但不是决定性因素。也许可以这样说，东方文化传统影响储蓄率的长期稳定值，在短期内决定一个国家储蓄率的绝对不止于文化因素。

(11) 储蓄的第一代效应。把心理学和社会学的成果引进经济研究，也许可以解释在经济增长过程中储蓄率先升后降的原因。一个人的价值观形成于他的青少年时期。人们的消费习惯和他们年轻时家庭生活状况息息相关。穷人家的孩子普遍比较节俭，富家子弟花钱大手大脚。社会环境和家庭环境造就了一个人的生活习性。在成年之后，人们的消费行为依然保留很大的惯性。无论古今中外，创业的一代白手起家，艰苦奋斗，即使取得成功，腰缠万贯，也常常保持勤俭。这种现象在福利经济学中称之为第一代效应（First generation effect）。

大量统计数据证实，人们往往在青年时代业已形成他们的消费习惯（Consumption Behavior）。一旦形成之后，无论他们的收入或财富发生了什么样的变化，大多数人将基本保持他们的消费习惯不变。豪华、奢侈的生活方式未必能够增加他们的乐趣或者改善他们的生活质量。也许存在着某些特例，但是从社会群体来观察，人们在消费上保持着巨大的惯性。这个惯性使得人们选择了各自的生活方式，各得其乐。

从 16 岁到 60 岁年龄段的居民是劳动力的主体，同时也是主要的储蓄者。在经济起飞之前，发展中国家的绝大部分居民处于贫困状态，购买力有限，习惯于比较俭朴的生活。随着经济起飞，他们创造的财富越来越多，收入逐渐升高。刚刚摆脱贫穷的人对于生活水平的逐步提高非常满足。即使他们的收入已经能够支付较高的生活水平，但是惯性使得他们依然保持原有的消费习惯。其

① Carroll，Overland 和 Weil（2000）的论文论证了习惯因素可能导致高储蓄。陈利平（2005）在讨论居民储蓄率的论文中引入了习惯因素。

次，大部分居民脑海中保留着昔日贫穷的记忆，他们更倾向于增加储蓄，防止再度跌入困境。[①] 再者，在刚刚开始经济起飞的国家中服务业欠缺发达，尚且不能提供高档次、多元化的消费选择，有助于在社会上保持俭朴的风气。因此，在经济起飞阶段，消费占 GDP 的比重维持在一个较低的水平上，整个社会的储蓄率非常高。

人们都愿意让下一代比自己童年更幸福。创业一代给自己买东西的时候，依然节俭，可是在给子女买东西的时候却非常舍得花钱。几乎在每一个家庭中都可以观察到这种现象。随着经济高速增长，人们有能力为下一代提供更加舒适的生活条件。在经济起飞过程中成长起来的新一代，他们的消费习惯与长辈迥然不同。他们不仅衣食无虑，手头可支配的资金逐渐增加。随着经济发展，大量外国商品和消费方式传入境内。迅速发展起来的服务业为年青一代提供了更多的消费选择。在发展中国家普遍存在的消费攀比现象促使新一代具有较高的消费倾向。结果，在第一代创业的人保持低消费的同时，他们的下一代逐渐出现了"月光族"、"啃老族"。[②] 随着时间推移，第一代人渐渐退出，第二、第三代人数越来越多，逐渐变成了社会的主体，整个社会的储蓄率必然逐步下降。

这个效应在日本和"亚洲四小龙"得到了印证。历史数据表明，在不同的经济发展阶段居民的边际消费倾向不同。年青一代的消费水平普遍高于他们的长辈。在经济起飞阶段，储蓄率都很高。但是，高储蓄率只维持了 20—30 年，刚好是一代人的时间，然后逐渐下降，和其他国家趋向几乎相同的水平。

事实上，中国居民的边际消费倾向正在提高。并不是某个人改变了消费习惯，而是居民的组成发生了变化。没有吃过苦的年青一代在社会上占的比重越来越大，导致整个社会的边际消费倾向上升。从发展趋势来看，高储蓄、低消费的状况已经维持不了多久，居民储蓄率必然逐步下降。

根据这些假设可以构筑一个跨代模型（Overlapping Generation Model），用差分方程描绘储蓄率变化的规律。第一代人的可支配收入增加之后，依然维持原有的边际消费率，和收入增速同步地提高他们的消费。第二代人的消费不仅和他们的收入有关，而且他们的边际消费率也在逐年上升。随着岁月推移，第二代人在社会上占有的比重越来越大。大约 25—30 年以后，第二代人在社会上占有多数。从经济发展的全过程来看，在"经济起飞阶段"收入增加速度超过消费，储蓄率上升。在"趋于成熟阶段"收入和消费几乎同速上升，储蓄率保持在较高的水平上。在达到"大众高消费阶段"之后整个社会消费增加的速度超过收入增加的速度，储蓄率逐步下降，最终收敛于某个特定的水平，由穷国消费模式转变为富国消费模式。

---

① 有些学者认为消费落后于收入增长的原因是人们由俭入奢易，由奢入俭难，他们在收入增加时宁肯保持原有的消费习惯，防止有朝一日被迫减低消费水平。参见 Carroll, Overland and Weil (2000)。

② 所谓"月光族"指的是把收入月月花光，"啃老族"指的是某些年青人仅仅花光自己的收入还不够，还继续向父母索取。2012 年，在许多城市中大学生毕业时的平均工资还不到 3000 元，可是在北京、上海租间房子就要将近 2000 元。在刚刚毕业的大学生中"月光族"相当普遍。

表 15－16 高速经济增长经济体的储蓄率（1981—2009 年）

单位：%

年份	中国内地	日本	韩国	中国台湾
1981	32.5	31.7	24.6	31.3
1982	35.1	30.5	25.7	30.1
1983	34.9	29.6	29.0	32.9
1984	34.8	30.5	31.0	34.3
1985	33.9	31.9	31.2	33.4
1986	34.9	32.2	34.9	39.4
1987	36.1	31.9	38.4	38.7
1988	35.8	33.3	40.4	33.1
1989	35.4	33.9	37.6	31.2
1990	38.2	33.9	37.5	30.2
1991	38.4	34.1	37.7	30.6
1992	37.9	33.4	36.8	30.1
1993	41.8	32.1	36.7	29.8
1994	43.0	30.7	36.3	28.7
1995	42.4	30.1	36.3	28.3
1996	41.1	29.9	35.5	27.4
1997	42.8	30.2	35.5	27.2
1998	41.7	28.9	37.5	27.0
1999	39.5	27.1	35.3	27.4
2000	39.7	27.6	33.7	28.0
2001	38.3	26.4	31.7	25.8
2002	40.7	25.5	31.3	27.4
2003	44.2	25.6	32.8	28.3
2004	46.9	26.2	34.9	28.6
2005	49.0	26.5	32.0	27.8
2006	52.0	26.9	30.7	29.6
2007	52.0	27.5	30.7	30.9
2008	53.1	25.9	30.5	28.7
2009	53.2	22.9	30.1	28.1

数据来源：World Bank Indicators，1970－2009. Data before 1970 are from Japan Statistical Yearbook，1970.

核 算 点 评 一

（1）研究中国储蓄率的变化规律，最好的办法就是看看世界上别的经济体走过的路。在过去半个世纪中，实现了由穷变富转变的经济体并不多。除了石油输出国之外，最典型的是日本和“亚洲四小龙”。其中中国香港地区、新加坡属于城市型经济，和中国的可比性不高。韩国和中国台湾地区的储蓄率变化比较有借鉴意义。中国台湾地区和韩国在文化背景上都属于儒学。特别是台湾地区和大陆同文同种，在文化、经济各个方面相似的地方非常多。中国台湾和韩国的经济发展领先大陆的时间并不长。因此，研究中国台湾和韩国储蓄率变化对于预测大陆储蓄率具有非常重要的参考价值。

（2）经济高速增长时期往往出现较高的储蓄率。从时间序列数据可见，大多数国家的储蓄率在相当长的时间内基本保持稳定，只有那些经济起飞的国家才会在一段时间内出现较高的储蓄率。例如，日本在 1985 年到 1990 年期间，储蓄率处于不断上升态势，最高峰在 1991 年达到 34.1%。随后储蓄率逐年下降，到 2009 年为 22.9%，下降了 11 个百分点。韩国在 1998 年达到高峰，

40.4%，随后储蓄率也逐步下降，在 2009 年为 30.1%。台湾的储蓄率在 1986 年达到高峰，39.4%，随即逐步下跌，到 2009 年为 28.1%，也下降了 11 个百分点。新加坡的储蓄率在 1995 年曾经高达 50.8%。[①]

（3）在 20 世纪 80 年代，泰国、马来西亚、印尼等曾经出现了高速经济增长，在这段时期他们的储蓄率也相当高，例如，在 1992 年，泰国 36.2%，马来西亚 37.2%。[②] 可惜，这些国家在 1997 年遭遇金融危机之后，经济增长势头减缓，储蓄率也明显下降了。

（4）自从改革开放以来，中国的储蓄率一直处于上升态势。Kraay 等人利用 1978—1995 年数据进行回归分析，在这段时期国际平均储蓄率为 21%，中国的平均储蓄率高达 37%。即使考虑到中国年龄结构、高经济增长等因素，中国的储蓄率还是比国际平均值高出 10 个百分点。[③]

（5）纵观历史数据，可以很清楚地看到储蓄率的变化规律。一方面，高增长促成高储蓄，高储蓄为高增长提供了条件，两者相辅相成。另一方面，没有任何国家可以长期保持高储蓄率。有必要进一步探讨：为什么在经济高速增长时期能够出现高储蓄率？为什么在一段时间之后这些国家的储蓄率纷纷下降？

核 算 点 评 二

（1）在 1955 年日本的储蓄率只有 20%，在 1970 年达到峰值，40.4%。随后逐年下降，1995 年为 20.1%，到 2009 年，日本国内总储蓄占 GDP 比重已降至 22.9% 的历史最低水平。如果以 25% 作为高储蓄率，日本维持在高储蓄超过 32 年。如果以 30% 作为高储蓄率，那么，日本在高储蓄率阶段维持了 25 年。

（2）在 1970 年以前，日本的储蓄率随着收入增加而上升（图 15-2）。在日本经济起飞期间（1955—1970 年），国内总储蓄以年均 20% 以上的速度增长，快于劳动力报酬 16% 的年均增长率。日本在 20 世纪 70 年代后已进入高收入国家之列，其国内储蓄的增长率也开始显著下降，到 70 年代—80 年代下降为 8.6%。进入 90 年代以后，日本储蓄的年均增长率为负值，也就是说日本储蓄率已经呈现下降趋势。

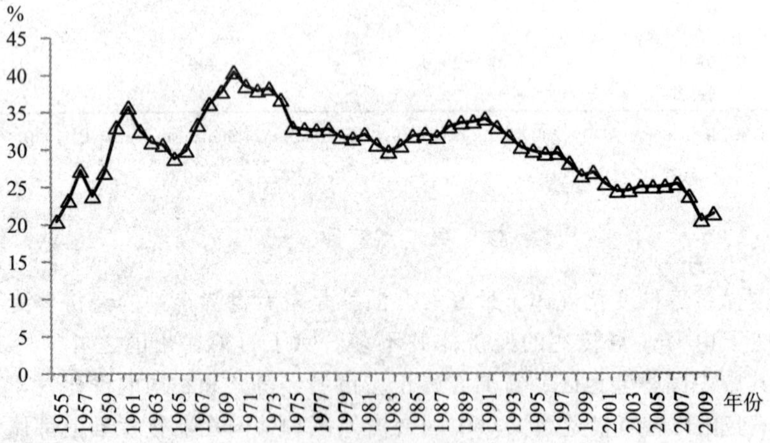

图 15-2 日本的储蓄率

资料来源：日本统计局，http：//www.stat.go.jp/english/data/chouki/03.htm。

① 之所以新加坡的储蓄率非常高，和他们实行了强制性的住房公积金制度有关。

② 各国储蓄率来源于《国际经济统计年鉴》，中国统计出版社，2003 和世界银行，《世界发展报告》。

③ 参见 Krray（2000）Household Saving in China，The World Bank Economic Review，14.3。

表 15－17　　日本劳动力报酬与总储蓄实际年均增长率

单位：%

年份	劳动力报酬年均增长率	总储蓄年均增长率
1955—1959	13.7	26.7
1960—1964	17.6	12.8
1965—1969	17.1	25.7
1970—1974	20.7	8.6
1975—1979	9.9	8.9
1980—1984	5.9	5.9
1985—1989	5.8	7.0
1990—1994	3.6	－2.3

资料来源：日本统计局，http：//www. stat. go. jp/english/data/chouki/03. htm。

核　算　点　评

在1970到1990年间，日本国民储蓄与劳动力报酬之间的缺口越来越大（图15－3）。但是在统计上没有显著关系，日本居民收入增长无法解释储蓄的变动。这段时期可以被称为“趋于成熟阶段”。

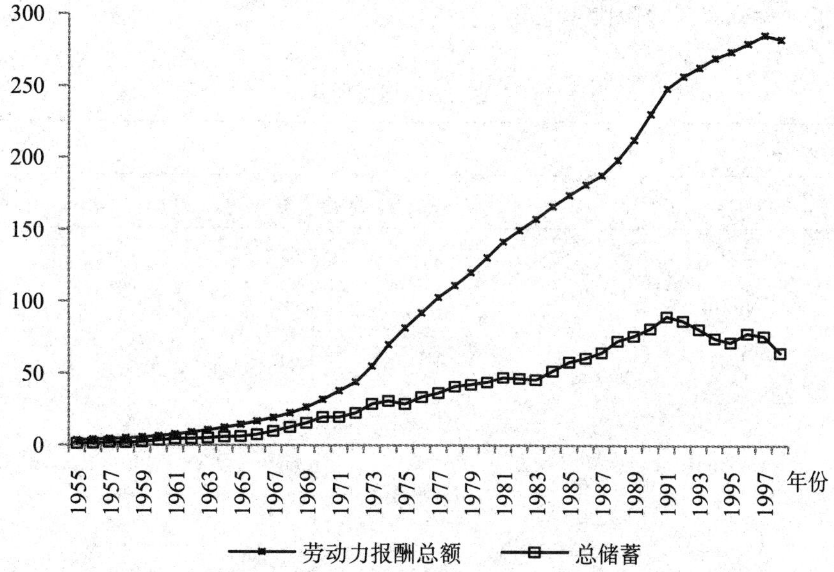

图 15－3　日本总储蓄与劳动力报酬（1955—1998 年）
（1990 年不变价格计算，万亿日元）

资料来源：日本统计局，http：//www. stat. go. jp/english/data/chouki/03. htm。

表 15-18　　日本第一阶段的回归结果

样本空间：1970—1990 年

变量	系数	T-Statistic
GPGDP	0.04	1.28
DM2	-0.05	-1.29
DCPI	-0.07	-1.19
TOT	0.00	0.112
AP	-1.13***	-5.29
GPOP	-0.18	-0.16
C	97.41***	8.99
R-squared	0.948	
Adjusted R-squared	0.925	

注：** 表示系数满足 5% 的显著性水平，*** 表示系数满足 1% 的显著性水平。

核 算 点 评

从 1991 年之后，在储蓄率和人均收入之间产生了显著的正相关关系。在此期间，日本的储蓄率和人均 GDP 的增长率呈显著负相关。随着人均收入的增加，储蓄率下降。这表明日本在 20 世纪 90 年代后进入了“大众高消费阶段”。

表 15-19　　日本第二阶段回归结果

样本空间：1991—2009 年

变量	系数	T-Statistic.
C	151.63***	7.133
GPGDP	0.08**	2.99
DM2	0.002	0.11
DCPI	-0.50**	-2.18
TOT	0.00***	-5.19
AP	-1.57***	-12.44
GPOP	-5.87**	-2.09
R-squared	0.98	
Adjusted R-squared	0.97	

注：** 表示系数满足 5% 的显著性水平，*** 表示系数满足 1% 的显著性水平。

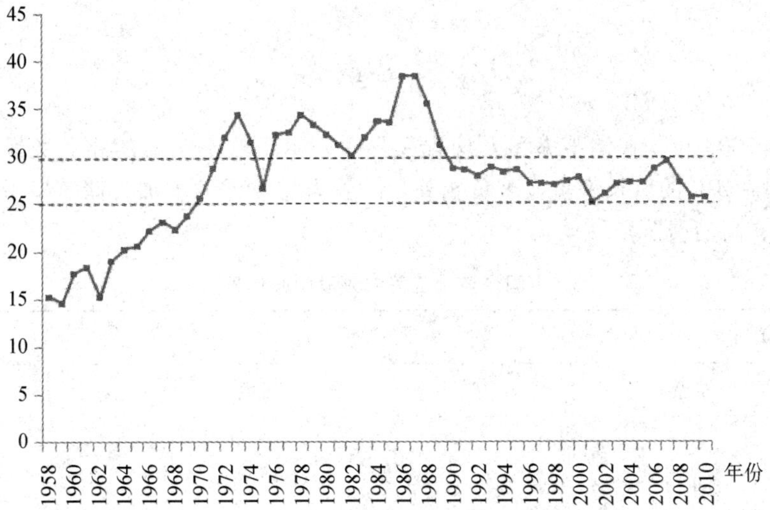

图 15－4　中国台湾地区的储蓄率（%）

资料来源：1958—2003 年数据来自 World Bank Data，2004—2010 年数据来自 Asian Development Bank，ADB。

核　算　点　评

（1）中国台湾地区的储蓄率在 1970 年跨过 25%。1972 年跨过 30%。在 1987 年台湾地区储蓄率达到顶峰 38.5%。随后，台湾地区的储蓄率开始下滑。在 1989 年降到了 30%，在 2001 年降到 25% 以下。如果以 25% 作为高储蓄率，台湾地区从跨入高储蓄率到储蓄顶峰花了 16 年，维持在高储蓄率大约 30 年。如果以 30% 作为高储蓄率，那么，台湾地区在高储蓄率阶段维持了 24 年（图 15－4）。

（2）利用台湾地区数据进行的回归分析表明，在 1970 年以前，储蓄率随着收入的增加而增加。在 1970 年到 1989 年时期内 $R^2=0.26$，上述变量基本上不能解释储蓄率的变动。几乎所有的系数都不具备统计上的显著性。也就是说，在这段时期内，储蓄率的变动基本上和人均国民收入没有关系。因此，这个时期可以被称为“趋于成熟阶段”。

表 15－20　　中国台湾地区第一阶段的回归结果

样本空间：1970—1989 年		
变量	系数	Prob.
GPGDP	－6.69	0.38
DM2	0.10	0.52
DCPI	0.04	0.55
TOT	－0.01	0.82
AP	2.53	0.23
GPOP	－3.51	0.42
C	－73.4	0.33
R－squared	0.496	
Adjusted R－squared	0.263	

核 算 点 评

从1990年到2003年，在储蓄率和人均收入之间产生了非常明显的相关关系。在此期间，台湾的储蓄率和人均GDP的增长率呈显著负相关。随着人均收入的增加，储蓄率下降。这表明台湾已经进入了“大众高消费阶段”。

表15-21　　中国台湾地区第二阶段回归结果

样本空间：1990—2003年		
变量	系数	Prob.
C	-38.1	0.344
GPGDP	-9.84	0.023
DM2	0.176	0.024
DCPI	0.247	0.399
TOT	-0.664	0.130
AP	2.138	0.052
GPOP	8.979	0.004
R-squared	0.951	
Adjusted R-squared	0.909	

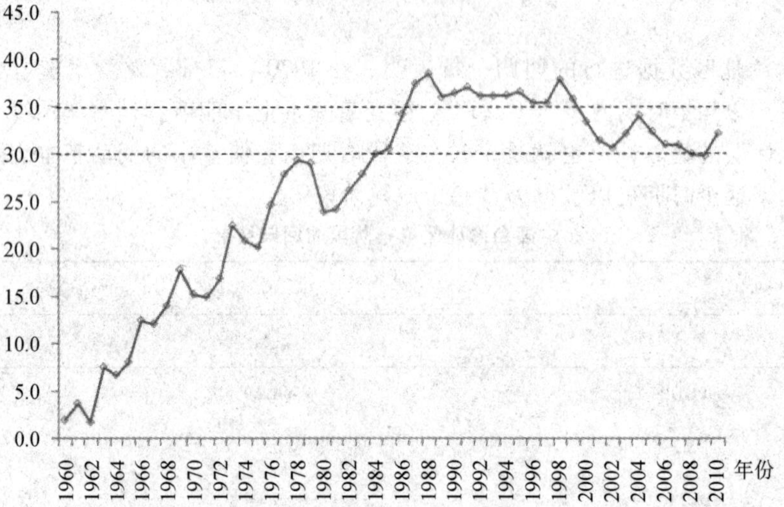

图15-5　韩国储蓄率（%）

数据来源：World Bank，WDI database。

核 算 点 评

韩国的储蓄率在1977年超过了25%，达27.9%，在1984年首次超过30%。在1988年达到顶峰（38.5%）。随后逐年下降，到了2008年韩国的储蓄率降到30%以下，为29.8%。韩国保持30%以上的高储蓄率26年（图15-5）。

表 15 - 22　　　　　　　　　　　　　　　　　　韩国储蓄率回归结果

样本空间：1984—2000 年

变量	系数	T - Statistic
GPGDP	-0.09	-0.79
GPOP	-2.67	-1.05
DCPI	-0.38 **	-3.24
DM2	0.21	1.59
TOT	0.00	2.08
AP	-0.68 *	-2.49
C	77.39 **	4.85
R - squared	0.77	
Adjusted R - squared	0.63	

注：* 表示系数满足 10% 的显著性水平，* * 表示系数满足 5% 的显著性水平。

核　算　点　评

从回归结果可见，在 1984—2000 年期间，大部分系数都没有统计上的显著性。韩国处于“趋于成熟”阶段，一直维持较高的储蓄率。在韩国经济“趋于成熟阶段”，储蓄率和其他经济变量的关系并不密切。人均收入的增长并不能解释储蓄率的变化。可是，当这个经济体连续保持高储蓄率将近 30 年后，韩国进入“大众高消费阶段”，储蓄率开始逐年下降。储蓄率和人均收入呈现负相关。也就是说，当人均收入增长时，储蓄率反而逐步降低。

表 15－23　　中国内地数据从 1987 年到 2001 年期间回归分析

样本空间：1987—2009 年		
变量	系数	T－statistic
GPGDP	0.41	2.29
DCPI	0.18**	3.36
DM2	－0.15	－1.76
TOT	0.00	0.77
AP	－1.86**	－4.03
GPOP	8.18	－0.98
C	121.73**	3.37
R－squared	0.92	
Adjusted R－squared	0.89	

注：** 表示系数满足 5% 的显著性水平。

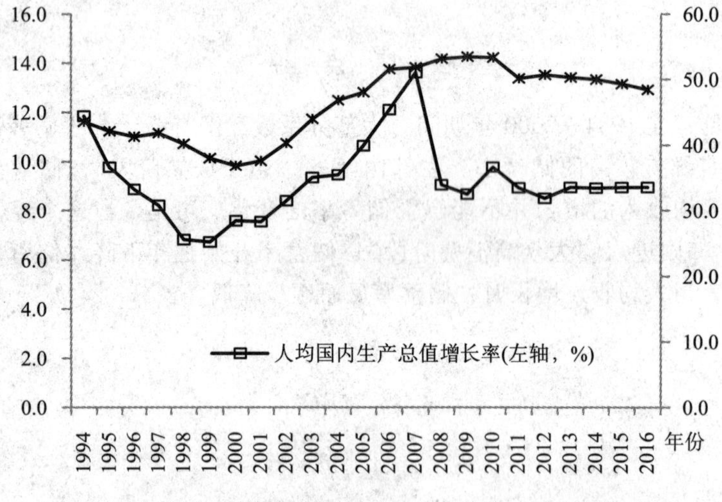

图 15－6　中国总储蓄率与人均国内生产总值增长率变化（%）

资料来源：World Economic Outlook，WEO，2011ed，IMF。

核　算　点　评

（1）使用同样的模型对 1979 年到 2009 年期间中国内地数据进行回归分析，得出的结论和日本在 1970 到 1990 年，韩国在 1984 年到 2000 年期间的情况基本相同。

（2）在 1970 年到 1986 年期间，中国居民储蓄率随着人均收入的增加而上升。在 1987 年以后，中国储蓄率的变化和其他变量没有统计上的显著相关性。人均收入在这段时间内迅速增加，而居民消费增长的速度与收入基本相当。无论其他变量如何变化，中国的储蓄率始终保持在一个相对稳定的高水平，这表明中国目前依然处于经济发展的“趋于成熟阶段”。因此，有理由将 1987 年选择为“趋于成熟阶段”的起点。

（3）根据国际货币基金组织 2011 年 9 月公布的世界经济展望数据，中国实际人均国内生产总值的年均增长率预计从“十一五”期间（2006—2010 年）的 10.6%，下降至“十二五”期间

（2011—2016 年）的 8.8%。由于储蓄与收入具有显著的相关性，根据 IMF 预测，2016 年后，中国总储蓄占国内生产总值的比重预计下调至 50% 以下。

（4）中国从 1979 年开始改革开放，人均国民收入持续增长，人民生活水平得到了显著的改善。在 1979—1987 年期间，粮票、布票等计划经济下特有的消费分配方式仍在继续。市场机制尚在形成过程之中。收入和消费同时增长，而收入增长的速度超过了消费。因此，中国的储蓄率呈上升态势。第一代效应占据主流。1987 年以后，在消费和收入的关系上市场机制逐渐占据主流。因此，将 1987 年选择为“趋向成熟阶段”的起点是符合国情的。

（5）由于世界上实现了由穷变富的经济体为数不多，目前尚且缺乏足够的样本来进行计量分析。由于各经济体的文化传统背景各不相同，维持高储蓄率的时间必然会有一定的差异。然而有一点结论是相当清晰的：维持高储蓄率的时间很难超过一代人。在第一代人依然是社会劳动力主体的时候，收入和消费几乎等比例增长。储蓄率在高水平上波动。岁月推移，越来越多的第二代年青人参加工作。随着第二代人在劳动人口（16—60 岁）中的比例逐年增加，整个社会的消费行为也会逐渐发生变化。最终，消费的增长速度必然会超过收入增长速度，从而使得储蓄率呈下降态势。

（6）韩国和中国台湾保持高储蓄率 25 年左右，考虑到在中国经济转型过程中政府储蓄依然保持着较大的份额，中国内地的高储蓄率可能维持 28—32 年。如果我们以 1987 年作为“趋于成熟阶段”的起点，那么，在 2015—2020 年期间，中国内地的储蓄率将明显出现下滑趋势。由于储蓄率下降有可能对中国的金融体系的稳定产生重大的冲击，因此必须在储蓄率仍然保持在较高水平的时期抓紧推进金融体制改革。

（7）中国正处于经济起飞阶段，由于社会保障体系尚待完善，再加上第一代效应，当前出现的高储蓄率完全符合经济发展规律，没有什么值得大惊小怪的。

（8）在 2008 年美国爆发房地产次贷危机，银行出现大量不良贷款，作为美联储前后两任主席格林斯潘和柏南克理应好好总结经验，整顿好美国的金融体系，依靠自己的力量从危机中走出来。可是他们却转移目标，莫名其妙地把美国的金融危机归罪于中国的高储蓄率。按照他们的逻辑，就是因为中国的储蓄率太高，积累了大量资金，通过购买美国国债把钱借给了美国，才导致美国消费过度，负债累累，陷入金融危机之中。这个推理毫无内在逻辑。有人似乎很羡慕欧美国家的高消费率。只要有钱就消费，甚至借债消费。实践证明，北美和欧洲出现的超前消费给社会带来的未必是积极的影响，不值得效仿。2010 年爆发的希腊债务危机就是一个明证。大多数西方经济学家也不认为超出合理范围的高消费是一件好事情。其实，柏南克本人也认为北美的储蓄率太低，并不利于经济发展。不过，他很清楚，由俭入奢易，由奢入俭难。一旦进入了高消费阶段，除非遭遇严重的经济衰退，很难让人们降低消费水平，增加储蓄。政府的权力再大也很难直接干预老百姓的消费行为。柏南克为美国储蓄率太低感到遗憾，却拿不出什么办法来。他指责中国储蓄率太高，不过是转嫁目标，推卸责任而已。

（9）一方面，我们要认识到当前出现的高储蓄率符合经济规律，并不是一件坏事。可是，好景不长，要不了好久，中国的储蓄率就会掉下来。君不见，眼下刚刚毕业的年青人当中有几个人还有高储蓄率？“月光族”，“啃老族”比比皆是。随着时间推移，这样的年青人在社会上占的比例越来越大，第一代效应逐渐消失，用不着动员，储蓄率自然下降，居民消费肯定上去。到时候想把消费水平降下来都很难。就像大江东去，这是不随人们的意志而改变的客观规律。储蓄率变动自有其内在的规律，应当听其自然，用不着过度干预。另一方面，要教育民众继续保持艰苦奋斗的好传统，尽量延长高储蓄率的期间，促进经济增长。

表 15－24 **世界各国储蓄率**

单位：%

国家或地区/年份	1980	1990	2000	2005	2006	2007	2008	2009	2010	2011
阿尔巴尼亚		21.60	23.65	16.95	17.66	19.76	17.44	13.70	13.82	12.71
阿尔及利亚	40.96	24.26		51.94	54.13	57.85	57.60	54.13	48.39	
安哥拉		9.00	－0.23	28.09	41.69	33.74	25.61	3.86	21.48	20.18
安提瓜和巴布达	23.51	25.30	24.03	12.17	15.38	9.21	13.18	26.80		
阿根廷	22.99	16.04	13.04	24.21	26.68	26.61	24.97	23.21	22.46	22.34
亚美尼亚			4.08	29.44	34.25	31.11	29.06	18.48	18.79	19.33
澳大利亚	26.21	23.53	21.13	21.12	22.35	22.28	22.77	24.72	22.85	
奥地利	22.83	24.75	23.69	25.13	25.82	27.23	27.72	24.02	24.92	25.54
阿塞拜疆			17.31	42.80	47.53	48.81	52.37	41.93	45.22	45.89
巴哈马群岛	17.33	23.32	10.19	21.87	18.62	19.27	17.65	17.32	11.55	
巴林岛	53.83	14.69	20.11	35.36	38.18	42.73	44.52	30.12		
孟加拉国	5.44	17.09	26.59	31.09	34.51	35.66	36.75	38.63	38.45	36.54
巴巴多斯	22.35	18.11	11.79	11.29	9.80	8.90	8.00	16.88		
白俄罗斯			23.06	29.75	28.24	27.29	28.90	24.32	26.13	26.34
比利时				24.83	25.48	26.44	24.54	20.07	23.06	22.33
伯利兹城		33.28	11.15	5.85	14.17	12.71	15.27			
贝宁	4.17	5.34	10.37	10.11	9.97	8.78	10.58	13.89	14.95	
玻利维亚	20.28	9.70	11.02	19.88	26.58	28.64	28.98	22.90	25.00	26.07
波黑			13.36	4.92	15.48	15.23	10.39	15.09	14.16	13.11
博茨瓦纳	27.43	41.65	41.43	41.49	40.88	43.25	35.00	26.43	27.69	
巴西	17.87	18.92	13.96	17.35	17.58	18.08	18.77	15.91	17.53	17.23
文莱达鲁萨兰国				50.31	53.41	49.94	61.81	50.90		
保加利亚	37.72	14.63	12.39	16.26	14.53	9.03	14.63	19.83	21.98	23.64
布隆迪		8.70	1.12	10.98	4.78	0.79	－4.83	5.19	－5.38	1.66
柬埔寨			13.95	13.51	17.59	16.09	17.38	15.50	12.92	10.61
喀麦隆	5.23	16.16	16.14	13.32	16.20	16.26	16.25	12.38	12.22	
加拿大	22.10	17.31	23.48	23.82	24.45	23.78	23.43	17.45	18.43	19.64
佛得角	38.19	20.89	19.56	32.67	32.53	32.31	30.37	23.55	25.37	22.17
智利	13.54	23.67	20.52	23.12	24.37	24.14	22.37	22.21	24.93	
中国		39.50	36.83	47.97	51.51	51.82	53.11	53.43	52.37	52.68
哥伦比亚	19.56	21.63	13.44	17.35	18.77	18.46	19.11	18.22	17.40	19.05
哥斯达黎加	12.06	11.60	12.52	16.31	18.61	18.80	16.78	15.05	16.11	14.71
科特迪瓦	8.56	－5.11	7.98	9.97	12.09	8.37	12.24	14.70	12.68	
克罗地亚			18.15	21.72	22.59	22.10	21.55	19.70	19.96	19.91
塞浦路斯	23.66	25.33	14.55	13.75	13.37	8.71	6.74	9.10	8.76	
捷克共和国			26.70	25.38	25.24	25.10	26.51	21.14	20.79	
丹麦	17.82	21.66	23.22	25.50	26.02	25.02	25.47	20.69	22.89	23.48
吉布提			5.35	28.33	33.41	37.14				

表 15－24 续表 1

国家或地区/年份	1980	1990	2000	2005	2006	2007	2008	2009	2010	2011
多米尼加岛	22.09	15.36	2.09	－0.80	6.45	－1.20	－5.98	－1.59	4.23	4.98
多米尼加共和国	15.26	16.07	18.04	13.37	14.01	13.02	8.26	9.91	8.07	8.36
厄瓜多尔	16.78	11.24	25.81	24.78	27.73	28.20	31.02	23.36	22.97	22.78
埃及	20.98	31.08	18.05	21.84	22.97	23.55	23.62	16.85	17.79	16.87
萨尔瓦多共和国	13.31	12.21	13.65	12.45	12.70	10.26	8.05	11.92	10.24	8.90
爱沙尼亚			23.02	23.92	23.60	23.39	21.62	22.39	23.09	25.07
埃塞俄比亚		12.81	15.97	13.74	9.69	21.89	17.12	16.16	23.40	27.29
斐济	28.90	5.82	19.34	17.99	5.20	8.91	6.13			
芬兰	27.17	23.40	28.65	25.60	26.15	27.27	25.57	20.80	20.37	19.72
法国	21.65	19.94	21.27	19.63	20.37	20.91	20.37	17.19	17.24	17.88
加蓬	47.83	24.25	41.65	44.19						
冈比亚	16.35	21.85		13.10	20.46	13.97	4.46	15.16	11.54	12.14
格鲁吉亚			21.92	22.24	15.57	12.44	3.53	2.00	11.30	13.87
德国	19.65	22.99	20.18	22.31	24.57	26.65	25.38	22.43	23.52	23.92
加纳	6.32	10.53	15.27	19.23	11.47	9.12	4.63	21.59	21.77	8.85
希腊	25.37	19.25	14.49	12.28	12.55	10.41	7.48	5.19	5.49	5.37
格林纳达		17.37	20.84	18.36	3.15	0.58	－2.16	－0.52	－7.03	－5.65
危地马拉	13.96	10.72	12.40	15.16	15.74	15.82	12.37	13.21	12.48	10.65
几内亚		19.22	16.11	9.36	2.61	－5.37	－1.01	－4.15	－6.90	－6.51
圭亚那	13.31		8.45	8.00	15.42	10.87	7.53	15.46	14.51	
海地				31.34	13.53	32.78	24.66	24.44	23.55	24.65
洪都拉斯	13.43	21.14	21.23	23.97	24.88	24.07	20.72	15.83	16.30	17.85
中国香港地区			31.82	32.63	34.66	34.05	35.59	30.85	29.92	29.36
匈牙利		25.98	19.46	16.70	17.49	15.84	17.04	18.81	20.37	20.64
冰岛	25.11	16.90	13.08	12.16	11.35	13.12	0.01	2.39	4.53	7.28
印度	16.98	23.11	24.42	33.66	34.96	36.61	33.86	33.78	33.74	
印度尼西亚		28.07	24.95	26.04	27.89	26.03	26.37	31.14	32.10	31.83
爱尔兰	19.21	23.65	24.38	24.95	24.71	20.55	16.06	14.00	13.83	14.01
以色列	15.96	21.69	16.77	21.95	23.88	22.88	19.60	20.29	18.89	14.71
意大利	24.48	20.49	20.63	20.17	20.40	20.88	18.79	17.07	16.77	16.42
牙买加	11.89	18.94	16.77	15.18	17.55	15.65	6.98	13.05	13.19	8.40
日本	31.05	33.93	27.82	26.03	26.53	27.66	26.20	22.47	23.29	21.69
约旦	43.51	21.69	22.68	16.11	16.88	13.47	20.55	21.10	16.90	13.43
哈萨克斯坦			20.15	29.67	31.41	27.80	32.39	26.07	27.42	29.69
肯尼亚	17.22	18.55	13.51	16.84	15.38	15.41	12.60	13.87	14.25	13.52
韩国	23.05	36.80	33.02	32.00	30.73	30.79	30.71	30.34	31.92	31.52
科威特	69.38	17.19	49.57	56.79	64.72	57.25	58.50	42.32	48.71	
吉尔吉斯斯坦			14.67	12.05	10.53	20.83	14.74	24.98	19.12	19.19
老挝			2.44	10.79	19.69	19.44	17.83	20.52	17.93	16.34
拉脱维亚			18.93	22.46	17.68	18.47	18.83	29.85	26.56	26.08
黎巴嫩				4.69	11.56	16.53	10.72	11.55	11.52	11.46

表 15－24　　　　续表 2

国家或地区/年份	1980	1990	2000	2005	2006	2007	2008	2009	2010	2011
莱索托	49.57	70.50	37.28	21.24	26.46	28.60	38.36	32.59	12.92	15.06
利比里亚	14.58			77.44	85.99	71.31	43.32	40.33	23.69	30.42
立陶宛			13.04	18.29	17.05	17.30	14.51	16.23	19.77	17.51
卢森堡			29.02	30.85	24.46	29.75	25.52	11.78	18.30	21.99
中国澳门地区				51.50	51.50	61.79	50.44	50.50	55.88	
马其顿			22.39	19.97	22.01	18.44	15.18	20.66	25.22	23.79
马拉维	7.85	16.37	9.52	2.98	9.60	22.76	14.64	19.16	18.54	13.54
马来西亚	26.28	30.46	35.92	36.82	38.80	38.77	38.52	33.36	34.22	34.61
马里	8.38	15.04	15.94	11.35	14.46	18.55				
马耳他	29.08	28.75	15.58	11.19	11.22	14.39	12.36	6.80	9.49	
毛里求斯	10.36	25.82	26.32	17.37	17.14	22.10	17.21	14.00	15.45	13.75
墨西哥	22.01	20.27	20.49	23.03	25.57	24.48	25.37	23.26	23.57	26.56
摩尔多瓦			16.33	21.57	21.75	25.87	23.40	14.53	15.62	13.05
蒙古		5.58	22.95	39.56	46.89	42.76	31.25	26.89	27.13	31.10
摩洛哥	18.63	25.11	24.26	30.94	32.17	32.31	32.93	30.22	30.76	28.05
莫桑比克	－6.61	6.58	10.44	7.13	7.05	6.55	3.93	7.57	11.99	13.80
纳米比亚		34.84	25.44	27.55	31.76	31.77	32.08	27.63	34.12	35.72
尼泊尔	17.30	10.33	21.73	30.69	29.44	31.15	36.60	28.07	37.84	34.19
荷兰	22.94	25.52	28.12	26.18	28.91	28.23	24.72	21.47	22.65	26.09
新西兰	17.21	16.72	17.63	16.12	15.23	15.87	14.47	16.43	18.79	
尼加拉瓜	－2.32	15.71	13.47	16.99	19.64	22.42	15.26	18.50	18.06	19.00
挪威	29.44	24.95	35.39	37.53	39.41	38.23	40.50	33.22	34.86	37.67
阿曼	38.66	21.89	28.67	39.91	39.61	36.53	37.88			
巴基斯坦	25.58	22.40	20.35	25.56	24.70	24.97	19.85	21.09	21.34	20.37
巴拿马	27.65	24.20	23.14	19.08	20.83	26.06	31.03	37.73	28.49	17.74
巴布亚新几内亚	19.94	17.12	32.48	27.09	27.70	35.27	33.72	22.09	20.29	
巴拉圭	19.27	19.65	13.01	16.89	17.91	16.61	14.08	12.85	12.26	10.58
秘鲁	28.05	16.49	17.24	20.48	28.16	23.75	22.69	20.67	22.66	23.44
菲律宾	24.21	18.32	23.30	26.71	25.99	26.11	25.67	25.02	27.32	25.14
波兰			18.82	16.92	17.36	18.73	18.22	17.14	16.93	
葡萄牙	28.64	26.86	18.22	14.12	12.91	13.20	10.95	10.00	10.39	11.72
罗马尼亚		20.71	15.85	15.84	17.35	20.69	22.65	29.00	26.42	27.87
俄罗斯联邦			36.15	31.14	30.75	30.15	32.48	22.90	27.54	30.35
卢旺达	13.27	11.33	6.13	15.11	10.36	14.25	17.21	12.98	11.33	
圣多美与普林西比共和国			－8.30	－0.66	－13.82	3.53	－21.51	8.50	1.02	6.35
沙特阿拉伯	53.25	17.56	29.50	48.50	47.81	45.71	50.56	31.11	37.69	46.80
塞内加尔	2.72	1.60	13.80	21.09	18.74	19.11	16.13	19.40	21.79	
塞尔维亚						12.73	8.19	15.86	15.51	16.41
塞舌尔	32.37	21.69	18.47	5.64	12.85	－6.58	2.09	14.61		

表 15－24 续表 3

国家或地区/年份	1980	1990	2000	2005	2006	2007	2008	2009	2010	2011
塞拉利昂	2.92	－0.98	－3.65	10.02	9.01	10.27	5.34	7.17	12.43	12.61
新加坡	31.99	42.94	44.21	41.30	45.55	48.01	50.91	51.73	46.55	
斯洛伐克共和国			23.27	21.41	20.81	23.07	17.42	12.47	15.57	16.49
斯洛文尼亚			24.60	25.57	26.67	27.42	25.09	21.50	22.02	21.41
所罗门群岛			－6.29	－5.16	10.32					
南非	33.94	19.11	15.78	14.49	14.37	14.10	15.00	15.47	16.46	16.40
西班牙	21.17	22.47	22.57	22.45	22.25	21.26	19.74	19.51	18.64	18.17
斯里兰卡	19.06	20.32	21.53	24.16	22.69	23.63	18.03	23.93	25.41	22.13
圣基茨和尼维斯	32.48	25.74	26.74	32.39	31.10	30.51	18.58	18.76	18.14	23.39
圣卢西亚	16.38	9.05	14.87	15.44	7.72	－2.29	2.09	16.16	17.31	11.78
圣文森特和格林纳丁斯	13.23	18.05	17.32	8.07	8.92	－0.77	－3.70	－5.19	－6.10	－4.81
苏丹	4.50	1.23	23.49	19.35	18.23	19.16	20.90	14.47	20.94	
斯威士兰		19.66	13.27	21.59	15.36	18.70	8.51	0.36	2.40	
瑞典	21.16	22.17	22.88	25.02	26.85	29.00	29.17	23.57	25.65	26.20
瑞士	30.83	32.61	33.76	34.90	36.57	31.18	24.02	30.22	34.89	32.08
叙利亚共和国	27.54	14.78	22.03	16.73	18.51	28.94	31.87	28.05	16.81	
塔吉克斯坦				3.55	2.53	14.30	13.38	12.15	15.42	23.16
坦桑尼亚		10.09	13.19	17.50	17.37	16.23	18.76	19.93	24.54	20.35
泰国	22.72	32.83	30.38	27.85	30.02	33.43	30.57	29.92	30.95	
多哥	27.23	20.95	4.97	4.89	8.20	7.93	10.64	12.39	12.18	
特立尼达多巴哥	36.35	21.46	26.64	52.57	54.92	37.55	34.07			
突尼斯	25.33	23.43	22.15	20.28	21.16	20.89	21.62	21.20	20.34	24.64
土耳其	12.90	21.57	18.06	15.59	16.25	15.57	16.49	12.88	13.19	14.15
乌干达	1.90	5.59	14.36	20.00	16.73	16.13	21.92	18.16	19.04	20.80
乌克兰			24.36	25.58	23.26	22.13	20.83	15.57	17.45	16.00
英国	18.01	15.47	14.43	14.82	14.43	15.90	15.94	12.86	12.40	12.86
美国	19.09	15.07	17.86	14.85	16.05	14.21	12.87	10.59	11.64	11.70
乌拉圭	8.08	14.09	10.97	17.58	16.50	16.87	15.91	17.82	16.36	16.51
瓦努阿图		25.51	9.30	11.51	17.25	18.59				
委内瑞拉	33.18	27.20	34.47	40.64	40.68	37.27	36.59	22.38	31.41	30.66
越南			31.27	35.78	35.97	33.28	29.29	29.71	31.86	33.09
也门		38.55	32.80	22.30	17.46	10.23	10.76	3.34	8.28	
赞比亚	7.81	19.60	－0.90	14.27	22.93	14.90	13.30	24.64	28.70	27.81

数据来源：世界银行。注：指标名称：储蓄率（总储蓄占 GDP 的百分比），总储蓄计算方法：国民总收入减去总消费额，再加上净转移支付。

专题十六　劳动报酬占比核算（上）[①]

子 目 录

① 本专题由陈梦根、张唯婧核算，吕光明审核。

表 16－1　个体经济劳动者报酬估算

年份	城镇			农村			合计		
	人均经营净收入	人口	个体收入	人均非农业经营收入	人口	个体收入	个体收入	资本收入	劳动收入
	（元）	（万人）	（亿元）	（元）	（万人）	（亿元）	（亿元）	（亿元）	（亿元）
1993	33	33173	109.5	134	85344	1143.6	1253.1	417.7	835.4
1994	49	34169	167.4	170	85681	1456.6	1624.0	541.3	1082.7
1995	73	35174	256.8	169	85947	1452.5	1709.3	569.8	1139.5
1996	93	37304	346.9	263	85085	2237.7	2584.7	861.6	1723.1
1997	135	39449	532.6	305	84177	2567.4	3100.0	1033.3	2066.6
1998	150	41608	624.1	330	83153	2744.0	3368.2	1122.7	2245.4
1999	178	43748	778.7	362	82038	2969.8	3748.5	1249.5	2499.0
2000	246	45906	1129.3	337	80837	2724.2	3853.5	1284.5	2569.0
2001	307	48064	1475.6	333	79563	2649.4	4125.0	1375.0	2750.0
2002	332	50212	1667.0	352	78241	2754.1	4421.1	1473.7	2947.4
2003	404	52376	2116.0	346	76851	2659.0	4775.0	1591.7	3183.4
2004	494	54283	2681.6	348	75705	2634.5	5316.1	1772.0	3544.1
2005	680	56212	3822.4	375	74544	2795.4	6617.8	2205.9	4411.9
2006	810	58288	4721.3	410	73160	2999.6	7720.9	2573.6	5147.3
2007	941	60633	5705.6	449	71496	3210.2	8915.7	2971.9	5943.8
2008	1454	62403	9073.4	489.7	70399	3447.4	12520.8	4173.6	8347.2
2009	1556	64512	10038.1	538.6	68938	3713.0	13751.1	4583.7	9167.4
2010	1714	66978	11480.0	601.8	67113	4038.9	15518.9	5173.0	10345.9
2011	2210	69079	15266.5	702.1	65656	4609.7	19876.2	6625.4	13250.8
2012	2797	71182	19909.6	811.2	64222	5209.7	25119.3	8373.1	16746.2
2013	2548	73111	18628.7	–	62961	–	–	–	–

资料来源：历年《中国统计年鉴》。

表 16－2　　劳动报酬占比：地区收入法 GDP 核算数据

年份	GDP（亿元）	劳动者报酬（亿元）	劳动报酬占比（%）	口径调整（%）
1993	34219.5	16934.5	0.495	0.483
1994	45345.1	22829.0	0.503	0.492
1995	57535.2	29596.8	0.514	0.505
1996	67764.2	34703.6	0.512	0.499
1997	76339.2	38954.5	0.510	0.497
1998	82558.5	41960.5	0.508	0.495
1999	88215.6	44082.2	0.500	0.486
2000	98504.1	47977.7	0.487	0.474
2001	108545.7	52351.3	0.482	0.470
2002	120571.0	57576.8	0.478	0.465
2003	139250.0	64271.5	0.462	0.450
2004	167587.1	69639.6	0.416	0.437
2005	197789.0	81888.0	0.414	0.436
2006	231053.3	93822.8	0.406	0.428
2007	275624.6	109532.3	0.397	0.419
2008	–	–	–	–
2009	365303.7	170299.7	0.466	0.454
2010	437042.0	196714.1	0.450	0.438
2011	521441.1	234310.3	0.449	0.437

资料来源：地区收入法 1992 年—2004 年数据取自《中国国内生产总值核算——历史资料 1952—2004》。2004—2011 数据年取自《中国统计年鉴》，2012 年。

表 16－3　　**劳动报酬占比：资金流量表核算数据**

单位：亿元

年份	追溯前				追溯后			
	GDP	劳动者报酬	占比（%）	口径调整（%）	GDP	劳动者报酬	占比（%）	口径调整（%）
1993	34634.4	21295.4	0.615	0.603	35333.9	18173.4	0.514	0.503
1994	46759.4	28133.4	0.602	0.590	48195.0	25206.0	0.523	0.512
1995	58478.1	35086.9	0.600	0.590	60793.7	32087.4	0.528	0.518
1996	67884.6	39279.5	0.579	0.566	71176.6	37085.8	0.521	0.509
1997	74731.7	43730.3	0.585	0.571	78973.1	41870.4	0.530	0.517
1998	78345.2	46015.7	0.587	0.573	84402.4	44337.3	0.525	0.512
1999	82067.5	48965.8	0.597	0.581	89677.1	47177.9	0.526	0.512
2000	89468.1	53298.1	0.596	0.581	99214.6	50075.8	0.505	0.492
2001	97314.8	56987.9	0.586	0.571	109655.3	54444.8	0.497	0.484
2002	105172.0	62580.0	0.595	0.581	120332.7	60732.9	0.505	0.492
2003	117390.2	69243.9	0.590	0.576	135822.7	66925.0	0.493	0.481
2004	159878.3	85292.3	0.533	0.556	159878.3	75366.2	0.471	0.494
2005	183217.5	92948.8	0.507	0.531	184937.4	93296.9	0.504	0.528
2006	211923.5	105555.3	0.498	0.522	216314.4	106554.7	0.493	0.516
2007	257305.6	125359.1	0.487	0.510	265810.3	128108.5	0.482	0.504
2008	314045.4	155759.9	0.496	0.523	314045.4	150701.7	0.480	0.506
2009	340902.8	167098.1	0.490	0.477	340902.8	167098.1	0.490	0.477
2010	401512.8	190968.0	0.476	0.463	401512.8	190968.0	0.476	0.463

资料来源：追溯前的数据取自《中国统计年鉴》；追溯后的 1993—2004 年数据来自《中国资金流量表历史资料 1992—2004》，2005—2009 年数据取自《中国统计年鉴》，2012 年。

表 16－4　　　　　　　　　　劳动报酬占比：投入产出表核算数据

单位：亿元

年份	GDP	劳动者报酬	劳动报酬占比（%）	口径调整（%）
1995	59448.1	27893.7	0.469	0.460
1997	75704.1	41540.4	0.549	0.535
2000	92347.0	49920.0	0.541	0.527
2002	121858.9	58950.5	0.484	0.472
2005	185018.8	78232.3	0.423	0.447
2007	266043.8	110047.3	0.414	0.436
2010	403649.0	191008.9	0.473	0.460

资料来源：《中国统计年鉴》，2012 年。

表 16－5　　　　　　　　　　劳动报酬占比：不同来源数据比较

单位：%

年份	地区收入法		资金流量表		投入产出表	
	调整前	调整后	调整前	调整后	调整前	调整后
1992	–	–	0.51	–	0.45	–
1993	0.495	0.483	0.514	0.503	–	–
1994	0.503	0.492	0.523	0.512	–	–
1995	0.514	0.505	0.528	0.518	0.469	0.460
1996	0.512	0.499	0.521	0.509		
1997	0.510	0.497	0.530	0.517	0.549	0.535
1998	0.508	0.495	0.525	0.512	–	–
1999	0.500	0.486	0.526	0.512	–	–
2000	0.487	0.474	0.505	0.492	0.541	0.527
2001	0.482	0.470	0.497	0.484		
2002	0.478	0.465	0.505	0.492	0.484	0.472
2003	0.462	0.450	0.493	0.481	–	–
2004	0.416	0.437	0.471	0.494	–	–
2005	0.414	0.436	0.504	0.528	0.423	0.447
2006	0.406	0.428	0.493	0.516		
2007	0.397	0.419	0.482	0.504	0.414	0.436
2008	–	–	0.480	0.506	–	–
2009	0.466	0.454	0.490	0.477	–	–
2010	0.450	0.438	0.476	0.463	0.473	0.460
2011	0.449	0.437	–	–	–	–

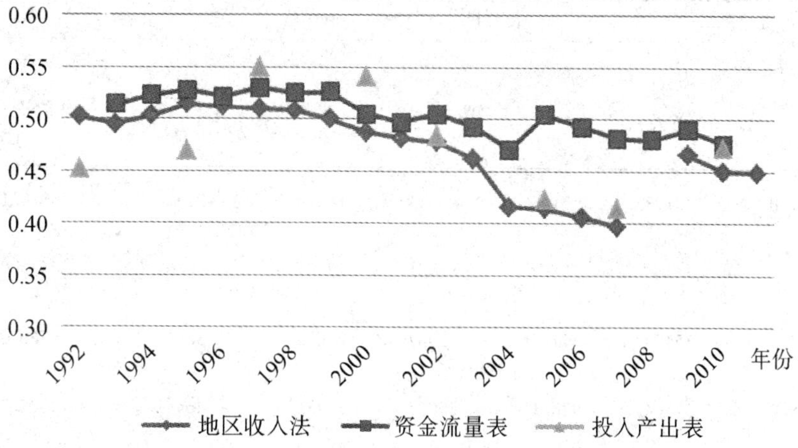

图 16－1　口径调整前劳动报酬占比：不同来源数据比较

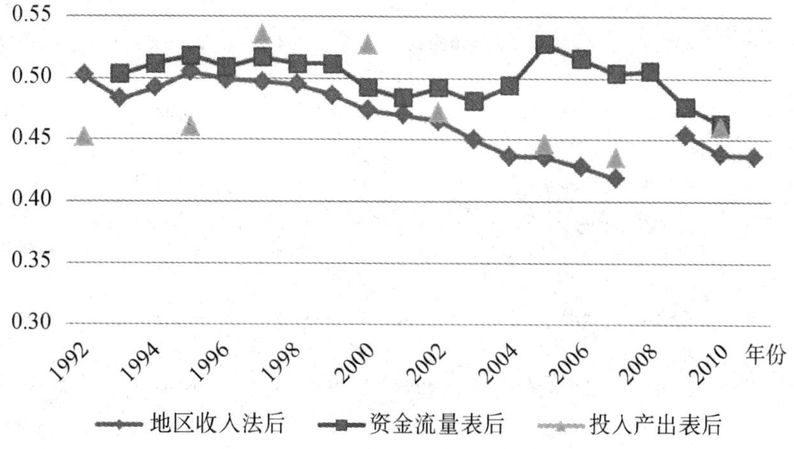

图 16－2　口径调整后劳动报酬占比：不同来源数据比较

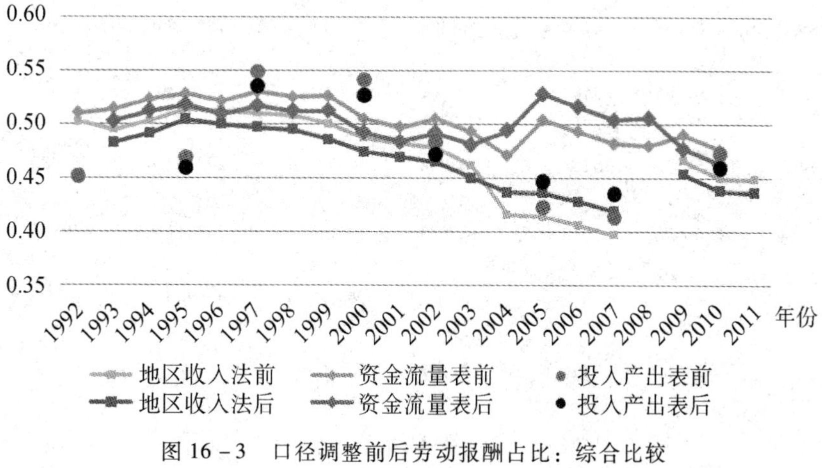

图 16－3　口径调整前后劳动报酬占比：综合比较

表 16-6　隐性收入与隐性劳动报酬估算

年份	城镇		农村		抽样法	资金流量表	合计	
	人均可支配收入（元）	人口（万人）	人均纯收入（元）	人口（万人）	可支配收入（亿元）	可支配收入（亿元）	隐性收入（亿元）	隐性劳动报酬（亿元）
1993	2577.0	33173	921.6	85344	16414.2	22374.2	5960.1	4412.1
1994	3496.0	34169	1221.0	85681	22407.0	30862.0	8455.0	6299.0
1995	4283.0	35174	1577.7	85947	28625.2	38491.2	9866.0	7276.9
1996	4838.0	37304	1926.1	85085	34435.6	46442.9	12007.3	8713.1
1997	5160.3	39449	2090.1	84177	37951.0	50121.3	12170.3	8736.2
1998	5425.1	41608	2162.0	83153	40550.1	52688.6	12138.5	8768.9
1999	5854.0	43748	2210.3	82038	43743.4	54354.3	10610.9	7783.9
2000	6280.0	45906	2253.4	80837	47044.8	66538.7	19493.8	14372.9
2001	6859.6	48064	2366.4	79563	51797.7	71865.3	20067.7	14866.6
2002	7702.8	50212	2475.6	78241	58046.9	77423.3	19376.4	14909.4
2003	8472.2	52376	2622.2	76851	64526.2	87268.4	22742.3	17591.5
2004	9421.6	54283	2936.4	75705	73373.3	98508.9	25135.6	19276.7
2005	10493.0	56212	2936.4	74544	80872.5	112910.2	32037.6	24406.0
2006	11759.5	58288	3587.0	73160	94786.3	131426.4	36640.2	28094.2
2007	13785.8	60633	4140.4	71496	113189.4	158558.6	45369.2	34759.6
2008	15780.8	62403	4760.6	70399	131991.0	185926.3	53935.3	40359.5
2009	17174.7	64512	5153.2	68938	146322.0	207302.4	60980.3	46118.3
2010	19109.4	66978	5919.0	67113	167715.5	237611.6	69896.2	52693.2
2011	21809.8	69079	6977.3	65656	196469.9	278349.6	81879.7	60951.6
2012	24564.7	71182	7916.6	64222	–	–	–	–
2013	26955.1	73111	8895.9	62961	–	–	–	–

资料来源：《中国统计年鉴》，2013 年；《中华人民共和国 2013 年国民经济和社会发展统计公报》，2014 年。

表 16－7　　劳动报酬占比调整：地区收入法核算数据

年份	口径调整后	纳入隐性收入 a＝0. 3	纳入隐性收入 a＝0. 5	纳入隐性收入 a＝0. 7
1993	0. 483	0. 581	0. 563	0. 545
1994	0. 492	0. 597	0. 577	0. 558
1995	0. 505	0. 600	0. 581	0. 563
1996	0. 499	0. 596	0. 577	0. 559
1997	0. 497	0. 583	0. 566	0. 550
1998	0. 495	0. 575	0. 560	0. 545
1999	0. 486	0. 554	0. 541	0. 529
2000	0. 474	0. 585	0. 564	0. 545
2001	0. 470	0. 575	0. 555	0. 537
2002	0. 465	0. 562	0. 545	0. 529
2003	0. 450	0. 550	0. 533	0. 517
2004	0. 437	0. 528	0. 513	0. 499
2005	0. 436	0. 534	0. 518	0. 503
2006	0. 428	0. 525	0. 510	0. 495
2007	0. 419	0. 519	0. 504	0. 489
2008	–	–	–	–
2009	0. 454	0. 552	0. 535	0. 519
2010	0. 438	0. 533	0. 517	0. 503
2011	0. 437	0. 529	0. 513	0. 499

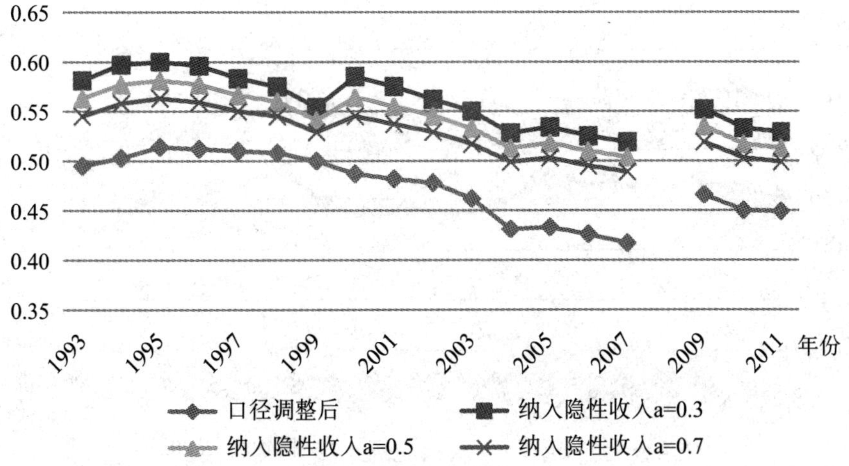

图 16－4　劳动报酬占比调整：地区收入法核算数据

表 16－8　　劳动报酬占比调整：资金流量表核算数据

年份	口径调整后	纳入隐性收入 a＝0.3	纳入隐性收入 a＝0.5	纳入隐性收入 a＝0.7
1993	0.503	0.597	0.579	0.561
1994	0.512	0.610	0.591	0.572
1995	0.518	0.609	0.590	0.573
1996	0.509	0.601	0.582	0.565
1997	0.517	0.600	0.583	0.567
1998	0.512	0.590	0.575	0.560
1999	0.512	0.578	0.565	0.553
2000	0.492	0.601	0.580	0.560
2001	0.484	0.587	0.568	0.549
2002	0.492	0.588	0.570	0.554
2003	0.481	0.581	0.563	0.546
2004	0.494	0.586	0.569	0.553
2005	0.528	0.628	0.608	0.589
2006	0.516	0.615	0.596	0.578
2007	0.504	0.604	0.585	0.567
2008	0.506	0.604	0.585	0.567
2009	0.477	0.581	0.562	0.544
2010	0.463	0.564	0.546	0.529

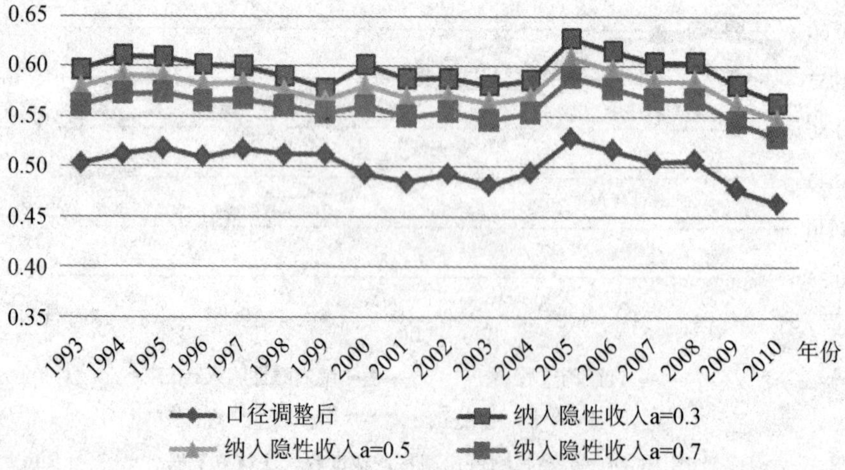

图 16－5　劳动报酬占比调整：资金流量表核算数据

表 16－9　　劳动报酬占比调整：投入产出表核算数据

年份	口径调整后	纳入隐性收入 a＝0.3	纳入隐性收入 a＝0.5	纳入隐性收入 a＝0.7
1995	0.460	0.554	0.537	0.521
1997	0.535	0.621	0.602	0.585
2000	0.527	0.642	0.617	0.594
2002	0.472	0.567	0.550	0.535
2005	0.447	0.550	0.532	0.516
2007	0.436	0.539	0.522	0.506
2010	0.460	0.562	0.544	0.527

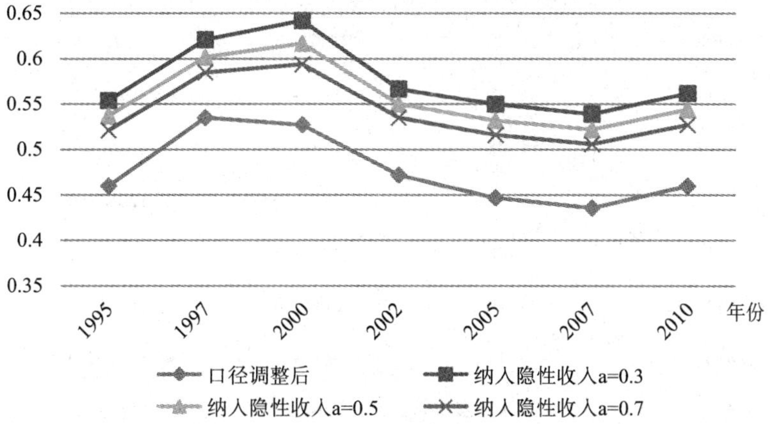

图 16－6　劳动报酬占比调整：投入产出表核算数据

核　算　点　评

（1）从三种数据来源比较来看，相对来说，投入产出表是较为全面的数据来源。投入产出表的编制需要进行大量的调查和核算，而且这一数据中还拥有非常详细的细分行业的状况，能够全面测算不同行业劳动报酬份额状况。

（2）劳动者报酬占比在 2000 年以前呈现上升趋势，但在 2000 年后开始急剧下降，直到 2007 年下降趋势才出现逆转。

（3）地区收入法 GDP 数据与投入产出表数据计算结果对比来看，1996 年以前，地区收入法计算劳动报酬占比高出投入产出表计算结果约 0.05，而 1996 年至 2000 年，投入产出表数据呈现上升趋势，地区收入法数据表现较为稳定。2002 年后，两种来源的数据结果几乎重合。

（4）投入产出表数据的缺陷在于数据较少、不连续且具有滞后性。

（5）资金流量表有两种数据来源，一种是国家统计局在历年统计年鉴中发布的数据，另一种是 2005 年国家统计局对该数据进行追溯，载于《中国资金流量表历史资料 1992—2004》中，追溯后的数据明显比追溯前的数据平稳。

（6）2004 年前劳动者报酬占比水平比较高，我们采用追溯后的数据进行计算，结果仍高于利用地区收入法 GDP 核算汇总数据和投入产出表数据计算的结果。这是由于资金流量表数据中非经济普查年份的劳动报酬数据常常根据劳动报酬增长率和居民可支配收入增长率相同来推算得到，这往往导致对劳动报酬的高估，而且资金流量表中的居民可支配收入一定程度上包括了隐性收入的成分。

表 16－10　　加工贸易出口占 GDP 比重

年份	加工贸易出口总额（亿美元）	汇率	加工贸易出口总额（亿美元）	GDP（亿元）	比重（%）
1993	442.4	5.76	2548.9	34219.5	0.074
1994	569.8	8.62	4910.9	45345.1	0.108
1995	737.2	8.35	6156.2	57535.2	0.107
1996	843.3	8.31	7011.1	67764.2	0.103
1997	996.0	8.29	8256.8	76339.2	0.108
1998	1044.5	8.28	8647.9	82558.5	0.105
1999	1108.8	8.28	9179.1	88215.6	0.104
2000	1376.5	8.28	11395.4	98504.1	0.116
2001	1474.3	8.28	12203.1	108545.7	0.112
2002	1799.3	8.28	14892.6	120571.0	0.124
2003	2418.5	8.28	20017.8	139250.0	0.144
2004	3279.7	8.28	27145.4	167587.1	0.162
2005	4164.7	8.19	34115.7	197789.0	0.172
2006	5103.6	7.97	40684.5	231053.3	0.176
2007	6175.6	7.60	46959.3	275624.6	0.170
2008	6751.1	6.95	46887.3	–	–
2009	5868.6	6.83	40088.5	365303.7	0.110
2010	7402.8	6.77	50113.2	437042.0	0.115
2011	8352.8	6.46	53949.3	521441.1	0.103
2012	8626.8	6.31	54435.1	–	–

资料来源：《中国贸易外经统计年鉴》，2013 年。

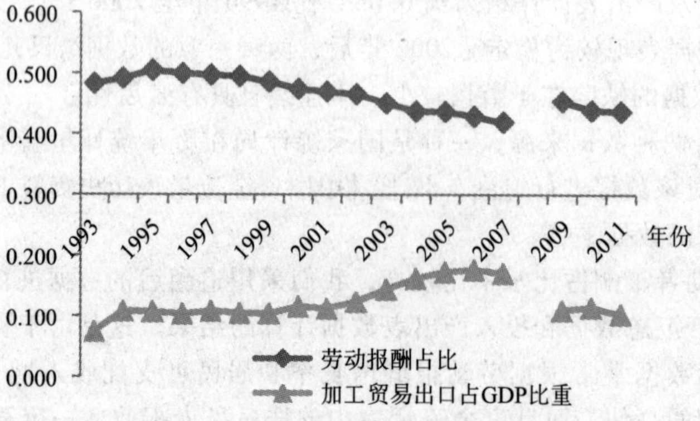

图 16－7　加工贸易出口占比与劳动报酬占比走势

表 16 - 11　　　　农民工收入状况

年份	城镇单位平均工资（元/年）	农民工工资（元/年）	农民工规模（万人）
1995	5500	5940	—
1996	6210	7080	—
1997	6470	5520	—
1998	7479	7044	—
1999	8346	—	—
2000	9371	—	—
2001	10870	7728	—
2002	12422	7680	—
2003	13969	8280	—
2004	15920	9360	—
2005	18200	10332	—
2006	20856	11352	—
2007	24721	12720	—
2008	28898	14460	22542
2009	32244	17004	22978
2010	36539	20280	24223
2011	42452	24588	25278
2012	47593	—	26261
2013	52379	—	26894

资料来源：城镇单位平均工资来自《中国统计年鉴》，2013 年；农民工工资摘自《中国农民工工资定量估测（1979—2010年）》，卢锋；农民工规模取自历年《中国农民工调查监测报告》。

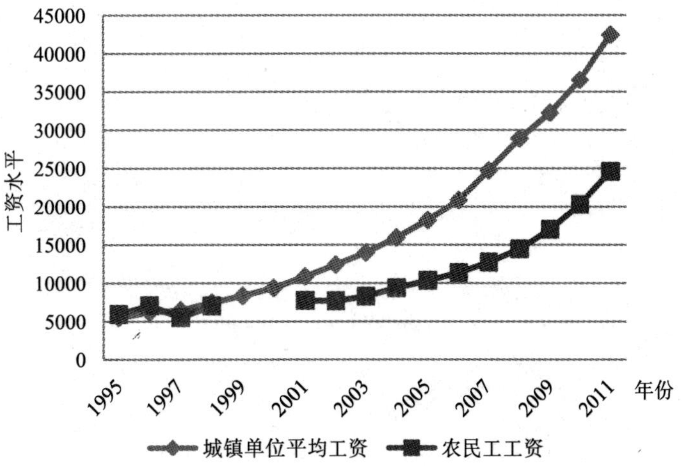

图 16 - 8　城镇单位工资与农民工工资对比

核 算 点 评

（1）2000年后的劳动者报酬占比指标下降的另一个关键因素在于，2000年以后，世界经济全面进入全球化时代，中国加入WTO更加推动了中国的加工贸易出口。与一般贸易相比，加工贸易的特点有：一是从参与贸易的货物来看，一般贸易货物主要是来自本国的要素资源，符合本国的原产地规则；而加工贸易的货物主要来自国外的要素资源，不符合东道国的原产地规则，而只是在其国内进行了加工或装配。二是从参与贸易的企业收益来源来看，从事一般贸易的企业获得的收益主要来自生产成本或收购成本与国际市场价格之间的差价；而从事加工贸易的企业实质上只收取了加工费。三是从纳税方面看，一般贸易的进口要缴纳进口环节税，出口时在征收增值税后退还部分税款；加工贸易进口料件不征收进口环节税，而实行海关监管保税，出口时也不再征收增值税。

（2）这种经济结构变动趋势对劳动者报酬占比指标的影响体现在两方面，一方面，在加工贸易中，非劳动报酬归企业产权所有者拥有，其中有相当一部分属于外国投资者（李昕和徐滇庆，2013），因此中国贸易顺差存在一定程度的高估。李昕等推算“2007年中国制造业总出口中，所有权调整之后属于外资的部分为1462.82亿美元，也就是说，大约有12.65%的制造业出口商品的产权不属于中国”。

（3）根据这一估算调整2007年的劳动者报酬占比，用投入产出表数据计算的比重由43.6%提高到44.8%，地区收入法数据计算的比重由41.9%提高至43.0%，资金流量表数据计算的比重由50.4%提高至51.9%。

（4）另一方面，2000—2011年间，我国沿海地区新兴了大批的外贸加工企业，这些私营企业中的劳动人员的工作量巨大，但相应的工资报酬却低于国有单位或集体单位，福利方面也无法得到保证。与之类似的农民工群体也具有这种特点。总之，加工贸易快速上升，可能某种程度上拉低了我国的劳动报酬占比指标。

（5）图16-9显示，2000年前农民工工资与城镇居民平均工资持平，甚至略高于城镇平均工资。但在2000年后，城镇居民平均工资上升明显，而农民工工资则上升略缓。与此同时，随着城镇化进程的不断发展，农民工规模逐年增大，这就明显拉低了劳动报酬占比指标。

表 16－12　　**劳动报酬占比：国际比较**

年　份	1995	1996	1997	1998	1999	2000	2001	2002	2003
瑞　士	0.646	0.644	0.641	0.617	0.625	0.623	0.642	0.652	0.647
美　国	0.619	0.613	0.610	0.618	0.618	0.627	0.626	0.620	0.618
挪　威	0.603	0.610	0.609	0.629	0.632	0.612	0.625	0.632	0.635
瑞　典	0.603	0.624	0.619	0.615	0.602	0.624	0.644	0.639	0.632
德　国	0.597	0.593	0.583	0.591	0.597	0.605	0.600	0.594	0.592
奥地利	0.596	0.588	0.584	0.578	0.578	0.570	0.562	0.555	0.555
英　国	0.590	0.578	0.581	0.593	0.602	0.617	0.623	0.618	0.609
法　国	0.580	0.582	0.578	0.577	0.583	0.581	0.583	0.588	0.588
爱沙尼亚	0.568	0.573	0.561	0.534	0.515	0.506	0.498	0.497	0.496
冰　岛	0.567	0.586	0.589	0.610	0.645	0.657	0.628	0.638	0.659
比利时	0.567	0.570	0.568	0.567	0.577	0.571	0.583	0.586	0.580
荷　兰	0.565	0.564	0.559	0.568	0.573	0.567	0.572	0.576	0.578
加拿大	0.558	0.553	0.555	0.562	0.553	0.545	0.552	0.555	0.550
欧元区	0.556	0.553	0.548	0.547	0.551	0.550	0.548	0.548	0.547
中国（1）	0.563	0.559	0.550	0.545	0.529	0.545	0.537	0.529	0.517
中国（2）	0.573	0.565	0.567	0.560	0.533	0.560	0.549	0.554	0.546
葡萄牙	0.550	0.557	0.561	0.557	0.558	0.561	0.561	0.565	0.569
匈牙利	0.544	0.523	0.511	0.517	0.509	0.527	0.525	0.526	0.540
挪　威	0.542	0.531	0.531	0.576	0.563	0.490	0.501	0.527	0.519
澳大利亚	0.539	0.546	0.537	0.538	0.535	0.539	0.530	0.531	0.527
西班牙	0.530	0.533	0.542	0.543	0.547	0.548	0.542	0.538	0.536
日　本	0.525	0.521	0.521	0.536	0.532	0.531	0.533	0.524	0.515
卢森堡	0.520	0.519	0.533	0.532	0.511	0.518	0.549	0.551	0.527
韩　国	0.518	0.531	0.515	0.488	0.479	0.481	0.491	0.490	0.500
爱尔兰	0.504	0.496	0.480	0.456	0.453	0.441	0.439	0.428	0.436
捷　克	0.475	0.486	0.485	0.446	0.442	0.443	0.443	0.452	0.456
意大利	0.458	0.458	0.463	0.445	0.445	0.439	0.438	0.441	0.444
波　兰	0.451	0.465	0.473	0.472	0.471	0.452	0.460	0.443	0.433
斯洛伐克	0.446	0.460	0.475	0.474	0.454	0.457	0.439	0.439	0.433
新西兰	0.441	0.449	0.451	0.444	0.429	0.427	0.426	0.431	0.435
希　腊	0.353	0.351	0.363	0.376	0.389	0.385	0.379	0.407	0.397
墨西哥	0.304	0.292	0.304	0.312	0.317	0.321	0.332	0.330	0.325

表 16－12 续表 1

年份	2004	2005	2006	2007	2008	2009	2010	2011
瑞 士	0.631	0.632	0.621	0.614	0.614	0.644	0.621	0.631
美 国	0.610	0.605	0.605	0.605	0.610	0.605	0.593	—
挪 威	0.627	0.629	0.632	0.647	0.653	0.683	0.646	0.644
瑞 典	0.622	0.620	0.604	0.612	0.614	0.630	0.609	0.597
德 国	0.579	0.568	0.555	0.545	0.555	0.582	0.567	0.572
奥地利	0.545	0.541	0.533	0.530	0.540	0.560	0.551	0.544
英 国	0.605	0.602	0.600	0.599	0.597	0.615	0.608	0.608
法 国	0.585	0.585	0.585	0.578	0.581	0.594	0.593	0.597
爱沙尼亚	0.501	0.499	0.505	0.525	0.571	0.601	0.555	0.531
冰 岛	0.661	0.683	0.709	0.728	0.656	0.591	0.606	—
比利时	0.567	0.563	0.562	0.561	0.572	0.586	0.574	0.576
荷 兰	0.575	0.558	0.553	0.552	0.558	0.584	0.571	0.568
加拿大	0.547	0.543	0.549	0.549	0.542	—	—	—
欧元区	0.540	0.538	0.535	0.530	0.538	0.554	0.547	0.547
中国（1）	0.499	0.503	0.495	0.489	—	0.519	0.503	0.499
中国（2）	0.553	0.589	0.578	0.567	0.567	0.544	0.529	—
葡萄牙	0.565	0.580	0.576	0.567	0.574	0.578	0.574	0.575
匈牙利	0.539	0.542	0.533	0.547	0.545	0.549	0.533	0.522
挪 威	0.493	0.466	0.458	0.483	0.471	0.531	0.516	0.506
澳大利亚	0.529	0.527	0.528	0.529	0.510	0.514	0.513	—
西班牙	0.531	0.532	0.532	0.533	0.539	0.539	0.535	0.521
日 本	0.506	0.507	0.508	0.500	0.515	0.520	0.510	—
卢森堡	0.528	0.515	0.486	0.477	0.521	0.556	0.521	0.513
韩 国	0.498	0.511	0.515	0.513	0.516	0.515	0.499	0.501
爱尔兰	0.446	0.461	0.465	0.469	0.511	0.514	0.491	0.483
捷 克	0.458	0.462	0.459	0.458	0.465	0.462	0.463	0.470
意大利	0.443	0.451	0.458	0.455	0.464	0.475	0.472	0.472
波 兰	0.407	0.407	0.404	0.406	0.426	0.415	0.418	0.410
斯洛伐克	0.413	0.419	0.406	0.402	0.401	0.422	0.416	0.413
新西兰	0.441	0.448	0.452	—	—	—	—	—
希 腊	0.398	0.402	0.397	0.401	0.404	0.412	0.412	0.400
墨西哥	0.308	0.304	0.292	0.287	0.283	0.300	0.289	—

资料来源：经合组织 OLS 数据库。

核 算 点 评

（1）中国的劳动报酬占比是否过低，需要在统一的口径下进行核算，只有在同一个标准下计算出来的数据才具有可比性。

（2）如果经过统计口径与隐性收入的调整后，鉴于投入产出表核算结果为非连续数据，仅以地区收入法GDP和资金流量表数据核算结果为例，2010年我国劳动报酬占比估算值分别为0.503和0.529，低于瑞士、美国、瑞典、挪威等高福利国家，但高于韩国、爱尔兰、捷克、意大利、墨西哥等国家水平，与日本、澳大利亚及欧元区一些国家水平接近或大体相当。

（3）从走势上看，与其他国家相比，中国劳动报酬占比缺乏稳定性。在1995—2009年间，美国的劳动报酬占比基本稳定在0.60左右，欧元区和日本稍低，分别在0.55和0.52左右，而中国的指标序列即使经过调整，最高时达到0.60，最低时在0.49。在2000年与2002年期间骤降，但在最近几年下降趋缓。一方面，由于我国经济发展迅速，社会经济结构变化剧烈，可能会引发国民经济初次分配格局发生较大波动；另一方面，我国劳动报酬占比核算所用数据的质量也有待提高，在估算方法上也还需要积极探索。

（一）主要统计指标解释

1. 劳动者报酬

劳动者因从事生产活动所获得的全部报酬。包括劳动者获得的各种形式的工资、奖金和津贴，既包括货币形式的，也包括实物形式的；还包括劳动者所享受的公费医疗和医药卫生费、上下班交通补贴和单位支付的社会保险费等。在中国核算体系中，曾经对劳动者报酬统计口径作过一次调整：2004年以前，“个体经济的所有者所获得的劳动报酬和经营利润不易区分，因此将这两部分统一作为劳动者报酬处理”（国家统计局，2003）。2004年修改规定：“对于个体经济来说，由于业主的劳动报酬和经营利润不易区分，这两部分视为营业利润，而劳动者报酬仅包括个体经济中的雇员报酬”，“对于国有和集体农场地，由于财务资料难以收集，应将营业盈余与劳动者报酬合并，统一作为劳动报酬”（国家统计局国民经济核算司，2007，2008）。劳动者报酬与GDP数据来源有三：地区收入法GDP核算汇总数据、资金流量表数据和投入产出表数据。

2. 劳动报酬占GDP比重

计算公式为：

劳动报酬占GDP比重 = 劳动者报酬/GDP

方法一：劳动者报酬指标口径调整估算。根据国家统计局公布的统计规则，将2004年之前的劳动者报酬扣除业主的经营利润，在2004—2008年劳动者报酬数据的基础上，加入业主的劳动报酬，这不仅保证了指标口径的前后一致，也便于国际比较。对个体经济中劳动收入与资本收入的处理，经济学文献中通常将总收入的三分之二归劳动报酬，三分之一归资本所得。个体经济业主收入的估算公式为：

个体经济业主收入 = 城镇居民人均经营净收入 × 城镇年平均人口 + 农村居民人均非农业经营性收入 × 农村年平均人口

方法二：纳入隐性收入。显性收入是指公开的账面收入，包括账面上记载的或申报纳税的工资收入、实物收入、房租收入、金融资产收入、合法经营性收入等；与显性收入对应，隐性收入是指未公开的账外收入，职工在工资、奖金、津贴、补助等正常渠道之外取得的非公开性收入。如兼职兼业收入，业余进行的经营收入、劳务报酬所得、账外存在的个人福利、隐性财产收入、灰色收入与黑色收入等。官方公布的数据更多的是反映居民之间的显性收入，基本涉及不到隐性收入，而非官方得出的数据虽不能说是完全准确的，却可以反映出我国居民收入统计中存在漏估的问题。本文将官方统计的劳动者报酬作为劳动收入的显性部分，隐性收入也是收入的一种，其中，一部分是资本收入，另一部分不属于资本收入范畴，应将其纳入劳动收入范畴。

（二）如何估算隐性收入

已有多位学者对社会中存在的隐性收入进行估算，王小鲁（2010）通过组织城镇居民收入调查，运用恩格尔系数法和分组比较法推算我国2005年和2008年隐性收入分别为48508亿元和92633亿元，其中隐性收入的大部分为灰色收入。借鉴王小鲁教授的估算方法，本文拟利用对农村住户与城镇住户可支配收入的抽样调查结果进行估算。即：

隐性收入＝（资金流量表）居民可支配收入－城镇居民人均可支配收入×城镇人口＋农村居民人均纯收入×农村人口

个人隐性收入大致由两部分组成：一是个人从事地下经济活动取得的收入，它也包括了第三产业漏统部分，例如未申报经济（第二职业、无证经营、家政保姆业和家教等）、非法经济（违法经商、偷税漏税、走私贩私和地下工厂）以及未统计经济，目前这部分来源涉及的单位面比较广，情况复杂，财务制度不健全，存在很严重的偷税漏税现象，而增加值的统计主要通过税收核算，因此收入法GDP核算的增加值也就被低估了，所以这一部分隐性收入也应加入GDP（分母）中；二是个人非法从国家或集体中侵占的利益，这其中包括个人自己从国家或集体侵占来的收入，个人所在单位分配的从国家侵占来的利益和“钱权交易”，这可以看做是企业部门将部分营业盈余让渡给执权者（居民部门）或是在居民部门内部相互转移，这部分隐性收入不属于居民的资本收入，因此将其看作劳动收入，并且，由于这部分收入本质上是生产要素收入的转移，而不是生产要素收入的创造，收入法核算方法下的GDP实质上已经包含了这部分收入，不应再将其加入GDP（分母）中。

基于以上分析，我们通过赋权重的方式对劳动报酬占比指标进行修订。

首先，是分子项的调整，由于可支配收入由工资性收入、经营性净收入、财产性收入和转移性收入构成，而转移性收入是国家、单位、社会团体对居民家庭的各种转移支付和居民家庭间的收入转移，一般不存在漏算，所以假定隐性收入按比例的分配至工资性收入，也就是劳动报酬中。具体计算公式为：

隐性劳动收入＝隐性收入×工资性收入/（工资性收入＋经营性净收入＋财产性收入）

其次，对于分母项，关键在于将收入法GDP核算下的漏统部分估算出来并加入GDP部分。根据上述分析，隐性收入的来源有二，但只有来源一收入应纳入GDP中，且因为没有实际数据的支持，我们无法得到来源一收入所占的确切比重，对此，我们分别假定这一比重分别为0.3，0.5和0.7进行估算。所以，在方法一的基础上，进一步修订的指标为：

方法二，劳动报酬占GDP比重＝（劳动者报酬＋个体业主收入＋隐性劳动收入）/（GDP＋a×隐性收入）

其中，a分别取0.3、0.5和0.7。

专题十七　劳动报酬占比核算（下）[1]

子　目　录

[1] 本专题由吕光明、于学霆和王如峰核算，由陈梦根审核。

（一）主要统计指标解释

劳动者：《国民账户体系（SNA）》把从事生产活动的劳动者区分为雇员和自我雇佣者。所谓雇员是指按照协议为企业工作，并按其贡献获得现金或实物报酬的人；所谓自我雇佣者是指那些为自己工作的人，他们是非法人企业的所有者或者是所有者的家庭成员，这些人在企业工作，但不获得劳动报酬。这里的非法人企业，相当于我国的个体经营户和农户[①]，自我雇佣者相当于我国个体经营户和农户的业主及其在该个体经营户和农户中工作的家庭成员。

雇员报酬：按照2008年版SNA定义是指企业因雇员在核算期内所做工作而应付给雇员的现金或实物报酬总额。

混合收入：SNA针对自我雇佣者设置的混合收入指标，它包含业主及其家庭成员在个体经营户和农户中所做工作的回报，即劳动报酬，以及个体经营户和农户创造的营业盈余两部分内容。SNA之所以没有针对自我雇佣者设置劳动报酬指标，是因为通常情况下很难把个体经营户和农户中的劳动报酬和营业盈余区分开来。

劳动者报酬：按照《中国国民经济核算体系2002》的定义是指所有劳动者从事生产活动所应得的全部报酬，包括各种形式的工资、奖金和津贴，以及实物形式的报酬，还包括劳动者享受的公费医疗和医疗卫生费、上下班交通补贴、单位支付的社会保险费、住房公积金等。按照这一定义，我国的劳动者报酬既包括SNA中的雇员报酬，也包括SNA中的混合收入所包含的劳动报酬。

（二）主要核算解释

劳动者报酬的口径调整：在我国收入法GDP核算的操作实践中，劳动者报酬的口径曾经发生过两次修订。第一次修订是在2004年即第一次经济普查年度。第二次修订是在2008年即第二次经济普查年度。这样就出现了如下三个口径：

（1）2004年之前的口径。

劳动者报酬口径一＝雇员报酬＋农户混合收入＋个体经营户混合收益（雇员报酬＋雇主报酬＋营业盈余）

（2）2004—2008年间的口径。

劳动者报酬口径二＝雇员报酬＋农户混合收入＋个体经营户雇员报酬

（3）2008年之后的口径。

劳动者报酬口径三＝雇员报酬＋农户混合收入＋个体经营户劳动者报酬（雇员报酬＋雇主报酬）

（4）三种口径之间的关系。

劳动者报酬口径一－劳动者报酬口径二＝个体经营户混合收入＝个体经营户雇主报酬＋个体经营户营业盈余

劳动者报酬口径一－劳动者报酬口径三＝个体经营户营业盈余

劳动者报酬口径三－劳动者报酬口径二＝个体经营户雇主报酬

一般而言，劳动报酬占比（口径一）＞劳动报酬占比（口径三）＞劳动报酬占比（口径二）。

劳动报酬占比指标核算方法及资料来源：“劳动报酬占比＝劳动者报酬/GDP”，这一指标计算相对简便，易于比较。但由于我国GDP及其中的劳动者报酬经过多次修订，因此，基于同等条件下，劳动报酬占比核算应采用最新修订数据。

---

① 根据《第二次全国经济普查方案》的规定，个体经营户不包括农户。参见自许宪春在2011年第6期的《比较》上发表的文章“当前我国收入分配研究中的若干问题”。

在中国现有的核算资料中，可用于核算劳动报酬占比的基础资料主要有三种：一是资金流量表实物交易部分数据，可用于测算全国和机构部门的劳动报酬占比。二是省份收入法 GDP 核算数据，可用于测算相应年份的全国、分省份和分行业的劳动报酬占比。三是投入产出表数据，可用于测算全国和分行业相关年份的劳动报酬占比。由于投入产出表编制相对滞后，而且提供的也不是连续时序数据。因此，绝大多数研究是根据前两种资料来源来核算。

基于资金流量表基础数据的劳动者报酬口径调整：

劳动者报酬口径三 - 劳动者报酬口径二 = 个体经营户雇主报酬 = 居民经营净收入总额 ×47%。

其中，居民经营净收入总额 = 城镇经营净收入 × 城镇年平均人口 + 农村非农业经营纯收入 × 农村年平均人口。

省份收入法 GDP 核算数据中的劳动者报酬口径调整：在国家对劳动者报酬指标进行口径修订时，也要求全部省份进行同步修订，以保持国家与省份同一统计指标数据之间的可比性。但是，有些统计指标口径的修订比较复杂，涉及历史资料的可比性，同时也受统计人力和技术水平的限制，并不是每个省份都能做到同步修订。特别是在国家进行劳动者报酬口径第二次修订时，不少省份个体经营户劳动者报酬就没有做到与国家同步修订，到目前为止，仍有部分省份采用第一次修订的方法。因此，有必要采用一定的准则进行推断。

劳动者报酬口径第一次修订是否发生的推断原则是：①修订前的劳动报酬占比指标即口径一指标应该比修订后的劳动报酬占比指标即口径二指标高 3% 以上；②修订时间应该在 2003 年和 2004 年前后。类似地，劳动者报酬口径第二次修订是否发生的推断原则是：①修订前的劳动报酬占比指标即口径二指标应该比修订后的劳动报酬占比指标即口径三指标低 3% 以上；②修订时间应该在 2007 年和 2008 年前后。

考虑到我国省份数据的现实情况，本研究采用劳动者报酬口径的调整方法是：

（1）假定个体经营者的营业盈余等于劳动者报酬，则有：

劳动者报酬口径一 - 劳动者报酬口径三 = 个体经营户营业盈余 = （城镇就业人数 + 乡村就业人数/2） × 平均货币工资

（2）将口径二调整为口径三的关系式为：

劳动者报酬口径三 - 劳动者报酬口径二 = 个体经营户雇主报酬 = 平均货币工资 × 个体从业户数 × 城镇就业人数/（城镇就业人数 + 乡村就业人数/2） × 校正系数[①]

① 根据省份个体雇佣者收入的现实情况推算，校正系数一般设定为 3，其中西藏和甘肃的系数适当调低。

第一部分　基于资金流量表数据的劳动报酬占比核算

表 17－1　　**基于资金流量表的劳动报酬占比测算基础数据**

年份	(1)	(2)	(3)	(4)	(5)	(6)	(7)	(8)	(9)	(10)	(11)	(12)
	劳动者报酬	GDP	劳动者报酬	GDP	劳动者报酬	GDP	劳动者报酬	GDP	劳动者报酬	GDP	劳动者报酬	GDP
	亿元	亿元	亿元	亿元	亿元	亿元	亿元	亿元	亿元	亿元	亿元	亿元
1992	16907.6	26638.1	15959.6	26638.1					14696.7	26923.5		
1993	21295.4	34634.4	19633.6	34634.4					18173.4	35333.9		
1994	28133.4	46759.4	26455.1	46759.4					25206	48197.9		
1995	35086.87	58478.1	36660	58478.1					32087.4	60793.7		
1996			39276.5	67884.6					37085.8	71176.6		
1997			43730.3	74462.6					41856.6	78973		
1998			46007.7	78345.2					44329.2	84402.3		
1999			48953.77	82067.5					47165.8	89677.1		
2000			53281.37	89468.1					50059.2	99214.6	52282.4	99214.6
2001			56963.3	97314.8					54420.2	109655.2	57575.7	109655.2
2002			62524.3	105172					60677.1	120332.7	64524.4	120332.7
2003			69137.8	117390.2					66188.8	135822.8	71722.3	135822.8
2004					75199.5	159878.3	80898.4	159878.3			80898.4	159878.3
2005					92675.4	183217.5	93023.5	184937.4			93023.5	184937.4
2006					105211	211923.5	106210.4	216314.4			106210.4	216314.4
2007					124839.5	257305.6	127588.9	265810.3			127588.9	265810.3
2008							150067.2	314045.4			150067.2	314045.4
2009											166469.0	340902.8
2010											190044.9	401512.8
2011											221458.2	473104.0

注：列（1）和（2）数据来源于《中国统计年鉴》（1998）；列（3）和（4）数据来源于《中国统计年鉴》，1999—2006年，其中，《中国统计年鉴》（1999年）修订更新给出了1992—1996年数据；列（5）和（6）数据来源于《中国统计年鉴》，2007—2009年；列（7）和（8）数据来源于《中国统计年鉴》（2010年），其中2004—2007年数据为在第二次全国经济普查资料基础上的修订更新数据；列（9）和（10）数据来源于《中国资金流量表历史资料：1992—2004》①，全部数据都是在第一次全国经济普查资料基础上进行更新修订；列（11）和（12）数据来源于《中国统计年鉴》，2012—2013年，其中，《中国统计年鉴》（2012年）更新给出了2000—2009年数据，《中国统计年鉴》（2013年）给出了2010－2011年数据。

① 国家统计局国民经济核算司、中国人民银行调查统计司：《中国资金流量表历史资料：1992—2004》，中国统计出版社2007年版。

表 17－2　　基于资金流量表基础数据的劳动报酬占比三种口径测算

年份	(13) = (3) / (4)	(14) = (5) / (6)	(15) = (7) / (8)	(16) = (9) / (10)	(17) = (11) / (12)
1992	59.91%			54.59%	
1993	56.69%			51.43%	
1994	56.58%			52.30%	
1995	62.69%			52.78%	
1996	57.86%			52.10%	
1997	58.73%			53.00%	
1998	58.72%			52.52%	
1999	59.65%			52.60%	
2000	59.55%			50.46%	52.70%
2001	58.54%			49.63%	52.51%
2002	59.45%			50.42%	53.62%
2003	58.90%			48.73%	52.81%
2004		47.04%	50.60%		50.60%
2005		50.58%	50.30%		50.30%
2006		49.65%	49.10%		49.10%
2007		48.52%	48.00%		48.00%
2008			47.79%		47.79%
2009					48.83%
2010					47.33%
2011					46.81%

表 17-3　　1992—2011 年我国居民经营净收入总额的推算

年份	农村居民非农业经营性纯收入	城市居民经营性净收入	农村年末人口	城镇年末人口	农村经营性收入	城镇经营性收入	全国经营性收入
	元	元	万	万	亿	亿	亿
1991			84620	31203			
1992	185.44	28.81	84996	32175	1572.68	91.29	1663.97
1993	133.82	32.60	85344	33173	1139.74	106.51	1246.26
1994	169.95	49.40	85681	34169	1453.28	166.33	1619.62
1995	169.33	72.62	85947	35174	1453.09	251.78	1704.87
1996	263.41	92.92	85085	37304	2252.58	336.72	2589.29
1997	304.64	134.80	84177	39449	2578.20	517.30	3095.50
1998	329.79	149.61	83153	41608	2759.19	606.34	3365.53
1999	362.18	177.88	82038	43748	2991.44	759.15	3750.60
2000	336.60	246.24	80837	45906	2741.19	1103.82	3845.01
2001	333.08	307.21	79563	48064	2671.30	1443.41	4114.71
2002	351.55	332.16	78241	50212	2773.80	1632.17	4405.97
2003	345.69	403.82	76851	52376	2680.69	2071.35	4752.04
2004	347.74	493.87	75705	54283	2652.49	2633.78	5286.28
2005	374.93	679.62	74544	56212	2816.68	3754.73	6571.41
2006	409.66	809.56	73160	58288	3025.41	4634.73	7660.14
2007	448.55	940.72	71496	60633	3244.27	5593.57	8837.84
2008	489.71	1453.57	70399	62403	3474.37	8942.07	12416.44
2009	538.61	1528.68	68938	64512	3752.42	9700.62	13453.04
2010	601.79	1713.51	67113	66978	4093.68	11265.47	15359.15
2011	702.07	2209.74	65656	69079	4660.64	15032.53	19693.17

注：1. 2002 年之前无城镇经营性收入，相关数据根据个体经营劳动者收入增速推算。2. 居民经营净收入总额 = 城镇经营净收入 × 城镇年平均人口 + 农村非农业经营纯收入 × 农村年平均人口。

表 17－4　　住户调查和资金流量表两种数据来源下的居民可支配收入总额

年份	城镇居民人均可支配收入	农村居民人均纯收入	城镇年末人口	农村年末人口	城镇年平均人口	农村年平均人口	住户调查口径居民可支配收入	资金流量表口径居民可支配总收入	两种居民可支配收入之比
	元	元	万人	万人	万人	万人	亿元	亿元	
1991	1700.6	708.6	31203	84620					
1992	2026.6	784.0	32175	84996	31689	84808	13071.0	18452.8	70.8%
1993	2577.4	921.6	33173	85344	32674	85170	16270.7	22827.1	71.3%
1994	3496.2	1221.0	34169	85681	33671	85512.5	22213.1	32292.2	68.8%
1995	4283.0	1577.7	35174	85947	34671.5	85814	28388.7	40291.6	70.5%
1996	4838.9	1926.1	37304	85085	36239	85516	34006.9	48125.1	70.7%
1997	5160.3	2090.1	39449	84177	38376.5	84631	37492.2	53842.2	69.6%
1998	5425.1	2162.0	41608	83153	40528.5	83665	40075.5	57043.5	70.3%
1999	5854.0	2210.3	43748	82038	42678	82595.5	43239.9	59733.1	72.4%
2000	6280.0	2253.4	45906	80837	44827	81437.5	46502.5	66538.7	69.9%
2001	6859.6	2366.4	48064	79563	46985	80200	51208.4	71865.3	71.3%
2002	7702.8	2475.6	50212	78241	49138	78902	57383.0	77423.3	74.1%
2003	8472.2	2622.2	52376	76851	51294	77546	63791.4	87268.4	73.1%
2004	9421.6	2936.4	54283	75705	53329.5	76278	72643.2	98508.9	73.7%
2005	10493.0	3254.9	56212	74544	55247.5	75124.5	82423.5	112910.2	73.0%
2006	11759.5	3587.0	58288	73160	57250	73852	93813.8	131426.4	71.4%
2007	13785.8	4140.4	60633	71496	59460.5	72328	111917.7	158558.6	70.6%
2008	15780.8	4760.6	62403	70399	61518	70947.5	130855.5	185926.3	70.4%
2009	17174.7	5153.2	64512	68938	63457.5	69668.5	144887.4	207302.4	69.9%
2010	19109.4	5919.0	66978	67113	65745	68025.5	165899.4	241864.5	68.6%
2011	21809.8	6977.3	69079	65656	68028.5	66384.5	194687.1	285772.6	68.1%

表 17－5　　不同劳动者报酬口径下的 1992—2011 年中国劳动报酬占比推算

年份	劳动者报酬（口径二）	GDP	劳动报酬占比（口径二）	劳动者报酬（口径三）	劳动报酬占比（口径三）
	亿元	亿元	亿元	亿元	
1992	14696.7	26923.5	54.59%	15489.1	57.53%
1993	18173.4	35333.9	51.43%	18766.9	53.11%
1994	25206.0	48197.9	52.30%	25977.2	53.90%
1995	32087.4	60793.7	52.78%	32899.2	54.12%
1996	37085.8	71176.6	52.10%	38318.8	53.84%
1997	41856.6	78973.0	53.00%	43330.6	54.87%
1998	44329.2	84402.3	52.52%	45931.8	54.42%
1999	47165.8	89677.1	52.60%	48951.8	54.59%
2000	50059.2	99214.6	50.46%	52282.4	52.70%
2001	54420.2	109655.2	49.63%	57575.7	52.51%
2002	60677.1	120332.7	50.42%	64524.4	53.62%
2003	66188.8	135822.8	48.73%	71722.3	52.81%
2004	78381.1	159878.3	49.03%	80898.4	50.60%
2005	89894.3	184937.4	48.61%	93023.5	50.30%
2006	102562.7	216314.4	47.41%	106210.4	49.10%
2007	123380.4	265810.3	46.42%	127588.9	48.00%
2008	144154.6	314045.4	45.90%	150067.2	47.79%
2009	160062.8	340902.8	46.95%	166469.0	48.83%
2010	182731.0	401512.8	45.51%	190044.9	47.33%
2011	212080.5	473104.0	44.83%	221458.2	46.81%

注：1. 斜体加黑数字为推算数。推算原理是：口径二和口径三的差额营业盈余差额约为城镇住户调查的经营净收入的 70%×1/3。其中 70% 为根据上表估计得到，1/3 为 2000—2003 年指标关系估计。

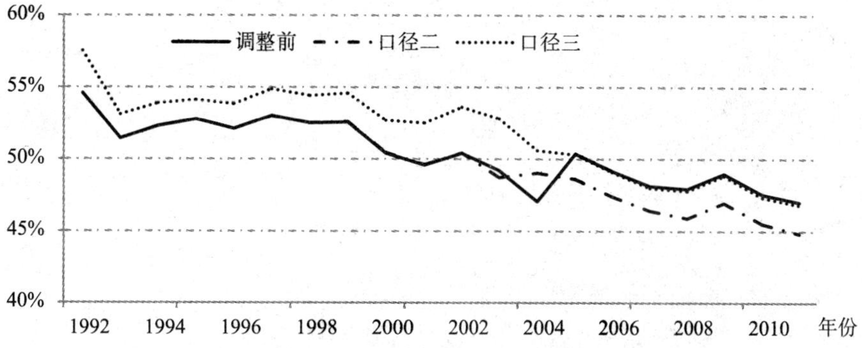

图 17－1　基于资金流量表数据调整测算的我国劳动报酬占比走势

核 算 点 评

近年来我国劳动报酬占比存在明显下降的趋势，这是绝大多数研究都认可的一个事实。但是，对于劳动报酬占比的下降幅度，不同研究基于不同数据来源和计算口径得到的结果却形形色色、各不相同，很难形成较为一致的结论。本部分以资金流量表实物交易部分数据为基础在统一口径的基础上来厘清这一问题。

在口径二下，我国劳动报酬占比由 1997 年的 53.00% 下降到 2011 年的 44.83%，大约下降了 8.17 个百分点。在口径三下，我国劳动报酬占比由 1997 年的 54.87% 下降到 2011 年的 46.81%，大约下降了 8.06 个百分点。不难看出，两者的差距很小，而且口径三的衡量最为准确。因此，我国劳动报酬占比的下降结论应以口径三为准，即 1997—2011 年，我国的劳动报酬占比下降了 8.06 个百分点。

第二部分　基于省份收入法 GDP 核算数据的劳动报酬占比核算

表 17－6　　　　基于省份收入法 GDP 核算的劳动报酬占比测算基础数据

年份	(18) 地区生产总值汇总 亿元	(19) 劳动者报酬汇总 亿元	(20) (19)/(18)	(21) 地区生产总值汇总 亿元	(22) 劳动者报酬汇总 亿元	(23) (22)/(21)	(24) 地区生产总值汇总 亿元	(25) 劳动者报酬汇总 亿元	(26) (25)/(24)
1993	34219.55	16934.55	49.49%						
1994	45345.15	22829.04	50.35%						
1995	57535.23	29596.8	51.44%						
1996	67764.18	34703.65	51.21%						
1997	76339.23	38954.48	51.03%						
1998	82558.49	41960.45	50.83%						
1999	88215.68	44082.18	49.97%						
2000	98504.13	47977.7	48.71%						
2001	108545.7	52351.3	48.23%						
2002	120571.1	57576.82	47.75%						
2003	139250	64271.51	46.16%	135539.1	67260.69	49.62%	139537.2	65901	47.23%
2004	167587.1	69639.64	41.55%				167922.6	72181.89	42.99%
2005				197789	81888.02	41.40%	199228.1	86781.72	43.56%
2006				231053.3	93822.83	40.61%	232836.7	100525.4	43.17%
2007				275624.6	109532.3	39.74%	279737.9	119893.7	42.86%
2008				333314	154892.8	46.47%	333314	154892.8	46.47%
2009				365303.7	170299.7	46.62%	365303.7	170299.7	46.62%
2010				437042	196714.1	45.01%	437042	196714.1	45.01%
2011				521441.1	234310.3	44.94%	521441.1	234310.3	44.94%
2012				576551.8	262864.1	45.59%	576551.8	262864.1	45.59%

注：列（18）和（19）数据来源于《中国国内生产总值核算历史资料：1952—2004》；列（21）和（22）数据来源于《中国统计年鉴》，2004—2013 年，其中，《中国统计年鉴》（2004 年）和《中国统计年鉴》给出都是 2003 年数据，2004 年数据缺失；列（24）和（25）数据来源于国家统计局网站。

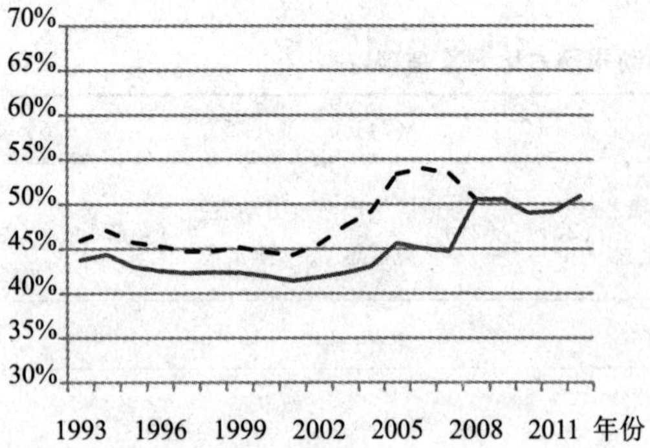

北京

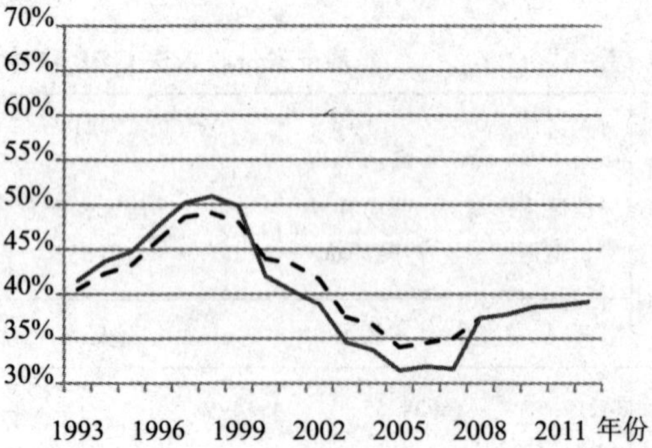

天津

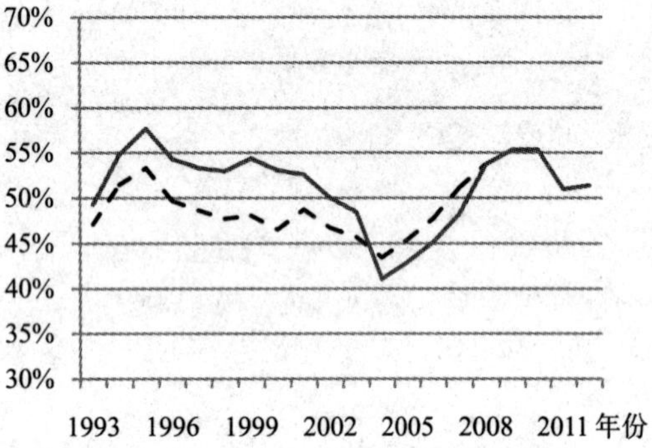

河北

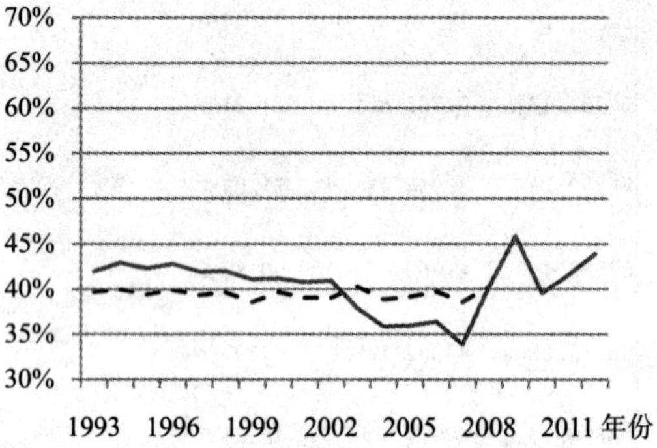

山西

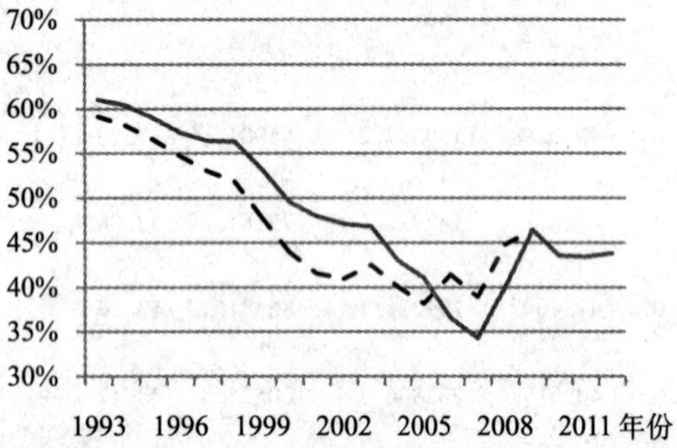

内蒙古

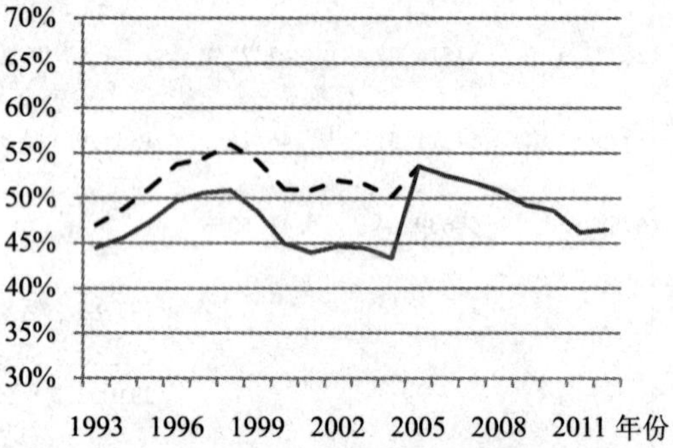

辽宁

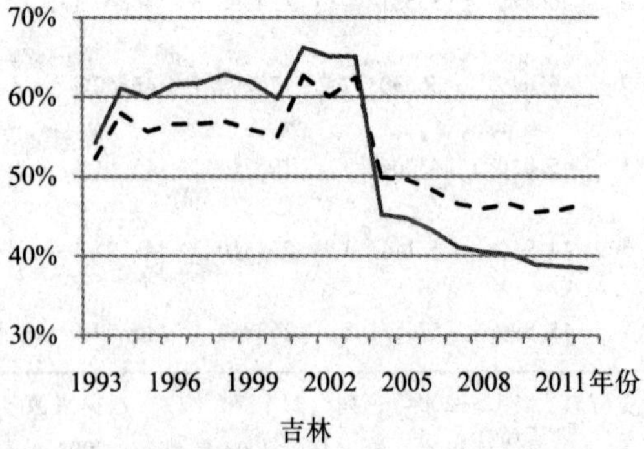

吉林

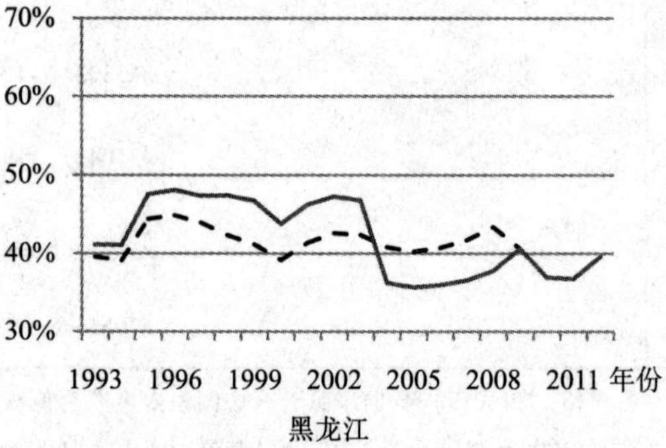

黑龙江

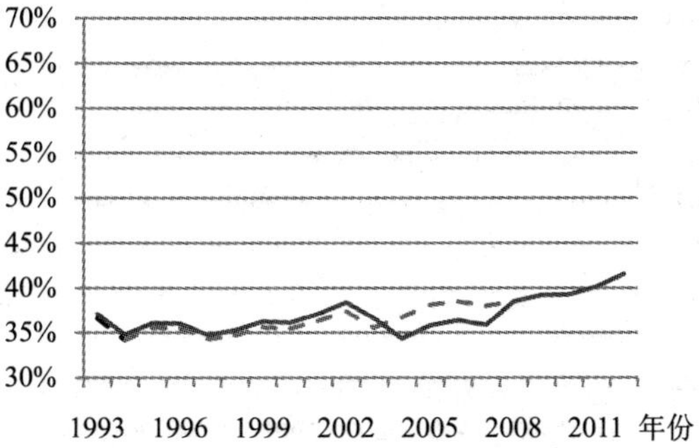

上海

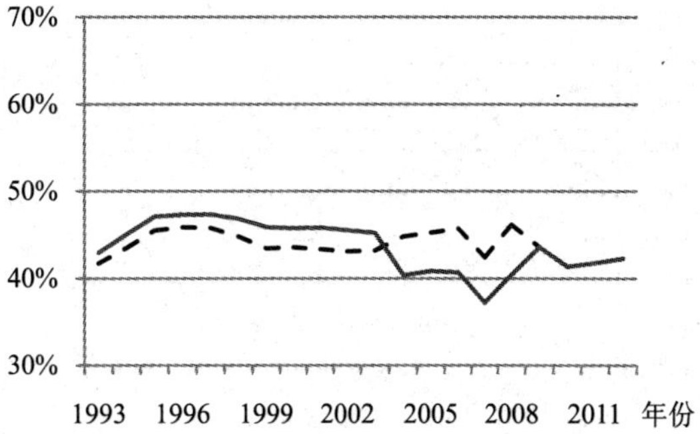

江苏

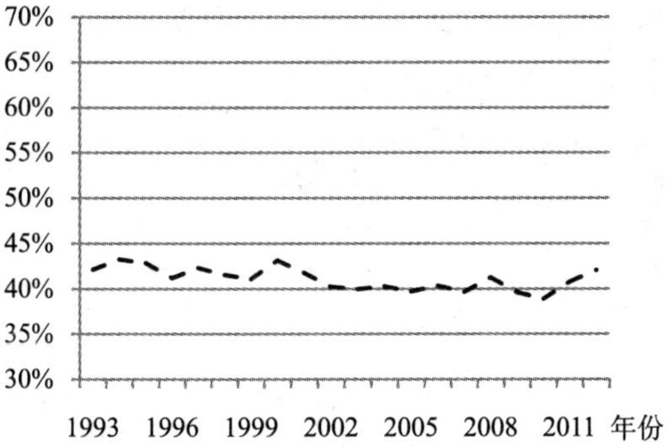

浙江

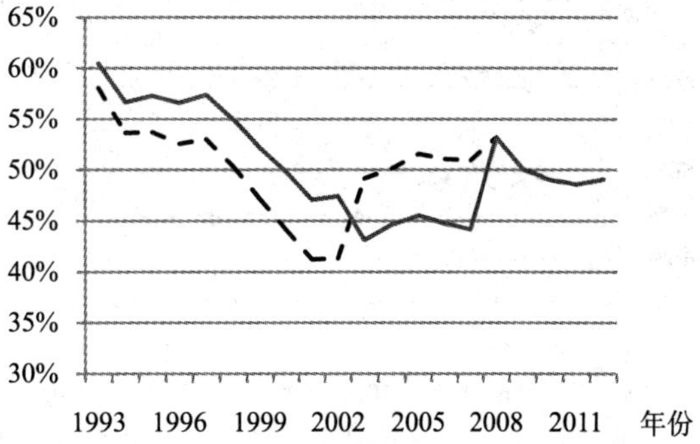

安徽

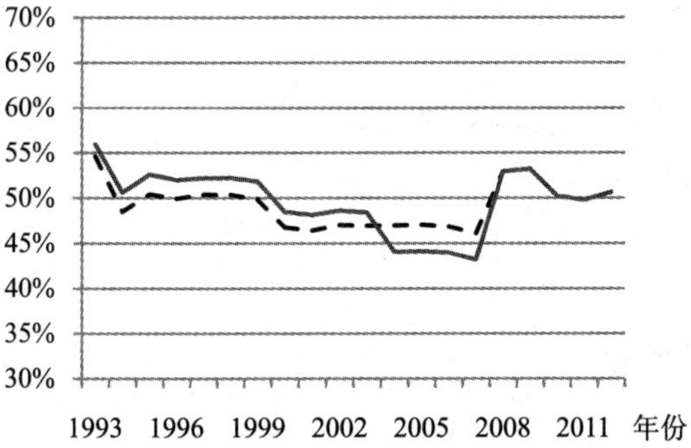

福建

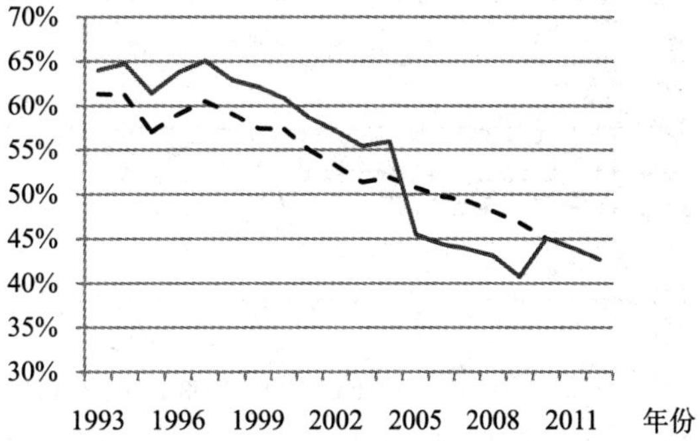

江西

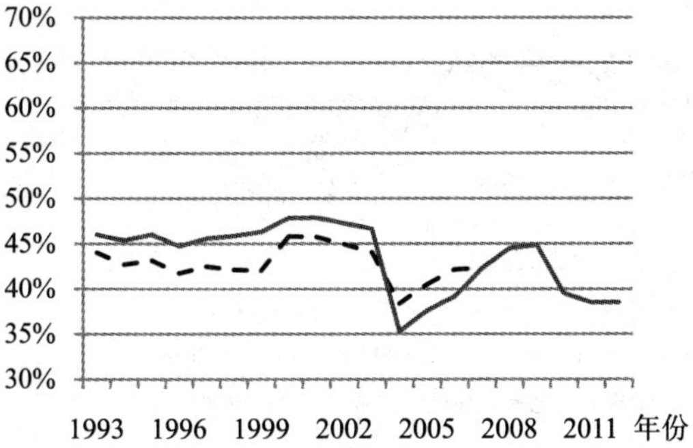

山东

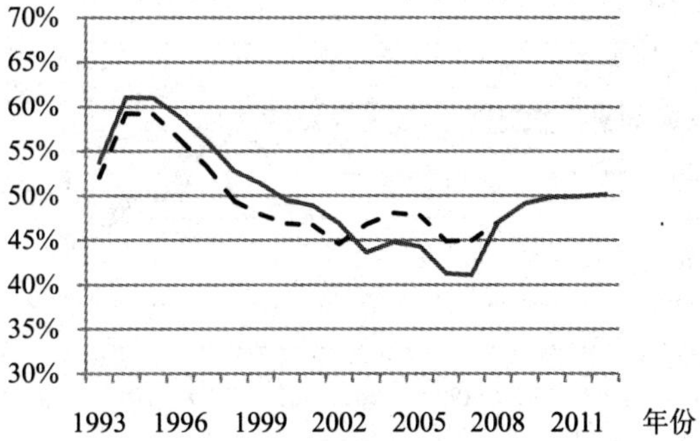

河南

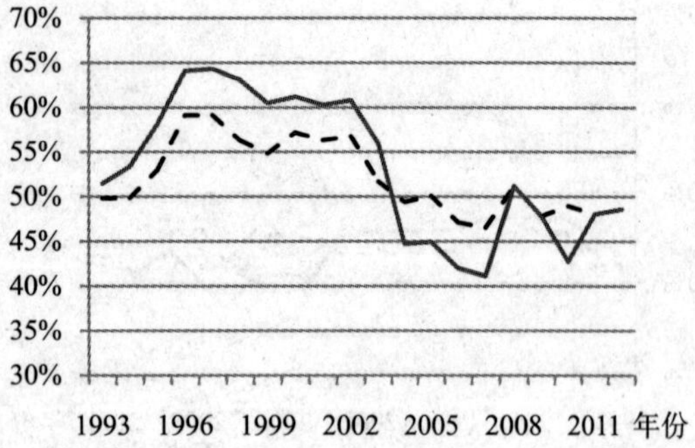

湖北

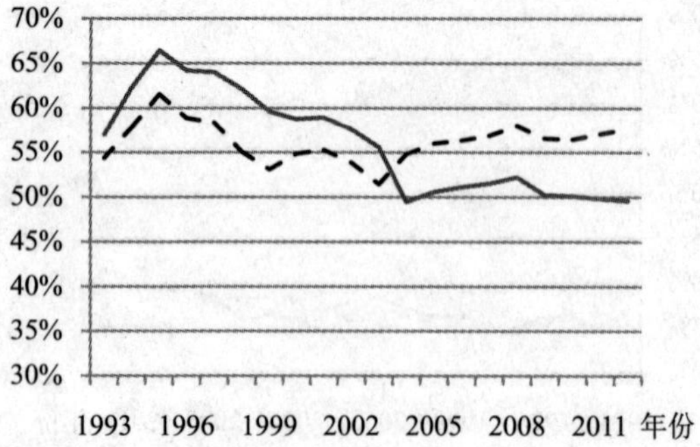

湖南

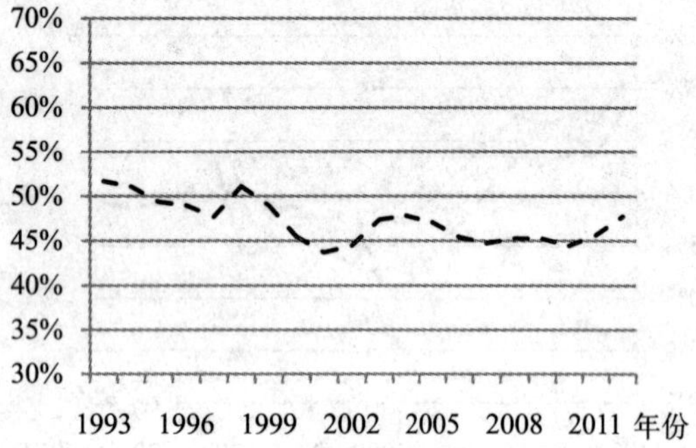

广东

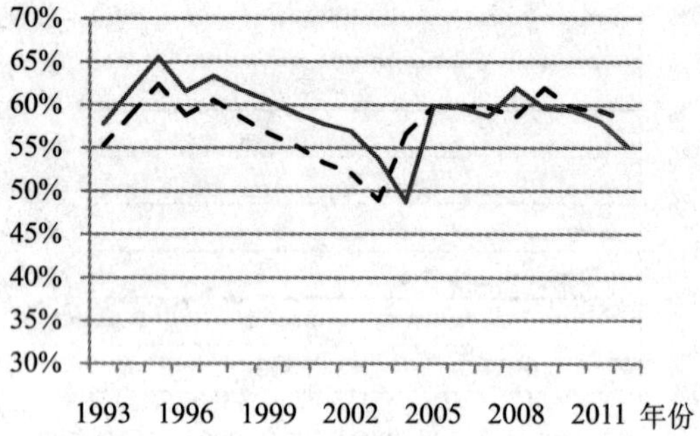

广西

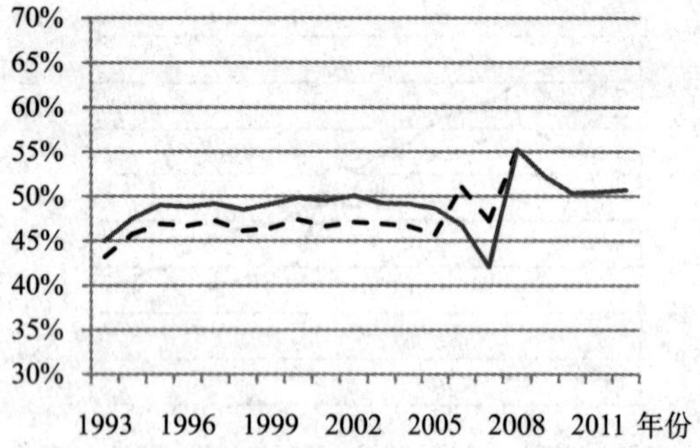

海南

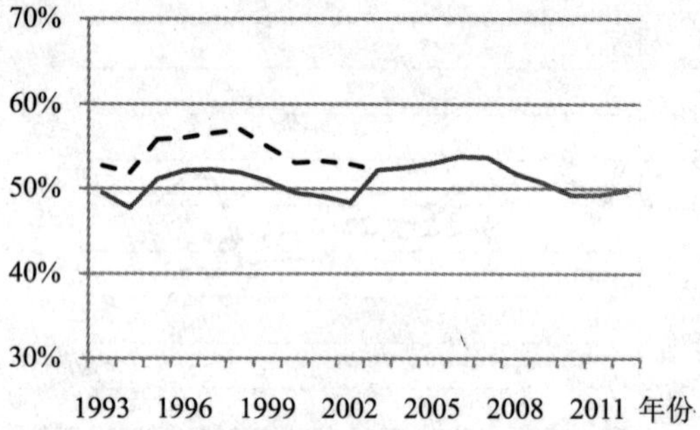

重庆

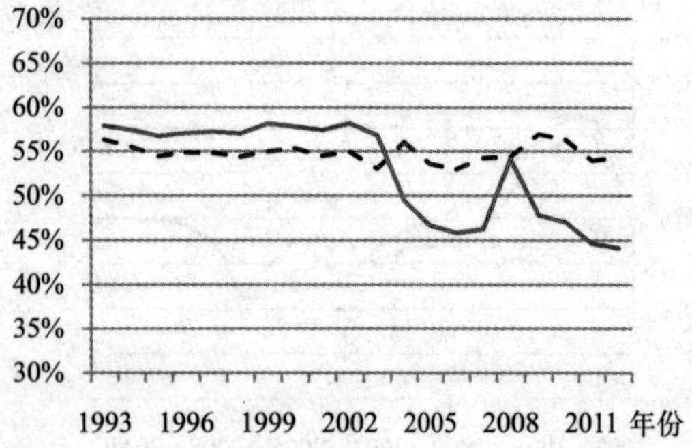

四川

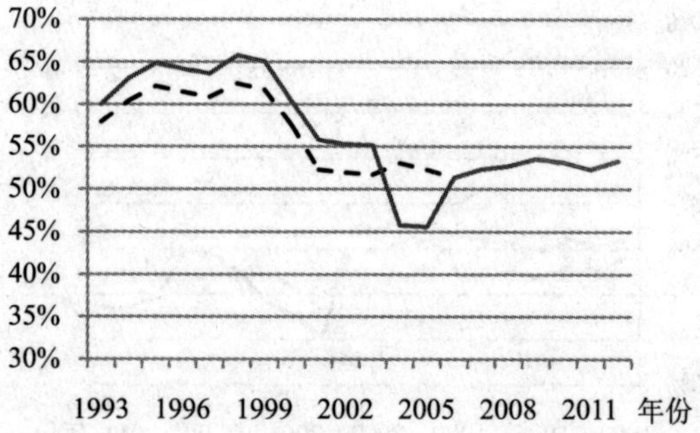

贵州

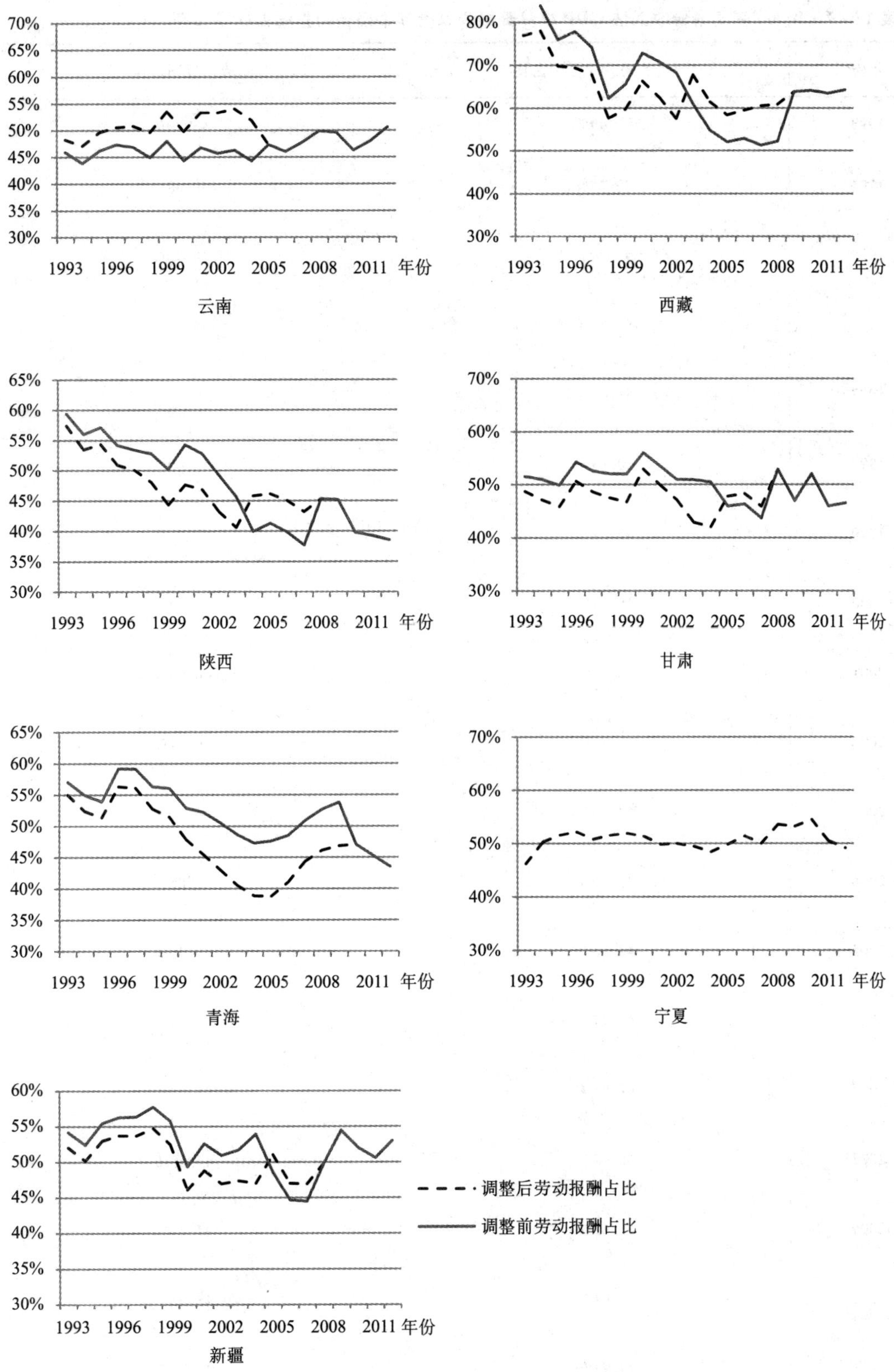

图 17－2　我国 31 个省份劳动报酬占比调整前后对比①

① 浙江、广东和宁夏因未诊断出修订行为而未作调整。

表 17-7　　基于省份收入法 GDP 核算数据测算得到中国劳动报酬占比（口径三）

年份	调整前的劳动报酬占比	调整后的劳动报酬占比（口径三）
1993	49.49%	48.43%
1994	50.35%	48.88%
1995	51.44%	49.70%
1996	51.21%	49.37%
1997	51.03%	49.11%
1998	50.83%	48.60%
1999	49.97%	47.58%
2000	48.71%	46.94%
2001	48.23%	46.63%
2002	47.75%	46.17%
2003	47.23%	46.17%
2004	42.99%	45.86%
2005	43.56%	46.36%
2006	43.17%	46.24%
2007	42.86%	45.83%
2008	46.47%	47.68%
2009	46.62%	47.43%
2010	45.01%	45.97%
2011	44.94%	45.74%
2012	45.59%	46.49%

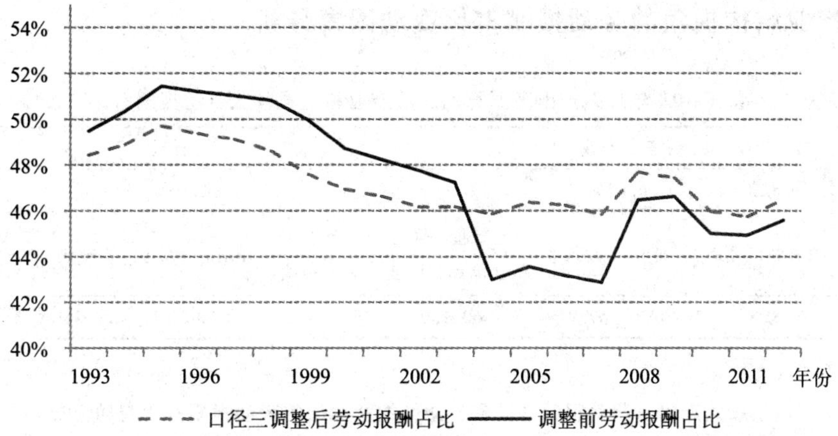

图 17－3　基于省份收入法 GDP 核算数据调整测算的我国劳动报酬占比走势

核 算 点 评

一般来说，在国家对劳动者报酬指标的口径进行修订时，也要求全部省份进行同步修订，以保持国家与省份同一统计指标数据之间的可比性。但是，有些统计指标口径的修订比较复杂，涉及历史资料的可比性，同时也受统计人力和技术水平的限制，并不是每个省份都能做到同步修订。以省份收入法 GDP 核算数据为基础进行相应的调整测算后发现：以大陆 31 省份加总数据衡量的我国劳动报酬占比（口径三）由 1995 年的 49.70% 下降到 2011 年的 45.74%，下降了 2.96 个百分点。与资金流量表的结果相比，省份汇总结果的总体水平在最初年份要低一些，但当前年份的结果水平则较为接近。这很有可能是随着统计制度变革我国省份收入法 GDP 核算质量越来越提高的结果。这在另一个侧面也说明，尽管不同估算方法存在误差，但我国目前劳动报酬占比的真实水平应该在 46% 左右。

表 17－8　　　基于 2010 年投入产出表测算的三次产业和主要行业劳动报酬占比

产业	第一产业	第二产业		第三产业					
劳动报酬占比	96.82%	36.63%		53.03%					
行业	农林牧渔业	工业	建筑业	交通运输、仓储和邮政业	批发和零售业	住宿和餐饮业	金融业	房地产业	其他服务业
劳动报酬占比	96.82%	34.36%	57.94%	60.41%	48.93%	83.92%	22.92%	6.71%	68.66%

表 17－9　　　基于投入产出表劳动报酬占比和产业结构模拟出的劳动报酬占比变动情况

年份	劳动者报酬占比（分三次产业结构变动）	劳动者报酬占比（分行业结构变动）	劳动者报酬占比（口径三）	劳动者报酬占比变动率（分三次产业结构变动）	劳动者报酬占比变动率（分行业结构变动）	劳动者报酬占比变动率（口径三）
1992	55.44%	54.43%	57.53%			
1993	54.02%	53.39%	53.11%	－1.42%	－1.03%	－4.42%
1994	54.09%	53.45%	53.90%	0.07%	0.06%	0.79%
1995	54.03%	53.35%	54.12%	－0.06%	－0.10%	0.22%
1996	53.86%	53.31%	53.84%	－0.18%	－0.05%	－0.28%
1997	53.24%	52.79%	54.87%	－0.62%	－0.52%	1.03%
1998	53.14%	52.87%	54.42%	－0.10%	0.08%	－0.45%
1999	52.74%	52.68%	54.59%	－0.40%	－0.19%	0.17%
2000	52.09%	52.18%	52.70%	－0.64%	－0.49%	－1.89%
2001	51.93%	52.20%	52.51%	－0.17%	0.01%	－0.19%
2002	51.70%	52.12%	53.62%	－0.22%	－0.08%	1.11%
2003	51.09%	51.55%	52.81%	－0.61%	－0.57%	－0.81%
2004	51.31%	51.87%	50.60%	0.22%	0.32%	－2.21%
2005	50.57%	51.17%	50.30%	－0.74%	－0.70%	－0.30%
2006	50.03%	50.38%	49.10%	－0.54%	－0.79%	－1.20%
2007	49.98%	49.78%	48.00%	－0.05%	－0.60%	－1.10%
2008	49.95%	49.99%	47.79%	－0.03%	0.21%	－0.21%
2009	49.97%	49.72%	48.83%	0.02%	－0.27%	1.04%
2010	49.80%	49.31%	47.33%	－0.17%	－0.41%	－1.50%
2011	49.78%	49.27%	46.81%	－0.01%	－0.04%	－0.52%

表 17 - 10　　　　　　　　　　口径三下劳动报酬占比变动的因素分析

分析区间	1997—2011 年		1992—2011 年	
	分三次产业	分行业	分三次产业	分行业
劳动报酬占比总变动	-8.06%	-8.06%	-10.72%	-10.72%
产业或行业结构影响大小	-3.46%	-3.52%	-5.66%	-5.16%
产业或行业结构影响所占份额	42.89%	43.66%	52.80%	48.10%
产业或行业水平影响大小	-4.60%	-4.54%	-5.06%	-5.56%
产业或行业水平影响所占份额	57.11%	56.34%	47.20%	51.90%

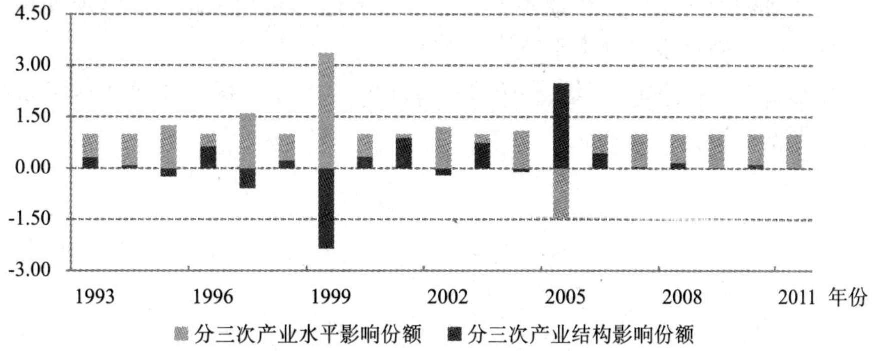

图 17 - 4　分三次产业产值结构变动影响下的劳动者报酬占比下降

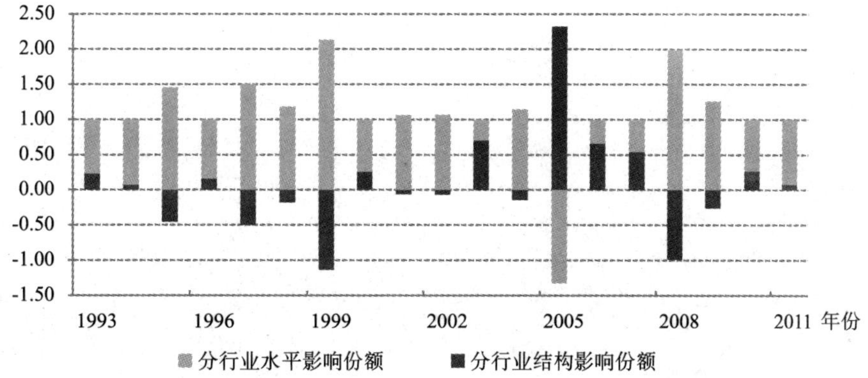

图 17 - 5　分主要行业产值结构变动影响下的劳动者报酬占比下降

核 算 点 评

在2010年分三次产业劳动份额占比下和分行业（主要是服务业分部门）劳动份额占比下，所模拟出的1992—2011年由产业结构变动的劳动者报酬占比都是下降的。

1997—2011年我国劳动报酬占比下降8.06%，分三次产业结构变动导致下降3.46个百分点，影响所占份额为42.89%，产业水平大小因素导致下降4.60%，影响所占份额为57.11%；分行业结构变动导致下降3.52个百分点，影响所占份额为43.66%，产业水平大小导致下降4.54%，影响所占份额为56.34%。可以看出，在分三次产业和分行业两种数据下，1997—2011年我国劳动报酬占比结构影响和水平影响的差别较小。

1992—2011年我国劳动报酬占比下降10.72%，分三次产业结构变动影响5.66个百分点，影响所占份额为52.8%，产业水平影响大小为5.06%，影响所占份额47.2%；分行业结构变动影响5.16个百分点，影响所占份额为48.10%，产业水平影响大小为5.56%，影响所占份额51.90%。可以看出，分三次产业数据下，我国劳动报酬占比下降的结构影响要略大于水平影响，而分行业结构数据下结构变动影响则略小于水平影响。

总的来说，无论是1997—2011年还是1992—2011年，产业结构变动对我国劳动报酬占比下降都有比较重要的促进作用。

表 17 - 11　　基于省份收入法 GDP 核算数据调整的我国四大区域劳动报酬占比

年份	东部	中部	西部	东北
1993	45.27%	52.72%	54.04%	45.70%
1994	45.32%	54.65%	53.62%	47.38%
1995	45.78%	55.46%	54.64%	49.71%
1996	45.00%	55.44%	54.13%	51.21%
1997	44.87%	54.70%	53.98%	51.19%
1998	45.19%	51.96%	53.19%	51.52%
1999	44.52%	50.15%	52.35%	50.18%
2000	44.15%	50.29%	51.19%	47.97%
2001	43.78%	49.34%	50.48%	50.20%
2002	43.56%	48.40%	49.51%	50.63%
2003	43.71%	48.66%	48.90%	50.89%
2004	43.12%	49.18%	50.43%	47.03%
2005	43.81%	49.52%	50.12%	48.44%
2006	44.23%	48.13%	49.83%	47.89%
2007	43.67%	47.95%	49.50%	47.54%
2008	45.61%	49.92%	51.54%	47.56%
2009	45.24%	49.80%	51.94%	46.23%
2010	43.43%	49.16%	50.39%	44.72%
2011	43.50%	49.16%	49.23%	43.55%
2012	44.46%	49.63%	49.39%	44.66%

注：统计中所涉及东部、中部、西部和东北地区的划分来自于国家统计局公布的关于统计分类标准，具体划分为：东部 10 省（市）包括北京、天津、河北、上海、江苏、浙江、福建、山东、广东和海南；中部 6 省包括山西、安徽、江西、河南、湖北和湖南；西部 12 省（区、市）包括内蒙古、广西、重庆、四川、贵州、云南、西藏、陕西、甘肃、青海、宁夏和新疆；东北 3 省包括辽宁、吉林和黑龙江。

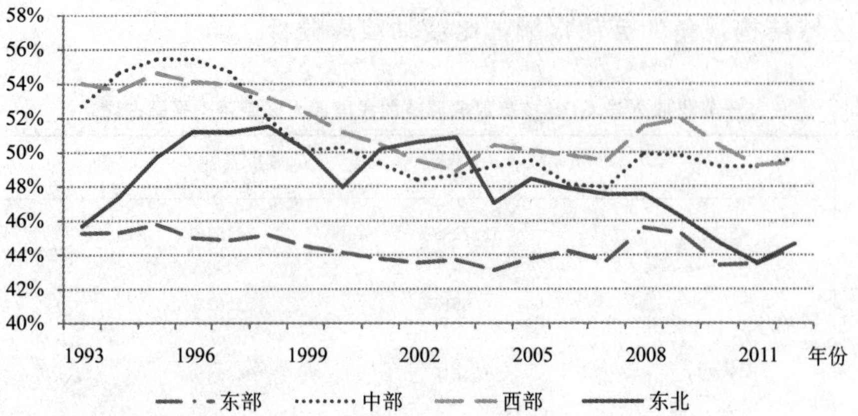

图 17－6　我国东中西及东北四大区域的劳动报酬占比变动

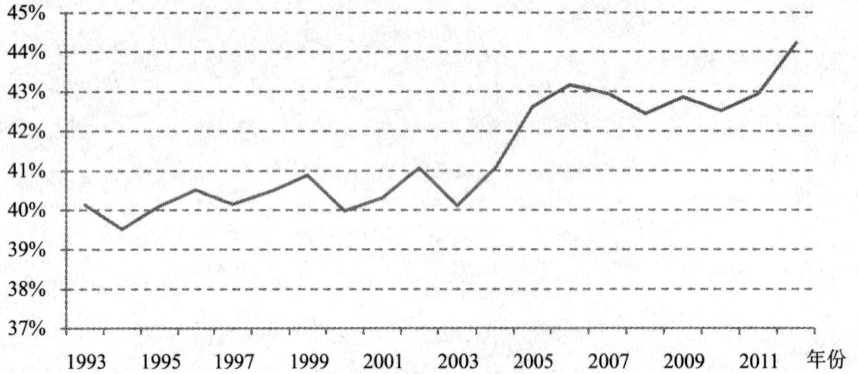

图 17－7　我国京津沪三个直辖市的劳动报酬占比变动

核　算　点　评

我国东部、中部、西部以及东北四大区域的平均劳动报酬占比分别为 44.41%、50.71%、51.42%、48.21%，东部＜东北＜中部和西部。可以发现，近 20 年来，经济越发达的区域，劳动报酬占比越低；经济越不发达的区域，劳动报酬占比越高。

进一步分析变化趋势可知：自 1996 年以来，西部、中部、东北地区劳动收入份额都有所下降，其中下降幅度最大的是东北地区。中部由 1996 年的 55.44% 下降到 2012 年的 49.63%，降幅为 5.81 个百分点；西部从 1996 年的 54.64% 下降到 2012 年的 49.39%，降幅为 5.25 个百分点；东北地区从 1996 年的 51.21% 下降到 2012 年的 44.66%，降幅 6.55 个百分点；东部比较特殊，1996 年到 2012 年下降幅度不是很大，降幅为 0.54 个百分点。特别地，由图 17－7 可以看出，京津沪地区的劳动报酬占比却呈现出上涨的趋势，从 1996 年的 40.51% 上涨到 2012 年的 44.22%，涨幅 3.71 个百分点。这说明，我国劳动报酬占比变动在整体上还是服从倒 U 型规律，只不过之前处在谷点的左侧，目前正在处于谷点附近，未来随着第三产业在 GDP 中比重超过第二产业，我国的劳动报酬占比变化趋势将很可能由下降转为上升。

表 17-12　基于资金流量表数据调整测算的我国居民、政府和企业部门初次分配关系

年份	增加值（亿元）	劳动者报酬（亿元）	生产税净额（亿元）	营业盈余（亿元）	居民部门占比	政府部门占比	企业部门占比
1992	26923.5	15489.1	3907.1	7527.3	57.53%	14.51%	27.96%
1993	35333.9	18766.9	5519.0	11048.0	53.11%	15.62%	31.27%
1994	48197.9	25977.2	7493.8	14726.9	53.90%	15.55%	30.56%
1995	60793.7	32899.2	8501.3	19393.2	54.12%	13.98%	31.90%
1996	71176.6	38318.8	10697.6	22160.2	53.84%	15.03%	31.13%
1997	78973.0	43330.6	12308.1	23334.3	54.87%	15.59%	29.55%
1998	84402.3	45931.8	13848.3	24622.2	54.42%	16.41%	29.17%
1999	89677.1	48951.8	14599.7	26125.6	54.59%	16.28%	29.13%
2000	99214.6	52282.4	16181.3	30750.9	52.70%	16.31%	30.99%
2001	109655.2	57575.7	18482.1	33597.4	52.51%	16.85%	30.64%
2002	120332.7	64524.4	20674.1	35134.2	53.62%	17.18%	29.20%
2003	135822.8	71722.3	23472.9	40627.6	52.81%	17.28%	29.91%
2004	159878.3	80898.4	23866.3	55113.6	50.60%	14.93%	34.47%
2005	184937.4	93023.5	23685.7	68228.2	50.30%	12.81%	36.89%
2006	216314.4	106210.4	27656.7	82447.3	49.10%	12.79%	38.11%
2007	265810.3	127588.9	35304.9	102916.5	48.00%	13.28%	38.72%
2008	314045.4	150067.2	39556.3	124421.9	47.79%	12.60%	39.62%
2009	340902.8	166469.0	41962.8	132471.1	48.83%	12.31%	38.86%
2010	401512.8	190044.9	52672.6	158795.3	47.33%	13.12%	39.55%
2011	473104.0	221458.2	62270.8	189375.0	46.81%	13.16%	40.03%

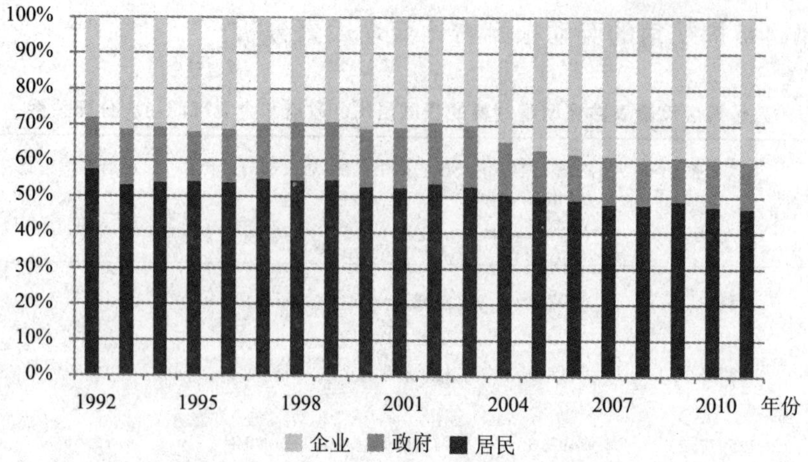

图 17-8　我国三大机构部门的初次收入分配关系变动情况

核 算 点 评

劳动报酬占比下降后的具体去向是流向企业部门多还是流向政府部门多？这可以依托资金流量表数据进行分析回答。基于资金流量表调整数据并以劳动收入报酬口径三为基础，得到的居民部门劳动报酬、政府部门生产税净额和企业部门营业盈余与固定资产折旧的数额及占比情况，居民部门的占比呈下降趋势，政府部门的占比从 1996 年的 15.03% 到 2003 年的 17.28% 又到 2011 年的 13.16%，呈现先升后降的趋势，企业部门的占比从 1996 年的 31.13% 上升到 2011 年的 40.03%，涨幅 8.9 个百分点。显然，居民部门降低的劳动报酬占比的流向主要是企业部门。从图 17-8 也可以直观地得到这一结论。

表 17－13　　1970—2011 年典型发达国家劳动报酬占比变动趋势

国家	欧元区	加拿大	美国	法国	德国	英国	澳大利亚	西班牙	新西兰	意大利	荷兰
1970		55.34%	61.35%	49.24%	53.19%	59.35%	53.78%	45.20%	0.00%	45.46%	55.43%
1980		55.71%	61.04%	56.13%	58.49%	59.67%	52.79%	51.32%	56.60%	47.48%	58.75%
1985		54.29%	59.62%	54.94%	56.01%	55.37%	50.99%	45.76%	49.88%	46.15%	51.84%
1986		54.80%	59.96%	53.42%	58.85%	55.44%	50.55%	45.13%	48.69%	44.90%	52.55%
1987		54.65%	60.31%	52.86%	56.23%	54.52%	49.26%	45.12%	48.91%	44.61%	54.33%
1988		54.56%	60.49%	51.89%	55.53%	54.49%	48.69%	45.32%	48.20%	44.20%	53.72%
1989		54.88%	59.85%	51.40%	54.68%	55.16%	49.81%	45.36%	45.78%	44.27%	52.17%
1990		55.06%	58.31%	52.49%	56.04%	56.72%	48.44%	49.86%	45.06%	46.14%	51.61%
1991	52.53%	56.19%	58.30%	50.88%	56.18%	57.27%	48.09%	51.14%	44.71%	46.29%	52.00%
1992	52.77%	56.26%	58.26%	52.89%	56.74%	56.92%	47.69%	51.70%	44.26%	46.19%	52.90%
1993	52.66%	55.17%	58.00%	52.96%	56.67%	55.68%	47.38%	52.19%	42.75%	45.85%	54.41%
1994	51.38%	53.34%	57.49%	52.07%	55.37%	54.25%	47.62%	50.71%	42.58%	44.31%	51.61%
1995	49.99%	52.46%	57.33%	52.09%	55.34%	53.77%	49.42%	49.91%	42.57%	42.56%	50.86%
1996	49.76%	52.04%	56.77%	52.15%	54.87%	53.20%	50.07%	49.76%	43.26%	42.52%	50.59%
1997	49.30%	52.14%	56.41%	51.52%	52.83%	51.80%	50.10%	49.64%	42.57%	41.57%	50.03%
1998	48.82%	52.79%	57.52%	51.18%	52.59%	53.02%	50.60%	49.52%	42.77%	39.67%	50.78%
1999	49.03%	52.07%	57.62%	51.82%	52.73%	53.38%	50.07%	49.56%	41.34%	39.78%	51.10%
2000	49.04%	50.64%	58.53%	52.07%	54.41%	54.52%	49.87%	49.56%	40.99%	39.21%	50.68%
2001	49.88%	52.22%	58.69%	52.49%	54.10%	56.75%	47.48%	50.05%	41.98%	40.91%	51.34%
2002	49.81%	51.46%	58.52%	52.55%	52.71%	55.64%	48.04%	48.72%	42.16%	39.84%	51.34%
2003	48.89%	51.19%	58.04%	52.51%	52.37%	55.17%	47.56%	48.35%	42.56%	40.16%	51.53%
2004	48.33%	50.91%	57.28%	52.20%	51.46%	54.78%	48.03%	47.69%	42.91%	39.92%	51.11%
2005	48.02%	50.59%	56.28%	52.42%	51.22%	54.02%	48.65%	47.51%	43.15%	40.58%	49.58%
2006	47.70%	51.25%	56.73%	51.77%	49.52%	55.47%	47.87%	47.23%	44.67%	41.15%	49.03%
2007	47.48%	51.34%	56.90%	51.60%	48.85%	54.54%	47.61%	47.29%	44.06%	41.06%	49.33%
2008	47.79%	51.44%	55.99%	51.64%	49.04%	53.40%	48.16%	48.44%	45.03%	41.66%	49.52%
2009	49.22%	53.28%	56.17%	53.55%	51.90%	55.79%	48.12%	50.06%	44.99%	42.80%	52.26%
2010		52.30%	55.32%	53.31%	51.25%	54.41%	47.53%	48.77%		42.29%	51.06%
2011			55.39%	53.46%	51.59%	53.72%		47.38%		42.25%	50.80%

注：1. 数据来源于《国际统计年鉴》(1995—2013 年)，《National Accounts of OECD Countries》(2010 年、2003 年)。

2. 全部国家劳动者报酬占比的核算口径为在联合国推荐世界各国使用的国民经济核算体系 SNA1993 中的口径，即雇员报酬/GDP，把混合收入划入营业盈余。

表 17－14　1970—2011 年部分东亚和新兴国家（或地区）的劳动报酬占比

国家	日本	韩国	中国台湾地区	南非	俄罗斯	墨西哥	委内瑞拉
1970	43.48%			54.88%		35.59%	40.38%
1980	54.29%	39.60%		48.25%		36.04%	41.34%
1985	54.27%	39.54%		53.01%		28.68%	35.13%
1986	54.38%			52.47%		28.54%	37.63%
1987	54.26%	39.81%		52.95%		26.84%	35.06%
1988	53.88%	41.29%		51.30%		26.17%	36.77%
1989	54.23%	43.84%		51.39%		25.71%	34.30%
1990	52.16%	45.87%		53.27%	48.76%	29.53%	30.67%
1991	52.93%	47.01%		53.92%		30.88%	33.30%
1992	53.26%	46.90%				32.88%	34.34%
1993	53.96%	46.70%				34.75%	
1994	54.36%	46.61%	51.15%	53.73%	38.19%	35.34%	31.49%
1995	54.58%	47.66%	51.01%	53.31%		31.08%	31.26%
1996	54.04%	48.85%	50.52%	52.53%		28.86%	31.34%
1997	54.14%	47.20%	49.88%	52.52%		29.63%	
1998	54.52%	45.23%	48.76%			30.60%	
1999	54.21%	43.59%	48.23%			31.23%	
2000	53.89%	42.93%	48.04%	52.34%	40.25%	30.99%	31.06%
2001	54.64%	45.47%	48.33%			32.47%	
2002	53.44%	43.04%	46.02%			32.56%	
2003	52.74%	44.14%	46.35%			31.37%	
2004	51.44%	44.22%	45.75%			29.64%	
2005	51.51%	45.81%	46.30%	44.49%	43.84%	29.60%	
2006	51.60%	45.40%	46.55%			28.57%	
2007	51.36%	45.58%	45.32%			28.44%	
2008	50.99%	46.00%	47.04%			28.05%	
2009	51.61%	46.35%	45.48%	44.94%	52.63%	29.24%	
2010	50.60%	44.86%	44.88%	45.16%	50.14%	28.21%	
2011		45.11%	46.28%	44.45%	49.77%		

注：1. 数据来源于《国际统计年鉴》（1995—2013 年），《National Accounts of OECD Countries》（2010 年、2003 年），《台湾统计年鉴》（2013 年、2010 年）。
2. 核算口径同表 17－13。

表 17-15　　口径二下的中外劳动报酬占比变动

	变动额	平均值	标准差		变动额	平均值	标准差
欧元区	-3.55%	49.44%	0.015	韩国	-1.79%	45.58%	0.015
加拿大	-3.96%	52.26%	0.015	台湾	-4.88%	47.55%	0.020
美国	-2.87%	57.16%	0.010	南非	-9.28%	49.28%	0.043
法国	0.58%	52.31%	0.007	俄罗斯	11.58%	45.80%	0.059
德国	-5.15%	52.78%	0.023	墨西哥	-6.54%	30.71%	0.021
英国	-3.20%	54.51%	0.013	委内瑞拉	-3.28%	29.90%	0.050
澳大利亚	-0.16%	48.52%	0.011				
西班牙	-4.31%	49.20%	0.014				
新西兰	0.73%	43.03%	0.012				
意大利	-3.94%	41.71%	0.020				
荷兰	-2.10%	50.99%	0.013				
日本	-2.65%	52.99%	0.014				
平均	-2.55%	50.41%					
中国（口径二）	**-9.76%**	**49.76%**	**0.0289**				

注：作者根据前面表格计算。

表 17-16　　口径三下的中国和美国劳动报酬占比比较

国家	年份	劳动报酬占比
美国	2010	58.59%
中国	1992	57.53%
	2010	47.33%

注：美国的数据假定非农自我雇佣者（self-employed workers）可以取得与非农雇佣者相同的平均工资，从而调整到口径三。

核 算 点 评

从 20 世纪七八十年代之后，发达国家普遍出现劳动收入份额下降的趋势，美国、英国、澳大利亚从 1970 年就开始普遍下降，其他的一些国家基本都是在 1980 年开始普遍下降。下降幅度最大的为新西兰，从 1980 年的 56.6% 下降到 2009 年的 44.99%，降幅为 11.61 个百分点，其次是荷兰下降 7.95 个百分点。

在东亚和新兴国家和地区，日本的劳动报酬占比在 2001 年之前变动幅度不大，2001 年达到最大值并开始呈现下降趋势，至 2010 年下降约为 4.04 个百分点。韩国劳动报酬占比在 1996 年达到最大 48.85%，1996 年之前呈现的是上升趋势，1996 年之后呈现的是下降趋势，到 2011 年下降约为 3.74 个百分点。我国台湾的数据资料是从 1994 年开始至今，劳动报酬占比也是逐渐下降的。金砖国家南非的劳动报酬占比自 20 世纪 70 年代也呈现显著下降趋势，而俄罗斯劳动报酬占比变化则不明显。发展中国家墨西哥和委内瑞拉从劳动者报酬占比来看也存在普遍的下降趋势。

比较中国口径二下的劳动报酬占比与国际劳动报酬占比的平均值和标准差可知，发达国家中美国 1992—2011 年的平均劳动报酬占比最大为 57.16%，其次是英国、日本等，意大利最低为

41.71%，发达国家平均劳动报酬占比为50.41%，从1992—2011年劳动报酬占比变动差额看，德国下降最大降幅为5.15%，其次是西班牙、加拿大，新西兰和法国则略有上升，但不到一个百分点。这一时期，中国平均劳动报酬占比为49.76%，比美国低7.4个百分点，比发达国家平均水平仅低0.65个百分点，同时要高于韩国和中国台湾，以及金砖国家的南非和俄罗斯，远高于墨西哥和委内瑞拉。而中国1992—2011年劳动报酬占比降幅为9.76%，高于发达国家平均降幅7.21个百分点。因此，就目前水平看，口径二下的中国劳动报酬占比比发达国家平均水平（49.13%）要低4.3个百分点，接近于部分新兴国家平均水平。

在口径三下，这里仅调整得到美国的劳动报酬占比数据。对比发现，2010年中国劳动报酬占比要比美国劳动者报酬占比低11.27个百分点，略高于口径二下的中国与美国的差额（55.32% - 45.51% =9.81%）。

专题十八　最低工资线和就业[①]

子　目　录

① 本专题由王亚菲、徐军核算，宋旭光审核。

指标解释

1. 就业人员：指从事一定社会劳动并取得劳动报酬或经营收入的人员。就业人员包括：(1) 职工；(2) 再就业的离退休人员；(3) 私营业主；(4) 个体户主；(5) 私营企业和个体就业人员；(6) 乡镇企业就业人员；(7) 农村就业人员；(8) 其他就业人员（包括现役军人）。

2. 年末人数：指年末最后一天的实有人数。

3. 工资总额：指各单位在一定时期内直接支付给本单位全部就业人员的劳动报酬总额。工资总额的计算应以直接支付给就业人员的全部劳动报酬为根据。各单位支付给就业人员的劳动报酬以及其他根据有关规定支付的工资，不论是计入成本的还是不计入成本的，不论是以货币形式支付的还是以实物形式支付的，均应列入工资总额的计算范围。工资总额包括计时工资、计件工资、奖金、津贴和补贴、加班加点工资、特殊情况下支付的工资。

4. 平均工资：指企业、事业、机关等单位的就业人员在一定时期内平均每人所得的货币工资额。计算公式为：

平均工资 = 报告期实际支付的全部就业人员工资总额/报告期全部就业人员平均人数

5. 最低工资标准：最低工资指劳动者在法定工作时间提供了正常劳动的前提下，其雇主（或用人单位）支付的最低金额的劳动报酬。最低工资不包括加班工资、特殊工作环境、特殊条件下的津贴，最低工资也不包括劳动者保险、福利待遇和各种非货币的收入，最低工资应以法定货币按时支付。

最低工资一般由一个国家或地区通过立法制定。最低工资可以用月薪制定，也可以用每小时的时薪制定。最低工资的制定反映了监管机构对劳动者权益的保护。(1) 最低工资保障范围，不仅包括劳动者本人的基本生活需要，而且也包括劳动者赡养的家庭成员的生活需要；(2) 最低工资数额由最低工资率确定；(3) 最低工资只确定了劳动者的最低工资标准，它要求所有的用人单位在向本单位劳动者支付工资或通过劳动合同约定工资数额时，均不得低于最低工资率确定的工资标准，否则，约定无效，并按最低工资标准执行。

数据说明

1. 各地区就业人员和工资数据来源为历年《中国劳动统计年鉴》；地区生产总值数据来源为历年《中国统计年鉴》；各地区最低工资线数据是根据各地区政府公告和新闻网站收集整理。

2. 各地区最低工资线除了个别直辖市如北京、上海之外都由多个档次，分档在地区之间和同地区各个年份之间并不统一。为了便于分析将数据统一处理成三档。三档数据处理方法为，各地区最低工资线高档取当期各档最高值，最低工资线低档取当期各档最低值，最低工资线中档取当期其余各档的均值。本报告同时包括三档数据（处理数据）和多档数据（原始数据）。

3. 若某一地区一年内最低工资线调整次数超过一次，取多次调整值的平均值作为当年的数据。

4. 为方便分析，在三档数据（处理数据）表格中，若某地区当年最低工资线无调整，则当年数据取上年的数据值。

5. 个别地区（如海南、重庆和新疆）以及个别地区（如西藏、内蒙古）大部分年份最低工资线数据缺失。

表 18－1　　　　　　　　　　　各地区就业人员（2007—2012 年）

年份	2012	2011	2010	2009	2008	2007
地区	年末人数（人）	年末人数（人）	年末人数（人）	年末人数（人）	年末人数（人）	年末人数（人）
全国	152363715	144133014	130515034	125730350	121925243	120244285
北京	7173717	6859018	6466348	6193478	5702613	5443818
天津	2890714	2682419	2056532	2016501	2006135	2002241
河北	6199464	5554236	5195833	5030626	5010177	4984975
山西	4360001	4096869	3944041	3857975	3751781	3752550
内蒙古	2707695	2623926	2491914	2458276	2448288	2465149
辽宁	5987272	5795760	5181466	5095479	5107900	4955013
吉林	2854781	2778558	2676249	2652598	2620232	2620823
黑龙江	4709834	4661987	4599946	4690601	4750656	5025052
上海	5557296	4973238	3928725	3854074	3772235	3672613
江苏	8309369	8112753	7637532	7213447	7076413	7026835
浙江	10701227	9956677	8835917	8139311	7411957	6666888
安徽	4368291	4115517	3729376	3598568	3437174	3432079
福建	6378556	5963333	5071395	4739605	4586928	4504895
江西	3857934	3443984	2973995	2896259	2892325	2867713
山东	11101706	10504433	9562020	9222588	9014465	9046280
河南	8811826	8390882	7516773	7347305	7144159	7191810
湖北	5980034	5860529	5102601	4870826	4702542	4664547
湖南	5674859	5514335	5056991	4810173	4546918	4353525
广东	13039847	12382227	11185213	10550322	10078705	10014633
广西	3579829	3416335	3166764	3014152	2928091	2880988
海南	900790	851269	813129	793202	767890	771508
重庆	3531876	3372005	2663578	2487504	2417349	2296784
四川	6408886	6140225	5705848	5643794	5509485	5393915
贵州	2694970	2410482	2243269	2187012	2110310	2166074
云南	3926735	3500665	3227731	3120397	3035037	2962811
西藏	251857	233163	222116	3523852	202943	196578
陕西	4112237	3936961	3648056	1929821	3443901	3419986
甘肃	2113309	1992932	1942926	506254	1925460	1949743
青海	616871	605907	526042	581039	470164	453903
宁夏	674222	608547	593142	2494187	571283	582247
新疆	2887710	2793842	2549566		2481727	2478309

数据来源：历年《中国劳动统计年鉴》。

表 18－2　　各地区就业人员（2001—2006 年）

年份	2006	2005	2004	2003	2002	2001
地区	年末人数（人）	年末人数（人）	年末人数（人）	年末人数（人）	年末人数（人）	年末人数（人）
全国	117131713	114040343	110988867	109696966	109851962	111658362
北京	5137740	5055947	5028295	4912329	4804801	4393910
天津	1949970	1941217	1939125	1910163	1854962	1922950
河北	5012171	4955531	4941058	4992452	5069610	5291386
山西	3655438	3604945	3619730	3569271	3619508	3724330
内蒙古	2425981	2430368	2430700	2443525	2472607	2541964
辽宁	4980200	4971452	5026242	5001608	5192760	5604138
吉林	2659089	2619234	2847621	2918560	3027586	3174582
黑龙江	4965430	4903777	5062035	5152706	5250113	5352801
上海	3325153	3332237	3311495	3421139	3509103	3382530
江苏	6793726	6288232	6068487	6085126	6156558	6481756
浙江	6108441	5311196	4565684	3928059	3686554	3663125
安徽	3382782	3353330	3414417	3545710	3702485	3820629
福建	4274288	4000661	3776781	3446293	3254378	3237282
江西	2827549	2755550	2713542	2676879	2708011	2873407
山东	8975777	8909840	7921224	7784927	7819580	7893685
河南	7112565	7005627	6959056	7016920	7102916	7187972
湖北	5202561	5117970	5099071	5023952	4972830	5152796
湖南	4155284	4062967	3935820	4016367	4105882	4149870
广东	9544388	9042677	8307221	7811366	7512337	7371169
广西	2834933	2835537	2762021	2717362	2747612	2865639
海南	755429	747197	745801	735419	748705	764857
重庆	2197392	2155470	2135955	2102163	2043042	2047850
四川	5205584	5126522	5001423	5056792	4969095	5004621
贵州	2105276	2105883	2025009	1974507	1967664	1994675
云南	2592290	2470332	2459454	2532534	2580274	2696779
西藏	189150	182104	174878	173696	169666	173486
陕西	3347721	3341875	3315817	3302938	3316113	3331240
甘肃	1945213	1942580	1936418	1954235	1960280	1980837
青海	432057	426362	425212	426758	437805	446881
宁夏	586707	596627	604141	616436	608713	614998
新疆	2451428	2447096	2435134	2446774	2480412	2516217

数据来源：历年《中国劳动统计年鉴》。

表 18－3　　各地区就业人员（1996—2000 年）

年份	2000	1999	1998	1997	1996
地区	年末人数（人）	年末人数（人）	年末人数（人）	年末人数（人）	年末人数（人）
全国	116125000	121302000	126957000	150362000	152211000
北京	4318000	4323000	4432000	4775000	4729000
天津	2017000	2118000	2186000	2902000	2929000
河北	5488000	5751000	6013000	6923000	7119000
山西	3818000	3922000	4053000	4695000	4798000
内蒙古	2683000	2830000	3036000	3701000	3872000
辽宁	6023000	6466000	7035000	9866000	10180000
吉林	3344000	3579000	3805000	5080000	5201000
黑龙江	5553000	5969000	6280000	8151000	8322000
上海	3500000	3672000	3855000	4669000	4887000
江苏	6931000	7361000	7692000	9050000	9163000
浙江	3844000	4085000	4327000	4916000	5043000
安徽	4028000	4197000	4423000	5192000	5205000
福建	3259000	3289000	3430000	3655000	3581000
江西	2994000	3141000	3304000	4194000	4226000
山东	8069000	8256000	8570000	9666000	9579000
河南	7340000	7419000	7720000	8692000	8726000
湖北	5437000	5823000	6126000	7499000	7528000
湖南	4575000	4757000	4891000	6156000	6156000
广东	7592000	7935000	8231000	9127000	9205000
广西	2953000	3066000	3204000	3548000	3573000
海南	795000	817000	845000	1041000	1042000
重庆	2128000	2262000	2408000	2944000	10050000
四川	5288000	5608000	5866000	6954000	2406000
贵州	2014000	2045000	2135000	2405000	3244000
云南	2802000	2922000	3037000	3224000	183000
西藏	178000	174000	182000	183000	4083000
陕西	3371000	3462000	3473000	4071000	2598000
甘肃	2059000	2106000	2274000	2535000	668000
青海	480000	536000	573000	649000	743000
宁夏	641000	655000	684000	753000	3173000
新疆	2603000	2757000	2869000	3145000	

数据来源：历年《中国劳动统计年鉴》。

表 18－4　　各地区平均工资（2007—2012 年）

年份 地区	2012 平均工资（元）	2011 平均工资（元）	2010 平均工资（元）	2009 平均工资（元）	2008 平均工资（元）	2007 平均工资（元）
全国	46769	41799	36539	32244	28898	24721
北京	84742	75482	65158	57779	55844	45823
天津	61514	55658	51489	43937	39990	33312
河北	38658	35309	31451	27774	24276	19742
山西	44236	39230	33057	28066	25489	21315
内蒙古	46557	41118	35211	30486	25949	21794
辽宁	41858	38154	34437	30523	27179	22882
吉林	38407	33610	29003	25943	23294	20371
黑龙江	36406	31302	27735	24805	21764	18481
上海	78673	75591	66115	58336	52122	44976
江苏	50639	45487	39772	35217	31297	27212
浙江	50197	45162	40640	36553	33622	30818
安徽	44601	39352	33341	28723	25703	21699
福建	44525	38588	32340	28366	25555	22277
江西	38512	33239	28363	24165	20597	18144
山东	41904	37618	33321	29398	26234	22734
河南	37338	33634	29819	26906	24438	20639
湖北	39846	36128	31811	26547	22384	19548
湖南	38971	34586	29670	26534	24146	21060
广东	50278	45060	40432	36469	33282	29658
广西	36386	33032	30673	27322	24798	21251
海南	39485	36244	30775	24790	21767	19220
重庆	44498	39430	34727	30499	26640	22965
四川	42339	37330	32567	28149	24725	21081
贵州	41156	36102	30433	27437	23979	20254
云南	37629	34004	29195	26163	23305	19912
西藏	51705	49464	49898	29566	44055	42820
陕西	43073	38143	33384	26743	25478	20977
甘肃	37679	32092	29096	32481	23632	20657
青海	46483	41370	36121	32916	30101	25318
宁夏	47436	42703	37166	27617	30050	25723
新疆	44576	38238	32003		24686	21249

数据来源：历年《中国劳动统计年鉴》。

表 18－5　　**各地区平均工资（2001—2006 年）**

年份	2006	2005	2004	2003	2002	2001
地区	平均工资（元）	平均工资（元）	平均工资（元）	平均工资（元）	平均工资（元）	平均工资（元）
全国	20856	18200	15920	14040	12373	10834
北京	39684	33660	29216	25312	21861	19187
天津	27628	24122	21146	18648	16223	14242
河北	16456	14583	12793	11189	9956	8669
山西	18106	15473	12794	10729	9267	8039
内蒙古	18382	15910	13233	11279	9626	8213
辽宁	19365	17156	14787	13008	11570	10104
吉林	16393	14380	12388	11081	9974	8757
黑龙江	15894	13980	12209	11038	9696	8747
上海	37585	31578	27965	27304	22612	20876
江苏	23657	20885	18054	15712	13446	11809
浙江	27570	25696	23243	21367	18619	16270
安徽	17610	15019	12693	10581	9220	7823
福建	19424	17190	15627	14310	13333	12059
江西	15370	13524	11713	10521	9151	7945
山东	19135	16564	14321	12567	11342	9963
河南	16791	14119	11970	10749	9111	7868
湖北	15779	13725	11692	10692	9519	8536
湖南	17400	15306	13624	12221	10839	9496
广东	26400	24122	22230	19986	17852	15728
广西	17571	15079	13234	11953	10484	8893
海南	15843	14377	12622	10397	9457	8261
重庆	19172	16583	14373	12425	10933	9532
四川	17612	15638	13887	12441	11084	9893
贵州	16481	14081	12163	11037	9651	8839
云南	18262	15732	14255	12870	11768	10352
西藏	29119	26437	27339	26931	22356	18021
陕西	16646	14562	12907	11461	10205	9012
甘肃	16991	14654	13328	12307	10959	9789
青海	21981	18556	16601	15356	14082	12685
宁夏	20900	16973	14431	12981	11536	10370
新疆	17704	15507	14406	13255	11532	10141

数据来源：历年《中国劳动统计年鉴》。

表 18－6　　各地区平均工资（1996—2000 年）

年份 地区	2000 平均工资（元）	1999 平均工资（元）	1998 平均工资（元）	1997 平均工资（元）	1996 平均工资（元）
全国	9333	8319	7446	6444	5980
北京	16098	14213	12661	11130	9661
天津	12414	11046	9895	8204	7623
河北	7738	6950	6232	5633	5222
山西	6844	5950	5576	5279	5131
内蒙古	6914	6283	5744	5079	4687
辽宁	8760	7870	7140	5582	5248
吉林	7908	7137	6522	5640	5351
黑龙江	7724	7003	6200	4870	4548
上海	18035	16296	13465	11459	10563
江苏	10288	9168	8252	7129	6600
浙江	13020	11165	9718	8364	7387
安徽	6921	6442	6020	5415	5086
福建	10644	9543	8567	7562	6690
江西	6934	6659	5329	5032	4791
山东	8737	7624	6800	6186	5751
河南	6877	6136	5641	5152	4838
湖北	7484	6918	6372	5361	5057
湖南	8047	7212	6503	5310	5076
广东	13859	12260	11041	9674	9107
广西	7501	6651	6078	5447	5313
海南	7363	6850	6212	5639	5459
重庆	8016	7185	6413	5490	5123
四川	8293	7210	6526	5592	4847
贵州	7370	6501	5697	5128	6130
云南	9108	8132	7551	6935	10419
西藏	14161	12025	10236	9444	4820
陕西	7713	6832	5940	5114	5777
甘肃	8395	7277	6686	6096	6448
青海	9913	8999	7940	7020	5609
宁夏	8556	7367	6831	6047	5980
新疆	8655	7605	7111	6643	

数据来源：历年《中国劳动统计年鉴》。

表 18－7　　各地区生产总值（1995—2000 年）

单位：亿元

年份	1995	1996	1997	1998	1999	2000
北　京	1394.89	1615.73	1810.09	2011.31	2174.46	2478.76
天　津	920.11	1102.4	1240.4	1336.38	1450.06	1639.36
河　北	2849.52	3452.97	3953.78	4256.01	4569.19	5088.96
山　西	1092.48	1308.01	1480.13	1486.08	1506.78	1643.81
内蒙古	832.88	984.78	1094.52	1192.29	1268.2	1401.01
辽　宁	2793.37	3157.69	3490.06	3881.73	4171.69	4669.06
吉　林	1129.2	1337.16	1446.91	1557.78	1660.91	1821.19
黑龙江	2014.53	2402.58	2708.46	2798.89	2897.41	3253
上　海	2462.57	2902.2	3360.21	3688.2	4034.96	4551.15
江　苏	5155.25	6004.21	6680.34	7199.95	7697.816	8582.728
浙　江	3524.79	4146.06	4638.24	4987.5	5364.89	6036.34
安　徽	2003.58	2339.25	2669.95	2805.45	2908.583	3038.236
福　建	2160.52	2583.83	3000.36	3286.56	3550.24	3920.07
江　西	1205.11	1517.26	1715.18	1851.98	1853.65	2003.07
山　东	5002.34	5960.42	6650.02	7162.2	7662.1	8542.44
河　南	3002.74	3661.18	4079.26	4356.6	4576.1	5137.66
湖　北	2391.42	2970.2	3450.24	3704.21	3857.99	4276.32
湖　南	2195.7	2647.16	2993	3118.09	3326.75	3691.88
广　东	5381.72	6519.14	7315.51	7919.12	8464.31	9662.23
广　西	1606.15	1869.62	2015.2	1903.04	1953.27	2050.14
海　南	364.17	389.53	409.86	438.92	471.23	518.48
重　庆		1179.09	1350.1	1429.26	1479.71	1589.34
四　川	3534	2985.15	3320.11	3580.26	3711.61	4010.25
贵　州	630.07	713.7	792.98	841.88	911.86	993.53
云　南	1206.68	1491.62	1644.23	1793.9	1855.74	1955.09
西　藏	55.98	64.76	76.98	91.18	105.61	117.464
陕　西	1000.03	1175.38	1326.04	1381.53	1487.61	1660.92
甘　肃	553.35	714.18	781.34	869.75	931.98	983.36
青　海	165.31	183.57	202.05	220.16	238.39	263.59
宁　夏	169.75	193.62	210.92	227.46	241.49	265.57
新　疆	825.11	912.15	1050.14	1116.67	1168.55	1364.36

数据来源：历年《中国统计年鉴》。

表 18－8　　各地区生产总值（2001—2006 年）

单位：亿元

年份	2001	2002	2003	2004	2005	2006
北　京	2845.65	3212.71	5023.77	6060.28	6886.31	7861.04
天　津	1840.1	2051.16	2578.03	3110.97	3697.62	4344.27
河　北	5577.78	6122.53	6921.29	8477.63	10096.11	11515.76
山　西	1779.97	2017.54	2855.23	3571.37	4179.52	4714.99
内蒙古	1545.79	1734.31	2388.38	3041.07	3895.55	4841.82
辽　宁	5033.08	5458.22	6002.54	6672	7860.85	9214.21
吉　林	2032.48	2246.12	2662.08	3122.01	3620.27	4275.12
黑龙江	3561	3883.16	4057.4	4750.6	5511.5	6201.45
上　海	4950.84	5048.76	6694.23	8072.83	9164.1	10366.37
江　苏	9511.91	10631.75	12442.87	15003.6	18305.66	21645.08
浙　江	6748.15	7796	9705.02	11648.7	13437.85	15742.51
安　徽	3290.13	3569.1	3923.1	4759.32	5375.12	6131.1
福　建	4253.68	4682.01	4983.67	5763.35	6568.93	7584.36
江　西	2175.68	2450.48	2807.41	3456.7	4056.76	4670.53
山　东	9438.31	10552.06	12078.15	15021.84	18516.87	22077.36
河　南	5640.11	6168.73	6867.7	8553.79	10587.42	12362.79
湖　北	4662.28	4975.63	4757.45	5633.24	6520.14	7581.32
湖　南	3983	4340.94	4659.99	5641.94	6511.34	7508.87
广　东	10647.71	11769.73	15844.64	18864.62	22366.54	26159.52
广　西	2231.19	2455.36	2821.11	3433.5	4075.75	4828.51
海　南	545.96	604.13	693.2	798.9	894.57	1031.85
重　庆	1749.77	1971.3	2272.82	2692.81	3066.92	3452.14
四　川	4421.76	4875.12	5333.09	6379.63	7385.11	8637.81
贵　州	1084.9	1185.04	1426.34	1677.8	1979.06	2270.89
云　南	2074.71	2232.32	2556.02	3081.91	3472.89	3981.31
西　藏	138.73	161.42	189.09	220.34	250.21	291.01
陕　西	1844.27	2035.96	2587.72	3175.58	3772.69	4520.07
甘　肃	1072.51	1161.43	1399.83	1688.49	1933.98	2276.7
青　海	300.95	341.11	390.2	466.1	543.32	639.5
宁　夏	298.38	329.28	445.36	537.16	606.26	710.76
新　疆	1485.48	1598.28	1886.35	2209.09	2604.19	3045.26

数据来源：历年《中国统计年鉴》。

表 18 - 9　　各地区生产总值（2007—2012 年）

单位：亿元

年份	2007	2008	2009	2010	2011	2012
北　京	9353.32	11115	12153.03	14113.58	16251.93	17879.4
天　津	5050.4	6719.01	7521.85	9224.46	11307.28	12893.88
河　北	13709.5	16011.97	17235.48	20394.26	24515.76	26575.01
山　西	5733.35	7315.4	7358.31	9200.86	11237.55	12112.83
内蒙古	6091.12	8496.2	9740.25	11672	14359.88	15880.58
辽　宁	11023.49	13668.58	15212.49	18457.27	22226.7	24846.43
吉　林	5284.69	6426.1	7278.75	8667.58	10568.83	11939.24
黑龙江	7065	8314.37	8587	10368.6	12582	13691.58
上　海	12188.85	14069.87	15046.45	17165.98	19195.69	20181.72
江　苏	25741.15	30981.98	34457.3	41425.48	49110.27	54058.22
浙　江	18780.44	21462.69	22990.35	27722.31	32318.85	34665.33
安　徽	7364.18	8851.66	10062.82	12359.33	15300.65	17212.05
福　建	9249.13	10823.01	12236.53	14737.12	17560.18	19701.78
江　西	5500.25	6971.05	7655.18	9451.26	11702.82	12948.88
山　东	25965.91	30933.28	33896.65	39169.92	45361.85	50013.24
河　南	15012.46	18018.53	19480.46	23092.36	26931.03	29599.31
湖　北	9230.68	11328.92	12961.1	15967.61	19632.26	22250.45
湖　南	9200	11555	13059.69	16037.96	19669.56	22154.23
广　东	31084.4	36796.71	39482.56	46013.06	53210.28	57067.92
广　西	5955.65	7021	7759.16	9569.85	11720.87	13035.1
海　南	1223.28	1503.06	1654.21	2064.5	2522.66	2855.54
重　庆	4122.51	5793.66	6530.01	7925.58	10011.37	11409.6
四　川	10505.3	12601.23	14151.28	17185.48	21026.68	23872.8
贵　州	2741.9	3561.56	3912.68	4602.16	5701.84	6852.2
云　南	4741.31	5692.12	6169.75	7224.18	8893.12	10309.47
西　藏	342.19	394.85	441.36	507.46	605.83	701.03
陕　西	5465.79	7314.58	8169.8	10123.48	12512.3	14453.68
甘　肃	2702.4	3166.82	3387.56	4120.75	5020.37	5650.204
青　海	783.61	1018.62	1081.27	1350.43	1670.44	1893.54
宁　夏	889.2	1203.92	1353.31	1689.65	2102.21	2341.29
新　疆	3523.16	4183.21	4277.05	5437.47	6610.05	7505.31

数据来源：历年《中国统计年鉴》。

表 18－10　　各省历年最低工资标准（1995—2004 年，多档）

单位：元

年份	1995	1996	1997	1998	1999	2000	2001	2002	2003	2004
北京	240	270	290	310	360	412	435	465		520
天津	240	270	290		350		412	450	480	530
天津县	230	260	280		340		402	440	470	510
上海		300	315	325	397	445	490	535	570	635
辽宁一	210	240			320					450
辽宁二	180	210			280					400
辽宁三	150	180			240					350
吉林一	190	215	245		270			310	360	
吉林二		195	220		240			275	330	
吉林三		175	195		210			240	300	
河北一	180		210	240	290			350		520
河北二	160		180	210	250			300		470
河北三	140		160	180	210			250		420
河北四										
河南一	170		240		290				380	
河南二			220		260				300	
河南三			200		240				240	
河南四			180		220					
河南五			160		190					
广东一	320	380			450		480	510		684
广东二	280	350			400		430	450		574
广东三	250	320			360		380	400		494
广东四	220	280			320		340	360		446
广东五	190	250			290		310	330		410
广东六		235			270		290	300		377
广东七		220			250		270	280		352
广西一	200		210				308			460
广西二	190		200				298			400
广西三	170		180				275			360
广西四	150		160				258			320
山西一	200		230		300			340		520
山西二	180		200		260			300		480
山西三	160		170		220			260		440
山西四	140		140		180			220		400
山西五	120									
陕西一	200		220				320			
陕西二	175		195				290			
陕西三	150		170				270			
陕西四	125		145				245			

数据来源：根据各地区政府公告和新闻网站收集整理。

表 18－10 续表 1

年份	1995	1996	1997	1998	1999	2000	2001	2002	2003	2004
甘肃一		180				280				340
甘肃二		160				260				320
甘肃三		140				240				300
江苏一						390	430		540	620
江苏二						340	360		450	500
江苏三						290	300		390	440
江苏四						240	250		320	360
江西一	190		220			250				360
江西二	170		200			230				330
江西三	150		180			210				300
江西四	140		160			190				270
四川一	180	190	210			270		340		450
四川二	160	170	190			240		310		400
四川三	140	150	165			215		270		340
四川四	125	130	145			190		230		280
云南	185	230			300			360		470
云南二	160	200			260			310		405
云南三	135	170			220			270		350
黑龙江一	200		250		235				390	
黑龙江二	180		230		299				360	
黑龙江三	170		220		286				325	
黑龙江四	160		200		260				305	
黑龙江五	150		180		234				280	
黑龙江六			170		221				250	
黑龙江七									235	
浙江一			270		380		440		520	440
浙江二			250						480	510
浙江三			230						430	560
浙江四									390	620
福建一			260	260		350	380		400	
福建二			240	240		300	325		350	
福建三			215	215		260	280		300	
福建四			190	190		220	235		280	
山东一	190		240		320		370	410		
山东二					290		340	380		
山东三					260		310	340		
山东四					240		280	310		
山东五					220		260	290		

数据来源：根据各地区政府公告和新闻网站收集整理。

表 18－10 续表 2

年份	1995	1996	1997	1998	1999	2000	2001	2002	2003	2004
湖南一	190						325	360	400	460
湖南二	175						305	340	380	420
湖南三	160						285	320	360	400
湖南四	145						265	300	340	380
湖南五							245	280	320	360
湖南六							225		300	320
湖北一								400		
湖北二								340		
湖北三								310		
湖北四								280		
湖北五								240		
安徽一				240		310	340	370		410
安徽二				220		290	320	350		390
安徽三				200		280	310	340		370
安徽四				195		260	290	320		360
安徽五				180		240	260	290		340
安徽六				165		220	240	270		330
安徽七										320
安徽八										310
安徽九										290
青海一					250					360
青海二					230					340
青海三					220					330
宁夏一					300		350			380
宁夏二					270		320			350
宁夏三					240		290			320
贵州一	190		200		260			350		400
贵州二	170		180		234			320		360
贵州三	150		160		208			290		320
贵州四	130		140		182			260		
内蒙古一										
内蒙古二										
内蒙古三										
内蒙古四										
西藏一										
西藏二										

数据来源：根据各地区政府公告和新闻网站收集整理。

表 18－11　　　　　　　　各省历年最低工资标准（2005—2014 年，多档）

年份	2005	2006	2007	2008	2009	2010	2011	2012	2013	2014
北京	580	640	730	800		960	1160	1260	1400	1560
天津	590	670	740	820		920	1160	1310	1500	1680
天津县	570	650	720	820		920	1160	1310	1500	1680
上海	690	750	840	960		1120	1280	1450	1620	1820
辽宁一		590	700			900	1100		1300	
辽宁二		480	580			750	900		1050	
辽宁三		420	500			650	780		900	
吉林一		510	650			820	1000	1150	1320	
吉林二		460	600			780	950	1050	1220	
吉林三		410	550			730	890	950	1120	
吉林四						680	830			
河北一		580		715		900	1100	1320		
河北二		540		650		840	1040	1260		
河北三		480		580		760	960	1150		
河北四		440		525		690	860	1040		
河南一	480		650			800	1080		1240	
河南二	400		550			700	950		1100	
河南三	320		450			600	820		960	
河南四										
河南五										
广东一		780		860		1030	1300		1550	
广东二		690		770		920	1100		1310	
广东三		600		670		810	950		1130	
广东四		500		580		710	850		1010	
广东五		450		530		660				
广东六										
广东七										
广西一		500	580	670		820		1000	1200	
广西二		435	500	580		710		870	1045	
广西三		390	450	520		635		780	936	
广西四		345	400	460		565		690	830	
山西一		550		720		850	980	1125	1290	1450
山西二		510		670		780	900	1035	1190	1350
山西三		470		620		710	820	945	1090	1250
山西四		430		570		640	740	855	990	1150
陕西一	490	540		600		760	860	1000	1150	1280
陕西二	460	500		560		680	780	910	1050	1170
陕西三	430	460		520		630	730	850	950	1060
陕西四	400	420		480		580	680	790	870	970

数据来源：根据各地区政府公告和新闻网站收集整理。

表 18－11 续表 1

年份	2005	2006	2007	2008	2009	2010	2011	2012	2013	2014
甘肃一		430		620		760		980	1200	1350
甘肃二		400		580		710		940	1140	1300
甘肃三		360		540		670		900	1080	1250
甘肃四		320		500		630		860	1020	1200
江苏一	690	750	850			960	1140	1320		
江苏二	550	620	700			790	930	1100		
江苏三	480	520	590			670	800	950		
江苏四	400									
江西一		510	580			720		870	1230	
江西二		480	520			660		800	1150	
江西三		450	480			600		730	1070	
江西四		420	450			550		670	980	
江西五		390	420			500		610	900	
四川一			650			850		1050	1200	1400
四川二			550			780		960	1140	1250
四川三			450			710		880	1070	1100
四川四						650		800	1000	
云南一		540		680		830	950	1100	1265	1420
云南二		480		610		740	845	980	1130	1270
云南三		420		520		630	720	830	955	1070
黑龙江一		620		680		880		1160		
黑龙江二		590		650		840		1050		
黑龙江三		475		525		720		900		
黑龙江四		450		500		700		850		
黑龙江五		420		460		670				
黑龙江六		400		440		620				
黑龙江七		380		420		600				
浙江一	670	750	850	960		1100	1310		1470	
浙江二	610	670	750	850		980	1160		1310	
浙江三	560	620	700	780		900	1060		1200	
浙江四	490	540	620	690		800	950		1080	
福建一	470	570	650			800	950	1050	1170	
福建二	430	550	570			700	850	930	1050	
福建三	400	480	480			600	750	830	950	
福建四	350	400								
福建五	320									

数据来源：根据各地区政府公告和新闻网站收集整理。

表 18－11 续表 2

年份	2005	2006	2007	2008	2009	2010	2011	2012	2013	2014
山东一	530	610		760		920	1100	1240	1380	1500
山东二	470	540		620		760	950	1100	1220	1350
山东三	420	480		500		600	800	950	1080	1200
山东四	380	430								
山东五	350	390								
湖南一	480	600	635	665		850	1020		1265	
湖南二	440	500	530	610		800	930		1145	
湖南三	420	480	500	580		725	840		1035	
湖南四	400	450	480	560		650	770		945	
湖南五	380	420	460	530		600				
湖南六	350	400	440	500						
湖北一	460		580	700		900	1100		1300	
湖北二	400		500	600		750	900		1020	
湖北三	360		460	520		670	750		900	
湖北四	320		420	450		600				
湖北五	280		380							
安徽一		520	560			720	1010		1260	
安徽二		500	540			680	900		1040	
安徽三		460	500			630	800		930	
安徽四		430	460			580	750		860	
安徽五		390	420			530	720			
安徽六		360	390			500	680			
青海一		460		600		770	920	1070		1270
青海二		450		590		760	910	1060		1260
青海三		440		580		750	900	1050		1250
宁夏一		450	560			710	900	1100	1300	
宁夏二		420	530			660	820	1020	1220	
宁夏三		380	490			605	750	950	1150	
贵州一		550	650			830	930		1030	
贵州二		500	600			730	830		950	
贵州三		450	550			650	740		850	
贵州四										
内蒙古一							1050	1200	1350	
内蒙古二							980	1100	1250	
内蒙古三							900	1000	1150	
内蒙古四							820	900	1050	
西藏一							950	1200		
西藏二								1150		

数据来源：根据各地区政府公告和新闻网站收集整理。

表 18－12　　各省历年最低工资标准（1995—2004 年，三档）

年份	1995	1996	1997	1998	1999	2000	2001	2002	2003	2004
北京	240	270	290	310	360	412	435	465	465	520
天津高	240	270	290	290	350	350	412	450	480	530
天津中	235	265	285	285	345	345	407	445	475	520
天津低	230	260	280	280	340	340	402	440	470	510
上海		300	315	325	397	445	490	535	570	635
辽宁高	210	240	240	240	320	320	320	320	320	450
辽宁中	180	210	210	210	280	280	280	280	280	400
辽宁低	150	180	180	180	240	240	240	240	240	350
吉林高	190	215	245	245	270	270	270	310	360	360
吉林中	190	195	220	220	240	240	240	275	330	330
吉林低	190	175	195	195	210	210	210	240	300	300
河北高	180	180	210	240	290	290	290	350	350	520
河北中	160	160	180	210	250	250	250	300	300	470
河北低	140	140	160	180	210	210	210	250	250	420
河南高	170	170	240	241	290	291	292	293	380	380
河南中	170	170	200	200	240	240	240	240	300	300
河南低	170	170	160	161	190	191	192	193	240	240
广东高	320	380	380	380	450	450	480	510	510	684
广东中	250	287	287	287	328	328	350	368	368	460
广东低	190	220	220	220	250	250	270	280	280	352
广西高	200	201	210	211	212	213	308	309	310	460
广西中	180	180	190	190	190	190	286	286	286	380
广西低	150	150	160	160	161	162	258	259	260	320
山西高	200	200	230	230	300	301	302	340	341	520
山西中	160	160	185	185	240	240	240	280	280	460
山西低	120	120	140	140	180	180	180	220	220	400
陕西高	200	200	220	220	221	222	320	320	320	320
陕西中	163	163	183	183	183	183	280	280	280	280
陕西低	125	126	145	145	145	145	245	245	245	245
甘肃高		180	180	180	180	280	280	280	280	340
甘肃中		160	160	160	160	260	260	260	260	320
甘肃低		140	140	140	140	240	240	240	240	300
江苏高						390	430	430	540	620
江苏中						315	330	330	420	470
江苏低						240	250	250	320	360
江西高	190	190	220	220	220	250	250	250	250	360
江西中	160	160	190	190	190	220	220	220	220	315
江西低	140	140	160	160	160	190	190	190	190	270
四川高	180	190	210	210	210	270	270	340	340	450
四川中	150	160	178	178	178	228	228	290	290	370
四川低	125	130	145	145	145	190	190	230	230	280

表 18－12　　续表 1

	1995	1996	1997	1998	1999	2000	2001	2002	2003	2004
云南高	185	230	230	230	300	300	300	360	360	470
云南中	160	200	200	200	260	260	260	310	310	405
云南低	135	170	170	170	220	220	220	270	270	350
黑龙江高	200	200	250	250	235	235	235	235	390	390
黑龙江中	170	170	208	208	270	270	270	270	304	304
黑龙江低	150	150	170	170	221	221	221	221	235	235
浙江高			270	270	380	380	440	440	520	440
浙江中			250	250	380	380	440	440	455	535
浙江低			230	231	380	381	440	440	390	620
福建高			260	260	260	350	380	380	400	400
福建中			228	228	228	280	303	303	325	325
福建低			190	190	190	220	235	235	280	280
山东高	190	190	240	240	320	320	370	410	410	410
山东中	190	190	240	240	263	263	310	343	343	343
山东低	190	190	240	240	220	220	260	290	290	290
湖南高	190	190	190	190	190	190	325	360	400	460
湖南中	168	168	168	168	168	168	275	320	350	390
湖南低	145	145	145	145	145	145	225	280	300	320
湖北高								400	400	400
湖北中								310	310	310
湖北低								240	240	240
安徽高				240	240	310	340	370	370	410
安徽中				199	199	268	295	325	325	346
安徽低				165	165	220	240	270	270	290
青海高					250	250	250	250	250	360
青海中					230	230	230	230	230	340
青海低					220	220	220	220	220	330
宁夏高					300	300	350	350	350	380
宁夏中					270	270	320	320	320	350
宁夏低					240	240	290	290	290	320
贵州高	190	190	200	200	260	260	260	350	350	400
贵州中	160	160	170	170	221	221	221	305	305	360
贵州低	130	130	140	140	182	182	182	260	260	320
内蒙古高										
内蒙古中										
内蒙古低										
西藏高										
西藏中										
西藏低										

表 18－13　　各省历年最低工资标准（2005—2014 年，三档）

年份	2005	2006	2007	2008	2009	2010	2011	2012	2013	2014
北京	580	640	730	800	800	960	1160	1260	1400	1560
天津高	590	670	740	820	820	920	1160	1310	1500	1680
天津中	580	660	730	820	820	920	1160	1310	1500	1680
天津低	570	650	720	820	820	920	1160	1310	1500	1680
上海	690	750	840	960	960	1120	1280	1450	1620	1820
辽宁高	450	590	700	700	700	900	1100	1100	1300	1300
辽宁中	400	480	580	580	580	750	900	900	1050	1050
辽宁低	350	420	500	500	500	650	780	780	900	900
吉林高	360	510	650	790	930	820	1000	1150	1320	1320
吉林中	330	460	600	740	880	755	920	1050	1220	1220
吉林低	300	410	550	690	830	680	830	950	1120	1120
河北高	520	580	580	715	716	900	1100	1320	1321	1322
河北中	470	510	510	615	615	800	1000	1205	1205	1205
河北低	420	440	440	525	526	690	860	1040	1041	1042
河南高	480	480	650	650	650	800	1080	1080	1240	1240
河南中	400	400	550	550	550	700	950	950	1100	1100
河南低	320	320	450	450	450	600	820	820	960	960
广东高	684	780	780	860	860	1030	1300	1300	1550	1550
广东中	460	597	597	673	673	813	1025	1025	1220	1220
广东低	352	450	450	530	530	660	850	850	1010	1010
广西高	461	500	580	670	671	820	821	1000	1200	1201
广西中	380	413	475	550	550	673	673	825	991	991
广西低	320	345	400	460	460	565	566	690	830	831
山西高	520	550	551	720	720	850	980	1125	1290	1450
山西中	460	490	490	645	645	745	860	990	1140	1300
山西低	400	430	430	570	570	640	740	855	990	1150
陕西高	490	540	540	600	600	760	860	1000	1150	1280
陕西中	445	480	480	540	540	655	755	880	1000	1115
陕西低	400	420	420	480	480	580	680	790	870	970
甘肃高	340	430	430	620	620	760	760	980	1200	1350
甘肃中	320	380	380	560	560	690	690	920	1110	1275
甘肃低	300	320	320	500	500	630	630	860	1020	1200
江苏高	690	750	850	850	850	960	1140	1320	1320	1320
江苏中	515	620	700	700	700	790	930	1100	1100	1100
江苏低	400	520	590	590	590	670	800	950	950	950
江西高	360	510	580	580	580	720	720	870	1230	1230
江西中	315	450	483	483	483	603	603	733	1067	1067
江西低	270	390	420	420	420	500	500	610	900	901
四川高	450	450	650	650	650	850	850	1050	1200	1400
四川中	370	370	550	550	550	745	745	920	1105	1250
四川低	280	280	450	450	450	650	650	800	1000	1100

表 18 - 13 续表 1

	2005	2006	2007	2008	2009	2010	2011	2012	2013	2014
云南高	470	540	540	680	680	830	950	1100	1265	1420
云南中	405	480	480	610	610	740	845	980	1130	1270
云南低	350	420	420	520	520	630	720	830	955	1070
黑龙江高	390	620	620	680	680	880	880	1160	1160	1160
黑龙江中	304	467	467	515	515	710	710	975	975	975
黑龙江低	235	380	380	420	420	600	600	850	850	850
浙江高	670	750	850	960	960	1100	1310	1310	1470	1470
浙江中	585	645	725	815	815	940	1110	1110	1255	1255
浙江低	490	540	620	690	690	800	950	950	1080	1080
福建高	470	570	650	650	650	800	950	1050	1170	1170
福建中	393	515	570	570	570	700	850	930	1050	1050
福建低	320	400	480	480	480	600	750	830	950	950
山东高	530	610	610	760	760	920	1100	1240	1380	1500
山东中	423	483	483	620	620	760	950	1100	1220	1350
山东低	350	390	390	500	500	600	800	950	1080	1200
湖南高	480	600	635	665	665	850	1020	1020	1265	1265
湖南中	410	463	493	570	570	725	885	885	1090	1090
湖南低	350	400	440	500	500	600	770	770	945	945
湖北高	460	460	580	700	700	900	1100	1100	1300	1300
湖北中	360	360	460	560	560	710	900	900	1020	1020
湖北低	280	280	380	450	450	600	750	750	900	900
安徽高	410	520	560	560	560	720	1010	1010	1260	1260
安徽中	346	445	480	480	480	605	793	793	985	985
安徽低	290	360	390	390	390	500	680	680	860	860
青海高	360	460	460	600	600	770	920	1070	1070	1270
青海中	340	450	450	590	590	760	910	1060	1060	1260
青海低	330	440	440	580	580	750	900	1050	1050	1250
宁夏高	380	450	560	560	560	710	900	1100	1300	1300
宁夏中	350	420	530	530	530	660	820	1020	1220	1220
宁夏低	320	380	490	490	490	605	750	950	1150	1150
贵州高	400	550	650	650	650	830	930	930	1030	1030
贵州中	360	500	600	600	600	730	830	830	950	950
贵州低	320	450	550	551	552	650	740	740	850	850
内蒙古高							1050	1200	1350	1350
内蒙古中							940	1050	1200	1200
内蒙古低							820	900	1050	1050
西藏高							950	1200	1200	1200
西藏中							950	1175	1175	1175
西藏低							950	1150	1150	1150

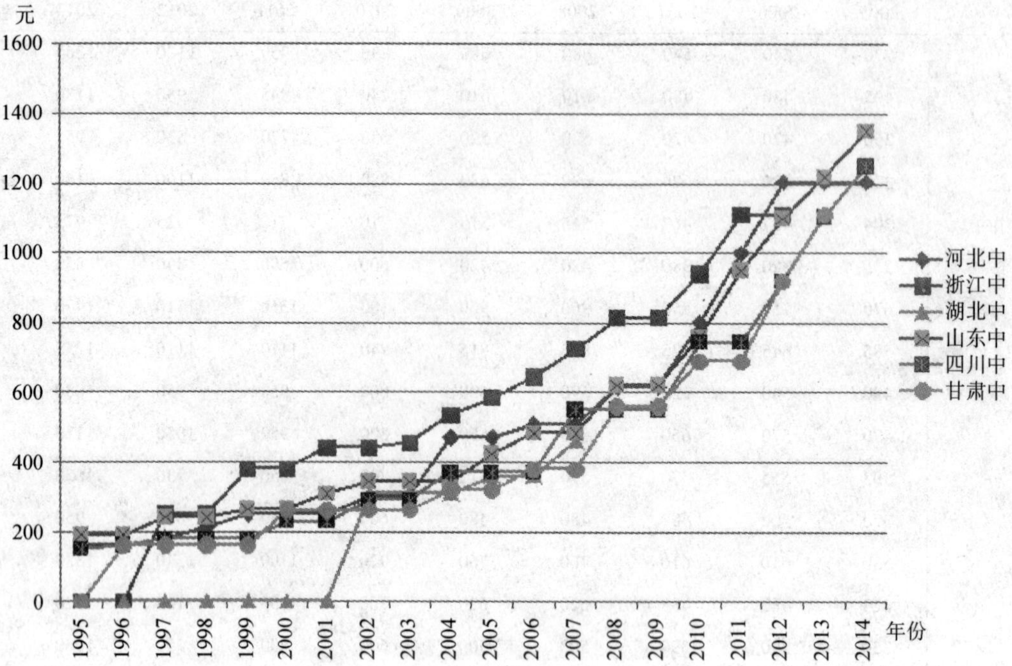

图 18－1　东部、中部、西部部分省份最低工资线（中档）

数据说明：东部地区省份选取浙江、山东；中部地区省份选取湖北、河北；西部地区省份选取四川、甘肃。

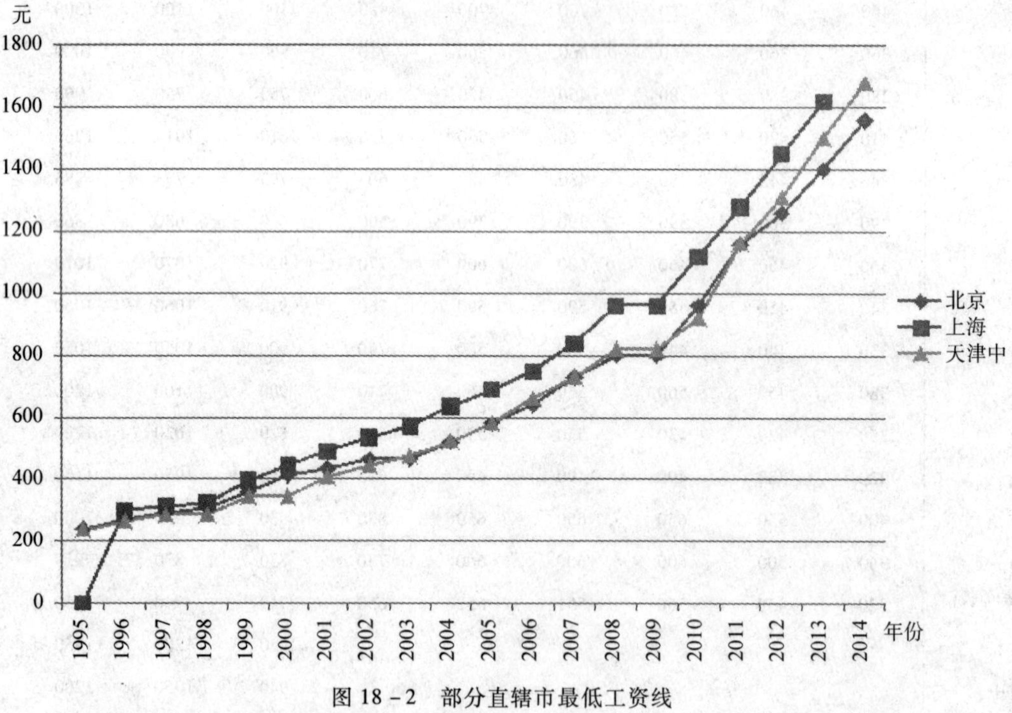

图 18－2　部分直辖市最低工资线

数据说明：北京、上海最低工资线仅一档，天津为中档。

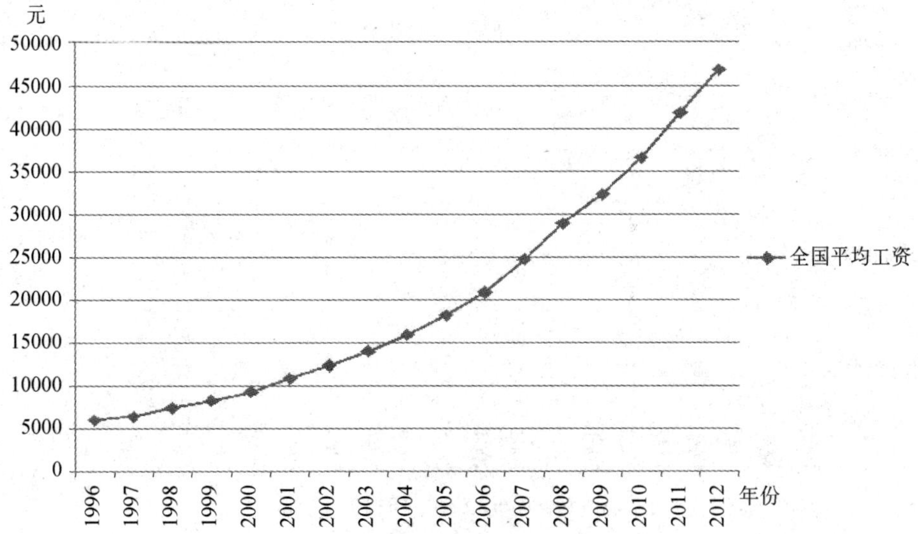

图 18－3 全国平均工资

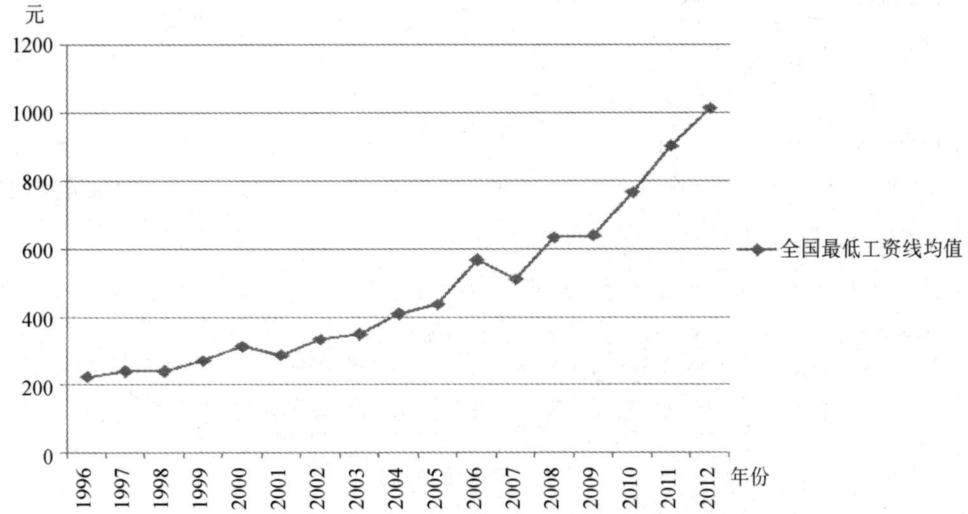

图 18－4 全国最低工资线均值

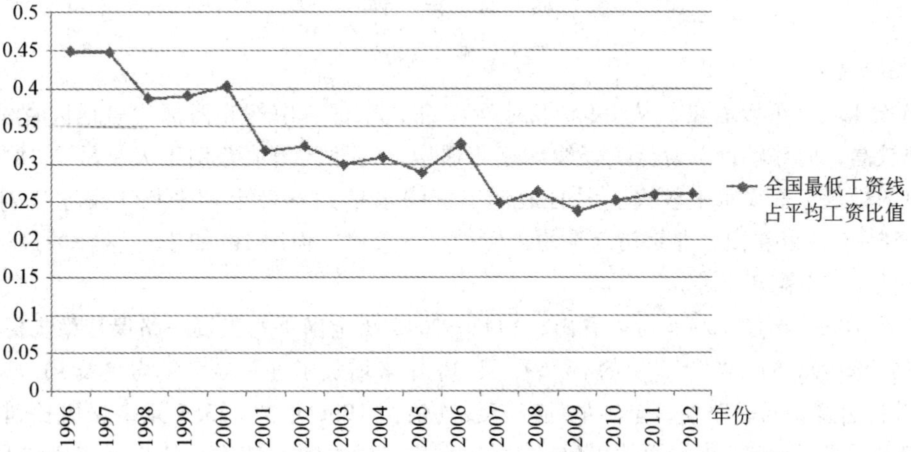

图 18－5 全国最低工资线与平均工资比值

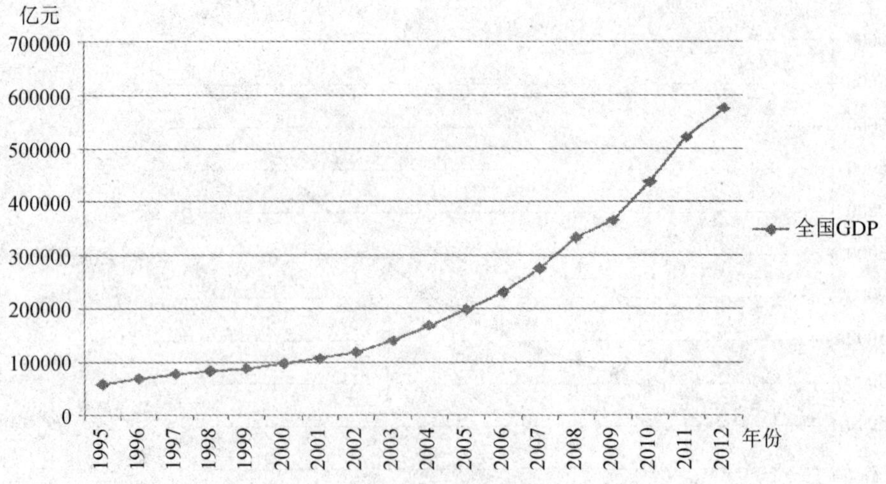

图 18－6 1995—2012 年全国国内生产总值

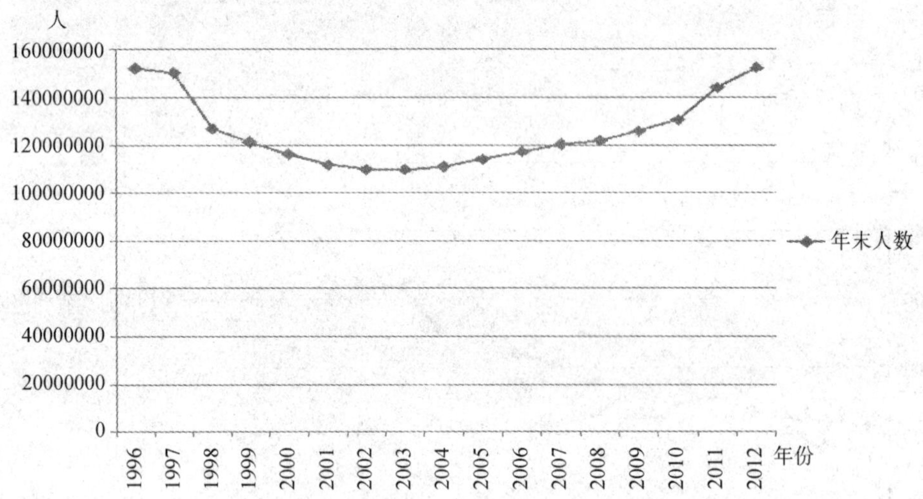

图 18－7 1995—2012 年全国就业年末人数

核 算 点 评

1. 统计描述

（1）从图 18－1 可以看出，从 1995 年到 2014 年，东部、中部和西部代表地区省份最低工资线水平东部较高，西部较低。最低工资线均逐年递增，各地区增速差别不大。从图 18－2 可以看出，直辖市的最低工资线水平较高。同时最低工资线水平并不一定和平均工资水平对应。由表 18－4 至表 18－6 可以看出，北京历年平均工资均高于天津，但图 18－2 显示天津的最低工资线大多数年份不低于甚至高于北京。

（2）从图 18－3 至图 18－6 可以看出，1995—2012 年全国平均工资一路保持稳步提升的态势，从 1996 年的 5980 元增长到 2012 年的 46769 元，16 年来增长了近 8 倍，年均增长 13.7%，接近同期 GDP 的增长速度。同一时期，全国最低工资线均值由 1996 年的 223.6 元跳跃增长到 2012 年的 1014 元，增长了 4.53 倍，年均增长 9.9%，慢于平均工资的增长速度。从最低工资线与平均工资的比值来看，1996 年最低工资约占平均工资的 44.17%，此后这一比值一路下滑至 2012 年的

26.02%。最低工资占比的下降表明，作为保障劳动者基本生活需要的最低工资线显著滞后于我国经济和居民收入的增长。

（3）从图 18－7 可以看出，1995 年我国的就业人数为 1.522 亿人，此后这一数字首先一路下降至2003 年的 1.097 亿人，然后逐渐回升至2012 年的 1.524 亿人，基本与研究初期持平。正常情况下，就业人数与经济发展保持同步变化，从 1995 年到 2003 年我国就业人数的不断减少与这一时期我国国企改革造成的职工大规模下岗密切相关。在经济制度理顺后，经济发展同就业人数的同步发展开始逐渐展现出来。

2. 实证分析

（1）最低工资是一种价格下限（price floor），但是其也有一定的弊端。其弊端之一是影响自由市场的运作；弊端之二是弱势社群或将被牺牲：受最低工资的影响，雇主会倾向选择身体健全以及技术较高的工人，无形中减少了弱势社群在劳动市场的生存空间；弊端之三是最低工资标准可能让劳力优势难以发挥：政府对工资——市场价格信息的干预，可能会导致市场信号失真，通过最低工资法直接干预劳动力市场运行会导致劳动力资源的低效率配置，实行最低工资标准可能丧失一部分竞争优势。

（2）以就业人数为因变量，当期最低工资线、上期最低工资线、GDP 为自变量，对 1995～2012 年全国 27 个地区建立面板分析模型：

$$\ln y_{it} = \beta_0 + \beta_1 \ln w_t + \beta_2 \ln w_{t-1} + \beta_3 \ln gdp_t + \delta_i + \varepsilon_{it}$$

其中，$i=1，2，\cdots，27$，表示不同地区；t 表示年份；y 表示就业人数；w_t表示当期最低工资标准；w_{t-1}表示上期最低工资标准；δ_i表示地区固定影响；ε_{it}为残差项。

回归方程通过显著性检验，模型拟合优度为 0.9993。回归结果显示，$\beta_3=0.253$，表明 GDP 增长对就业规模具有促进作用，GDP 每增长 10 个百分点，就业量就会增长 2.53 个百分点；$\beta_1=-0.268$，$\beta_2=-0.005$，表明最低工资标准的当期及滞后项均对我国劳动力就业具有挤出效应，最低工资每提高 10 个百分点，就业量就会减少 2.68 个百分点，实证证明最低工资标准压缩了弱势劳动力的生存空间，原有的劳动力优势受到一定影响。

专题十九 个人所得税与贫富差距[①]

子目录

① 本专题由孙永强核算，徐滇庆审核。

表 19－1　　发达国家各类税收占税收收入的比重（2006 年）

单位：%

序号	国家	个人所得税	企业所得税	所得类税	社会保障税	工薪税	合计 1	财产税	合计 2
1	加拿大	36.34	11.00	48.67	14.77	1.97	65.41	10.07	75.48
2	美国	36.46	11.84	48.30	23.80	–	72.1	11.07	83.17
3	澳大利亚	37.40	21.73	59.13	–	4.60	63.73	9.13	72.86
4	日本	18.45	16.97	35.42	36.59	–	72.01	9.09	81.10
5	韩国	15.24	14.34	29.58	21.00	0.25	50.83	13.22	64.05
6	新西兰	40.70	15.78	62.13	–	–	62.13	5.18	67.31
7	奥地利	22.30	5.23	28.84	34.49	6.38	69.71	1.40	71.11
8	比利时	29.33	8.31	37.66	30.48	–	68.14	5.10	73.24
9	丹麦	49.81	8.74	60.08	2.10	0.40	62.58	3.78	66.36
10	芬兰	30.35	7.73	38.08	27.93	–	66.01	2.53	68.54
11	法国	17.51	6.72	24.22	36.95	2.57	63.74	8.00	71.74
12	德国	24.49	5.90	30.40	38.41	–	68.81	2.46	71.27
13	希腊	14.87	8.49	23.82	35.37	–	59.19	4.43	63.62
14	冰岛	33.68	5.79	44.07	7.92	8.04e－4	51.99	5.28	57.27
15	爱尔兰	27.81	12.0	39.81	13.55	0.66	54.02	9.10	63.12
16	意大利	25.59	8.13	33.17	29.83	–	63.00	5.07	68.07
17	卢森堡	20.95	13.82	34.78	27.69	–	62.47	9.33	71.80
18	荷兰	18.79	8.52	27.31	36.14	–	63.45	4.74	68.19
19	挪威	20.66	29.45	50.11	19.84	–	69.95	2.71	72.66
20	葡萄牙	15.42	8.38	23.81	31.88	–	55.69	3.06	58.75
21	西班牙	18.68	11.33	30.59	32.84	–	63.43	8.89	72.32
22	瑞典	31.93	7.53	39.45	25.49	5.59	70.53	2.95	73.48
23	瑞士	35.60	10.11	45.72	23.26	–	68.98	8.02	77.00
24	英国	28.97	10.76	39.72	18.49	–	58.21	12.36	70.57
非加权平均									
25	全部国家	27.14	11.19	38.95	23.70	0.93	63.59	6.54	70.13
26	欧洲国家	25.93	9.83	36.2	26.26	0.87	63.33	5.51	68.84
27	非欧洲国家	30.77	15.28	47.21	16.03	1.14	64.37	9.63	74.00

数据来源：OECD 公布的《Revenue Statistics》（2008）。

表 19－1　　续表 1

序号	国家	一般流转税	特殊流转税	其他流转税	流转类税收	其他税收
1	加拿大	14.04	8.66	1.55	24.25	0.27
2	美国	7.82	6.15	2.86	16.83	0
3	澳大利亚	13.2	11.78	2.16	27.14	0
4	日本	9.16	7.38	2.11	18.65	0.25
5	韩国	16.78	14.86	0.97	32.61	3.34
6	新西兰	24.39	6.14	2.13	32.66	0.03
7	奥地利	18.36	7.58	1.7	27.64	1.25
8	比利时	16.61	7.31	1.64	25.56	1.2
9	丹麦	20.81	10.63	1.22	32.66	0.98
10	芬兰	19.86	10.44	0.82	31.12	0.34
11	法国	16.88	7.22	0.67	24.77	3.49
12	德国	17.84	9.41	1.11	28.36	0.37
13	希腊	23.96	8.94	2.87	35.77	0.61
14	冰岛	27.19	10.5	4.63	42.32	0.41
15	爱尔兰	24.7	10.18	1.61	36.49	0.39
16	意大利	14.89	9.03	1.56	25.48	6.45
17	卢森堡	16.01	11.61	0.31	27.93	0.27
18	荷兰	18.56	9.02	2.96	30.54	1.27
19	挪威	18.2	7.62	1.52	27.34	0
20	葡萄牙	24.84	14.28	1.34	40.46	0.79
21	西班牙	17.21	7.73	1.74	26.68	1
22	瑞典	18.79	6.48	0.83	26.1	0.42
23	瑞士	13.21	7.47	2.32	23	0
24	英国	18.13	9.76	1.14	29.03	0.4
非加权平均						
25	全部国家	17.98	9.17	1.74	28.89	0.98
26	欧洲国家	19.23	9.18	1.67	30.07	1.09
27	非欧洲国家	14.23	9.16	1.96	25.36	0.65

表 19－2　　代表性转轨国家的税制结构（不含社会保障税，2010 年）

单位：%

国家	对所得、利润和资本利得			工薪税	财产税	对国内商品、劳务征税			国际贸易税收	其他税收
	总计	个人	企业			总计	增值税	消费税		
乌克兰	38.77	21.65	17.12	0.56	3.68	52.68	36.62	12.01	3.94	0.36
俄罗斯	36.1	17.06	17.49	–	5.23	28.7	32.85	4.52	29.98	3.79e－5
捷克	37.76	19	18.76		2.37	59.85	38.2	20.01	1.45e－5	2.17e－4
匈牙利	30.34	25.5	4.85	1.67	4.62	63.37	46.44	13.01	–	–
波兰	31.25	21.6	9.63	1.16	5.39	60.28	37.43	19.1	0.58	1.34
斯洛伐克	32.87	16.77	16.09	–	2.65	64.48	41.51	19.15	–	–
保加利亚	23.33	14	9.16	–	6.84	69	43.19	24.59	0.82	2.76e－4
罗马尼亚	30.44	19.31	11.13	–	4.07	64.18	42.87	18.5	49.35	2.57
非加权平均	32.61	19.36	13.03	1.13	4.36	57.82	39.89	16.36	14.11	0.71

表 19－3　　中国国家税收分项收入

单位：亿元，%

年份	税收收入		增值税			营业税		
	总额	增长率（%）	总额	增长率（%）	比重（%）	总额	增长率（%）	比重（%）
1999	10682.58	15.33	3881.87	6.98	36.34	1668.56	12	15.62
2000	12581.51	17.78	4553.17	17.29	36.19	1868.78	10.45	14.85
2001	15301.38	21.62	5357.13	17.66	35.01	2064.09	18.71	13.49
2002	17636.45	15.26	6178.39	15.33	35.03	2450.33	16.08	13.89
2003	20017.31	13.5	7236.54	17.13	36.15	2844.45	25.93	14.21
2004	24165.68	20.72	9017.94	24.62	37.32	3581.97	18.16	14.82
2005	28778.54	19.09	10792.11	19.67	37.5	4232.46	21.18	14.71
2006	34804.35	20.94	12784.81	18.46	36.73	5128.71	28.34	14.74
2007	45621.97	31.08	15470.23	21	33.91	6582.17	15.86	14.43
2008	54223.79	18.85	17996.94	16.33	33.19	7626.39	18.19	14.06
2009	59521.59	9.77	18481.22	2.69	31.05	9013.98	23.78	15.14
2010	73210.79	23	21093.48	14.13	28.81	11157.91	22.59	15.24
2011	89738.39	22.58	24266.63	15.04	27.04	13679	12	15.24

注：统计年鉴中的个人所得税从 1999 年开始有，因此本部分从 1999 年起更新至 2011 年。

表 19－3 续表 1

年份	消费税			关税			农业各税		
	总额	增长率（%）	比重（%）	总额	增长率（%）	比重（%）	总额	增长率（%）	比重（%）
1999	820.66	0.7	7.68	562.23	79.6	5.26	423.5	6.2	4
2000	858.29	4.59	6.82	750.48	33.48	5.96	465.3	9.9	3.7
2001	929.99	8.35	6.08	840.52	12	5.49	481.7	3.5	3.1
2002	1046.32	12.51	5.93	704.27	－16.21	3.99	717.9	49	4.1
2003	1182.26	13	5.91	923.13	31.08	4.61	871.8	21.4	4.4
2004	1501.9	27.04	6.22	1043.77	13.07	4.32	902.2	3.5	3.7
2005	1633.81	8.78	5.68	1066.17	2.15	3.7	936.4	3.8	3.3
2006	1885.69	15.42	5.42	1141.78	7.09	3.28	1084	15.8	3.1
2007	2206.83	17.03	4.84	1432.57	25.47	3.14	1439.1	32.8	3.2
2008	2568.27	16.38	4.74	1769.95	23.55	3.26	1689.4	17.4	3.1
2009	4761.22	85.39	8	1483.81	－16.17	2.49	2448.93	44.96	4.11
2010	6071.55	27.52	8.29	2027.83	36.66	2.77	3431.85	40.14	4.69
2011	6936.21	14.24	7.73	2559.12	26.2	2.85	3932.57	14.59	4.38

注：农业各税中原来包括农业税、农业特产税、牧业税、耕地占用税、契税和烟叶税。但是农业税、农业特产税和牧业税在2006年左右都取消了，烟叶税是2006年单独新设立的，目前新的统计年鉴中只有耕地占用税、契税和烟叶税，所以2008年之前的数据采用书中数据，2009年起更新的农业各税之包括耕地占用税、契税和烟叶税。

表 19－3 续表 2

年份	企业所得税			个人所得税		
	总额	增长率（%）	比重（%）	总额	增长率（%）	比重（%）
1999	811.41	－12.33	7.6	413.66		3.87
2000	999.63	23.2	7.95	659.64	59.46	5.24
2001	2630.87	163.18	17.19	995.26	50.88	6.5
2002	3082.79	17.18	17.48	1211.78	21.76	6.87
2003	2919.51	－5.3	14.58	1418.03	17.02	7.08
2004	3957.33	35.55	16.38	1737.06	22.5	7.19
2005	5343.92	35.04	18.57	2094.91	20.6	7.28
2006	7039.6	31.73	20.23	2453.71	17.13	7.05
2007	8779.25	24.71	19.24	3185.58	29.83	6.98
2008	11175.63	27.3	20.61	3722.31	16.85	6.86
2009	11536.84	3.23	19.38	3949.35	6.1	6.64
2010	12843.54	11.33	17.54	4837.27	22.48	6.61
2011	16769.64	30.57	18.69	6054.11	25.16	6.75

表 19-4　　各国个人所得税比重

单位：%

年份	2005	2006	2007	2008	2009	2010
亚美尼亚	0. 080	0. 090	0. 091	0. 085	0. 112	0. 121
奥地利	0. 349	0. 357	0. 360	0. 370	0. 362	0. 358
白俄罗斯	0. 084	0. 092	0. 090	0. 086	0. 104	0. 120
比利时	0. 416	0. 401		0. 423	0. 426	0. 421
巴西				0. 084	0. 082	0. 085
加拿大	0. 416	0. 424	0. 426			
哥伦比亚				0. 255	0. 281	0. 242
哥斯达黎加	0. 012	0. 042	0. 068	0. 048	0. 077	0. 092
捷克	0. 227	0. 214	0. 211	0. 193	0. 193	0. 190
丹麦	0. 501	0. 515	0. 530	0. 540	0. 565	0. 521
萨尔瓦多	0. 141	0. 152	0. 135	0. 165	0. 159	0. 183
爱沙尼亚	0. 278	0. 276	0. 283	0. 314	0. 257	0. 262
芬兰	0. 425	0. 425	0. 423	0. 433	0. 448	0. 426
法国	0. 297	0. 290	0. 280	0. 294	0. 302	0. 295
格鲁吉亚	0. 147	0. 146	0. 144	0. 273	0. 255	0. 247
德国	0. 393	0. 395	0. 397	0. 393	0. 396	0. 379
希腊	0. 229	0. 231	0. 234	0. 234	0. 252	0. 220
洪都拉斯	0. 165	0. 186	0. 238	0. 097	0. 062	0. 059
冰岛	0. 379	0. 367	0. 368	0. 391	0. 418	0. 416
爱尔兰	0. 325	0. 324	0. 338	0. 343	0. 353	0. 344
韩国				0. 207	0. 200	0. 202
卢森堡	0. 268	0. 294	0. 282	0. 305	0. 298	0. 301
马其顿				0. 134	0. 120	0. 106
摩尔多瓦	0. 096	0. 102	0. 097	0. 099	0. 125	0. 109
尼德兰	0. 273	0. 285	0. 300	0. 300	0. 358	0. 349
巴拉圭						0. 000
秘鲁	0. 089	0. 088	0. 087	0. 094	0. 109	0. 099
波兰	0. 209	0. 214	0. 231	0. 233	0. 228	0. 216
葡萄牙	0. 230	0. 227	0. 232	0. 237	0. 266	0. 251
罗马尼亚		0. 158	0. 185	0. 198		0. 193
俄罗斯	0. 123	0. 130		0. 154	0. 189	0. 171
赞比亚			0. 187	0. 192	0. 190	0. 183
斯洛伐克	0. 144	0. 162	0. 170	0. 184	0. 172	0. 168
斯洛文尼亚	0. 247	0. 244		0. 253	0. 273	0. 272
西班牙	0. 281	0. 288	0. 309	0. 351	0. 374	0. 365
乌克兰	0. 183	0. 186	0. 221	0. 201	0. 213	0. 216
英国	0. 359	0. 356	0. 368	0. 353	0. 377	0. 353
美国		0. 474	0. 497		0. 461	0. 441

数据来源：《IMF 政府财政统计年鉴》，2011 年、2008 年。

表 19－5　　各国基尼系数

年份	2001	2002	2003	2004	2005	2006	2007	2008	2009	2010
阿根廷	53.4	53.8	54.7	50.2	49.3	47.7	47.4	46.3	46.1	44.5
亚美尼亚	36.2	35.7	33.8	37.8	36.2	32.8	30.2	30.9		31.3
白俄罗斯	30.7	30.0		26.2	27.9	28.6	28.7	27.2	27.7	27.7
玻利维亚	58.5	59.9			57.8	56.4	57.4	56.3	58.5	
巴西	60.1	59.4	58.8	57.7	57.4	56.8	55.9	55.1	54.7	
哥伦比亚	58.0	60.7	57.9	58.3	56.1	58.7	58.9	57.2	56.7	55.9
哥斯达黎加	50.9	50.7	49.7	48.7	47.6	49.1	49.3	48.9	50.7	
多米尼加	50.4	50.1	52.1	52.0	51.1	51.9	48.7	49	48.9	47.2
厄瓜多尔			55.1		54.1	53.2	54.3	50.6	49.4	49.3
格鲁吉亚	41.0	40.3	40.4		41.1	41.1	39.4	41.3	41.7	42.1
洪都拉斯	54.4	58.9	58.7	58.5	59.7	57.6	56.2	61.3	57	
哈萨克斯坦	41.1	35.0	33.9	32.3		30.8	30.9	29.3	29	
吉尔吉斯斯坦		31.7		34.8	39.5	38.7	33.4	37.3	36.2	36.5
摩尔多瓦	38.6	36.9	35.6	36	36.3	36.1	35.3	35.3	34.0	33.0
墨西哥		49.7		46.1	51.2	48.1		48.3		47.2
马其顿		38.8	39	38.9	39.1	42.8		44.2	43.2	43.6
巴拿马	57.3	56.6	56.3	55	54	55.1			52	51.9
秘鲁	54.1	55.6	55.2	50.3	51.1	50.9	51.7	49.0	49.1	48.1
波兰	32.8	34.1		35.9	34.9	34.1	34.0	34.2	34.1	33.8
巴拉圭	56.2	56.7	56.9	54	52.5	54.9	53.3	52.1	51.0	52.4
罗马尼亚	30.6	31.5	31.1	31.7	31.6	32.1	32.1	31.2	30.0	24.2
俄罗斯	39.6	35.7	37.3	37.1	37.5	42.1	43.7	42.3	40.1	
萨尔瓦多	53.6	53.1	50.7	49.0	50.3	46.2	47	46.8	48.3	
赞比亚		32.7	32.8	32.9	33.4	29.6	29.4	28.2	27.8	29.6
斯洛伐克				29.1	29.8	27.7	28.1	26.9	26.0	
土耳其		42.7	43.4	42.7	42.6	40.3	39.3	39.0	38.7	40.0
乌克兰		28.3	28.1	28.1	28.2	29.7	29.6	27.5	26.4	25.6
乌拉圭	46.2	46.7	46.2	47.1	45.9	47.2	47.6	46.3	46.3	45.3

数据来源：世界银行数据库。

核 算 点 评

目前文献多从个人所得税的累进性和平均税率两方面考察个人所得税对收入分配的调节作用，并认为平均税率的调节作用大于累进性。而我国个人所得税在累进性方面已经达到发达国家水平，但是平均税率偏低导致对收入分配的调节作用微弱。贫富差距影响一国的经济发展质量，较大的贫富差距不但影响公平，而且将最终影响效率。贫富差距的存在意味着收入调节功能的缺失，因此其个人所得税占比一定较小。

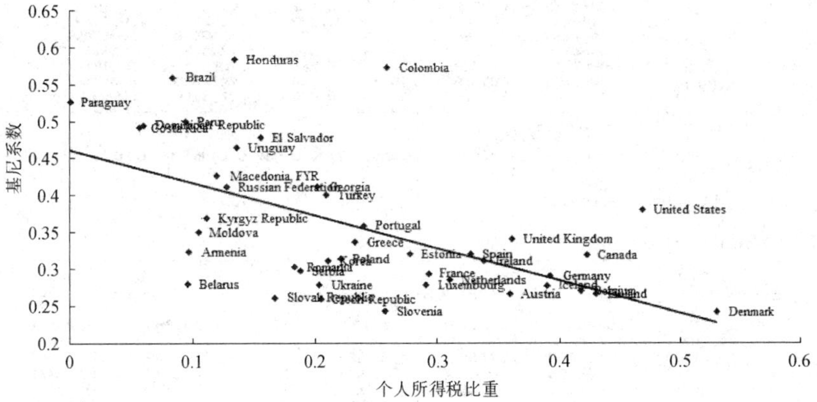

图 1　个人所得税比重与基尼系数

数据表明：一国的个人所得税占财政收入比重与该国的贫富差距呈负向关系。这说明在贫富差距较大的国家，财富的二八分配定律意味着少部分高收入阶层占据社会的大部分财富，因此在维持高累进性的同时逐级提高课税额度不但能够提高平均税率、更好的发挥个人所得税的收入分配调节作用，而且能够提高个人所得税在整个税收结构中的比重。而贫富差距较小的国家一定意味着个人所得税在国民收入再分配过程中发挥着有效的收入调节功能，其个人所得税占比一定较高。因此，如果个人所得税是调整收入分配格局和缩小贫富差距的有效途径，基尼系数随着个人所得税占比的提高而逐步减小。

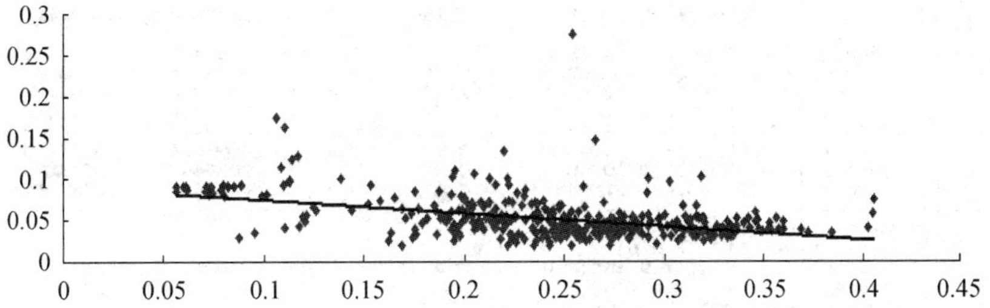

图 2　个人所得税比重与基尼系数的中国案例

指 标 解 释

个人所得税比重：个人所得税占政府税收收入比重。

研 究 设 计

采用 36 个国家 2005—2010 年的跨国面板数据和 31 个省份 2000—2012 年的省际面板数据分别进行分析，目前国内将国内外数据结合起来进行分析的研究尚不多。

基于跨国面板数据的分析

跨国的面板数据分析较好的支撑了以上假说。

SYS – GMM

One-step results

gini	Coef.	Std. Err.	z	P>|z|	[95% Conf.	Interval]
gini						
L1.	.2334909	.0751364	3.11	0.002	.0862262	.3807556
indir	-.1288447	.0657529	-1.96	0.050	-.257718	.0000287
ex	-.0046535	.0135627	-0.34	0.732	-.0312358	.0219289
urb	-.146883	.055819	-2.63	0.009	-.2562863	-.0374797
indu	-.2696254	.0856809	-3.15	0.002	-.4375568	-.1016939
gov	-.0966371	.0470342	-2.05	0.040	-.1888224	-.0044517
pgdp1	.0087313	.008207	1.06	0.287	-.0073541	.0248167
pgdp12	-.0002199	.0008199	-0.27	0.789	-.0018269	.0013872
_cons	.4867486	.0562162	8.66	0.000	.3765668	.5969304

```
Instruments for differenced equation
        GMM-type: L(2/.).gini
        Standard: LD.gini D.indir D.ex D.urb D.indu D.gov D.pgdp1 D.pgdp12
Instruments for level equation
        GMM-type: LD.gini
        Standard: _cons
```

Two-step results

gini	Coef.	Std. Err.	z	P>|z|	[95% Conf.	Interval]
gini						
L1.	.0893383	.0766868	1.16	0.244	-.060965	.2396416
indir	-.1430409	.0446641	-3.20	0.001	-.2305809	-.0555009
ex	-.0103555	.010458	-0.99	0.322	-.0308528	.0101418
urb	-.1718591	.0563831	-3.05	0.002	-.2823679	-.0613502
indu	-.3150526	.1075553	-2.93	0.003	-.525857	-.1042481
gov	-.0988825	.0297287	-3.33	0.001	-.1571496	-.0406154
pgdp1	-.0034011	.0052271	-0.65	0.515	-.013646	.0068437
pgdp12	.0009164	.0005162	1.78	0.076	-.0000953	.001928
_cons	.5864054	.0609629	9.62	0.000	.4669203	.7058906

```
Warning: gmm two-step standard errors are biased; robust standard
         errors are recommended.
Instruments for differenced equation
        GMM-type: L(2/.).gini
        Standard: LD.gini D.indir D.ex D.urb D.indu D.gov D.pgdp1 D.pgdp12
Instruments for level equation
        GMM-type: LD.gini
        Standard: _cons
```

DIF – GMM

One-step results

gini	Coef.	Std. Err.	z	P>|z|	[95% Conf.	Interval]
gini						
L1.	-.107248	.0951495	-1.13	0.260	-.2937376	.0792415
indir	-.1453671	.0618286	-2.35	0.019	-.2665489	-.0241852
ex	.0088227	.0160025	0.55	0.581	-.0225416	.040187
urb	-.5251753	.2172849	-2.42	0.016	-.951046	-.0993047
indu	-.0416197	.099862	-0.42	0.677	-.2373456	.1541062
gov	.0054275	.0466178	0.12	0.907	-.0859417	.0967966
pgdp1	.0089462	.0096194	0.93	0.352	-.0099074	.0277999
pgdp12	-.0003329	.0008757	-0.38	0.704	-.0020492	.0013833
_cons	.7544639	.1698653	4.44	0.000	.4215341	1.087394

```
Instruments for differenced equation
        GMM-type: L(2/.).gini
        Standard: LD.gini D.indir D.ex D.urb D.indu D.gov D.pgdp1 D.pgdp12
Instruments for level equation
        Standard: _cons
```

Two-step results

gini	Coef.	Std. Err.	z	P>|z|	[95% Conf.	Interval]
gini						
L1.	-.2184462	.0811119	-2.69	0.007	-.3774227	-.0594698
indir	-.1246279	.0566256	-2.20	0.028	-.235612	-.0136438
ex	.0063187	.013776	0.46	0.646	-.0206817	.0333191
urb	-.6174359	.1913442	-3.23	0.001	-.9924635	-.2424082
indu	-.0557323	.1064609	-0.52	0.601	-.2643919	.1529272
gov	.0318079	.0205712	1.55	0.122	-.0085109	.0721267
pgdp1	.0002429	.0039309	0.06	0.951	-.0074616	.0079474
pgdp12	.0001475	.0003616	0.41	0.683	-.0005613	.0008563
_cons	.8693983	.1423538	6.11	0.000	.59039	1.148407

```
Warning: gmm two-step standard errors are biased; robust standard
         errors are recommended.
Instruments for differenced equation
        GMM-type: L(2/.).gini
        Standard: LD.gini D.indir D.ex D.urb D.indu D.gov D.pgdp1 D.pgdp12
Instruments for level equation
        Standard: _cons
```

SYS – GMM

One-step results

gini	Coef.	Std. Err.	z	P>|z|	[95% Conf.	Interval]
gini L1.	.472478	.0275082	17.18	0.000	.418563	.5263931
ind	-.2246167	.0330641	-6.79	0.000	-.2894211	-.1598123
urb	-.1669287	.0147681	-11.30	0.000	-.1958736	-.1379838
open	.0141056	.0045193	3.12	0.002	.005248	.0229633
indu	-.0015382	.000909	-1.69	0.091	-.0033199	.0002435
gov	-.0112458	.0082771	-1.36	0.174	-.0274685	.004977
pgdp	.0011446	.0022559	0.51	0.612	-.0032768	.005566
pgdp2	-.00062	.000289	-2.15	0.032	-.0011863	-.0000536
_cons	.2185355	.0102366	21.35	0.000	.1984721	.2385989

Instruments for differenced equation
GMM-type: L(2/.).gini
Standard: LD.gini D.ind D.urb D.open D.indu D.gov D.pgdp D.pgdp2
Instruments for level equation
GMM-type: LD.gini
Standard: _cons

Two-step results

gini	Coef.	Std. Err.	z	P>|z|	[95% Conf.	Interval]
gini L1.	.4673036	.0145416	32.14	0.000	.4388025	.4958047
ind	-.2267079	.0135189	-16.77	0.000	-.2532045	-.2002114
urb	-.1689057	.0116521	-14.50	0.000	-.1917435	-.1460679
open	.0123279	.0030037	4.10	0.000	.0064407	.018215
indu	-.0015687	.0007187	-2.18	0.029	-.0029772	-.0001601
gov	-.0124021	.0041468	-2.99	0.003	-.0205296	-.0042745
pgdp	.0016596	.0015388	1.08	0.281	-.0013564	.0046755
pgdp2	-.0006655	.0001304	-5.10	0.000	-.000921	-.00041
_cons	.2205486	.0070086	31.47	0.000	.206812	.2342852

Warning: gmm two-step standard errors are biased; robust standard errors are recommended.
Instruments for differenced equation
GMM-type: L(2/.).gini
Standard: LD.gini D.ind D.urb D.open D.indu D.gov D.pgdp D.pgdp2
Instruments for level equation
GMM-type: LD.gini
Standard: _cons

DIF – GMM

One-step results

gini	Coef.	Std. Err.	z	P>|z|	[95% Conf.	Interval]
gini L1.	.3925688	.03022	12.99	0.000	.3333387	.4517989
ind	-.1754757	.0358283	-4.90	0.000	-.245698	-.1052535
urb	-.180616	.0167093	-10.81	0.000	-.2133656	-.1478664
open	.0080006	.0066245	1.21	0.227	-.0049833	.0209844
indu	-.0009887	.0008931	-1.11	0.268	-.0027391	.0007617
gov	-.0814131	.0163809	-4.97	0.000	-.113519	-.0493071
pgdp	.0103003	.0029516	3.49	0.000	.0045152	.0160854
pgdp2	-.0015866	.0003405	-4.66	0.000	-.002254	-.0009192
_cons	.2456955	.0110014	22.33	0.000	.2241332	.2672579

Instruments for differenced equation
GMM-type: L(2/.).gini
Standard: LD.gini D.ind D.urb D.open D.indu D.gov D.pgdp D.pgdp2
Instruments for level equation
Standard: _cons

Two-step results

gini	Coef.	Std. Err.	z	P>|z|	[95% Conf.	Interval]
gini L1.	.3815318	.0137392	27.77	0.000	.3546034	.4084602
ind	-.1776289	.0106422	-16.69	0.000	-.1984872	-.1567705
urb	-.1851677	.0098088	-18.88	0.000	-.2043925	-.1659428
open	.0065021	.0018597	3.50	0.000	.0028571	.010147
indu	-.0014069	.0005655	-2.49	0.013	-.0025153	-.0002985
gov	-.0835486	.0042052	-19.87	0.000	-.0917908	-.0753065
pgdp	.010761	.0015457	6.96	0.000	.0077316	.0137904
pgdp2	-.0016024	.0001569	-10.21	0.000	-.0019099	-.001295
_cons	.2497851	.006276	39.80	0.000	.2374843	.2620859

Warning: gmm two-step standard errors are biased; robust standard errors are recommended.
Instruments for differenced equation
GMM-type: L(2/.).gini
Standard: LD.gini D.ind D.urb D.open D.indu D.gov D.pgdp D.pgdp2
Instruments for level equation
Standard: _cons

这里提出假说：在贫富差距较大的国家，财富的二八分配定律意味着少部分高收入阶层占据社会的大部分财富，因此在维持高累进性的同时逐级提高课税额度不但，能够提高平均税率、更好地发挥个人所得税的收入分配调节作用，而且能够提高个人所得税在整个税收结构中的比重。而贫富差距较小的国家一定意味着个人所得税在国民收入再分配过程中发挥着有效的收入调节功能，其个人所得税占比一定较高。因此，如果个人所得税是调整收入分配格局和缩小贫富差距的有效途径，基尼系数随着个人所得税占比的提高而逐步减小。

结论与政策含义

目前数据整理基本完成，可能还需要对某些指标稍微调整补充一下。本专题还只是初步的回归过程，后面会进一步将不同国家和省份分组，并用不同的方法检验结果的稳健性。

专题二十　中国的外贸顺差[①]

子　目　录

① 本专题由李昕核算，徐滇庆审核。

说　　明

通常人们用经常项目占 GDP 的比重来度量该国外贸的顺（逆）差。经常项目的数据来源于海关统计，GDP 采用汇率法。人们使用这种计算方式已经上百年，早就习以为常。

可是，在进入 21 世纪以来，中国经济高速发展，拥有一些其他国家没有的特点，因此，采用上述方法来度量中国的外贸顺差就可能出现一系列问题。

首先，中国的外贸出口商品中高科技产品的比重越来越高，尽管这些产品是在这个最终组装完成，但是其中大量零部件来自于进口，这些高科技产品的产权中很大一部分属于外资。如果把外资企业的资本收益计算在国内的国民生产总值中，在国际贸易的可持续性和其他许多问题上可能产生误解。

其次，中国的出口商品中有很大比例的属于来料加工或进料加工。某个零件可能多次进出海关。采用海关数据难免产生重复计算的错误。

再次，在计算 GDP 的时候可能采用汇率法也可能采用购买力平价法（PPP），对于西方工业国家来说，采用两种方法的区别不大。可是对于多数发展中国家来说，这两种统计方法之间的偏差可能超过 50%，甚至高达 2 倍以上。

即使采用 PPP 购买力平价法，2012 年中国的服务业在 GDP 中的比重只有 42%。世界上低收入国家服务业占 GDP 的比重在 55%—60%之间；中等收入国家在 60%—65%之间，高收入国家在 65%—80%之间。显然，中国的服务业占 GDP 的比重出现了严重的偏差。其原因在于中国的税制改革严重落后，许多服务业数据没能统计上来。如果把中国的服务业占比调整到合理的水平，中国的 GDP 数值可能还会出现一个较大的变化。如果 GDP 数值增加了，外贸顺差占 GDP 的比重自然会显著降低。因此，需要在不同的前提下来横向比较中国的外贸顺差。

表 20-1　　各国（地区）贸易顺差占 GDP 规模（汇率法）

年份	2005	2006	2007	2008	2009	2010	2011	2012
中国澳门特别行政区	32.28	28.82	27.62	33.77	44.54	56.12	58.57	58.89
卢森堡	32.09	38.85	43.86	41.56	40.20	39.95	37.72	39.63
阿塞拜疆	10.03	27.75	39.62	42.31	29.29	34.02	32.34	28.97
沙特阿拉伯	31.79	29.72	25.01	28.12	9.32	16.63	26.62	25.91
爱尔兰	11.64	10.27	9.83	8.98	15.80	18.49	21.60	24.09
安哥拉	32.38	40.82	30.44	25.09	-0.50	19.44	23.19	22.81
新加坡	29.86	31.15	32.64	23.06	24.52	31.45	29.94	22.32
哈萨克斯坦	8.85	10.74	6.61	20.10	7.95	14.45	21.44	18.14
伊拉克	-5.56	10.27	21.35	21.19	-1.99	5.46	17.03	15.98
挪威	16.23	17.18	13.74	17.58	12.41	11.98	13.32	13.42
马来西亚	21.44	21.80	19.90	22.21	20.54	16.91	16.43	11.86
荷兰	8.52	8.39	8.90	8.50	7.02	8.69	9.27	9.32
玻利维亚	4.34	7.79	6.21	7.47	1.58	3.47	1.44	9.25
瑞士	7.78	8.17	10.53	10.57	7.74	9.88	7.03	8.50
尼日利亚	21.71	16.04	12.52	11.45	5.26	5.75	5.51	7.88
匈牙利	-1.47	-1.13	0.64	0.33	4.84	6.39	6.68	7.68
俄罗斯联邦	13.69	12.50	8.21	9.47	7.82	7.93	8.60	7.24
苏里南	-6.99	9.11	8.50	6.05	0.32	15.31	9.76	7.23
马耳他	-5.35	-6.26	-1.49	-1.85	-2.35	-0.09	3.95	6.71
阿尔及利亚	23.45	27.30	22.41	19.26	-0.66	6.12	8.62	6.30
冰岛	-12.27	-17.60	-10.16	-3.83	8.59	10.11	8.39	6.14
德国	5.28	5.58	7.05	6.31	4.93	5.69	5.20	5.93
委内瑞拉	19.04	15.03	6.10	10.32	1.96	4.07	10.21	5.78
瑞典	7.60	8.04	7.30	7.01	5.79	5.63	5.26	5.54
斯洛伐克共和国	-3.32	-2.59	-0.45	-1.62	-0.41	0.05	0.84	5.48
捷克共和国	2.81	3.19	2.86	2.70	4.30	3.39	3.90	5.10
丹麦	5.32	3.69	2.54	3.23	4.15	5.79	5.37	4.87
斯洛文尼亚	-0.55	0.22	-1.26	-1.88	2.01	1.26	1.46	4.79
白俄罗斯	1.13	-4.04	-6.22	-7.66	-11.38	-13.58	-1.88	4.76
越南	-4.75	-4.19	-14.46	-13.85	-9.46	-6.55	-2.53	4.47
韩国	2.71	1.90	2.40	-0.06	3.74	3.10	2.32	3.65
赞比亚	-1.55	8.86	2.23	-1.36	3.80	13.20	7.69	3.24
巴拉圭	12.40	9.96	10.12	4.87	7.31	3.94	2.87	2.97
中国	5.52	7.70	8.82	7.71	4.41	3.76	2.48	2.82

数据来源：World Development Indicators, World Bank, 2014。

表 20-1　　　　　　　　　　　　　　　　续表 1

年份	2005	2006	2007	2008	2009	2010	2011	2012
欧元区	1.55	1.24	1.61	1.00	1.52	1.58	1.61	2.79
爱沙尼亚	-6.32	-10.62	-9.95	-4.48	5.18	7.44	6.17	2.48
奥地利	3.31	3.84	4.53	4.89	3.66	3.59	2.03	2.27
欧盟	0.70	0.41	0.52	0.10	1.01	1.01	1.17	1.99
中国香港特别行政区	12.22	11.16	10.68	10.18	7.87	5.90	3.92	1.23
秘鲁	5.61	8.92	6.80	0.40	3.67	2.79	3.96	1.11
西班牙	-5.10	-6.19	-6.49	-5.55	-1.59	-1.96	-0.71	1.07
意大利	-0.02	-0.75	-0.24	-0.67	-0.47	-1.98	-1.45	1.07
立陶宛	-7.19	-10.39	-13.40	-11.99	-1.69	-1.93	-1.20	0.95
泰国	-1.98	2.73	7.56	1.65	9.95	5.95	1.86	0.71
克罗地亚	-6.13	-6.38	-7.22	-7.62	-3.22	-0.30	0.34	0.54
智利	8.16	14.32	13.26	4.21	7.76	6.20	3.17	0.37
利比里亚	-150.62	-202.74	-163.04	-162.51	-108.22	-108.18	-134.06	0.00
纳米比亚	-2.93	2.50	-1.06	-8.19	-13.23	-6.26	-7.86	0.00
巴布亚新几内亚	16.72	16.80	8.31	14.86	-1.68	-2.43	0.00	0.00
塞内加尔	-15.39	-17.46	-22.39	-26.30	-16.84	-15.46	0.00	0.00
斯威士兰	-14.64	-11.60	-10.59	-14.44	-15.30	-15.23	0.00	0.00
特里尼达和多巴哥	28.74	43.47	27.95	34.55	13.62	25.27	25.19	0.00
也门	4.96	0.44	-7.33	-5.58	-11.83	-5.61	-1.93	0.00
新西兰	-1.78	-1.49	-1.14	-1.58	1.24	1.47	1.30	-0.03
葡萄牙	-9.29	-8.30	-7.53	-9.55	-7.01	-7.31	-3.82	-0.12
波兰	-0.78	-1.94	-3.36	-4.85	-0.65	-1.85	-1.62	-0.15
哥伦比亚	-0.35	-1.10	-1.54	-0.89	-0.14	-0.47	0.41	-0.19
印尼	2.94	5.43	4.84	1.94	3.93	3.00	2.85	-0.25
芬兰	4.96	6.00	6.44	4.80	2.98	2.56	0.28	-0.65
比利时	2.29	2.28	1.39	-2.16	0.52	1.01	-1.18	-0.72
马尔代夫	-38.69	-20.67	10.91	-5.67	11.70	14.72	3.92	-0.90
巴西	4.13	3.38	1.96	0.49	0.37	-0.50	-0.33	-0.96
澳大利亚	-1.92	-1.12	-2.06	-0.86	-0.62	1.15	1.41	-1.10
墨西哥	-1.69	-1.45	-1.72	-2.33	-1.69	-1.29	-1.38	-1.22
所罗门群岛	-23.41	-21.16	-23.07	-21.57	-18.19	-32.06	-6.40	-1.55
塞舌尔	-17.98	-13.20	-1.28	-2.36	-1.31	-1.76	-1.64	-1.57
厄瓜多尔	-0.90	0.99	0.89	-0.04	-1.82	-4.49	-2.24	-1.59
日本	1.53	1.45	1.92	0.36	0.46	1.36	-0.73	-1.74

数据来源：World Development Indicators, World Bank, 2014。

表 20－1 续表 2

年份	2005	2006	2007	2008	2009	2010	2011	2012
法国	－0.59	－1.00	－1.44	－2.22	－1.30	－1.69	－2.25	－1.88
巴拿马	－0.89	3.25	－1.79	－6.05	4.74	－3.96	－6.83	－1.91
加拿大	4.03	2.75	2.15	1.87	－1.51	－1.94	－1.25	－1.99
希腊	－6.29	－9.51	－11.21	－11.56	－7.80	－6.93	－5.99	－2.41
英国	－3.44	－3.21	－3.30	－3.32	－2.49	－2.81	－1.90	－2.48
乌拉圭	2.26	－0.46	0.67	－3.16	1.72	1.62	0.25	－2.51
塞浦路斯	－2.65	－3.91	－6.57	－11.39	－5.44	－6.24	－4.26	－2.59
瓦努阿图	－7.08	－8.07	－6.21	－29.09	1.24	－5.20	－6.50	－2.85
保加利亚	－15.40	－17.60	－21.24	－20.49	－8.08	－2.70	0.55	－3.02
南非	－0.46	－2.38	－2.73	－3.16	－0.80	－0.17	－0.60	－3.04
喀麦隆	－0.66	1.18	1.67	－3.03	－4.15	－3.40	－2.76	－3.06
美国	－5.41	－5.43	－4.83	－4.77	－2.66	－3.34	－3.58	－3.29
拉脱维亚	－15.04	－22.42	－20.50	－13.86	－0.98	－0.87	－4.32	－3.59
哥斯达黎加	－5.22	－6.11	－4.75	－9.43	0.51	－2.49	－4.77	－4.20
菲律宾	－8.84	－5.40	－4.11	－6.75	－4.00	－4.12	－5.22	－4.52
罗马尼亚	－10.16	－12.09	－14.20	－13.33	－6.10	－5.77	－5.22	－4.56
土耳其	－3.53	－5.10	－5.08	－4.68	－1.02	－5.44	－8.91	－5.38
安提瓜和巴布达	－13.72	－23.68	－27.09	－23.34	－11.50	－13.35	－9.42	－5.51
老挝	－5.98	0.23	2.19	－0.32	－2.52	－0.92	－4.24	－5.82
柬埔寨	－8.49	－7.67	－7.55	－9.24	－8.45	－7.87	－4.68	－6.76
印度	－3.27	－3.35	－3.12	－6.07	－4.94	－5.32	－5.70	－7.39
巴基斯坦	－9.29	－10.61	－10.26	－13.20	－7.63	－6.74	－7.28	－7.59
埃及	－4.03	－3.60	－7.13	－7.65	－4.89	－5.04	－6.07	－7.69
乌克兰	0.78	－2.85	－5.70	－7.98	－1.67	－2.92	－6.21	－8.39
孟加拉国	－6.90	－6.29	－7.98	－9.64	－6.74	－7.79	－9.73	－8.65
多米尼加共和国	－3.73	－7.17	－8.19	－13.72	－8.17	－11.14	－10.27	－8.80
突尼斯	－0.41	－1.96	－1.98	－3.05	－2.69	－4.77	－7.12	－9.20
苏丹	－8.97	－9.90	－2.13	3.09	－3.38	0.77	0.33	－9.53
黎巴嫩	－16.58	－14.57	－20.41	－22.94	－24.07	－25.57	－17.98	－10.99
圣基茨和尼维斯	－9.97	－13.50	－16.43	－27.34	－27.78	－23.08	－15.09	－11.27
多米尼加	－18.46	－14.24	－21.13	－28.26	－23.84	－19.43	－15.96	－11.32
冈比亚	－13.29	－17.61	－13.02	－3.84	－7.12	－5.08	－6.47	－11.51
危地马拉	－15.92	－16.91	－16.99	－14.95	－9.29	－10.55	－10.66	－11.51
加纳	－25.27	－15.57	－16.40	－19.27	－13.01	－13.95	－12.27	－12.77

数据来源：World Development Indicators，World Bank，2014。

表 20-1　　续表 3

年份	2005	2006	2007	2008	2009	2010	2011	2012
斯里兰卡	-8.93	-11.02	-10.37	-13.70	-6.49	-8.31	-14.55	-13.73
毛里求斯	-5.99	-10.78	-10.04	-14.29	-10.57	-12.13	-13.88	-13.94
巴哈马	-7.84	-15.54	-13.65	-13.49	-8.57	-7.31	-10.98	-14.39
乌干达	-9.02	-12.75	-13.14	-15.88	-12.10	-16.12	-18.92	-14.56
坦桑尼亚	-8.72	-11.64	-12.91	-14.95	-11.25	-11.71	-19.42	-14.66
圣卢西亚	-7.70	-26.17	-25.63	-24.19	-8.86	-14.77	-19.70	-15.20
摩洛哥	-6.64	-6.77	-9.86	-14.37	-12.02	-10.97	-14.17	-15.29
博茨瓦纳	18.51	19.16	11.69	-4.77	-15.92	-9.74	-6.75	-15.78
肯尼亚	-7.45	-9.89	-11.00	-14.01	-12.81	-14.13	-19.16	-16.94
塞尔维亚	0.00	0.00	-25.68	-26.77	-17.63	-16.41	-16.52	-17.99
萨尔瓦多	-18.52	-20.48	-22.41	-22.82	-15.48	-16.92	-18.68	-18.14
低收入	-9.15	-9.60	-11.20	-13.44	-11.65	-12.85	-16.45	-18.20
阿尔巴尼亚	-24.35	-24.13	-26.90	-26.62	-24.48	-20.73	-22.63	-18.35
几内亚	-3.47	-5.67	-6.31	-8.09	-5.83	-5.63	-23.04	-18.63
埃塞俄比亚	-24.34	-20.50	-22.40	-23.83	-19.91	-20.02	-19.49	-19.56
格鲁吉亚	-17.40	-24.17	-26.70	-29.78	-19.18	-17.87	-19.02	-19.76
洪都拉斯	-17.84	-21.37	-27.63	-33.23	-17.69	-19.00	-20.65	-19.89
卢旺达	-15.70	-14.01	-14.16	-15.40	-18.01	-18.29	-20.56	-20.69
尼加拉瓜	-22.80	-24.16	-28.27	-29.49	-20.31	-20.92	-23.49	-22.74
佛得角	-26.41	-26.80	-30.87	-26.41	-30.10	-29.08	-31.72	-22.77
马其顿	-18.42	-18.87	-19.61	-26.17	-23.03	-20.04	-20.58	-22.95
黑山共和国	0.00	0.00	-43.31	-53.82	-30.72	-26.17	-21.98	-23.17
波斯尼亚和黑塞哥维那	-39.69	-29.23	-30.51	-33.58	-24.56	-22.05	-24.37	-23.75
亚美尼亚	-14.45	-16.07	-19.69	-25.65	-27.17	-24.57	-23.80	-24.72
萨摩亚	-27.68	-31.27	-23.70	-24.80	-22.72	-27.63	-29.36	-24.87
蒙古	-3.57	4.42	1.35	-13.12	-7.24	-7.66	-24.58	-25.84
尼泊尔	-17.56	-18.79	-21.49	-21.21	-27.73	-26.94	-23.98	-25.94
格林纳达	-35.31	-34.07	-29.70	-29.31	-22.42	-24.84	-24.12	-26.17
马拉维	-25.43	-17.15	-18.11	-22.29	-16.46	-22.90	-20.96	-26.69
布隆迪	-20.35	-27.79	-25.56	-27.38	-23.07	-21.02	-22.48	-28.11
圭亚那	-27.21	-22.48	-22.29	-33.05	-25.34	-23.83	-30.18	-28.51
不丹	0.00	-15.11	4.16	-8.83	-8.65	-20.21	-30.19	-29.00
圣文森特和格林纳丁斯	-16.44	-18.63	-27.73	-31.57	-29.11	-30.53	-28.17	-29.68
约旦	-41.52	-34.00	-37.52	-31.01	-23.21	-21.24	-28.27	-30.32

数据来源：World Development Indicators，World Bank，2014。

表 20-1 续表 4

年份	2005	2006	2007	2008	2009	2010	2011	2012
塞拉利昂	-11.75	-7.03	-7.38	-10.45	-15.53	-27.78	-66.20	-31.75
海地	-30.04	-29.76	-26.88	-31.54	-28.97	-49.51	-42.70	-35.79
摩尔多瓦	-40.57	-47.04	-52.69	-53.17	-36.56	-39.28	-40.94	-40.61
圣多美和普林西比	-32.32	-49.28	-48.54	-52.37	-42.31	-47.85	-47.42	-42.01
莫桑比克	-12.22	-8.90	-9.92	-14.29	-17.65	-19.48	-29.32	-49.94
吉尔吉斯斯坦	-18.28	-34.13	-31.44	-38.46	-23.87	-29.17	-26.83	-51.70
塔吉克斯坦	-18.51	-24.84	-53.81	-46.47	-37.03	-43.95	-47.24	-52.05
莱索托	-72.27	-68.58	-63.20	-61.52	-72.11	-67.62	-55.74	-67.57
东帝汶	0.00	-62.56	-77.28	-107.05	-132.46	-132.65	-155.50	-120.68
以色列	-0.35	0.08	-0.93	-0.72	2.94	1.75	-0.51	n. a.
科威特	32.56	37.43	34.33	40.83	31.84	34.21	45.30	n. a.
阿曼	27.36	24.78	16.55	21.40	16.51	24.37	29.55	n. a.

数据来源：World Development Indicators, World Bank, 2014。

表 20-2 中国贸易顺差规模与全球不同组别国家均值比较（汇率法）

年份	2005	2006	2007	2008	2009	2010	2011	2012
中国	5.52	7.70	8.82	7.71	4.41	3.76	2.48	2.82
中高收入国家	3.37	4.45	4.47	4.13	2.55	2.25	1.87	2.08
高收入国家	0.10	0.10	0.39	0.32	0.77	0.92	1.01	1.11
世界	0.42	0.62	0.84	0.67	0.78	0.84	0.78	0.82
中等收入国家	2.07	2.91	2.68	2.04	1.12	0.92	0.55	0.50
OECD 国家	-1.13	-1.26	-0.88	-1.16	-0.20	-0.37	-0.69	-0.52
中等偏下收入国家	-2.23	-2.07	-3.12	-5.33	-3.75	-3.55	-4.06	-5.19
最不发达国家	-3.03	-0.44	-1.34	-2.04	-7.37	-3.37	-4.25	-6.52

数据来源：World Development Indicators, World Bank, 2014。

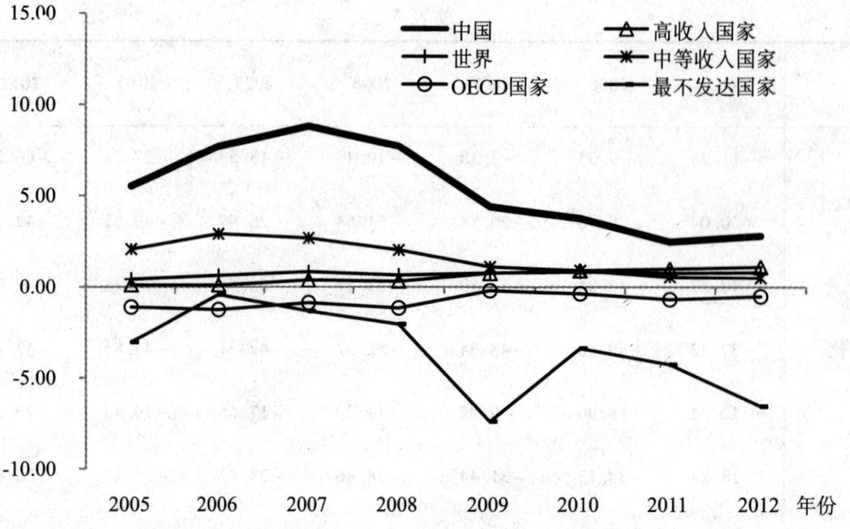

图 20－1 中国贸易顺差规模与全球不同组别国家均值比较（汇率法）

数据来源：World Development Indicators, World Bank, 2014。

核 算 点 评

中国贸易顺差占 GDP 的比重在世界各国当中名列前茅。显著地高于中等收入国家的均值，也高于高收入国家的均值，更高于低收入国家的均值。

表 20－3　中国贸易顺差规模与“金砖国家”比较（汇率法）

年份	2005	2006	2007	2008	2009	2010	2011	2012
中国	5.52	7.70	8.82	7.71	4.41	3.76	2.48	2.82
印度	－3.27	－3.35	－3.12	－6.07	－4.94	－5.32	－5.70	－7.39
俄罗斯联邦	13.69	12.50	8.21	9.47	7.82	7.93	8.60	7.24
南非	－0.46	－2.38	－2.73	－3.16	－0.80	－0.17	－0.60	－3.04
巴西	4.13	3.38	1.96	0.49	0.37	－0.50	－0.33	－0.96

数据来源：World Development Indicators, World Bank, 2014。

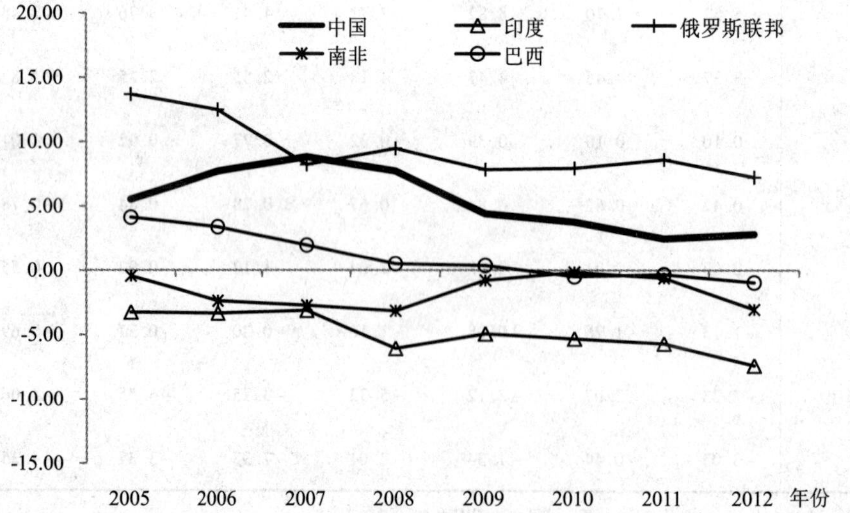

图 20－2 中国贸易顺差规模与“金砖国家”比较（汇率法）

数据来源：World Development Indicators, World Bank, 2014。

核算点评

在"金砖国家"（中国、俄罗斯、巴西、印度、南非）当中，中国和俄罗斯有贸易顺差，巴西和南非有贸易逆差，巴西的外贸由顺差逐渐变成逆差。在多数年份中国的贸易顺差占 GDP 的比重低于俄罗斯。

表 20－4　　各国（地区）贸易顺差占 GDP 规模（购买力平价法）

年份	2005	2006	2007	2008	2009	2010	2011	2012
中国澳门特别行政区	21.23	19.86	20.10	26.76	35.41	46.00	50.15	53.39
卢森堡	38.03	44.62	55.50	55.17	50.94	48.82	48.52	46.61
爱尔兰	14.62	12.69	12.89	12.52	19.69	20.75	25.09	25.33
伊拉克	-2.48	7.76	21.14	28.60	-2.14	6.64	24.93	24.69
沙特阿拉伯	20.45	20.16	17.21	21.87	5.83	11.75	21.59	20.86
安哥拉	16.53	24.78	21.24	21.01	-0.36	14.76	20.99	20.82
阿塞拜疆	3.52	11.13	19.50	27.26	15.52	20.28	23.56	20.49
挪威	22.41	23.31	20.57	27.27	17.77	17.96	21.63	20.36
新加坡	19.05	19.99	22.71	16.40	18.92	23.38	23.41	18.98
哈萨克斯坦	3.84	5.79	4.12	15.15	5.08	10.91	18.76	16.08
瑞士	10.89	10.83	14.04	15.12	10.87	14.32	11.44	12.59
荷兰	9.50	9.15	10.44	10.49	8.25	9.73	10.85	9.94
苏里南	-4.09	7.30	7.07	5.70	0.32	16.27	9.66	7.77
马来西亚	9.82	10.40	10.35	12.90	10.52	9.75	10.32	7.31
瑞典	9.53	9.92	9.60	9.33	6.78	7.08	7.24	7.08
冰岛	-19.30	-26.91	-17.94	-5.12	8.73	11.26	10.11	6.93
丹麦	7.62	5.17	3.84	5.08	6.10	8.06	7.86	6.50
德国	5.69	5.87	8.01	7.51	5.57	6.07	5.81	6.02
委内瑞拉	10.51	9.23	4.21	9.10	1.85	4.60	8.74	5.55
马耳他	-3.77	-4.42	-1.16	-1.51	-1.78	-0.07	3.06	4.82
尼日利亚	9.96	8.55	6.97	7.35	2.55	3.46	3.26	4.60
玻利维亚	1.20	2.39	2.04	2.88	0.61	1.43	0.68	4.59
匈牙利	-0.95	-0.69	0.46	0.25	3.02	3.96	4.33	4.38
俄罗斯联邦	6.16	5.81	4.49	5.46	3.50	4.09	5.10	4.32
阿尔及利亚	10.18	12.82	11.43	11.97	-0.32	3.34	5.55	3.99
斯洛文尼亚	-0.42	0.16	-1.09	-1.75	1.81	1.09	1.31	3.83
斯洛伐克共和国	-2.34	-1.81	-0.33	-1.26	-0.29	0.04	0.62	3.67
捷克共和国	1.68	1.99	1.96	2.25	3.16	2.53	3.06	3.57
赞比亚	-0.84	6.53	1.63	-1.17	2.66	10.72	6.80	2.83
欧元区	1.66	1.29	1.81	1.18	1.69	1.67	1.79	2.82
韩国	2.09	1.54	1.98	-0.04	2.38	2.22	1.74	2.68
奥地利	3.65	4.13	5.38	6.10	4.32	3.99	2.38	2.43
白俄罗斯	0.41	-1.58	-2.67	-3.92	-4.68	-5.74	-0.86	2.07
越南	-1.41	-1.30	-4.76	-5.42	-3.73	-2.62	-1.09	2.07

数据来源：World Development Indicators，World Bank，2014。

表 20－4　　　　　　　　　　　　　　　续表 1

年份	2005	2006	2007	2008	2009	2010	2011	2012
欧盟	0.73	0.42	0.58	0.11	1.06	1.03	1.25	1.94
中国	2.32	3.35	4.22	4.27	2.45	2.22	1.63	1.89
巴拉圭	4.03	3.66	4.45	2.64	3.53	2.09	1.86	1.88
爱沙尼亚	-3.94	-6.94	-7.56	-3.60	3.80	5.21	4.64	1.75
意大利	-0.02	-0.78	-0.27	-0.77	-0.52	-2.08	-1.61	1.07
西班牙	-4.85	-5.72	-6.47	-5.85	-1.58	-1.86	-0.71	0.96
中国香港特别行政区	8.94	7.88	7.55	7.16	5.50	4.07	2.76	0.89
秘鲁	2.53	4.22	3.35	0.21	1.92	1.61	2.40	0.70
立陶宛	-3.85	-5.73	-8.56	-8.62	-1.09	-1.15	-0.76	0.55
泰国	-0.78	1.17	3.59	0.83	4.91	3.25	1.08	0.40
克罗地亚	-4.03	-4.25	-5.17	-5.91	-2.34	-0.21	0.24	0.36
智利	4.87	8.65	8.21	2.73	4.85	4.23	2.19	0.25
以色列	-0.29	0.07	-0.84	-0.77	2.95	1.84	-0.55	0.20
利比里亚	-74.19	-98.35	-81.49	-82.90	-65.44	-65.20	-86.37	0.00
纳米比亚	-1.96	1.67	-0.72	-5.31	-8.63	-4.75	-6.30	0.00
巴布亚新几内亚	7.20	7.82	3.97	8.27	-0.87	-1.38	0.00	0.00
塞内加尔	-7.34	-8.48	-12.17	-16.04	-9.52	-8.37	0.00	0.00
斯威士兰	-7.58	-6.44	-5.73	-7.40	-8.04	-9.07	0.00	0.00
特里尼达和多巴哥	17.53	25.95	18.26	27.61	7.76	15.24	17.28	0.00
也门	1.80	0.17	-3.04	-2.72	-5.05	-2.85	-1.07	0.00
新西兰	-1.93	-1.44	-1.26	-1.66	1.13	1.57	1.52	-0.03
波兰	-0.45	-1.16	-2.24	-3.73	-0.39	-1.14	-1.03	-0.09
葡萄牙	-7.90	-6.90	-6.80	-9.08	-6.20	-6.12	-3.36	-0.10
哥伦比亚	-0.16	-0.52	-0.84	-0.54	-0.08	-0.31	0.29	-0.14
印度尼西亚	1.19	2.58	2.50	1.10	2.22	2.08	2.17	-0.18
马尔代夫	-24.59	-13.99	7.70	-4.29	9.57	11.95	2.94	-0.66
墨西哥	-1.11	-0.96	-1.16	-1.56	-0.93	-0.78	-0.84	-0.71
塞舌尔	-11.04	-7.95	-0.69	-1.20	-0.58	-0.84	-0.78	-0.75
芬兰	6.02	7.16	8.30	6.46	3.76	3.12	0.36	-0.78
比利时	2.56	2.53	1.69	-2.76	0.63	1.15	-1.43	-0.79
厄瓜多尔	-0.38	0.44	0.41	-0.02	-0.93	-2.39	-1.23	-0.90
所罗门群岛	-9.95	-9.00	-11.09	-10.44	-8.23	-15.12	-3.47	-0.92
巴西	2.30	2.17	1.45	0.41	0.30	-0.49	-0.36	-0.93
巴拿马	-0.46	1.68	-0.93	-3.24	2.55	-2.16	-3.88	-1.11

数据来源：World Development Indicators，World Bank，2014。

表 20－4　　续表 2

年份	2005	2006	2007	2008	2009	2010	2011	2012
保加利亚	-5.86	-6.85	-9.47	-10.01	-3.76	-1.21	0.26	-1.32
喀麦隆	-0.31	0.57	0.87	-1.74	-2.17	-1.72	-1.49	-1.54
澳大利亚	-2.01	-1.18	-2.31	-1.14	-0.66	1.52	2.09	-1.67
瓦努阿图	-3.77	-4.25	-3.65	-18.19	0.75	-3.50	-4.74	-2.00
南非	-0.28	-1.41	-1.63	-1.71	-0.45	-0.12	-0.44	-2.03
法国	-0.68	-1.14	-1.76	-2.87	-1.57	-1.94	-2.71	-2.07
希腊	-5.58	-8.35	-11.03	-11.87	-7.60	-6.51	-5.93	-2.10
塞浦路斯	-2.44	-3.54	-6.43	-11.43	-5.04	-5.60	-3.99	-2.20
拉脱维亚	-8.04	-13.02	-15.12	-11.38	-0.70	-0.57	-2.99	-2.30
日本	1.80	1.55	1.96	0.40	0.57	1.74	-0.99	-2.32
乌拉圭	1.23	-0.26	0.42	-2.34	1.23	1.35	0.23	-2.34
罗马尼亚	-4.96	-6.17	-8.81	-8.45	-3.16	-2.89	-2.76	-2.42
加拿大	4.03	2.93	2.42	2.17	-1.58	-2.30	-1.56	-2.44
英国	-3.98	-3.71	-4.26	-3.98	-2.56	-2.89	-2.08	-2.58
柬埔寨	-2.65	-2.43	-2.51	-3.38	-3.08	-2.89	-1.80	-2.60
菲律宾	-3.49	-2.33	-1.98	-3.56	-2.01	-2.25	-3.03	-2.69
老挝	-1.68	0.07	0.77	-0.13	-1.02	-0.42	-2.01	-2.87
印度	-1.08	-1.12	-1.21	-2.20	-1.82	-2.20	-2.38	-2.89
冈比亚	-3.52	-4.69	-3.98	-1.32	-2.12	-1.48	-1.83	-3.08
哥斯达黎加	-2.68	-3.15	-2.59	-5.55	0.29	-1.68	-3.42	-3.10
土耳其	-2.18	-3.03	-3.37	-3.20	-0.60	-3.45	-5.48	-3.12
美国	-5.41	-5.43	-4.83	-4.77	-2.66	-3.34	-3.58	-3.29
巴基斯坦	-2.99	-3.91	-3.90	-5.40	-2.98	-2.70	-3.35	-3.48
孟加拉国	-2.54	-2.17	-2.78	-3.60	-2.66	-3.21	-4.11	-3.52
安提瓜和巴布达	-9.01	-15.14	-17.48	-15.44	-8.00	-9.18	-6.17	-3.58
埃及	-1.08	-1.06	-2.31	-2.83	-1.99	-2.23	-2.79	-3.78
突尼斯	-0.18	-0.86	-0.90	-1.50	-1.24	-2.14	-3.36	-4.05
乌克兰	0.26	-1.06	-2.52	-4.28	-0.68	-1.31	-3.11	-4.44
多米尼加共和国	-2.15	-3.82	-4.51	-7.80	-4.55	-6.30	-5.86	-5.04
坦桑尼亚	-3.06	-3.76	-4.45	-5.79	-4.21	-4.34	-6.90	-5.67
乌干达	-3.14	-4.30	-4.76	-6.29	-4.85	-6.56	-6.93	-5.99
多米尼加	-10.65	-7.69	-12.13	-16.25	-13.38	-10.47	-8.68	-6.10
斯里兰卡	-3.12	-4.02	-3.95	-6.09	-2.86	-3.94	-7.46	-6.53
苏丹	-3.96	-5.11	-1.24	2.04	-2.10	0.56	0.24	-6.96

数据来源：World Development Indicators, World Bank, 2014。

表 20-4 续表 3

年份	2005	2006	2007	2008	2009	2010	2011	2012
博茨瓦纳	8.77	8.32	4.91	-1.92	-6.28	-4.76	-3.39	-7.09
黎巴嫩	-9.32	-8.11	-11.49	-13.92	-15.39	-16.17	-11.70	-7.42
毛里求斯	-2.98	-5.36	-5.32	-8.71	-5.69	-6.81	-8.52	-7.60
危地马拉	-8.39	-9.11	-9.47	-9.08	-5.37	-6.41	-7.03	-7.64
阿尔巴尼亚	-10.64	-10.25	-12.67	-13.27	-10.74	-9.13	-10.19	-7.80
塞尔维亚	0.00	0.00	-13.42	-15.09	-8.66	-7.50	-8.40	-7.91
低收入	-3.28	-3.44	-4.28	-5.63	-4.80	-5.39	-7.20	-7.92
埃塞俄比亚	-6.34	-5.76	-6.96	-8.84	-7.41	-6.25	-6.33	-8.00
摩洛哥	-3.65	-3.70	-5.86	-9.37	-7.59	-6.59	-8.64	-8.50
几内亚	-1.16	-1.72	-2.69	-3.53	-2.58	-2.48	-10.26	-8.71
圣基茨和尼维斯	-6.92	-10.20	-12.89	-21.57	-21.75	-17.94	-11.66	-8.78
马其顿	-6.87	-6.90	-8.24	-11.69	-9.26	-7.83	-8.69	-8.85
圣卢西亚	-4.62	-15.61	-16.32	-14.88	-5.40	-9.12	-12.27	-9.11
肯尼亚	-2.91	-4.23	-5.19	-7.14	-6.33	-6.87	-9.14	-9.19
马拉维	-8.47	-6.14	-6.76	-8.83	-6.98	-11.38	-10.19	-9.50
卢旺达	-5.24	-5.04	-5.54	-6.70	-8.15	-8.17	-9.40	-9.63
萨尔瓦多	-9.18	-10.28	-11.44	-12.02	-8.06	-8.90	-10.18	-9.83
亚美尼亚	-5.64	-7.00	-10.59	-12.47	-11.32	-10.60	-10.54	-9.84
尼加拉瓜	-8.77	-9.29	-11.06	-12.07	-8.33	-8.61	-10.09	-9.95
巴哈马	-6.06	-11.76	-10.35	-10.19	-6.36	-5.35	-7.74	-10.13
加纳	-10.37	-11.08	-12.96	-15.87	-9.31	-11.31	-10.43	-10.17
不丹	0.00	-5.37	1.63	-3.40	-3.12	-8.07	-12.61	-10.55
洪都拉斯	-7.66	-9.36	-12.57	-15.97	-9.09	-10.10	-11.59	-11.07
黑山共和国	0.00	0.00	-20.68	-28.32	-15.67	-13.03	-11.29	-11.36
波斯尼亚和黑塞哥维那	-18.13	-13.35	-15.63	-18.99	-12.91	-11.04	-12.54	-11.52
格鲁吉亚	-7.08	-10.57	-13.27	-17.85	-9.97	-9.34	-11.31	-11.88
尼泊尔	-5.49	-6.13	-7.54	-8.36	-10.63	-12.12	-12.22	-12.29
布隆迪	-6.45	-9.24	-8.42	-10.01	-8.73	-8.82	-10.32	-12.80
塞拉利昂	-4.37	-2.78	-3.01	-4.61	-6.45	-11.35	-28.53	-15.08
佛得角	-20.66	-21.36	-25.48	-23.69	-25.08	-22.45	-25.75	-17.36
格林纳达	-23.89	-23.41	-20.34	-21.23	-16.08	-17.79	-17.48	-17.40
圣文森特和格林纳丁斯	-9.42	-10.66	-16.75	-18.82	-16.94	-18.12	-16.70	-17.51
蒙古	-1.24	1.85	0.62	-7.20	-3.26	-4.33	-16.37	-17.66
萨摩亚	-16.53	-19.52	-15.34	-17.64	-14.76	-20.17	-22.82	-20.03

数据来源：World Development Indicators, World Bank, 2014。

表 20－4　　续表 4

年份	2005	2006	2007	2008	2009	2010	2011	2012
塔吉克斯坦	－4.42	－6.58	－16.91	－18.40	－13.56	－16.92	－19.20	－20.67
海地	－13.05	－14.41	－15.01	－18.38	－16.44	－30.10	－26.70	－22.84
摩尔多瓦	－14.28	－17.48	－23.91	－30.19	－19.69	－20.85	－24.18	－24.56
约旦	－22.28	－19.59	－22.13	－21.48	－16.40	－16.08	－22.33	－24.65
吉尔吉斯斯坦	－5.06	－10.24	－11.36	－17.00	－9.28	－11.52	－12.67	－25.30
莫桑比克	－5.78	－4.15	－4.75	－7.73	－8.72	－8.51	－15.86	－28.02
圭亚那	－11.86	－15.99	－19.12	－30.12	－23.37	－23.21	－31.18	－30.56
圣多美和普林西比	－17.01	－26.10	－28.52	－35.20	－29.05	－31.78	－36.35	－32.28
莱索托	－39.66	－36.55	－35.03	－32.29	－38.17	－42.09	－37.57	－41.74
东帝汶	0.00	－28.39	－36.97	－54.42	－70.61	－72.11	－89.37	－77.66
科威特	23.82	31.75	30.70	43.83	25.69	31.64	51.85	n.a.
阿曼	16.54	16.40	11.38	18.49	10.83	18.78	26.49	n.a.

数据来源：World Development Indicators, World Bank, 2014。

表 20－5　　中国贸易顺差规模与全球不同组别均值比较（购买力平价法）

年份	2005	2006	2007	2008	2009	2010	2011	2012
中国	2.32	3.35	4.22	4.27	2.45	2.22	1.63	1.89
中高收入国家	1.62	2.24	2.46	2.54	1.48	1.44	1.28	1.40
高收入国家	0.10	0.10	0.39	0.33	0.76	0.91	1.04	1.11
世界	0.34	0.49	0.69	0.57	0.63	0.70	0.67	0.69
中等收入国家	0.92	1.36	1.38	1.16	0.60	0.55	0.35	0.32
OECD 国家	－1.14	－1.26	－0.91	－1.23	－0.21	－0.38	－0.72	－0.53
中等偏下收入国家	－0.80	－0.79	－1.33	－2.37	－1.62	－1.71	－2.05	－2.55
最不发达国家	－1.18	－0.18	－0.59	－1.03	－3.47	－1.67	－2.25	－3.41

数据来源：World Development Indicators, World Bank, 2014。

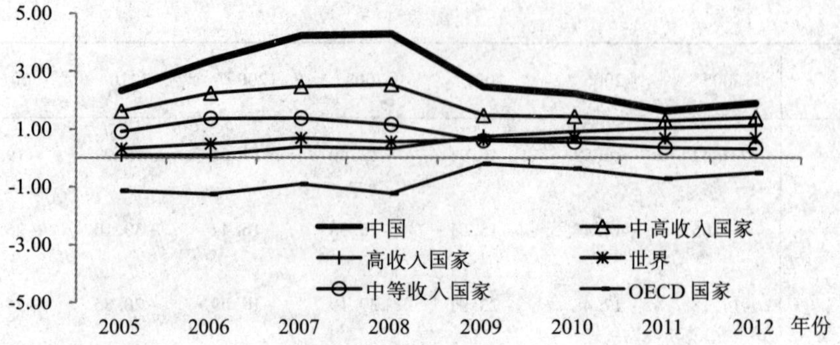

图 20－3　中国贸易顺差规模与全球不同组别均值比较（购买力平价法）

数据来源：World Development Indicators，World Bank，2014。

核　算　点　评

如果采用购买力平价法，中国的贸易顺差规模依然高于中等收入国家均值，高于 OECD 国家均值，也高于世界上高收入国家的均值。

表 20－6　　　　中国贸易顺差规模与“金砖国家”比较（购买力平价法）

年份	2005	2006	2007	2008	2009	2010	2011	2012
中国	2.32	3.35	4.22	4.27	2.45	2.22	1.63	1.89
印度	－1.08	－1.12	－1.21	－2.20	－1.82	－2.20	－2.38	－2.89
俄罗斯联邦	6.16	5.81	4.49	5.46	3.50	4.09	5.10	4.32
南非	－0.28	－1.41	－1.63	－1.71	－0.45	－0.12	－0.44	－2.03
巴西	2.30	2.17	1.45	0.41	0.30	－0.49	－0.36	－0.93

数据来源：World Development Indicators，World Bank，2014。

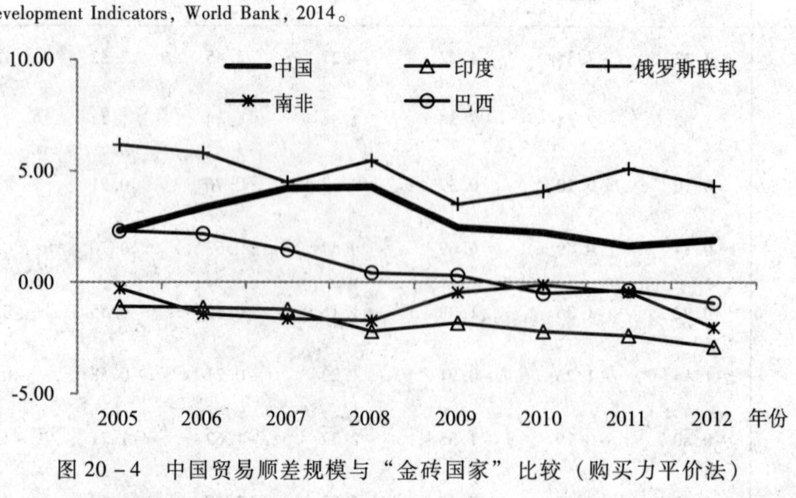

图 20－4　中国贸易顺差规模与“金砖国家”比较（购买力平价法）

数据来源：World Development Indicators，World Bank，2014。

核 算 点 评

如果按照购买力平价法计算，并没有改变中国在“金砖国家”中的位置。中国的贸易顺差规模低于俄罗斯，高于印度、巴西和南非。这三个国家的外贸在2009年以后一直处于外贸逆差的状态。

表20－7　2007年各国对外依存度（贸易总额/GDP，产权调整前）　单位：%

	对外依存度（产权调整前）
德国	87.33
菲律宾	86.62
中国	68.03
加拿大	67.98
南非	65.52
希腊	60.54
西班牙	60.51
意大利	58.22
墨西哥	57.44
英国	56.30
法国	55.26
印度尼西亚	54.83
俄罗斯联邦	51.71
土耳其	49.81
阿根廷	44.96
印度	44.88
澳大利亚	40.70
日本	33.56
美国	28.84
巴西	25.21

表 20－8　　2007 年各行业不同资本产权比重

单位：%

国际标准行业分类（ISIC Rev. 3. 1）	国家资本	集体资本	法人资本	个人资本	港澳台资本	外商资本
06－10	40. 87	0. 84	55. 09	0. 89	2. 00	0. 33
13－16	9. 36	4. 38	32. 30	13. 28	10. 73	29. 95
17	5. 88	2. 78	20. 54	23. 04	28. 07	19. 69
18－19	0. 52	2. 03	18. 08	18. 82	33. 12	27. 43
20－21	1. 70	0. 69	17. 73	18. 89	29. 16	31. 83
22－24	4. 42	1. 58	14. 76	10. 03	28. 61	40. 61
25	36. 45	0. 49	54. 21	2. 16	3. 50	3. 19
26－28	12. 50	1. 47	37. 73	11. 33	9. 51	27. 47
29－30	2. 40	1. 11	15. 70	12. 45	31. 09	37. 24
31	7. 09	1. 56	24. 66	18. 67	17. 62	30. 41
32－33	42. 14	2. 47	30. 18	6. 86	6. 30	12. 05
34	4. 13	1. 08	19. 49	16. 16	26. 01	33. 13
35－36	14. 17	1. 21	24. 34	15. 94	11. 42	32. 92
40	3. 61	1. 65	13. 39	4. 27	23. 57	53. 50
39	4. 87	2. 41	21. 88	14. 83	17. 56	38. 45
41	4. 34	0. 77	14. 75	15. 42	22. 62	42. 11
37	14. 16	1. 09	40. 28	7. 52	5. 44	31. 51
43	0. 00	0. 00	16. 01	11. 87	5. 32	66. 80
42	2. 70	2. 01	18. 84	21. 08	30. 32	25. 05

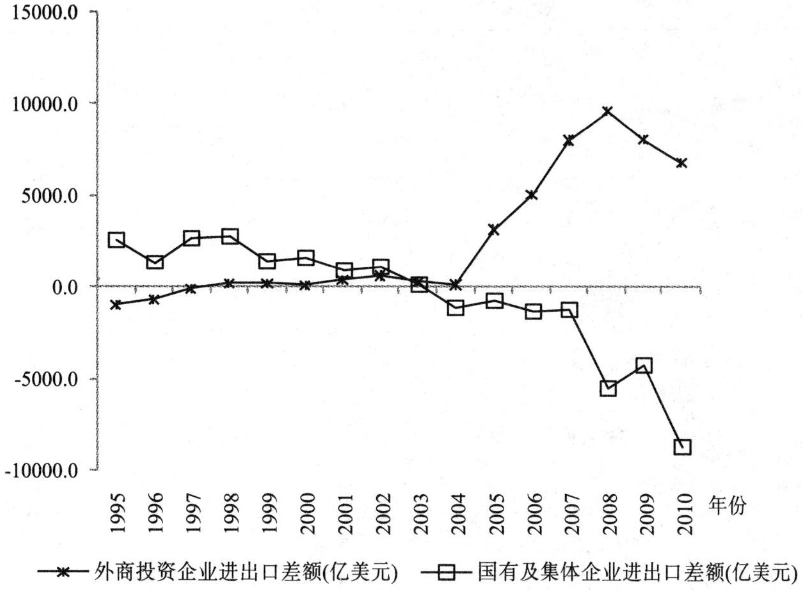

图 20－5　我国外商、国有和集体企业进出口差额变化

数据来源：CEIC 数据库。

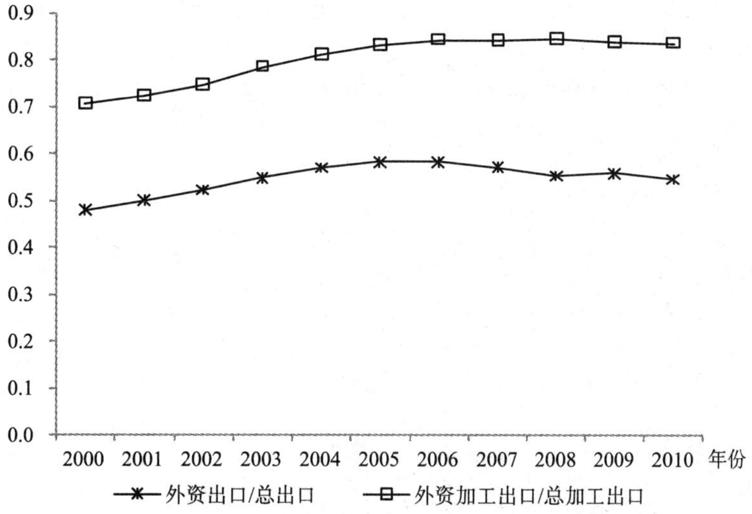

图 20－6　我国外资出口与加工出口占总出口与总加工出口规模

数据来源：CEIC 数据库。

核　算　点　评

（1）与外资有关的加工顺差是我国外贸顺差的主要来源。我国对外贸易顺差中的外资比例高，失衡具有一定的外部支撑因素。根据企业性质分，外商投资企业的外贸进出口自 2004 年以来一直是我国顺差的最主要来源。

（2）外资企业加工贸易顺差占总贸易顺差非常高。2009 年、2010 年两年，外资加工顺差规模超过我国外贸顺差总额，即，剔除外资加工贸易的影响，我们对外贸易基本平衡。

表 20 - 9　　　　2007 年中国各加工制造业出口额中不同国家所有权份额

单位：百万美元

	各种矿采选、冶炼	食品、烟酒	轻工业	石、化	建材	专用、通用机械	铁、钢及金属压延加工	能源	各国在中国加工制造业出口中的所有权份额
俄罗斯	0.0	3.9	70.5	11.7	19.1	3.0	68.4	0.0	176.7
加拿大	1.6	21.4	112.2	52.5	10.5	50.8	212.4	0.0	461.3
奥地利	0.0	0.0	1.6	0.2	0.2	0.1	0.2	0.0	2.3
德国	0.3	81.0	1394.9	296.3	171.1	476.7	4558.5	0.0	6978.8
意大利	0.4	3.7	114.0	62.4	23.2	201.7	59.5	0.0	464.9
新西兰	0.0	0.8	5.1	0.5	0.1	0.2	11.2	0.0	17.9
日本	78.1	2696.9	11126.2	4181.6	615.4	3493.6	17887.4	11.7	40090.8
比利时	0.1	1.6	3.0	9.4	2.5	37.5	240.6	0.0	294.8
法国	0.3	33.9	64.0	133.6	18.2	29.4	373.3	1.7	654.3
澳大利亚	2.5	35.0	110.1	48.7	18.1	18.0	473.7	0.3	706.4
瑞典	0.0	0.5	3.9	4.1	2.2	0.9	0.6	0.0	12.2
瑞士	0.0	1.3	17.7	20.5	0.1	0.8	1.1	0.0	41.5
美国	133.7	2085.4	10952.7	11139.5	1154.2	4629.2	41778.3	197.0	72070.1
英国	2.0	127.6	776.3	611.2	97.1	117.8	1258.3	0.3	2990.4
荷兰	0.9	40.0	73.9	271.1	9.4	257.6	322.5	0.1	975.4
西班牙	0.5	3.7	7.1	7.4	6.1	7.2	27.9	0.0	60.0
韩国	21.0	203.5	1208.8	1059.1	123.8	2566.9	3053.0	13.4	8249.5
各加工制造业出口值中外资所有权份额	241.5	5340.1	26041.9	17909.8	2271.2	11891.3	70326.9	224.5	134247.1

表 20－10　**各制造业部门加工贸易出口中内、外资份额**　单位：亿美元

	内资	外资
1. 各种矿采选、冶炼	57.0	17.7
2. 食品、烟酒	197.4	138.1
3. 轻工业	2160.3	1059.2
4. 石、化	1350.8	755.4
5. 建材	85.4	38.0
6. 专用、通用机械	352.2	110.0
7. 铁、钢及金属压延加工	12656.0	9001.1
8. 能源	16.2	3.8
总计	16875.3	11123.3
折合美元		1462.8

表 20－11　**2007 年各国对外依存度（贸易总额/GDP，产权调整后）**　单位：%

	对外依存度（产权调整后）
德国	87.33
菲律宾	86.62
加拿大	67.98
南非	65.52
希腊	60.54
西班牙	60.51
意大利	58.22
墨西哥	57.44
英国	56.30
法国	55.26
印度尼西亚	54.83
俄罗斯联邦	51.71
土耳其	49.81
阿根廷	44.96
印度	44.88
澳大利亚	40.70
日本	33.56
美国	28.84
巴西	25.21
中国	19.50

核 算 点 评

（1）如果不进行产权调整，仅仅按照海关统计数据的话，中国的贸易对外依存度在2007年为68.03%。虽然这个的对外贸易依存度很高，却仍然低于德国和菲律宾，和加拿大、南非相近。

（2）如果进行产权调整，中国的贸易对外依存度在2007年为19.5%。远远低于德国、加拿大等世界主要经济体。

（3）在2007年中国制造业总出口中，根据所有权调整之后属于外资的部分为1462.82亿美元，即，约有32.65%的制造业出口商品的产权不属于中国。其中约1342.47亿美元的出口值产权属于美、英、日、法等17国。

（4）根据所有权隶属进行调整，中、美顺差额应该从2007年的1632.9亿美元调整为912.17亿美元，调整幅度达44.14%。

表20－12　　2007年各国经常性账户余额占GDP比重（产权调整前）

单位：%

	外部失衡（产权调整前）
中国	10.13
德国	7.49
俄罗斯联邦	5.98
菲律宾	4.76
阿根廷	2.82
印度尼西亚	2.43
加拿大	0.84
巴西	0.11
印度	-0.65
墨西哥	-0.85
法国	-1.03
英国	-2.53
美国	-5.08
土耳其	-5.94
澳大利亚	-6.77
南非	-7.00
西班牙	-10.02
希腊	-14.62
意大利	-15.81
日本	-16.18

表 20 - 13　　　　2007 年各国经常性账户余额占 GDP 比重（产权调整后）

单位：%

	外部失衡（产权调整后）
德国	7.49
菲律宾	4.76
俄罗斯联邦	5.98
阿根廷	2.82
印度尼西亚	2.43
中国	1.27
加拿大	0.80
巴西	0.11
印度	-0.65
墨西哥	-0.85
法国	-1.03
英国	-2.53
美国	-5.08
土耳其	-5.94
澳大利亚	-6.77
南非	-7.00
西班牙	-10.02
希腊	-14.62
意大利	-15.81
日本	-16.18

核 算 点 评

如果考虑到出口商品的产权归属，中国的经常项目余额占 GDP 的比重将下降为 1.27%，在世界各国中的位置将发生重大变化。

表 20 - 14　　　　2007 年我国外贸顺差占 GDP 比重

单位：%

	汇率法	购买力平价法	汇率法基础上进行产权调整	购买力平价法基础上进行产权调整
中国	8.82	4.22	6.60	3.16

核 算 点 评

（1）以2007年为例，如果采用汇率法，中国外贸顺差占GDP的比重为8.82%。

（2）如果采用购买力平价法，中国外贸顺差占GDP的比重下降为4.22%。

（3）倘若在汇率法计算的基础上在出口商品中扣除属于外资企业的产权，中国的外贸顺差占GDP的比重将调整为6.6%。

（4）如果在购买力平价法基础上计算中国外贸顺差占GDP的比重，这个数值将进一步下降为3.16%。

（5）由此可见，简单地采用汇率法来评估中国的外贸顺差很可能扩大了中国实际状况。和其他高速发展的经济体相比，中国的外贸顺差处于一个比较合理的态势。

有关贸易数据产权调整说明

为了准确地描述现实世界，必须在国际贸易中区分资金流和物流，这对于国际贸易理论和实践都有着重大的意义，但构成了对国际贸易理论的一个新的挑战。由于跨国公司的产权结构相当复杂，关境统计无法区分进、出口商品的产权归属，不能指望海关提供外贸企业的资金流信息。为了区分资金流和物流，我们尝试从国际贸易的投入产出表出发，另辟蹊径。利用外资出口企业初始股权结构信息，对我国加工贸易与非加工贸易总增加值中非劳动力报酬部分进行整理。

具体步骤：

1. 数据来源

本文分析的有关贸易数据，特别是双边进出口数据来自联合国WITS－COMTRADE数据库。不同出口企业的期初股权结构的数据来自《企业家名录》，其中包括43911家与外资有关的企业（外资独资、中外合资及中外合作三类）。在此，对外商独资企业以100%的外资产权处理，中外合资与中外合作统一用50%的产权处理方法。如果一个企业是中美合资企业，其注册资本为100万元，则此处统一将100万元注册资本中的50%，即50万元归入美方。

2. 加工贸易出口数据处理

我国外贸出口中，对加工贸易外资的拆分步骤如下。第一步，将2007年我国竞争型投入产出表，重新调整为包含加工贸易及进口中间投入数据的非竞争型投入产出表；第二步，根据调整好的非竞争型投入产出表，计算增加值总额中的劳动者报酬与非劳动者报酬比重。并按两种比重调整非竞争型投入产出表中加工贸易的出口额。第三步，首先，将505个制造行业中的外商控股企业出口交货值占总出口交货值的比重，视为相应的外资部分（其中，中外合资企业视50%外资股权，中外合作企业视50%外资股权，外商独资企业视100%外资股权），剩余为内资部分。其次，将第二步整理好的加工贸易出口额中非劳动者报酬部分，根据比重拆分为内资和外资。第四步，依据第三步计算结果，将加工贸易出口中非劳动者报酬的外资部分，根据企业所有权结构，进一步细分为具体国家。

依照以上四步，估算我国制造业加工贸易出口中产权属于外资的份额，并以此调整我国与各主要贸易伙伴的贸易失衡（见下图）。

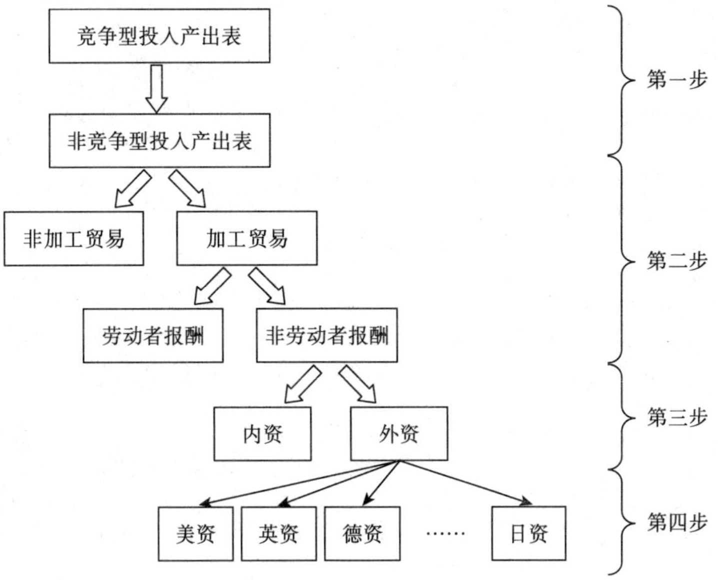

图 20－7　加工贸易出口数据外资产权处理步骤

3. 进口数据处理

在此，我们不考虑进口品的产权隶属问题，不区分进口商品中的外资所占比重，主要有以下两个原因。第一，进口分最终需求进口及中间投入品进口两类。根据国家统计局国民经济核算司最新估算的2007年非竞争型投入产出表，在我国制造业中间总投入中，加工制造业进口品的中间投入部分比重仅为4.86%，比重较小。第二，在海关贸易方式的定义中，来料加工，或称“来料装配贸易”，是指由外商提供全部或者部分料件，中方按对方要求进行加工装配，成品交对方销售，中方收取加工费。进料加工，或称“进料加工贸易”，指中方用外汇购买进口的料件，加工后的成品或半成品再外销出口的交易形式。2007年我国海关统计的进口总值为9560亿美元，其中来料加工892亿美元，占进口总值的9.3%，进料加工2793亿美元，占29.2%，其他贸易方式进口额5875亿美元，占61.5%。由于来料加工的全部产权及进料加工的部分产权属于外资，这里权且假设进料加工的50%隶属国外，则进口中约有23.9%（9.3%＋50%×29.2%）的产权应从中方成本中剔除。

进口商品中属于中间投入的比重为4.86%，中间投入中的来料加工及进料加工的外资比重为23.9%，综合以上两点，我国进口商品中的外商所有权比重仅为1.16%（4.86%×23.9%），在此姑且不予考察。

4. 资金流与物流调整

中国出口商品的投入可以分为劳动投入和非劳动投入（包括资本、技术、品牌、专利等回报）。由于来料加工的生产过程发生在中国，劳动力投入产生的劳动报酬绝大部分应归为中方收入。而在加工贸易中，非劳动报酬归企业产权所有者拥有，其中有相当一部分属于外国投资者。非劳动报酬理应按照跨国公司的股份结构来分配。因此，必须在非竞争型投入产出表中，区分加工贸易出口部分的劳动报酬与非劳动报酬，然后将非劳动报酬按照各国占有股份的比例分配。